질서의 충돌,

움직이는 패권

통일연구원 · 한국국제정치학회 공편

박영사

프롤로그

　통일·북한·평화연구의 국내 유일 국책 연구기관인 통일연구원이 불가역적인 한반도 평화와 번영의 길을 찾아 나섰지만, 아직 갈 길이 멀다. 2018년에 시작한 '한반도의 봄'이 북미정상회담 결렬 이후 가을의 결실을 거두지 못하고 다시 얼어붙었다.

　북·미관계의 교착과 남북관계의 단절이 지속되는 가운데 미·중 전략경쟁이 본격화되고, 코로나19 팬데믹이 계속되면서 한반도 정세는 더욱 불투명해졌다. 북·미 사이의 한반도 평화—비핵 교환 협상의 성공을 전제로 구상했던 '신한반도체제 구상'은 하노이 노딜no-deal로 더는 실현하기 어려운 꿈이 됐다.

　분단과 전쟁, 냉전과 체제경쟁에서 경험했듯이 한반도 정세는 세계 정세와 밀접한 연관성 속에서 역동적으로 움직여 왔다. 미국과 중국이 참전한 한국전쟁은 아직도 끝나지 않았고, 정전협정에 기초한 질서가 분단체제로 굳어져 우리의 일상을 제약하고 있다.

미국과 중국이 전략경쟁을 본격화하면서 두 나라와 밀접한 상호의존관계를 맺고 있는 대한민국의 고민도 깊어지고 있다. 안보는 미국, 경제는 중국이라며 '안미경중安美經中'이라는 말을 쓰기도 하지만, 이미 대한민국은 어느 한 나라를 선택할 수 없을 정도로 두 나라와 밀접한 상호의존관계를 유지하고 있다. 중국이 개혁 · 개방을 본격화할 때, 한국의 개발모델인 '유치를 통한 개발촉진' 정책을 추진하고 한국의 기술을 받아들여 생산력 기반의 빠른 발전을 이뤘다. 현재 미국은 한국의 첨단산업 유치를 적극적으로 시도하며, 가치사슬의 우위를 유지하려 한다.

미 · 중 전략경쟁이 본격화되고 있지만, 세계가 다양한 가치사슬에 얽혀있어 냉전시대처럼 제로섬zero-sum적인 극한의 진영대결을 지속하기는 어려울 것이다. 패권경쟁으로 치닫고 있는 미국과 중국이 우리에게 선택을 강요할지 모른다. 어쩌면 선도국가로 진입한 대한민국이 선택을 당하기보다는 우리의 국익에 따라 전략적 선택을 할 수도 있을 것이다.

통일연구원이 세계질서의 재편과 새로운 한반도체제와 관련한 연구를 기획한 것은 세계질서 변화의 흐름을 잘 파악하여 평화와 번영의 한반도를 만들기 위한 지혜를 모으기 위함이다. 지금의 세계질서는 경제와 군사안보 등 하드파워 위주의 질서를 넘어, 문화와 지식정보 등 소프트파워가 결합된 스마트파워에 의해서 구축되고 있다. 움직이는 세계질서는 인간과 국가 행위자뿐만 아니라 사물 등 비인간 행위자(AI, 가상화폐, 탄소 등)를 포함한 다양한 행위자들이 상호작용하여 만들어가고 있다.

현재 세계질서는 민주주의와 시장경제라는 가치 위주의 질서를 넘어 자본주의 세계경제(세계체제) 틀 내에서 세계적 단위의 노동분업 구조와 다양한 가치사슬을 형성하고 있어 본질 파악이 쉽지 않다. 그래서 통일연구원은 미 · 중 전략경쟁이 첨예하게 대립하는 세계질서 속에서 한반도가 나아가야 할 길은 어디인가? 정작 한반도의 주인들은 왜 격변기의 중심에 서 있으면서도 새로운 한반도를 꿈꾸지 않는 걸까? 냉전의 산물인 분단체제에서 발생하는 남북한 간의 갈등을 왜 감내만 하려는 것인가? 등과 관련한 의문을 품고, 한국국제정치학회와 함께 다양한 시각에서 세계질서의 본질을 파악하고 대한민국의 새로운 국가전략을 모색하기 위한 협동연구를 시도했다.

통일연구원은 국책 연구기관으로서 세계질서 변화라는 거대한 환경변화 속에서 새로운 한반도의 미래상을 통찰할 역사적 소명을 부여받고 있다. 그런 차원에서 2021년도 연구과제로 〈남북관계 2023: 한반도 평화의 미래상〉이라는 대주제 아래 『세계질서의 재편과 신한반도체제』라는 연구과제를 수행했다. 이 책은 연구결과물의 확산 차원에서 연구보고서를 대중용 학술서로 편집하고 다듬은 것이다. 이 연구성과는 세계정세에 관심 있는 일반독자는 물론 대학에서 교재로 활용할 수 있을 것이다. 고등학교에 국제정치, 국제관계와 국제기구 교과목이 있어 이 연구서가 심화학습의 참고자료로 활용될 수 있을 것이라는 기대를 해본다.

통일연구원은 세계질서 변화라는 거대담론 연구의 필요성을 절감하고, 한국국제정치학회와 협동연구를 통해 이 책을 탄생시켰다. 현존하는 세계질서의 형성과정부터 현재 나타나고 있는 변화를 국제정치이론과 국제관계이론을 적용하여 고찰했다. 세계질서 재편을 유인하는 이슈가 무엇인지를 밝히는 과정과 미국, 중국, 일본, 유럽 등의 주요국들이 현재 나타나는 질서의 변화를 어떻게 바라보는지를 살펴봤다. 그리고 이러한 변화가 한반도에 어떤 영향을 미치는지를 분석했다. 이러한 복잡하고 어려운 과정에 동참해 주신 연구자들께 깊은 감사를 드린다.

새로운 한반도 체제는 세계질서 재편의 과정에서 다양한 경로와 유형으로 나타날 수 있다. 그 모습은 자아준거적self-referential 시각에서 우리가 얼마나 노력하느냐에 따라 달라질 수 있을 것이다. 이 책에 새로운 한반도 체제 수립을 위한 거대담론과 시나리오까지 담아내지 못한 점은 아쉬움으로 남는다. 그런데도 주요국들의 역학관계 변화와 질서 균열을 초래한 이슈 등을 파악하여 국가 전략적 차원에서 새로운 한반도 체제를 고민한 것만으로도 의미가 크다고 생각한다.

이 책이 대중서로 세상의 빛을 보기까지의 과정을 떠올려보면, 우여곡절이 참 많았다. 이 책이 대중과 소통할 수 있도록 물심양면으로 도와 주신 분들께 감사 인사를 전한다. 가장 먼저, 대형과제의 연구책임자로서 책무를 잘 수행한 박은주 박사에게 고마움을 전한다. 또 어려운 주제임에도 불구하고 통일연구원과의 협동 연구에 흔쾌히 동참해 주신 2021년도 한국국제정치학회 전재성 회장님과 필진으로 참여해 주신 박인휘 교수님, 김종법 교수님, 이용욱 교수님, 김애경 교수님, 정성철 교수님, 임은정 교수님, 차태서 교수님, 윤정현 박사님, 이효원 교수님께 깊은 감사를 드린다. 그리고 마지막으로 이 책이 나오기까지 11인의 연구자들을 지원해 준 용혜민 연구원에게도 고마움을 전한다. 또 편집과 윤문 등을 위해 고생하신 박영사의 관계자 여러분께도 감사드린다.

앞으로도 통일연구원은 대한민국 유일의 북한·통일·평화 전문 국책 연구 기관으로서 정책환경의 변화를 기민하게 읽고, 능동적이고 선제적으로 '창의적' 대안을 제기하기 위해 노력할 것이다.

감사합니다.

2022. 2. 25.

통일연구원 원장 **고유환**

차 례

질서의 충돌, 움직이는 패권

다이제스트

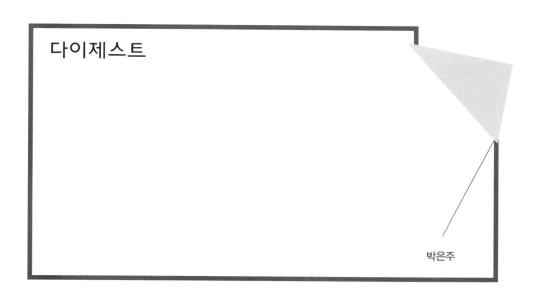

다이제스트

박은주

초국가적 이슈 등장이 촉발한 질서의 변화

21세기는 기존 세계질서world order의 지각변동을 이끄는 다양한 이슈들이 등장했다. 전 세계를 충격에 빠트렸던 9·11테러는 탈냉전 이후의 국제정치를 새롭게 변화시키는 바람을 불러왔다. 세계 여러 나라는 9·11테러 직후 '테러와의 전쟁'을 선포한 미국에 적극적인 지지를 보냈다. 하지만 미국-아프가니스탄 전쟁이 끝난 후, 미국이 보여 준 일방주의에 영국을 제외한 대다수 유럽 국가가 등을 돌렸다.

1929년 세계 대공황 이래 최대 규모로 평가받는 2008년 세계금융위기는 또 다른 세계질서로의 전환을 견인했다. 세계적인 경제위기는 미·중의 양극 질서나 G7, G20 등과 같은 다극질서를 넘어 복합적인 질서 재편을 추동했다. 2008년 세계금융위기가 촉발한 세계질서 변화는 국가 단위를 넘어 초국가적 기구, 국가연합, 하위국가들의 자율성 증가로 이어지면서 국제정치 환경을 다층적이고도 복합적으로 변화시킨 것이다.

2018년에 가시화된 미·중 무역 분쟁 역시 국제정치적 파급력에서 강력한 이슈로 떠올랐다. 미 · 중 전략경쟁으로 확대된 미 · 중 갈등은 당사국들의 경제 · 전략 경쟁을 넘어선 이슈로써 세계적인 관심사로 자리매김했다. 미 · 중 경쟁이 양국의 이해관계 충돌에서 기존 패권국과 신흥 강대국 간의 세계질서 재편 주도권 경쟁으로 진화했기 때문이다. 세계 어느 나라도 이 싸움의 결과와 무관할 수 없기에 긴장의 끈을 놓지 못하고 있다. 특히 한국은 향후 전개될 상황에 따라 미국과 중국으로부터 선택을 강요받을 수 있어 상황을 더욱 예의 주시하고 있다.

지난해 초 미국에서는 바이든 정부가 새롭게 출범했다. 바이든 정부의 출범 초기만 해도 미 · 중 갈등 양상이 변화되고 불확실성이 줄어들 것이라는 전망이 지배적이었다. 하지만 바이든 정부가 강경한 대중 정책 기조를 유지하고 중국의 부상을 억제할 뜻을 밝히면서 미 · 중 전략경쟁은 지속되고 있다. 무역, 관세 그리고 틱톡 등 모바일 콘텐츠와 IT 기술 분야에서는 표면적으로 갈등이 완화된 듯 보인다. 하지만 거의 모든 영역에서 미 · 중 갈등이 유지 · 강화되고 있다. 특히 지식재산권intellectual property rights 보호 문제와 중국의 경제성장 정책으로 인한 시장 불균형market disequilibrium, 첨단기술 분야에서는 미 · 중 간의 힘겨루기가 본격화되고 있다. 이와 함께 미국은 민주주의와 인권의 가치를 중심으로 국제적 지도력을 회복하려 하고, 중국은 인류 운명공동체를 내세워 상호주권 존중과 내정간섭에 대한 반대 논리로 맞서고 있다.

최근 활발하게 논의되는 미국의 상대적 쇠퇴와 중국 부상에 따른 미 · 중 간의 세력전이, 미국 주도의 국제정치 · 경제 질서 변화 등은 해법을 찾기가 무척이나 까다롭다. 현재의 세계질서는 베스트팔렌 국제체제the Westphalian System에 기반하여 형성됐다. 베스트팔렌 국제체제는 주권국가에 대한 불간섭 원칙이 견인하는 국가 간의 세력 균형을 안정적으로 유지하는 것을 핵심으로 삼는다. 하지만 최근 세계질서를 이루는 가치values와 규범norms 그리고 제도institutions에 대한 비서구권 국가들의 회의doubt와 도전challenge으로 기존체제가 흔들리는 모습이다. 중국의 유교적 위계질서에 따른 질서와 이슬람의 종교적 원칙 · 단일성에서 비롯된 질서 등은 현존하는 세계질서와 명백하게 다른 관점을 드러내며 미국 주도의 질서와 충돌하고 있다. 이처럼 질서의 근본을 둘러싸고 벌어지는 경쟁 · 충돌은 조정과 협력 그리고 재균형을 이루기가 쉽지 않다.

이와 함께 가변성·복잡성이 넘치는 엔트로피entropy 시대의 초국가적 이슈에도 관심을 가져야 한다. 다양한 초국가적 이슈의 등장은 세계질서를 재편하거나 변화를 추동하는 또 다른 요인이 될 수 있기 때문이다. 향후 세계질서의 재편은 군사·경제 중심의 단순한 무대에 국한하여 나타나지 않을 것이다. 안보와 평화, 국가발전, 문화, 정보·기술 등 다양한 이슈들이 만들어내는 복합적 무대로 질서 재편이 이루어질 가능성이 크다. 현재의 세계질서가 가지는 구조적 불안정성도 질서 재편의 가능성을 높이는 요소가 될 수 있다. 현 체제의 기본 단위가 되는 국가가 비국가 행위자의 등장으로 도전을 받는 상황이기 때문이다. 세계화를 촉진하는 국제정치·경제와 세계화를 반대하는 정치적 이슈는 세계질서의 역설paradox을 낳는다. 세계질서의 재편이 복합적인 이슈에 영향을 받아 이루어진다면, 기존 질서에 기반한 갈등·협력의 관계도 갈등과 협력·공생·대결 등의 복합적인 관계로 변화할 수 있다.

새로운 한반도 체제 구상을 위한 최적기: 세계질서 재편기

기존 질서를 지키려는 미국과 그걸 깨려는 중국은 동북아시아 지역을 무대로 대립과 긴장을 지속하고 있다. 이러한 긴장 속에서 북핵 문제는 정치·군사적 위협에 따른 현실적인 문제가 된 지 오래다. 여기에 더해 한·일, 한·중, 중·일 간의 역사 갈등이 촉발한 동북아지역의 긴장도 부정적 요인으로 작용하고 있다. 최근 동북아를 넘어 전 세계를 고통으로 몰아넣은 코로나19와 기후변화 등의 신흥안보 위기가 가세하면서 동북아지역의 불안정성은 높아만 가고 있다. 이렇듯 현존하는 세계질서의 재편을 촉진하는 요인들이 중첩되어 나타난다면, 남북관계는 물론 한반도의 평화구축에도 부정적 환경이 조성될 것이다. 최악의 경우, 동북아지역에 과거의 분열과 갈등의 역사, 즉 미·중을 중심축으로 하는 냉전적 고민이 재현될 수도 있는 것이다.

세계질서의 변화 방향성과 세계질서의 재편 과정이 한반도의 비핵화 및 평화체제 구축에 어떤 영향을 미칠 것인지를 예단하기는 쉽지 않다. 세계질서의 재편은 한국의 전략적 선택에 따라 한반도 문제에 위기와 기회를 동시에 제공할 수 있다. 한국과 미·중의 관계가 어떻게 재설정되느냐에 따라 향후 한반도 정세와 남북관계 그리고 한국의 경제발전에도 영향을 끼칠 것이다. 한국은 미국과는 굳건한 안보 동맹을 지켜오고 있고, 중국과는 관광·교역 등의 경제 분야에서 교류의 폭을 넓히고 있다. 이러한 안미경중安美經中의 환경이 한국의 전략적 선택을 더욱 어렵게 만들고 있다.

이러한 상황에서 한국 정부가 세계질서의 재편 방향성과 경로를 예측할 수 있다면, 그에 걸맞은 새로운 한반도 체제를 구상할 수 있을 것이다. 한반도 분단체제를 지탱하는 기존 세계질서의 균열은 한반도 평화와 관련한 국제정치적 구조를 깰 기회가 될 수 있기 때문이다. 그동안 한반도 평화구축에 대한 논의는 세계체제와 주변 강대국들의 역할이 지대했다. 하지만 세계질서의 재편 과정에서는 한국이 기존 질서 아래서 선택할 수 없었던 새로운 선택도 가능하다. 역설적으로 세계질서의 재편기가 한반도의 분단체제를 평화 체제로 전환할 수 있는 적절한 시기일 수도 있는 것이다. 물론 쉽지 않은 문제이다. 하지만 이 격변의 시기, 대한민국이 능동적 주체가 되어 한반도의 분단체제를 새로운 체제로 전환하기 위한 국가 대전략을 수립할 필요가 있다.

이 책이 제시하고 있는 새로운 한반도 체제는 한반도가 냉전 시기부터 유지해온 분단체제를 종식하고 새롭게 정착시킬 한반도의 미래상을 의미한다. 정권의 변화와 무관하게 지향할 수 있는 한반도 평화와 통일, 번영을 위한 체제를 구상하자는 것이다. 이를 위해서는 '하나의 한국'을 탄생시키는 '과정'에서 분단체제를 극복하고 한반도 평화체제를 정착시키기 위한 담론을 형성해야 한다.

이러한 차원에서 이 책은 한국 정부가 세계질서의 재편 과정에서 추구해야 할 새로운 한반도 체제 구상의 방향성을 제시하고자 한다. 한국 정부가 세계질서의 재편 과정에서 시대적 변화에 부응하는 새로운 한반도 체제를 제시할 수 있다면, 세계질서의 재편기는 한반도에 도약의 기회를 제공하는 결정적 순간이 될 것이다. 우리는 현존하는 세계질서의 부산물인 분단체제를 극복하고, 평화와 번영을 촉진하는 새로운 한반도 체제를 형성하기 위한 국가 대전략을 수립해야 한다. 이를 위해서는 한반도에 지대한 영향을 미친 현재의 세계질서가 어떻게 형성되고, 어떠한 도전에 직면하는지를 살펴볼 필요가 있다. 아울러 미국, 중국, 일본, EU 등 주요국이 세계질서를 어떤 시각으로 바라보고 대응하는지에 대한 고찰도 필요하다. 그리고 마지막으로 세계질서가 한반도의 정치 · 안보, 경제 · 외교 분야에 미친 영향을 분석하여, 세계질서 재편기에 한반도가 나아가야 할 길을 제시하고자 한다.

제1부 다이제스트

　주요 국제정치이론이 세계질서를 어떻게 분석하고 있는지 살펴보고, 이를 바탕으로 향후 세계질서 예측에 어떠한 함의를 줄 수 있는지 분석한다. 다양한 국제정치이론이 있지만, 이 책은 현실주의, 자유주의와 구성주의를 중심으로 세계질서를 분석하고 시사점을 제시하고 있다.

　현실주의는 무정부 상태의 국제정치 무대에서 군사력이 가장 중요한 요소이며, 패권국의 질서 유지를 따른다고 본다. 향후 20~30년 동안은 미국이 중국보다 군사력 우위를 유지할 수 있고, 미·중 간의 군사력 격차가 유지될 수 있어 미국 패권의 유지 가능성에 무게를 둔다. 그러나 21세기 중반 이후는 미·중 간의 군사력 균형에서 미국의 압도적 우위를 예단하기 어려워, 미국이 군사적으로 앞서는 기간 동안 어떠한 대중 전략을 구사하여 중국과의 관계를 설정하느냐가 향후 세계질서를 결정짓는 데 가장 중요하다고 본다.

　자유주의는 현실주의와 마찬가지로 주권 국가들의 세력 배분 구조를 중시한다. 하지만 국가들의 공통이익에 기반한 협력과 협력의 제도화 가능성에 주목할 필요가 있다고 설명한다. 미국의 패권 약화와 미·중 전략경쟁에도 자유주의자들은 여전히 민주주의 국가 간의 규범적 협력이 미래 세계질서에서 가장 중요한 기초라고 본다. 패권 국가인 미국이 자유주의 세계질서를 유지하는 데 명백한 한계를 드러냈음에도, 더욱 강화된 자유주의 질서와 다자협력이 현재의 질서 문제를 해결할 수 있다고 강조한다.

　구성주의는 세계질서의 정체성과 규범을 강조한다. 미국 주도의 세계질서는 다자주의 규범에 기초하며, 이에 기반한 집합 정체성이 세계질서 유지에 역할을 한 것으로 본다. 중국이 미국의 패권에 도전한다고는 하지만, 미국이 주도해 정립한 자유주의 질서의 규범적 측면을 급속히 변화시킬 수는 없다. 따라서 중국이 미국 주도 질서의 관념적 기초를 대체할 새로운 규범을 내놓을 수 있는지를 향후 세계질서 재편의 관건으로 본다.

구조주의는 세계 경제와 지구 자본주의 양상에 주목하고 있다. 1990년대부터 시작된 워싱턴합의와 전 지구적인 신자유주의, 세계화, 금융자본의 초국적 자본화 등의 문제에 주목한다. 2008년 세계금융위기가 패권국인 미국의 도덕적 해이가 결합하여 나타난 현상임을 고려하면, 구조주의적 분석이 타당하다고 볼 수 있다.

코로나19 사태 이후 기존의 주류 국제정치이론이 새로운 이슈에 대해 충분히 논의하지 못했다는 비판도 제시되고 있다. 지구화 과정에서 나타나는 다양한 악재를 해결하기 위한 비판적 관점이 필요한 상황이다. 주류의 국제정치이론들은 새롭게 등장하는 지구적 문제를 분석하고 해결하려는 노력이 현저히 부족하다는 평가를 받는다. 따라서 향후 학제 통합적 연구로부터 많은 영감을 얻을 필요가 있다. 특히 한국이 처한 지정학적 갈등을 고려하면, 현실주의 시각을 바탕으로 향후 세계질서의 협력적인 면과 신흥 이슈에 대비하기 위한 다각적인 이론적 시각을 개발하기 위해 노력해야 한다.

제2부 다이제스트

미국 주도의 자유주의 세계질서 변화를 이끄는 영향 요인은 다양하다. 다양한 요인 중에서도 이 책은 IPE와 코로나19를 포함한 신흥안보 이슈에 주목하고 있다.

IPE는 이 책이 현존하는 세계질서의 균열이 본격화된 시점으로 상정한 2008년 세계금융위기를 잘 설명해 준다. IPE 측면에서 세계 경제질서의 쟁점과 방향성을 미·중 관계를 중심으로 논의하고, 자유주의 세계 경제질서의 미래 모습을 전망한다. 최근 미·중의 정책 담론을 분석한 결과 자유주의 세계질서에 대한 명확한 대안은 제시하지 않고 있지만 질서의 토대가 흔들리는 모습은 포착된다. 세계 경제질서 재편의 전망은 글로벌 생산 네트워크와 WTO, 메가 FTA 등을 핵심 쟁점으로 가늠할 수 있다. 이에 더해 전 세계적인 부채 증가로 인한 세계 경제위기의 재현 가능성 등을 종합적으로 고찰하고 있다.

코로나19 등의 신흥안보 이슈는 어느 한 국가나 지역에 국한된 문제가 아니라 세계 정치질서와 리더십을 근본적으로 변화시키는 전 지구적 차원의 안보 문제로 부상하고 있다. 과거와 달리 도전의 질적 양태가 근본적으로 바뀌고 있어 전통적 안보에 매몰되어서는 새로운 도전적 이슈들이 제기하는 난제들에 대응할 수 없다. 이러한 맥락에서 새로운 유형의 안보 위협 부상과 이것이 촉발하는 질서 변화의 파급력을 분석해야 한다.

코로나19 팬데믹은 위기 극복을 위한 전 지구적 차원의 대응과 공공재 제공이 가능한 리더십의 필요성을 증대시켰다. 코로나19 팬데믹 국면에서 '신뢰할 수 있는 투명한 정보의 공유', '과학적 사실에 기반한 방역 지침과 보편적 적용',

'의료 자원의 원활한 생산과 공급' 등 구체적인 요구가 제기된다. '백신 민족주의'로 대표되는 국익 중심의 한계를 극복하고, 지구적 차원의 공동체 안전 확보 노력이 필요하다는 주장에도 힘이 실린다. 향후 세계질서는 이 외에도 기술안보나 기후변화 등의 다양하고 새로운 이슈들로부터 끊임없는 도전을 받을 것으로 전망된다.

제3부 다이제스트

    이 책은 한반도 주변 주요국의 세계질서를 바라보는 시각을 분석한다. 현존하는 세계질서를 주도하는 미국과 패권국 미국에 도전하는 중국, 그 사이에서 갈등하며 전략적 선택을 고심하는 일본과 EU를 분석대상으로 삼고 있다. 세계질서를 바라보는 각 국가의 시각을 정리하면 다음과 같다.

    먼저 미국의 시각은 패권국 내부의 국내 정치 동학과 패권국의 특이성에 따른 패권 질서 변이에 주목하는 제3세대 패권 연구Hegemonic Studies 3.0를 기반으로 분석한다. 최근 미국의 대전략 패러다임이 자유국제주의에서 현실주의로 전환되는 모습에 주목하고 있다. 미국이 자유주의 세계질서의 핵심 규범과 제도를 일부 수정하여 유화적 타협을 이룰 가능성이 점쳐진다.

    중국은 끊임없이 미국 주도의 자유주의 세계질서가 불공정하고 불합리하다고 주장하면서 새로운 세계질서 구축의 필요성을 제기한다. 중국은 국제정치 무대의 핵심 행위자로 등장한 2008년 세계 금융위기 이후, 미국 주도의 세계질서가 불확실성 하다고 평가하면서 국제관계의 민주화를 실현할 수 있는 세계질서로 대체되어야 한다고 주장한다. 강대국들이 '힘의 정치'와 패권을 행사하지 않고, 약소국이 존중받고, 간섭받지 않고, 공평하게 이익을 분배받는 구조가 필요하다고 강조한다. 사실상 중국은 자유주의 세계질서에서 가장 큰 혜택을 받은 국가이다. 그런데도 중국은 국가적 차원에서 자유주의의 제도와 규범을 영역별로 선택·수용하면서 운신의 폭을 넓히려고 노력하는 모습을 보이고 있다.

    일본은 제2차 세계대전 패망 이후 현실주의적인 판단하에 '저비용으로 편승하는 무역 국가'를 국가전략으로 삼고, 평화 국가를 지향하는 모습이다. 하지만 걸프전과 북핵 위기 등의 대외적 요인과 일본 국내정치적 상황에서 보통국가론이 주목을 받고 있다. 일본은 미·일 동맹을 중심으로 국제적 협력관계를 구축하고, 역내 힘의 불균형을 초래한 중국의 부상에 효과적으로 대응하고 있다. 이러한 노력은 향후 세계질서의 재편 과정에서 일본이 주도적인 역할을 하는 데 도움을 줄 수 있다는 인식을 바탕에 둔 전략이다.

EU는 개별국가로서의 EU 회원국과 통합체인 EU라는 '두 개의 유럽'으로 구분해서 볼 필요가 있다. 두 개의 유럽은 국가성과 통합성 중 어디에 무게중심을 둘 것인가에 관한 문제로 귀결된다. 제2차 세계대전 직후 평화 체제 구축과 전쟁 방지를 위해 유럽통합 운동을 전개할 당시의 EU와 현재의 EU는 전적으로 다르다. 2008년의 미국발 세계금융위기와 미·중 갈등, 브렉시트Brexit 등이 잇따라 발생하면서 EU에 균열이 생겼고, 유럽 주요국들이 미국의 입장에 동조하지 않는 상황이 발생했기 때문이다. EU와 중국 간의 경제협력 증진 결과가 미국 주도의 자유주의 세계질서의 균열을 불러온 것이다. 두 개의 유럽이 미·중 경쟁이 추동하는 질서 개편 과정에서 어떠한 선택을 하느냐에 따라 유럽통합과 세계질서의 향방이 달라질 수 있다.

제4부 다이제스트

　세계질서의 형성과 재편 과정이 한반도와 한반도 문제의 당사국인 한국에 미치는 영향을 분석한다. 세계질서가 한국의 정치 · 안보, 경제 · 외교 분야와 어떻게 연계되는지를 밝혀 새로운 한반도 체제의 방향성을 제시하기 위한 고찰이다. 세계질서가 특정 국가의 상황에 어떠한 영향을 주는지를 학문적으로 분석하는 일은 매우 어려운 과제이다. 특히 한국과 같이 대외 의존성이 높은 국가는 어느 한 분야의 학문적 분석만으로는 이해하기 어려운 포괄성이 존재하기 때문이다. 그럼에도 불구하고 이 책은 세계질서가 한국 정치 · 안보와 경제 · 외교 분야에 미친 영향을 분석하고자 한다.

　가장 먼저 세계질서가 한반도의 정치 · 안보 분야에 미친 영향을 분석한다. 분단 2년 만에 경험한 한국전쟁으로 인해 남북한은 안보(주권)를 확보하는 일을 최우선 국가목표로 삼게 된다. 한국은 주권 문제를 한 · 미 동맹에 의존해 해결하고자 하였고, 모든 가용 자원을 동원하여 '세계화' 추진에 역량을 집중했다. 냉전기 한반도의 분단구조는 글로벌 수준의 냉전 구조가 생성, 발전, 공고화 및 해체되는 과정과 적극적으로 결합한 바 있는데, 남북한의 적대적 공존은 소위 '안보 부재의 정치politics of insecurity' 과정을 잘 보여 주고 있다. 탈냉전기 직후 북한이 선택한 핵 개발을 통한 체제 위기 극복 과정은 미국의 '아시아 안보 전략'과 북한의 '한반도 상시 위기를 통한 생존전략'의 결합을 보여 준다. 2008년 세계금융위기 이후 사회 · 경제적 양극화와 연동된 '대의민주주의 위기'도 시작됐고, 미국의 대북정책 균형 상실과 미 · 중 갈등의 악화로 인해 동아시아 안보 구조의 공백이 발생해 북한에 기회로 작용하고 있다. 전후 질서에서 수립된 자유주의 세계질서가 세계적인 불안과 결합한 위기가 촉발된 것이다.

다음으로 세계질서가 한반도 경제·외교 분야에 미친 영향을 분석한다. 한국 전쟁 이후 한국은 미국의 원조를 기반으로 국가 재건에 힘쓰고, 한국경제의 발전을 위한 정책 추진에 집중할 수 있었다. 한국은 중진국으로서 국제기구에서의 역할이 강화되었으며, 세계 여러 나라와 경제적 상호의존 및 협력 강화를 추진해나가고 있다. 한국은 자유무역 원칙을 추구하며, 무역·통상 분쟁 등의 문제는 국제제도를 적절히 활용하여 풀어나가고 있다. 다시 말해 한국은 자유주의 질서에 적극적으로 편승하여 편익을 누리고 있다고 볼 수 있다. 자유주의 세계질서에 편승한 이익 추구는 외교적 측면에서도 나타난다. 냉전 시대 한국은 국제사회에서 주체적인 행위자이기보다는 강대국들의 정책을 받아들이는 수동적 행위자에 불과했다. 하지만 UN 가입 이후 한국은 국제사회에서 활발한 활동을 전개하고 있으며, 주변국들과의 지역적 협력을 증대하기 위한 다자외교정책도 추진하고 있다. 현재도 한국은 개발협력과 환경 분야, 공공외교 등을 중심으로 외교적 다변화를 추진하고 있다.

남북한은 분단 이후 지난 80여 년 동안 체제 경쟁을 펼치고 있다. 글로벌 차원의 냉전 시기인 1960~70년대의 남북한은 서로를 위협적으로 바라보며, 대내적 통제를 유지하며 불편한 공존을 추구했다. 한반도 분단체제는 미·중 데탕트와 소련의 붕괴에도 유지되어 한반도는 마지막 남은 냉전의 유산으로 기록되고 있다. 양극체제가 단극체제로 전환되는 과정에서 불거진 북핵 문제는 한반도를 지역 불안정의 진원지로 만들었고, 탈냉전기 남북한의 화해와 협력을 가로막는 원인으로 지목되고 있다. 분단체제의 장기화에 대한 우려의 목소리는 2008년 세계금융위기 이후 더욱 거세졌다. 미국발 금융위기와 중국의 지속적인 성장으로 두 강대국의 경쟁이 한층 심화했기 때문이다. 두 국가가 글로벌 리더십과 아시아 영향력을 두고 경쟁을 격화할 경우, 한반도는 미 · 중 대결의 최전선이 될 수 있기 때문이다. 남북한이 미소 냉전 당시 체제 대결을 지속하였듯이, 21세기 미 · 중 대결 구도가 고착화되면 한반도 분단체제는 유지될 수밖에 없을 것이다.

시간이 지나면서 세계질서 변화를 추동하는 또 다른 이슈들이 속속 등장함에 따라 세계질서 재편의 방향성과 과정을 가늠하기가 어렵게 됐다. 다양한 초국가적 이슈의 등장은 국제사회에 새로운 유형의 고통과 위기를 선사할 가능성을 높이고, 파괴적 경로로 이끌 위험도 고조시키고 있다. 물론 정반대로 초국가적 협력과 초연결 글로벌 환경 구축을 실현하는 촉매로 작용할 수도 있다. 하지만 세계질서의 재편 가능성과 핵심 촉발 요인 모두 불확실한 상황이기에 예단은 이르다. 우리는 이러한 불확실한 상황 속에서 어떤 준비를 해야 할까? 이 책은 이에 대한 해답을 제시하기 위해 긴 여정을 지나왔다.

이 책은 마지막에서 세계질서의 재편이 한반도에 미치는 영향을 분석한 결과를 종합하여, 한반도 평화와 번영을 이끌 수 있는 새로운 한반도 체제 구상을 위한 제언을 하고 있다. 새로운 한반도 평화 체제를 구축할 담론의 형성과 한국이 주체적으로 한반도의 분단체제를 평화 체제로 전환할 수 있는 환경을 조성하려면 어떤 노력이 필요하고, 그 방향성은 무엇이어야 하는지를 제시하고자 한다. 하지만 새로운 한반도 체제 구상을 구체화하거나 직접 설계하여 단계적 로드맵을 제시하지는 않는다. 한반도가 분단체제를 극복하고 수립해야 할 새로운 한반도 체제라는 미래상을 세계질서 안에서 살펴보고 국가 전략적 차원에서 검토할 뿐이다. 다양한 경로와 유형으로 나타날 수 있는 세계질서의 재편 과정에서 새로운 한반도 체제 수립을 위한 거대 담론의 형성과 시나리오는 추후 과제로 남겨둔다. 이러한 한계에도 불구하고, 세계질서 재편기에 새로운 한반도 체제를 모색하기 위한 구체적 논의를 시작해야 한다는 문제의식을 공론화하는 역할을 한 것만으로도 이 책의 발간 목적을 달성했다고 평가할 수 있다.

세계질서에 대한
국제정치이론적 고찰

세계질서에
대한
국제정치이론적
고찰

  급변하는 세계질서에 대해 여러 학문 분야는 각각의 이론적 분석을 시도한다. 국제정치학 역시 기존 이론의 다양한 패러다임에 기초해 현재와 미래의 세계질서를 분석하고 예상한다. 현실주의와 자유주의 그리고 구성주의와 구조주의 등을 포함한 다양한 비판이론들과 대별對別되는 국제정치이론의 패러다임은, 20세기 국제정치를 분석한 논의들로 1990년대 이후의 탈냉전기 그리고 현재와 미래의 세계질서를 분석하고 있다.

  질서order란 "다양한 행위자가 지향하는 목표이자 예측 가능한 결과를 산출하는 행위와 기대 배열 및 형태"라고 정의할 수 있다.[1] 또한 "구성 국가들의 상호작용을 통제하는 국제제도의 조직화 된 전체"라고도 할 수 있다.[2] 국제정치는 질서를 지구적·지역적·소지역 차원 등으로 나누어 고찰하는데 이때 주권국가sovereign state를 핵심 행위자로 간주한다. 하지만 냉전 종식 이후는 국가뿐 아니라 개인과 사회, 기업, 이익집단, 시민단체, 국제기구, 초국가적 이익집단 및 옹호 집단 등 다양한 행위자들이 등장했다. 따라서 국제정치는 다수의 행위자가 산출하는 다양한 질서를 고려하는 세계질서의 분석이 된다.

  근대 국제정치는 주권국가를 주된 행위자로 보기 때문에 국가 이외의 권위를 인정하지 않는다. 이로써 국제정치 질서는 기본적으로 무정부상태의 조직원리에 기반을 둔다. 일정 수준을 넘는 국가 간의 상호작용이 빈번하게 발생할 경우, 국가 간의 반복적인 행위 패턴이 등장하기 마련인데, 헤들리 불Hedley Bull의 정의에 따라 국제체제라고 부른다.[3] 국제체제에 속하는 국가들이 규범과 가치를 공유하고 행동할 때, 국제체제는 국제사회로 변모될 수 있다. 물론, 국제체제의 상호작용이 발생하려면 최소한의 규범이 존재해야 하므로 모든 국제체제는 국제사회라고 할 수 있다. 그러나 국제사회는 통상적인 상호작용의 규범보다 더 강력한 규범이 존재해야 한다.

　반면, 현재의 국제정치는 초국가적 현상들이 질서를 만들어내기 때문에 이를 해결하기 위해 주권국가뿐 아니라 비국가 행위자들이 함께 노력해야 한다. 조지프 나이Joseph Nye의 표현에 따라 세력전이power transition와 세력 확산power diffusion이 동시에 발생하는 시대이기 때문이다.[4] 특히, 강대국으로 구성된 주권 국가들이 세계질서를 주도하거나 결정하지 못하는 시대로 접어들고, 주권국가의 권능이 점차 약해지는 상황이라면, 세계질서는 국가 간의 세력 배분과 세력전이로만 분석할 수 없다. 세력 확산과 비국가 행위자들이 끼치는 영향과 신흥 국제정치 이슈의 역할이 더욱 중요해질 수 있다. 이는 근대 주권국가 질서를 넘어서는 탈베스트팔렌 이행으로 이해될 수 있다.

　모든 국가는 주권을 소유한다. 그러나 국가의 주권 소유가 국가 간의 모든 상호작용을 통제한다는 의미는 아니다. 스테판 크래스너Stephen Krasner의 주권 정의에 따르면, 주권은 4가지 의미를 지닌다. ① 국제법적 주권, ② 국내적 주권, ③ 베스트팔렌 주권, ④ 상호의존 주권이다. 이중 상호의존 주권은 자국 국경을 넘는 활동에 대한 통제력을 뜻한다.[5] 국가 간의 상호작용이 활발한 상황을 통제할 수 없다면, 상호의존 주권의 약화가 나타날 수 있다. 현대 국제정치 환경에서는 미국과 같은 세계 초강대국도 자국과 관련된 모든 거래행위를 통제할 수 없어 상호의존 주권의 약화를 겪는다. 미국의 단극체제가 유지되는 현 세계질서 아래서 벌어진 9 · 11 테러, 경제위기, 코로나19 사태 등은 미국의 상호의존 주권의 약화를 보여준 대표적인 사례다.

　국제정치이론은 근대 국제정치 변화를 분석하고, 세계질서 흐름을 분석하고 예측하는 데 이바지한다. 하지만 급변하는 21세기 국제정치와 세계질서를 분석하는 데는 미흡한 점이 있다. 이러한 전제로, 현재 국제정치이론이 세계질서 분석에 어떤 내용을 제시했고, 향후 세계질서를 예측하는 데 어떤 함의를 줄 수 있는지를 살펴보기로 한다.

1장 현실주의 국제정치이론과 세계질서

미국의 군사적 패권 질서 지속

20세기에 성립된 국제정치학은 현실주의 국제정치이론을 중심축으로 발전해왔다. 특히 신현실주의(구조적 현실주의) 국제정치이론은 세계질서 형성에 세력 배분 구조를 가장 중요한 변수로 삼는다. 국제정치가 무정부상태의 조직원리에 기반하고, 국가들은 기능적 미분화 상태에서 국력의 배분에 따라 질서를 수립하기 때문이다. 특히, 군사력(국력)의 지구적 배분 구조가 국제정치의 중요한 흐름을 결정하고, 경제력과 이념의 힘은 보완적인 변수로 작용한다.

현실주의 관점에서 접근하면 냉전기는 미국과 구소련의 양극체제로 규정되고, 탈냉전기는 미국의 단극체제로 규정한다. 미국은 군사력 측면에서 여전히 단극체제의 지배력을 지니지만, 중국의 부상으로 향후 세력 배분 구조는 가파르게 변화할 것으로 판단된다. 현재는 미·중 전략경쟁의 시대로 볼 수 있지만, 양극체제로 규정하기에는 중국은 국력이 다소 부족하고, 단극체제라고 하기에는 미국의 힘이 못 미친다.

세계질서를 규정하는 또 다른 변수는 초강국이 단극을 이룰 수 있는 패권으로서 역할을 제대로 하는지에 달렸다. 엄밀히 말하면, 단극체제를 뜻하는 단극과, 단극을 이루는 최강국은 패권의 의미와는 다른 측면이 있다. 최강국으로서 단극은 국력의 배분 구조를 토대로 정의되기 때문에 군사력, 경제력, 혹은 종합 국력 등 어떤 국력을 기준으로 삼는지에 따라 달라질 수 있다.

안토니오 그람시Antonio Gramsci에 따르면, 패권은 단순한 강제력domination이 아

제1부 세계질서에 대한 국제정치이론적 고찰 5

닌 동의를 얻을 수 있는 능력을 의미한다.[6] 패권국의 지위에 오르려면, 다른 국가들에 대한 강압적 힘과 다른 국가들의 동의를 끌어낼 수 있는 설득력과 규범의 힘을 동시에 지녀야 한다. 랜달 스웰러Randall Schweller의 기준에 따르면, 한 국가가 전체 국제체제의 50% 이상의 국력을 소유하고, 2위 국가가 1위 국가 국력의 절반에 미치지 못할 때 비로소 단극체제라고 할 수 있다.[7]

패권의 조건은 다른 국가를 훨씬 뛰어넘는 압도적인 군사력을 유지할 수 있는 경제력이 최우선이다. 패권에서 힘의 조건은 시대에 따라 달라질 수 있다. 19세기 영국은 "해군력에서 2위와 3위 국가 국력의 합보다 많은 군사력을 소유해야 한다."라는 2대 강국의 기준two power standards을 제시했다. 미국은 "중동과 아시아 등두 곳 전장에서 동시에 전쟁을 수행하여 모두 승리할 수 있어야 한다."라는 기준을유지한 바 있다.

동의에 기반한 지배력과 이념 및 규범의 힘을 갖지 못한 채 단극의 힘만을 소유한 국가는 비패권적 단극이 된다. 미국은 1945년 이후 자유주의 세계질서를 구축했다. 이뿐 아니라 자유주의 규범에 대한 국제사회의 동의도 얻음으로써 그람시적 의미에서 패권국의 지위를 확보했다고 평가할 수 있다. 비교적 최근, 로버트길핀Robert Gilpin의 정의에 따르면, 트럼프 정부 시기의 미국 패권은 시혜적benevolent 패권이 아닌 강압적 패권에 가깝다.[8] 이렇듯 강압적 패권의 행태를 보인 패권국이다시 시혜적 패권으로 회귀할 수 있는지는 논쟁의 여지가 있다. 하지만 미국의 경우, 강압적 패권의 요소를 과거에도 여러 번 표출한 적 있다. 대표적으로 1985년플라자합의Plaza Accord는, 미국의 경제력 강화를 위한 강압적인 정책이었다고 볼수 있다. 이런 경우를 마이클 매스탄두노Michael Mastanduno의 정의로 설명하면, 패권국은 체제를 조성하는 조성자system maker이자 특권을 행사하는 특권 국가privilige taker이다.[9]

미국은 냉전기 때 공산권으로부터의 안보를 제공한다는 명분을 내세워 일본, 독일 등으로부터 경제적 양보를 끌어내는 강압적 패권을 행사했다. 패권은 패권 국가의 국력을 이용해 국제사회의 질서를 세우기 때문에 주기적으로 자원이부족해질 수밖에 없다. 이러한 자원 부족을 해소하기 위해 패권국은, 동맹국과 국제사회의 구성국으로부터 강제적·자발적 지원을 얻어 국력을 회복한 이후, 다시 시혜적 패권 정책을 시행하곤 했다.

현재 미국의 바이든Joseph Biden 정부는 탈냉전기 단극체제 질서 유지에 국력을 소모한 미국의 패권적 기반을 회복하기 위해 미국의 재강화build back better정책을 추진하고 있다.[10] 미국의 중산층이 약화한 상황에서 대외적으로 개입주의적이고 적극적인 외교정책을 시행하기가 어려우므로 미국의 경제재건을 위한 정책 추진이 불가피하기 때문이다. 미국은 9·11테러 이후 반테러 전쟁과 중동전쟁으로 막대한 군사비를 지출하여 재정적자가 축적된 상태이다. 2008년 세계 경제위기와 코로나19 등의 위기가 미국의 경제문제를 악화시켰다. 이를 해결하고자 트럼프 정부는 동맹국에 대한 강압 전략coercive strategy을 추구했고, 바이든 정부는 중산층에 초점을 맞춰 미국 경제회복에 필요한 다양한 대외정책을 시행하고 있다. 그런데도 미국 재강화 정책의 성공 여부는 예단할 수 없다. 미국이 패권적 영향력을 회복하려면 당분간 동맹국과 전략적 파트너 국가들과의 경제협력을 추진해야 하기 때문이다.

그런데도 현실주의자들은 군사적 측면의 패권을 가장 중요한 기준으로 여긴다. 무정부상태의 국제정치 무대에서는 군사적 승리를 이끌 수 있는 패권국이 질서를 확립할 수 있으므로 미국에 도전하려는 강대국이 부재하면 미국의 패권이 유지되기 때문이다. 마이클 베클리Michael Beckley는 향후 수십 년 동안 미국이 유일한 초강대국으로 남을 것으로 전망한다.[11] 이는, 중국이 미국을 추월할 것이라는 기존의 주장을 반박하는 전망이다.[12] 베클리는 국력을 계산하는 대부분의 연구가 국내총생산Gross Domestic Product: GDP과 군사비 등의 지표를 통해 중국과 인도 등의 국력이 과장되게 나타났다고 주장한다. GDP와 군사비 등의 지표는 국가의 실질적인 힘을 측정하는데 중요한 생산, 복지, 치안 비용 등을 포함하지 못하고, GDP는 부채와 투입비용까지 합산되어서 순자산을 정확히 파악할 수 없다는 것이다.[13]

베클리는 이를 바로 잡기 위해서 GDP에 1인당 GDP를 곱한 값으로 부의 순자산에 기초한 국력 지수를 제시했다. 국력 지수를 바탕으로 과거 강대국 간의 경쟁을 분석하면 더 정확한 결과를 얻을 수 있다는 것이다. 그는 미국과 중국의 국력을 비교하여 다음과 같이 분석한다. 중국의 경제성장은 절대적으로 큰 액수가 맞다. 하지만 중국의 비효율성과 막대한 생산 비용, 거대 인구에 대한 복지 비용, 안보 비용 등을 고려하면 중국의 실제 국력은 과대평가 되었다. 그는 인적 자본human capital도 미국과 비교해 중국이 몇 배 낮은 수치라고 분석한다. 생산성 측면에서도 미국이 중국보다 평균 7배가량 높은데, 교육, 건강, 조직적 측면에서 차이가 나기 때문이다. 기타 조직과 복지·치안 비용, 자연 자원natural resources 등에

서도 미국이 중국보다 훨씬 유리한 위치에 있다고 그는 평가한다.[14]

특히 중요한 군사력 부분에서도 미국은 중국보다 5~10배 이상 많은 순 군사 자산을 보유하고 있다. 전체 국방비 역시 중국보다 훨씬 높은 수준을 유지할 것으로 본다. 병력 부분에서도 숫자뿐 아니라 기술력을 더하면, 미국이 세계 최고 수준이며 기술 부문에서는 특히 큰 차이를 보인다. 기타 조달과 군수, 신무기 개발 및 혁신 등에서도 중국을 압도할 것이다. 베클리는 향후 미국이 패권의 지위를 계속 고수할 것이며, 이를 위해 효율적인 전략 추구가 필요하다고 주장한다.[15]

최근 베클리는 바이든 정부의 군사전략을 분석하고, 중국에 대한 대응 전략을 내놨다. 미국이 중국의 억제전략에 집중하려면 아시아 지역을 제외한 군사적 도전에서는 최소한의 군사력으로 대처해야 한다. 태평양억제구상Pacific Deterrence Initiative: PDI을 더욱 활발히 하고, 오바마Barack Obama 정부 때 시작한 아시아재균형 전략Asia Rebalancing Strategy을 군사적으로 가열하게 추진해야 한다. 다영역작전Multi-Domain Operations도 그에 걸맞은 군사혁신을 지속해야 한다. 이를 위해서는 군사전략의 최상층의 전략 결정이 매우 중요하므로 중국을 압도하기 위한 군사전략에 총력을 기울여야 한다는 것이다.[16]

누노 몬테이로Nuno Monteiro 역시 단극체제를 힘의 배분 상태로 규정한다. 미국을 군사적 절대우위를 가진 세계 최강의 지도국이라고 보는 것이다. 군사력이 가장 중요하다는 몬테이로는 경제적 양극 또는 다극체제와 군사적 단극체제가 양립 가능하다고 주장한다.[17] 즉, 군사적 단극과 경제력 혹은 잠재력 부분에서의 다양한 세력 배분 구조가 양립할 수 있다는 것이다.

몬테이로는 향후 미국의 군사적 단극이 별다른 변화를 겪지 않으리라고 전망한다. 경제적 혹은 기타 국력에서 양극 혹은 다극이 공존할 때 어떤 결과가 나올지가 더 중요하다는 것이다.[18] 통상적으로 강대국은 양극 혹은 다극 체제에서 자국을 넘어 군사력을 투사할 수 있는 국가를 의미한다. 반면에 단극체제에서는 단극 국가의 공격을 스스로 막을 수 있는 국가를 의미한다. 이는 단극이 압도적 힘의 우위를 누리지만, 단극의 전횡을 우려하는 국가 간의 균형 전략을 피하기 어렵다는 인식이 깔린 것이다. 하지만 단극의 경성권력hard power이 압도적이기 때문에 균형 전략이 비효율적일 경우, 연성 균형soft balancing과 제도적 균형institutional balancing을 통해 균형을 추구할 수 있다.

몬테이로는 단극체제의 유지 가능성은 '체제 특성'과 '단극 국가의 전략'에 달렸다고 본다.[19] 군사적 차원에서 단극 국가와 도전 국가 간의 전쟁 비용이 많을수록 단극 국가에 대한 군사적 도전 가능성은 줄어든다. 또 단극 국가가 도전 국가의 경제성장을 체제적으로 흡수할 경우, 도전 국가는 군사적 도전을 시도할 유인이 줄어들 수 있다. 반대로 단극 국가가 도전 국가의 경제적 성장을 억제할 경우, 도전 국가는 군사적 도전을 통해 자신의 위상을 확보하려고 시도하기 때문에 군비경쟁이 일어날 수밖에 없다. 따라서 군사적 단극을 유지하면서 다른 국가들의 경제적 성장을 흡수할 수 있는 틀을 만드는 것이 매우 중요하다.

　단극 국가가 원하는 정책 결과를 얻기 위해 무엇이 더 효과적인가에 대해서는 논쟁의 여지가 있다. 압도적 힘을 지닌 국가가 원하는 정책을 가볍게 얻을 듯하지만, 반드시 그렇지만은 않다. 국제정치에서 다양한 문제가 발생할 경우, 그 책임 소지를 단극 국가에 전가하는 경향이 강하기 때문이다. 따라서 미국의 단극 체제에 반발하는 불법 국가들이 증가하는 건 어쩔 수 없다. 이로써 불법 국가에 대항하는 주변국들의 대응이 격화해질 수 있다. 단극 국가가 지구적 정당성과 권위에 실패하면, 이에 대항하는 무력 대응이 증가할 수밖에 없는 것이다. 미국의 단극적 힘이 극에 달한 21세기 초, 미국이 테러의 대상으로 전락한 역설을 발생시킨 사건이 그 예이다.

　몬테이로는 미ㆍ중 경쟁에 대해서도 중국과 비교해 압도적인 군사력을 가진 미국이 패권을 유지하리라고 본다.[20] 하지만 몬테이로의 연구 이후, 미ㆍ중 간의 군사력 격차가 줄어드는 상황이 발생했기 때문에 미ㆍ중 경쟁을 재고해 볼 필요가 있다. 그간 중국이 핵무기라는 대미 군사적 방어 수단을 소유한 것이다. 즉, 2차 핵 공격 능력을 보유해 단극에 대한 군사적 안보를 확보한 것이다. 현재까지는 미ㆍ중 간 핵탄두의 불균형 및 운반수단의 불균형이 커 중국의 열세가 두드러진다. 하지만 중국이 핵탄두 증강을 빠른 속도로 추진하고, ICBM intercontinental ballistic missile, 대륙간탄도미사일은 물론 SLBM submarine launched ballistic missile, 잠수함발사탄도미사일과 전투폭격기 fighter bomber의 성능 개량도 서두르는 상황이다.[21]

　더불어 중국은 지속적인 경제발전을 통한 국력 향상에도 주력하고 있다. 단극으로부터의 방어 차원을 넘어 다른 지역에 군사력을 투사할 의도가 있는지는 미지수다. 지금까지는 중국이 군사적 현상 유지와 아시아 내 군사력 증강을 토대로 경제발전에 전략을 사용하는 것이 사실이다. 몬테이로는 미국이 군사전략에서 방어적 지배 전략을 추구하는 한편, 경제전략에서 수용전략을 택하면 결국 방어적 수용전략을 활용하여 패권을 유지할 거라고 본다.[22] 그러나 최근의 미·중 간 군사력 격차와 중국의 공세적 회색지대 전략을 고려해 볼 때, 미국의 공세적 전략이 곧 필요할 수도 있다.

이러한 현실주의의 견해는, 향후 미국의 군사적 우위와 미·중 간의 군사력 격차 추이 변화가 밀접하게 관련돼 있다는 것이다. 미국이 중국과 비교해 군사력 우위를 지닌 것은 사실이다. 하지만 미·중 간의 전반적인 국력 격차가 점차 줄어드는 상황이다. 중국은 COW correlates of war 데이터를 이용하는 복합 국력 지표 Composite Index of National Capability: CINC에서 이미 미국을 앞섰고, 구매력 기준 GDP에서도 2014년부터 미국을 앞질렀다.[23] 중국의 명목 GDP 역전도 애초 2030년으로 예측했지만, 코로나19 사태를 거치면서 2~3년 정도 앞당겨질 전망이다. 현재 미국은 GDP 기준 3.5% 안팎의 군사비를 지출하고 있지만, 중국은 군사비 지출이 1.5% 안팎에 그친다. 향후 2050년경의 GDP는 중국이 세계 1위이고, 미국이 중국의 80% 정도 수준을 기록할 전망이다. 만약 미·중이 현재와 같은 비중으로 국방비를 지출한다면, 미·중의 국방비가 거의 비슷해질 수도 있다.[24]

무기체계에서도 미국의 핵·미사일 전력이 중국보다 우세하고, 전략핵 균형에서만큼은 미국이 압도적으로 유리하다. 하지만 중국도 핵·미사일 개발에 박차를 가하고 있다. 따라서 훗날 미·중 간의 핵 균형과 상호확증파괴 mutual assured destruction의 상황이 도래하면, 과거 미·소 간의 핵 균형을 이뤘을 때처럼 핵 군축을 이루고 핵 부분에서 미·중 양극체제로 돌입할 가능성도 있다. 중국의 통상 전력에서의 빠른 현대화, 즉 군사화를 둘러싼 4차 산업혁명 경쟁에서의 승패가 미·중 간의 군사력 균형을 변화시킬 수도 있다. 현실주의 계열 이론가의 주장처럼, 향후 20~30년 동안은 미국이 중국보다 군사력 우위와 미·중 간의 군사력 격차를 유지할 수 있다. 그러나 장기적으로 접근하면, 21세기 중반 이후부터는 미·중의 군사력 균형에서 미국이 유리하다고는 장담할 수 없다. 중국이 최단시간에 미국을 공격할 수 있는 전략적 무기를 발전시킨다면, 미·중이 전략적 경쟁·타협을 이룰 수 있기 때문이다. 미국이 군사적으로 앞서는 기간 동안 어떤 대중전략으로 중국과의 관계를 설정하느냐가 향후 세계질서를 결정짓는 데 중요한 요소가 될 것이다.

바이든 정부는 중국과 협력 collaboration, 경쟁 competition, 대결 confrontation이라는 3C 전략을 추구하고 있다. 미국이 군사력 우위를 점하는 상황에서 중국과 경쟁과 협력을 동시에 추구한다면 미·중이 협력할 수도 있다. 그러나 중국이 미국과 전략·패권 경쟁을 계속하면서 국력 축적과 군사적 양극체제를 추구하면, 몬테이로의 예측과 달리 미·중 간의 협력은 기대할 수 없다.

미국 패권의 축소

미국의 군사력이 다른 국가를 압도하는 패권을 수립한다 해도 지구 전체의 안보를 완전히 이룰 수는 없다. 존 미어샤이머John Mearsheimer는 미국이 아무리 강한 군사력을 지녀도 절대적으로 안전한 본토와 동맹국의 안보를 이룰 수 없다는 점에서 절대적 안보의 불가능성을 논한다. 지정학적으로 격리된 미국의 경우 해양 차단의 이익을 누리기 때문에 미국의 안보는 상대적 안보에 그친다는 것이다. 따라서 서반구에서 확실한 지역 패권의 지위를 유지하면서도 다른 지역에서 등장하는 지역 패권을 막는 것이 핵심적인 안보 전략이다. 다른 지역에서 등장하는 패권을 그 지역에서 견제하지 않으면, 결국 미국의 이익에 심대한 위협이 되기 때문이다. 지역 패권을 추구하는 지역강대국을 선제적으로 제압하지 않을 경우, 결국 미국의 안보에 위해를 가할 수 있으므로 공격적인 안보 전략을 추구해야 한다는 점에서 미어샤이머의 현실주의는 공격적 현실주의라고 불린다.[25]

미어샤이머는 탈냉전기 미국의 단극체제 역시 제한적이었다고 강조한다. 그는 자유주의, 민족주의, 현실주의가 세계질서를 규정하는 세 가지 이념이라고 보는데, 미국이 자유주의에 기초해 패권을 추구한 독특한 국가라는 데 주목한다. 자유주의는 개인의 자유와 권리를 위해 정부의 개입을 최소화하자는 정치 이념이다. 이런 점에서 미국이 전 세계 인민의 자유 증진을 위해 노력하는 점은 지극히 옳다고 본다. 그러나 자유주의는 보편 이념이므로 개별국가와 지역의 특수성을 충분히 고려하지 않기 때문에 결함이 있다는 것이다.[26]

냉전기 미국은 공산권에 대한 대항 차원에서 세력 균형을 추구하고, 자유 진영의 가능한 범위 내에서만 자유주의 질서를 추구했다. 그러나 탈냉전기 미국은 그간의 현실주의 정책 이념보다는 자유주의 이념을 세계적으로 전파하기 위해 공격적인 자유주의·개입주의 전략을 시행했다. 자유주의 국가들에서는 전쟁이 일어나지 않는다는 민주평화론democratic peace theory의 이론적 근거를 따른 것이다. 이는 탈냉전기 초기 언급됐던 '역사의 종언'이라는 명제와도 맞닿아 있다.

그러나 미국은 단극체제에서 절대적 안보를 확보하지 못했다. 여전히 다른 강대국들의 균형 전략 대상이 되었고, 테러 집단과 약소국들의 도전에서도 벗어날 수 없었다. 자유주의 세계질서는 진정한 단극체제에서만 가능한데도 그랬다. 이런 돌발 변수에 미어샤이머는 미국이 진정한 단극체제가 되기에는 힘이 부족했다고 말했다.[27]

미국의 단극체제 전략은 자유주의 세계질서가 다수의 제3세계 국가와 피 개입국가들의 민족주의적 반대에 부딪혀 실패로 돌아간 것이다. 여기서 아이러니가 발생하는데, 미국 역시 겉으로는 보편주의적 자유주의 이념을 내세웠지만, 자국의 이익을 증진하려는 민족주의에서 벗어나지 못했던 탓에, 진정한 자유주의 부족을 낳았다고 미어샤이머는 비판한다.[28] 이러한 미국의 모순이 자유주의 외교 정책의 반향 속에서 미국 내 자유주의를 스스로 제한하는 결과로 이어졌다.

미어샤이머는 향후 미국이 세계질서를 주도하겠지만, 미국의 힘이 한정적일 수밖에 없어 보편적 자유주의나 개입주의를 추구해서는 안 된다고 주장한다. 오히려 중국과 제한된 상호의존 속에서 경쟁하는 질서가 바람직하다는 것이다. 그는 유럽, 중동 등 핵심 지역은 물론 제3세계에 대한 개입 역시 비판한다. 미국이 당사자로서 개입하는 것이 아니라 역외균형에 기반한 자제전략을 추구해야 한다고 한다.[29]

이러한 분석은 바이든 정부의 최근 외교전략과 밀접하게 연결된다. 바이든 정부는 미국에 가장 위협적인 국가로 중국을 지목하고 러시아와는 전략적 제휴를, 중동에서는 완전한 철수를 추진하고 있다. 2021년 8월 미국의 아프가니스탄 철수는 미국이 중동에 대한 역외균형 전략을 최초로 시도한 경우이다. 미국이 직접적으로 개입하기보다는 중동아시아, 중앙아시아 등에서 등장하는 지역 패권을 역외에서 방지하려는 전략이다.

반면, 미국은 유럽뿐만 아니라 아시아 국가들과는 동맹 강화를 통해 중국 견제에 집중하고 있다. 또 아시아 지역에서는 역외균형 전략보다는 전면적 개입전략을 실행하고 있다. 이러한 상황에서 미국 주도의 단극체제 질서는 과거의 한정적 유지보다는 중국과의 대결에 더욱더 집중할 듯 보인다. 미·중 간의 군사력 균형으로 볼 때, 냉전기와 같은 양극체제를 이룬다고 볼 수는 없다. 미국이 동맹국·전략적 파트너 국가들과 힘을 합치면 미·중 간의 균형적 측면에서는 미국이 훨씬 유리해지기 때문이다.

중국과는 제한된 대결을 해야 맞는다고 주장하는 목소리도 있다. 찰스 글레이저Charles Glaser는 약화하는 기존의 패권은 더욱 현실적인 전략을 채택해야 하는데, 핵심은 후퇴retrenchment전략이다. 후퇴전략은 사활적 이익vital interests과 부차적 이익secondary interests을 구별하는 것이 필수이며, 기존의 지구적 지도력의 관성에 빠져서는 안 된다. 글레이저가 제시하는 아시아전략 내용을 정리하면 다음과 같다. 첫째, 대만은 미국의 핵심 이익이 아니다. 둘째, 한국과 일본은 미국의 핵심 이익이기 때문에 반드시 지원하고 안보 공약을 확실하게 해야 한다. 셋째, 남중국해는 핵심 이익이 아니므로 언제든지 이 지역에서 후퇴할 수 있다. 사실상 미국의 대만전략은 대만의 안보적 중요성보다는 민주주의 국가 대만이 중국과 평화적으로 통일하는 것이 중요하다는 이념적 · 정치적 측면이 강하다.[30]

안보적 차원에서 중국이 대만을 통제할 경우, 미국은 서태평양으로의 진출이 쉬워진다. 또 일본과 한국 등 미국의 동맹 지원에 대한 의심의 도미노 현상이 나타날 우려도 있다. 하지만 이는 해결이 가능하다는 견해를 갖고 있다. 한 · 일 양국에 대한 미국의 안보 공약은 별도의 노력으로 확고히 전달할 수 있고, 대만을 통한 중국의 군사적 이점도 미국의 앞선 군사력으로 억지할 수 있기 때문이다. 남중국해 전체를 중국이 통제하더라도 평시의 자유항행에는 문제가 없다. 설사 미 · 중이 군사적으로 충돌해 남중국해가 중국의 강압 전략의 일부가 되더라도 전혀 문젯거리가 되지 않는다. 인도네시아, 필리핀 등 우회적인 수송로가 존재한다. 중국이, 미국이 통제하는 인도양을 통과하는 수송로를 포기할 수 없으므로 타협의 여지가 존재한다는 것이다.[31] 이는 미국 국익을 우선시하면서 매우 현실적인 방향으로 세계질서를 재조정하려는 현실주의적 사고의 한 측면을 나타낸다.

미국이 대만을 양보하는 조건으로 남중국해에서 중국의 후퇴를 요구하는 그랜드 바겐grand bargain이 존재하지만, 현시점에서는 늦었다는 지적도 있다. 이는 핵심 동맹을 지키고, 부차적 지역에 대한 미국의 안보 공약을 약화하는 등 대중 유화정책을 추진하는 것이 패권의 전략으로 가장 합리적이라는 점을 강조하는 것이다.[32]

세력전이 전쟁 가능성과 패권의 향방

미국이 단극체제 상황에서 패권 유지에 대한 기반을 약화한 것은 사실이다. 9·11테러 이후, 중동의 과도한 개입과 2008년 세계 경제위기를 겪으면서 패권의 경제적 기반을 재건하지 못했다. 세계화라는 지구적 흐름과 코로나19라는 사태를 겪으면서 미국이 단극체제를 유지하는 데에 대량의 비용을 들였기 때문이다. 그동안 미국이 단극 운영전략에 성공적이지 못했던 이유가 바로 이것이다. 최근 미국의 문제는 중국의 부상에 따른 패권 경쟁과는 무관하다. 중국의 부상이 아니었어도 단극체제에 따른 미국의 문제는 불거졌을 것이다. 왜냐하면 급부상을 이룩한 중국이 약화한 미국에 도전장을 내밀면서 세력전이 현상과 패권 약화 현상이 중첩적으로 나타났기 때문이다.

현실주의 계열에 속하는 세력전이 이론은, 기존 패권국에 대한 부상국의 도전 여부와 이러한 도전이 패권전쟁으로 번질 가능성, 즉, '투키디데스 함정 Thucydides Trap'에 대한 분석을 제시해왔다. 도전국과 기존 패권국의 국력 격차가 20% 안팎에 이르고 기존 질서에 대한 도전국의 불만족도가 상승할 경우, 도전국이 전쟁을 일으킬 확률이 높아진다는 이론이다.[33] 그러나 데일 코플랜드Dale Copeland나 스티브 챈Steve Chan 같은 학자들이 분석한 것처럼, 기존의 세력전이 전쟁 중 패권국의 선제공격으로 전쟁이 발발한 예도 비일비재하다. 코플랜드는 세력전이가 불가피하게 인식되고 세력 역전의 속도가 빨라져 기존 패권국이 군사력을 제외한 다른 부분에서 패권 유지가 어려워지거나 패권국과 도전국 간의 충돌이 잦아지면, 기존 패권국이 선제공격을 고려하게 된다고 설명한다.[34]

사실상 미·중 관계에서도 미·중 간의 세력전이가 이미 일어나고 있다. 따라서 군사 충돌 가능성에 대한 논의가 현실적으로 와닿는 논의로 바뀌고 있다. 현재 미·중 전략경쟁이 첨예해지는 가운데, 대만을 둘러싼 무력 충돌이 점점 극대화되고 있다. 경제력과 군사력으로 무장한 중국이 대만에 대한 군사적 우위를 확고하게 다져가는 중이다. 미국이 대만과의 통일 문제를 해결하지 않은 채, 1979년 중국 원칙에 따라 수교를 승인했기 때문이다. 이로써 시진핑 주석은 중국의 커진 힘으로 홍콩, 마카오, 티베트, 신장 등에서 일관된 통치를 추구하고자 한다. 결론적으로 중국의 정책은 홍콩 보안법 사태 이후 미국의 경계 대상이 되었다고 할 수 있다.

시진핑 주석은 권위주의 체제를 강화하는 동시에 중국식의 중화몽을 달성하면서 국토 통일을 이룩하려는 목표를 강조하고 있다. 여기에 더해 대만에 대한 군사적 통합 능력을 갖추기 위해 군사 현대화도 서두르고 있다. 사실상 중국은 대만의 방공식별구역에 대한 공중 진입을 상시적인 일로 간주할 만큼 군사적 긴장 상태를 높여가고 있다. 중국이 대만에 대한 공격을 기정사실로 한 전략을 펼친다면 미국과 주변국의 군사적 대응은 쉽지만은 않을 것이다. 대만을 상대로 한 중국의 공격은, 미사일 공격, 대만의 지원을 막기 위한 해상 봉쇄, 대만 상륙작전 등이 있다.

미국이 중국의 움직임에 대비하여 대만에 대한 확고한 지원 의사를 밝힐지, 대만 수호에 따른 군사 준비를 강화할지가 최대의 관건이다. 홍콩의 사례처럼 중국의 공세적 정책에 미국이 속수무책으로 대응한다면, 대만은 중국의 영향력 아래 포섭될 것이다. 따라서 미국은 군사적 억지 정책과 대만에 대한 중국의 일방적인 군사 행동을 국제사회가 경제·외교적으로 대응할 거라는 메시지를 중국에 알리려는 노력을 지속해서 기울이고 있다.

이렇듯 현실주의는 세력 배분 구조, 초강대국의 패권 수립과 유지에 대한 의지, 세력전이 등의 변수로써 세계질서를 분석하고 예측한다. 미국은 단극으로서 과도하게 개입하고, 패권을 유지하기 위해 과한 비용을 들이고, 중국의 도전에 전략적으로 대응하면서 자국의 힘을 약화하고 있다. 이로써 미·중 간의 세력 격차가 줄어들면서 세력전이의 현실화로 군사적 충돌의 위험성도 높아지고 있다. 따라서 현실주의의 중요한 변수들을 고려할 때, 미래의 세계질서는 과거의 탈냉전 시기와는 전적으로 다를 것이며, 불안정성과 변화 요소도 훨씬 많아질 것을 예상할 수 있다.

2장 자유주의 국제정치이론과 세계질서

전재성

미국 주도의 자유주의 세계질서 약화

자유주의 국제정치이론은 현실주의와 마찬가지로 주권 국가들의 세력 배분 구조를 중시하면서도 국가들의 공통이익에 기반한 협력과 협력의 제도화 가능성에 주목한다. 국가 간의 정치체제 및 경제적 상호의존, 협력의 제도화가 민주 평화, 시장평화, 제도평화의 가능성을 제시하기 때문이다. 1945년 이후 미국이 건설한 자유주의 세계질서는 이러한 세 개의 축에 기반하는데, 이는 1917년 우드로 윌슨Woodrow Wilson의 14개 조항에서 비롯된 것이다.[35] 19세기 영국 역시, 자유주의 시장 질서에 기반한 패권을 추구하고 이를 기반으로 자유주의 세계질서를 시도한 바 있다.

첫째, 자유주의 세계질서는 다양한 내용을 담고 있다. 우선 가장 좁은 의미에서 자유주의 세계질서는 자유주의적 세계 경제 질서를 의미한다. 국가들이 중상주의 정책을 추구하여 무역장벽을 높이고, 환율전쟁을 벌이면서, 경제적 파국으로 치달았다. 결국, 경제분쟁이 군사 분쟁으로 발전한 것인데, 이는 전간기interwar period와 19세기 후반의 상황이다. 이러한 경제분쟁을 해결하기 위해 제2차 세계대전 종식 무렵인 1944년에 브레튼우즈체제Bretton Woods system: BWS가 설립됐다. 브레튼우즈체제는 세계 경제 분야에서 자유무역과 고정환율제를 채택하여 다자주의적 규범을 만들어 개방적이고 예측 가능한 경제 질서를 유지하자는 합의였다.[36]

자유주의 경제 질서는 결코 완전한 자유주의를 실현하자는 게 아니다. 과거보다 상대적으로 더 개방적이고 자유주의적인freer 세계 경제 질서로 나가자는 국가 간의 정치적 합의가 전제된 것이다. 미국이 강력한 지도력과 자유주의 경제 질서를 유지할 수 있는 공공재를 제공한다는 전제 아래, 국가들이 대내외적으로 자유주의 경제정책을 추구하자는 합의다. 국가들이 내부적으로는 규제적 국내 경제정책을 시행하고, 대외적으로는 정치적 타협에 따라 다양하게 경제정책을 추구하자는 약속이다.[37]

자유주의 세계질서는 미국 지도력의 약화나 국가들이 정치적 합의를 이루지 못하면 언제라도 붕괴할 질서였다. 하지만 정치적 합의에 성공함으로써 잘 안착할 수 있었다. 그런데 만약 미국이 공공재를 제공할 능력과 의지를 상실한 경우라면 어떨까. 장기적인 질서 유지가 유익하다는 논리로 단기적 희생을 감수해야 한다는 합의를 국가들이 깬다면 과연 어떨까. 이렇듯 불리한 상황에 부닥친대도 과연 정치적 합의를 이룰 수 있을까. 단기적 이익 때문에, 언제든 서로에게 해를 끼치는 '죄수의 딜레마prisoner's dilemma 게임'이 벌어질 수 있다는 점에서 자유주의 세계질서가 갖는 한계라고 할 수 있다.

둘째, 자유주의 국가 간의 질서라고 정의할 수 있다. 자유주의 정치 질서를 유지하는 정치형태를 정의하는 것은 매우 복잡한 문제지만 자유주의는 통상 자유민주주의의 정치체제를 의미한다. 자유민주주의 정치체는 국가 간의 평화적 관계가 타협과 합의를 기반으로 질서가 이루어지므로 독특한 정치질서가 유지될 수 있다. 국제관계는 체제적 차원에서 무정부상태의 조직원리에 기초해 논의되지만, 자유민주주의 정치체라는 국가적 변수에 의해 평화롭고 타협적인 질서가 가능하다는 논리다. 민주평화론에 기초한 이러한 논의는 미국 주도의 자유주의 질서 아래서 냉전기의 자유 진영과 자유민주주의 국가 간 연합을 강화하였다. 그 결과 평화롭고 다자주의적인 질서가 유지되었다는 것이다.[38] 이러한 논리는 "자유민주주의 체제를 가지지 않은 국가들과 자유민주주의 국가 간에서도 자유주의 세계질서가 유지될 수 있는가?" 그리고 "자유민주주의 국가 간에 벌어지는 분쟁과 갈등을 어떻게 인식할 수 있는가?"라는 문제 제기로 이어질 수 있다.

중국의 부상은 미국 주도의 자유주의 질서 아래서 이루어졌다. 그리고 중국은 기존 질서를 전복하기보다는 질서의 기본 규범들을 준수하면서 성장했다. 그런데도 트럼프 정부는 중국을 억제하기 위해 자유주의 질서를 약화하면서까지 현 질서의 수호자를 자처했다. 크래스너는 트럼프 정부의 대외정책을 비판하면서 비자유주의 국가들과의 타협이 중요하며, 비자유주의 국가들도 자유주의 질서에 편입할 수 있다고 했다. 자유주의 질서의 본질은 구성 국가들의 정치체 성격이 아니라 구성 국가 간의 규범 준수에 있기 때문이라는 것이다. 이런 측면에서 자유주의 질서의 본질은 정치체의 성격과 무관한 개방기반openness-based의 질서라고 주장할 수 있다.[39]

자유민주주의 국가 간에도 국가이익을 위해서라면 언제든지 비자유주의적 정책을 추진할 수 있다. 트럼프 정부가 자유주의 질서가 공정하지 못하다고 비판하면서 일방주의적 보호무역주의에 따라 무역상대국들에 관세를 부과한 것은 바로 이 때문이다. 이것이 가능한 이유는, 현재 자유주의 질서가 패권 국가의 일방적인 비자유주의적 행동을 억제할 수 있는 제도적 장치가 마련되지 않았기 때문이다. 따라서 미국의 공격을 받은 국가들은 자국 보호차원에서 보호주의 무역을 선택할 수밖에 없으므로 질서 전체를 변화시키는 미국의 정책 변화에 조건 없이 순응했다. 트럼프 정부의 일방주의적 보호무역주의로 인해 세계무역기구WTO를 비롯한 자유주의 질서 기구들이 유명무실화되었고, 자유민주주의 국가들의 관계가 재정의되는 결과를 낳았다. 올해 초 출범한 바이든 정부는, 트럼프 정부로 인해 근간이 흔들리는 자유민주주의 질서를 변화시키고자 노력을 기울이고 있다.

셋째, 자유민주주의 질서는 자유민주주의 국가를 확산하는 데 있다고 정의할 수 있다. 많은 국가를 자유민주주의 국가로 전환하는 일은 자유주의 질서의 중요한 측면으로, 이를 위해서라면 미국은 언제든지 개입할 수 있다는 논리다. 이는 민주평화론과 상통하는 논리로, 비자유주의 국가, 권위주의 국가, 독재국가들과의 관계는 평화와 정의의 측면에서 한계가 있으므로 자유민주주의 국가를 확대해야 한다는 것이다.[40]

공세적이고 동적인 이러한 정의는 많은 문제를 초래한다. 9·11테러 이후 미국의 중동 개입이 그러한데, 이라크, 아프가니스탄, 시리아 등 분쟁을 겪고 있는 국가들의 반발을 불러왔다. 미국은 전투에서 승리할 군사력은 지녔지만, 국가의 안정화와 재건 과정에서 이들 국가의 민족주의와 지역 상황을 충분히 헤아리지 못한 채 민주화를 추동해 국내적으로 혼란만 일으켰다. 이슬람 시아파와 수니파 간의 다툼과 국가 간 경쟁, 내전, 테러 집단의 준동 등 복잡한 상황에서 자유주의를 확산하려는 미국의 전략은 결국 실패로 돌아갔다.[41] 테러로부터 미국의 안전 또한 급격히 낮아지는 상황도 초래했다. 2011년 '아랍의 봄' 운동을 계기로 많은 중동국가가 민주화의 필요성을 인식했지만, 다시 반동의 흐름이 발생하여 민주화가 자리 잡지 못했다.

시장평화에 대한 수정

자유주의에 따른 시장평화의 근거가 되는 '복합 상호의존론complex interdependence'은 로버트 코헤인Robert Keohane이 대표적인 주장자다. 코헤인은 국가 간의 경제적 상호작용이 군사력 중심의 국제관계를 변화시킬 수 있다고 보았다. 기존의 위계적 군사 중심의 국제관계가 다이슈, 다영역의 복합적 상호의존관계로 변화한다고도 주장한 바 있다.[42] 복합 상호의존론은 냉전 종식 이후 지구화 시대에 광범위한 평화의 기초로 여겨졌다. 그러나 2008년 세계 경제 위기 이후 국제사회는 세계화의 역풍을 맞았다. 세계질서는 '기존 민주주의 국가들의 권위주의화와 포퓰리즘Populism의 등장, 세계 및 국가 차원의 양극화 심화, 인종주의의 대두, 자국 우선주의 강화 및 보호주의 확산' 등으로 어려움에 봉착했다. 자유주의에 기반한 세계화가 자유를 침해하는 역설을 발생시킨 것이다.

코헤인은 2017년 Foreign Affairs에 "자유주의 질서는 날조되었다The Liberal Order is Rigged"라는 제목의 기고문을 썼다. 이 기고문은 "자유주의 질서를 고치지 않으면 사라지는 것을 보게 될 것Fix It Now or Watch It Wither"이라는 부제를 달고 있다. 코헤인은 기고문에서 트럼프 시대의 미국 우선주의와 영국의 브렉시트에 초점을 맞춰, 이를 가능케 한 포퓰리즘을 분석했다. 포퓰리즘은 좌우를 막론하고 기존의 정부 기관에 근본적인 불신을 드러내고, 국가의 주권을 수호하기 위해 외부의 간섭에 저항해야 한다고 주장한다. 좌파의 포퓰리즘은 세계화 시대의 부의 편중을 비판하고, 우파의 포퓰리즘은 성장을 위해 모든 제한을 제거할 것을 주장한다. 포퓰리즘은 또 자유주의 세계질서에 기반한 다수의 국제제도를 비판하고, 엘리트층이 신자유주의 세계화 흐름 속에서 자유주의 질서를 왜곡했다고 비판한다.[43]

코헤인에 따르면 포퓰리즘은 1945년 이후 자유주의 세계질서에 기반을 둔 '내장된 자유주의embedded Liberalism'의 기본을 흔드는 현상이라고 비판한다. 존 러기John Ruggie가 창조한 '내장된 자유주의'는, 국가 간에 자유주의 질서가 정착되어도 각 개별국가는 거시경제를 통해 복지와 노동자 보호 등에 개입하는 것을 양해하는 질서를 뜻한다.[44] 그러나 세계화의 흐름 속에서 이러한 합의는 깨지고, 개별 국가들은 내부의 희생 위에서 자유주의 질서를 변화시켜가고 있다. 세계화가 금융화되고, 자본은 노동의 이익을 도외시하면서 다자주의 경제 질서가 약화하는 동안 중국과 같은 권위주의 세력이 더욱 강화됐다는 것이다.[45] 트럼프 정부는 미국 경제가 근본적 원인을 제공하는 세계질서의 흐름에 충분한 주의를 기울이기보다는 중국을 비판하는 데 집중하면서 문제의 본질을 호도했다.

코헤인은 자유주의 질서가 쇠락한 원인으로, 군사·안보 측면에서 적이 사라지고, 사회적 합의와 상식이 저하되고, 부의 편중이 심화했다고 지적했다. 또 다자주의의 과다multilateral overreach를 지적하면서, 복합 상호의존성이 다자주의의 자율성을 지나치게 확대하여, 개별국가들이 정책에 개입할 여지가 확연히 줄었다고 비판한다.

그가 제시한 자유주의 질서를 복원하기 위한 대안은 다음과 같다. 첫째, 지구화의 추진 과정에서 충분한 국내적 합의와 복지가 충족돼야 한다. 둘째, 국제협력과 국가이익이 서로 균형을 이뤄야 한다. 셋째, 미국은 미국의 독특한 사회적 정체성과 국민적 합의를 존중해야 한다. 결국 그의 대안은 미국이 비자유주의 국가들과의 협력을 외면하지 않고, 자유주의 세계질서 원칙을 다시 한번 강조하면 질서의 근원을 공고화할 수 있다는 것이다.[46]

한편, 에릭 헬레이너Eric Helleiner는 러기의 내장된 자유주의에 대해 더 유연한 설명을 제시함으로써 현 자유주의 세계질서의 문제점을 보완하고자 한다. 헬레이너에 의하면, 내장된 자유주의는 고정된 다자기구라기보다는 유연하고 다양한 형태의 이질적 요소를 내포한 다자주의라는 것이다. 헬레이너는 내장된 자유주의를 "경제에 대한 다양한 형태의 적극적인 공적 관리와 양립 가능한 제도화된 자유주의적 다자주의의 형태"라고 정의한다. 1944년에 시작하여 1980년대까지 지속한 내장된 다자주의는 제3세계에 대한 식민주의, 강대국 중심의 양자주의와 양립하면서 존재했고, 다양한 형태의 변형도 존재했다. 다양한 형태의 변형은 변형변동환율제와 SDRspecial drawing rights, 특별인출권, 유럽결제동맹The European Payment Union: EPU 등이 있다. 신자유주의 세계 경제 질서는 1980년대에 들어섰지만, 이 역시 다양한 형태의 변형이 존재한다. 다자주의적 신자유주의에 반대하는 자유주의적 민족주와 포퓰리즘에 경도된 보수주의popularist conservatives도 존재한다. 이들은 국내적으로는 자유시장을 지지하지만, 국제적으로는 다자주의적인 경제기구에 반대하는 경향을 보인다.[47]

중국이 주도하는 다자주의 형태를 띤 양자주의도 신자유주의와 병존하는 체제다. 중국은 다자주의 제도를 강조하지만 경제에 대한 적극적인 국내·국제적 공적 관리를 지원하는 세계 경제 제도의 양자주의 역시 강조한다.[48] 그렇게 보면 현재의 자유주의 질서는 내장된 자유주의의 쇠락에 기초하기보다는 여러 변형 중의 하나로 이해할 수 있다. 즉, 향후 자유주의 질서를 수정하려는 노력 속에 여전히 존재하는 내장된 자유주의를 보완해 나갈 수 있다는 의미다.

민주 평화에 대한 수정

자유주의 세계질서의 다른 축은 민주주의 국가 간의 협력, 특히 국제제도에 기초한 제도적 협력이다. 미국의 단극체제는 과도한 자유민주주의의 수출과 중동 지역 등 제3세계에 대한 정치적 개입과 국가건설 전략 등을 추진하면서 다양한 문제를 초래했다. 그런데도 자유주의자들은 민주주의 국가들의 규범적 협력이 세계질서의 미래에서 핵심적인 기초라고 주장한다.

예를 들어 존 아이켄베리John Ikenberry는 더욱 강화된 자유주의 질서와 다자협력이 현재의 문제를 해결할 수 있다고 강조한다. 아이켄베리는 트럼프 시대에 자유주의 질서가 쇠락하였고, 코로나19 사태가 다자주의 협력을 약화하여 강대국 간의 경쟁, 민족주의, 전략적 탈동조화 등의 현상을 일으켰다고 본다. 아이켄베리는 과거 루즈벨트Franklin Roosevelt 시대의 자유주의 세계질서를 복원하는 노력을 모범으로 삼아야 한다고 주장한다. 1930년대 역시 경제위기 이후 파시즘fascism과 전체주의 totalitarianism의 대두로 얼룩이 졌었다. 하지만 미국이 국가 간의 지구적 협력에 기초를 다지는 실용주의적 접근법을 추진하여 진정시켰다. 국가 간의 상호의존과 국제주의는 조건 없이 초국가 거래를 증진하는 것이 아니다. 경제와 안보 상호의존의 복잡성을 고려하며 현실적인 협력을 증진하는 것이라고 아이켄베리는 주장한다.[49]

앞으로 복원할 자유주의 질서는 비단 강대국 간의 경쟁뿐 아니라 새롭게 등장하는 신흥이슈의 도전도 고려해야 한다. 기후변화와 코로나19 등 감염병의 팬데믹pandemic, 기술발전 등 다양한 문제가 자유주의 질서를 위협할 것이다. 그런데도 중국은 미국과 협력하기보다 경쟁하는 노선을 명백하게 밝혔다.[50] 아이켄베리는 미국의 과도한 개입과 부적절한 관리의 실패를 반성하고, 자유주의 세계질서의 새로운 부흥을 위해 노력해야 한다고 주장한다. 현재 바이든 정부가 추구하는 민주주의 연대 등은 아이켄베리가 주장하는 구도와 대략 일치한다. 아이켄베리는 자유주의 국가들이 상호이익을 증진하고 취약성을 보호하며, 지구화로 비롯되는 국내적 문제들을 함께 해결해나가야 한다고 본다.[51]

자유주의 국제정치이론은 국가 간의 협력을 강조한다. 하지만 다른 한 편으로는 시민사회에 근거한 새로운 세계질서를 주장하기도 한다. 모랍칙Andrew Moravcsik은 이미 자유주의의 핵심이 국가 간의 협력보다는 국가들의 외교정책으로 방향을 잡은 듯하다고 언급한 바 있다. 마찬가지로 지구 거버넌스의 미래를 논하는 학자 중 자유주의 계열 학자들도 범세계시민주의의 거버넌스를 강조한다. 국가들의 노력도 의미가 있지만, 장기적으로 볼 때 지구 시민을 이루는 인민들의 권리가 중요하다는 것이다.[52]

대표적인 세계시민주의cosmopolitanism자인 아치부기Daniele Archibugi는 민주주의 국가 내 민주주의는 평화를 선호하지만, 반드시 도덕적인 외교정책을 생산하지 않는다는 전제하에 지구 차원의 민주주의를 주장한다. 즉, 지구 민주주의global democracy는 각 국가 내 민주주의의 성취만을 의미하진 않고 지구 거버넌스 자체의 민주화가 중요하다는 것이다. 따라서 민주주의 국가가 민주주의를 세계적으로 확장하기 위해 쓸 수 있는 합법적인 도구가 무엇인지를 연구하는 것이 매우 중요하다. 현재까지 민주주의 정치체는 세계의 절반에도 못 미치며, 민주주의 국가들은 지속적인 약화의 위험에 노출되어 있다. 향후 자유주의의 지구적 실현을 위해서는 지구 인민들의 인권을 향상하고, 세계평화를 위한 세계시민주의적 안보 구조도 만들어야 한다고 아치부기는 강조한다.[53]

지금까지 살펴본 자유주의 국제정치이론은 여전히 자유주의적 규칙에 기반을 둔 다자주의 질서를 희망하면서 그에 따른 모든 가능성을 포기하지 않고 있다. 그러나 1945년 이후 미국 주도로 유지해온 자유주의에 대한 명확한 한계는 지적하고 있다. 패권 국가로서의 미국이 자유주의 국가라 하지만 현재의 자유주의 세계질서를 유지하는 데는 분명 한계가 존재한다. 결국 미국의 지도력을 기초로 추구해온 자유주의 세계화가 그 기초를 약화하는 원인이 되었다. 현재의 국제사회는 세계화에 따른 확산을 조정하고, 개별국가들의 민주주의를 강화하지만, 민주주의 확산과 같은 민주평화론의 지나친 확대는 경계하고 있다. 다른 한편으로는 중국과 같은 권위주의 국가들과 규칙 기반 질서를 새롭게 창출해야 하는 과제에 직면해 있다. 그런데 과연 국제사회가 자유주의 이론에 부합하는 경제적 상호의존의 장점을 복원하고, 다양한 체제의 국가들과 협력하여 다자주의적 규칙 기반 질서를 제도화할 수 있을지는 의문이다. 그러나 현실주의의 분석처럼 강대국 간의 세력 균형으로만 세계질서를 규정하기에는 국가들끼리의 상호의존과 네트워크가 상당히 심화해 있다는 것이 사실이다.

[3장] 구성주의 국제정치이론과 세계질서

전재성

자유주의 질서의 존속 ▫──

구성주의 국제정치이론은 국가와 국제정치 구조의 상호작용을 강조한다. 특히 국가들이 내재화한 규범 구조와 정체성에 주목한다는 점에서 현실주의·자유주의와는 차별성을 갖는다. 구성주의는 이론적 논의임에도 불구하고, 기존 이론들에 대한 메타이론적 기초를 비판하면서 독자적인 분석을 제시하는 설명이론의 성격을 동시에 지니고 있다.

구성주의는 메타이론metatheory의 차원에서 국제정치의 상호구성성과 규범·관념의 중요성을 강조한다. 이 과정에서 국가 간의 갈등과 협력을 포괄적으로 담을 수 있으므로 구성주의적 현실주의·자유주의가 모두 가능하다. 특히, 자유주의는 세계질서를 형성하는 과정에서 관념·규범의 중요성이 강조되므로 구성주의 논의와도 유사하다. 현실주의도 갈등적이긴 하지만 공유된 관념과 이데올로기의 중요성을 강조하므로 패권 이론 역시 패권 국가의 지도력과 이데올로기를 중시한다. 이런 점에서 현실주의는 구성주의적 성격을 강하게 지닌다고 할 수 있다.

구성주의는 국제정치에서 작동하는 규범 구조를 우선하여 강조한다. 규범이란 물리적 기반을 가지기도 하지만, 독자적인 관념적 구조를 가진다. 현실주의 논의와 같이, 세력 배분 구조에 모든 관념·규범의 구조가 종속되는 것은 결코 아니다. 자유주의가 논한 바처럼, 시장이나 민주주의 논리에만 국한된 것도 아니다. 다양한 차원에서의 규범을 생산하는 국제정치의 행위자가 있고, 이를 따르는 동조자를 많이 확보할수록 국제정치가 규정하는 규범 구조를 만들 수 있다.

국가들이 일정한 규범 구조를 내재화하면 독특한 정체성을 획득하게 되는데, 이때의 정체성이 국가이익을 규정하는 방식에 영향을 준다. 더불어 국가 외교정책의 목적이, 수단을 선택하기까지 영향을 주는 관계로 구성주의자는 세력 배분 구조, 제도화된 협력, 관념적 규범 구조에서의 다양한 측면을 강조할 수밖에 없다.

세계질서에 대한 논의는 패권 국가의 이념과 관념, 규범, 원칙이 매우 중요하다. 패권 국가는 국제정치에서 물질적 공공재를 생산하는 것으로 질서를 창출·유지하는 작용을 하고, 질서를 유지하는 근본 관념을 만들어내면서 이를 확산하려고 노력하기 때문이다. 이러한 점에서 미국 주도의 자유주의 세계질서는 단순히 미국의 군사력과 경제력만으로 이룩된 것이 아니다. 미국이 대변하고 변형시켜 창조한 자유주의 이념이 중요한 역할을 했다는 사실을 알 수 있다. 예를 들어 미국의 인권외교는 흔히 국익 추구를 포장하기 위한 미국의 관념적 허울이라고 비판받기도 한다. 그러나 실제로 미국의 행정부는 지구적 차원의 보편적 인권을 향상한다는 관념과 규범에 따라 자국의 이익을 규정하고 정책을 추구하는 경향이 있다.[54]

미국의 패권이 유지될 것인지는 미국 주도의 가치 외교 및 규범 외교가 얼마나 성공할 것인가와 연결된다. 구성주의자들은 미래 세계질서에서 물리적 권력 배분뿐 아니라 정체성의 배분distribution of identity도 중요하다고 강조한다. 구성주의자들은 미·중 관계가 중요하다는 점에 주목하면서도 미·중 간의 규범 갈등에 관심을 집중한다. 현재의 패권 질서에 도전하는 중국은 물리력 측면에서는 미국을 비판하지만 대체하려는 노력도 함께 기울이고 있다. 하지만 정체성과 규범적 측면에서는 여전히 많은 결점을 지닌 것으로 보인다.[55]

이들은 패권의 개념을 근본적으로 그람시의 이론에 동의한다. 패권은 단순한 힘이 아닌 정체성의 배분 그리고 엘리트와 대중의 상식에 함께 호소할 수 있는 관념에 기초한다고 보는 이론이다. 설사 패권을 유지하는 주축 세력이 쇠락한다고 해도 패권이 기초했던 관념과 규범이 존속된다면, 이를 지탱하는 엘리트와 대중의 노력이 지속될 거라는 논리다. 기존 패권이 약화한다고 새로운 패권이 자동으로 등장하지는 않기 때문이다. 기존 패권에 대항하는 세력들이 합치하여 기존 정체성의 배분 구조를 무력화할 수 있는 이데올로기적 힘이 생겨야 새로운 패권이

등장할 수 있다는 것이다.[56]

　현재의 세계질서는 민주주의와 신자유주의라는 패권적 이념에 대한 강대국들 내의 엘리트와 대중적 합의가 여전히 굳건하다. 또 이러한 이념이 권위주의적 민족 정체성을 지닌 중국을 효과적으로 견제하고 있다. 따라서 중국이 기존의 자유주의 질서에 반하는 새로운 이념을 효과적으로 개발하여 동조자들을 반패권 연대로 끌어들일 수 있을지는 의문이다. 패권을 둘러싼 세력전이는 물리력의 전이가 아니다. 패권은 규범의 전이를 통해서만 가능한데, 현재 존재하는 자유주의 세계질서를 대체할 수 있는 이념이 당분간은 나오기 어렵다고 분석한다.[57]

　이러한 논의는 역사적인 경험과 연결된다. 카스텐Carsten Rauch의 논의에 따르면, 19세기 미국과 영국 간의 세력전이는 여러 측면에서 시사하는 바가 크다. 카스텐은 19세기 GDP와 복합 국력 지표를 모두 활용하여 미·영 양국 간의 세력전이 사례를 설명한다. 미국은 지속적인 경제발전으로 이미 1858년 영국 GDP의 80% 선에 도달했다.[58] 미국은 1869년과 1872년에 걸쳐 영국의 GDP를 추월했다. 1879년 미·영 양국 간의 GDP는 동등한 상태를 유지하였으나, 이후 미국이 영국을 능가하면서 경제적인 측면에서 패권의 지위에 올랐다. 복합 국력 지표로 보면 미국은 1888년에 영국을 능가하기 시작했다. 하지만 단순한 물리적 힘, 특히 경제력의 지표만으로는 패권의 교체를 파악하기 어렵다. 영국은 20세기 중반까지 지속해서 지도력을 발휘했고, 미국이 명실공히 패권의 지위에 오른 것은 1945년이다. 기존 패권을 경제적으로 능가한 이후 패권이 되는 데는 무려 60년이라는 세월이 필요했다.[59]

　이러한 사실은 패권의 조건이 물리적 힘만이 아니라, 패권 국가로서 인정받을 수 있는 국제사회의 인정·존중·추종이 필요하다. 미국은 제2차 세계대전에서 전쟁을 승리로 이끄는 전후처리 과정에서 상당한 주도력을 발휘하여 국제사회의 인정을 받았다. 중국이 경제력 측면에서 미국을 능가하는 시점이 다가오지만 군사력과 규범, 정체성 그리고 국제사회의 인정을 받아 언제 패권국이 될 수 있을지는 두고 볼 일이다.

질서의 전이

현존하는 국제정치 규범 및 정체성의 변수를 볼 때, 변화의 속도는 더욱 완만해질 수도 있다. 현실주의 · 자유주의는 군사력이나 경제력 등의 물리력 변수들을 규정하는 국제정치에 주목한다. 반면에 관념적 요소를 강조하는 구성주의는 국제정치의 지속성을 보다 강조한다.

중국이 미국의 패권에 도전한다지만 미국이 주도하여 만든 자유주의 질서의 규범적 측면을 급속히 변화시킬 수는 없다. 따라서 중국이 미국 주도 질서의 관념적 기초를 대체할 새로운 규범을 내놓을 수 있을지는 매우 중요한 문제다. 현재 미 · 중 간의 대립을 신냉전으로 보는 견해가 존재한다. 대표적으로 트럼프 정부 당시 폼페이오 국무장관은 2020년 7월 23일 닉슨 도서관 연설에서 "중국이 공산주의 국가이며 전체주의 체제를 가진 국가"라고 규정한 바 있다.[60] 미 · 중 간의 경쟁은 단순히 힘의 경쟁이 아니라 가치와 체제의 경쟁이라는 것이다. 따라서 중국이 미국 주도 질서의 규범적 측면을 급격히 변화시키려 하는지와는 별개의 문제다. 현재까지 중국의 세계질서 담론은 기존의 다자주의, 규칙 기반 질서를 유지한다는데 초점을 맞추고, 국제연합을 비롯한 국제기구의 중요성을 강조하고 있다. 하지만 다른 한편으로는 전통적인 권위주의 정치사상을 부각하고 사회주의의 기초가 되는 마르크스-레닌주의Marxism-Leninism의 정체성을 강조한다. 이것만으로는 중국이 향후 자국을 중심으로 한 권위주의적 · 위계적 세계질서를 추구하려는지는 판단을 보류한다. 그러나 이러한 가치와 규범 경쟁이 향후 세계질서의 중요한 부분을 차지한다는 점에서 구성주의가 부각할 수 있다.

실제로 관념적 요소에 초점을 맞춘다고 해서 반드시 자유주의 질서가 현상유지된다고 볼 수는 없다. 관념적 측면에서 자유주의 세계질서에 대한 비판은 얼마든지 있을 수 있다. 쿨리Alexander Cooley와 넥슨Daniel Nexon은 자유주의 세계질서를 비판하고, 더 나아가 대안적 네트워크를 제공할 수 있는 세력이 이미 등장했다고 주장한다. 미국 주도의 자유주의 세계질서에 대한 비판은 다른 강대국들의 도전과 약소국들의 도전 그리고 초국가적 행위자들의 도전으로 크게 나뉜다.[61]

쿨리와 넥슨에 따르면 수정주의 국가들은 미국 주도의 자유주의 질서에 대한 이념적 · 현실적 비판을 가하면서 자체적인 협력 네트워크를 만들고 있다. 또 도전국들은 기존 패권 세력들의 네트워크를 분리하는 소위 쐐기wedging 전략과 함께 같은 생각과 이념을 가진 세력들을 연결하는 연결brokering전략을 활용한다. 미국 주도의 질서 속에서 상대적으로 불이익을 당한 약소국들 역시 이들 수정주의 세력에 동조하고, 대안적 규범을 함께 만들어 갈 수 있다. 이러한 반대는 기존 국가 단위 행위자에만 국한되지 않는다. 많은 초국가 행위자들이 국가를 넘어 연결망을 구축하고 연대, 조정, 전략적 학습, 재정적 지원을 공유하면서 패권 비판 연대를 강화해 나간다는 것이다.[62]

이를 종합하면 구성주의 이론가들은 국제정치를 규정하는 규범과 정체성 등의 관념적 요소를 매우 강조한다. 관념적 요소는 물리적 힘의 부가적 요소가 아니라 물리력을 사용하는 목적과 의미를 결정하는 힘이기 때문이다. 미국 주도의 자유주의 세계질서는 강력한 규범적 배경을 가진다. 미국이 혼자 만든 질서가 아니라 다양한 국가들이 함께 참여하여 만든 질서이므로 집합 정체성의 범위도 훨씬 넓다. 설사 미국의 힘이 약화해도 현재 질서의 규범적 구조는 개별국가들의 정체성 안에서, 국제기구 혹은 제도들의 목적 안에서 유지될 확률이 높다. 실제로 미국의 패권에 도전하는 중국도 현 세계질서의 규범을 대부분 유지·발전하려 한다는 견해가 있다. 이언 존스턴Alastair Iain Johnston은 현재 세계질서를 이루는 범주를 8가지로 나누고 이에 대한 중국의 규범적 견해를 분석했다. 그 결과, 중국이 기존 규범을 전복하거나 약화하는 세력으로는 볼 수 없다고 주장한다.[63] 설령 미·중 간의 세력전이가 일어난다고 해도 규범과 정체성의 전이가 일어나지 않는다면, 세계질서의 근본을 유지하는 것도 불가능하지는 않다.

구성주의의 또 다른 견해는 중견국과 약소국의 역할을 강조한다는 점이다. 사실상 국제정치가 강대국의 힘에 주도된다는 것이다. 하지만 점차 지구 거버넌스에서 정치 커뮤니케이션과 규범을 제정하는 능력이 중요해지면서 중견국과 약소국의 입지도 확대될 전망이다. 중견국들의 전문성과 규범적 영향력이 커진다면, 이들 국가를 중심으로 실제 세력이 형성될 수 있고, 강대국의 정치가 약화하거나 국제정치 자체가 민주화되는 결과로 이어질 수도 있다.

4장 다양한 비판이론의 갈래와 세계질서

전재성

지구적 불평등 문제와 다양한 비판이론의 갈래 ▫

국제정치학의 주류 이론인 현실주의·자유주의·구성주의 등은 현재와 미래의 세계질서 분석에서 중요한 고려 요소들을 제시한다는 점에서 공헌하는 바가 크다. 그러나 급변하는 국제정치 속에서 어떠한 새로운 변수가 등장할지를 명확히 예측하기는 역부족이다. 강대국들이 새로운 변수들에서 어떤 역할을 할 것인지를 제시하는 정도이다. 새로운 변수들은 세력전이 가능성, 세력 배분 구조와 패권의 미래 향방, 민주주의와 같은 체제 변수, 시장의 역할, 규범 및 정체성 변수 등이다.

주류 이론이 비판받는 가장 큰 이유는 현실 변화 추동 요인에 대한 비판적 관점이 부족하고, 국제정치의 기존 기득권 행위자들의 역할을 강조하는 규범적 상황 때문이다. 일찍이 로버트 콕스Robert Cox는 국제정치이론을 문제 해결이론과 비판이론으로 양분하여 설명한 바 있다. 문제 해결이론은 현상 유지와 세계질서 관리에 필요한 문제들을 제시하고 이를 해결하는 데 집중한다. 반면 비판이론은 국제정치 현실의 근본적인 문제를 제시하고 새로운 질서의 실마리를 찾는 데 집중한다.[64] 국제정치의 주류 이론들은 강대국 중심의 현상 유지적 시각이 대부분이므로 해결이론의 성격을 지닌다고 평가할 수 있다.

국제정치이론의 비판이론은 다양한 갈래로 이루어져 있어 하나로 논의하기가 어렵다. 대체로 마르크스주의, 구조주의 계열 이론, 탈근대이론 등의 논의가 주류를 이룬다. 이들 비판이론은 새롭고 참신한 대안적 이론을 제시하기보다는 개념, 가설, 경험적 증거라는 기존 이론들을 비판하는 데 초점을 맞춘다. 그러나 코로나19 이후 신흥이슈에 대한 논의가 활발하게 진행되므로 급변하는 국제정치에 관한 다양한 논의들도 제시될 전망이다.

마르크스주의 계열의 구조주의는 국제정치를 주권국가 간의 관계로 보지만, 자본주의의 기본 논리로 작동하는 자본이 계급 관계에 대한 근본적인 층위를 형성한다고 주장한다. 세계체제론world-systems theory과 신그람시주의 등의 이론은 16세기 무렵 근대 국제체제 초기부터 자본주의 계급 관계가 국제정치를 좌우했다고 강조한다. 자본주의는 일국 내에서는 물론이고 지구적 차원에서도 계급 격차와 불평등을 심화시키기 때문이다. 이러한 모순이 점차 확대되어 자본주의에 기초한 근대 국제체제를 유지하기 어렵게 만들 것이라고 주장한다. 자본은 자본의 이익을 극대화하려는 특성으로 인해 초국가 자본에서 금융자본의 형태로 진화했다. 이 과정에서 금융자본에 기초한 세계화의 확산이 지구적 불평등을 가속화 할 것으로 본다.

2008년 세계 경제위기가 1990년대의 워싱턴합의와 전 지구적 신자유주의 세계화, 금융자본의 초국적 자본화를 배경으로 패권국인 미국 자본의 도덕적 해이가 결합한 현상이라고 할 때, 구조주의의 분석은 여전히 타당하다. 그러나 지구적 차원의 자본 논리와 국제정치 논리가 현재 시점에서 어떻게 결합하여 세계질서를 변화시킬지에 대한 예측은 좀 더 정교한 논리가 필요하다. 마르크스 계열의 구조주의 국제정치이론은 세계 경제의 흐름을 중장기적 관점에서 설명해왔다. 하지만 정치·경제·사회적 측면이 결합한 세계질서, 특히 강대국의 지정학적 경쟁과 같은 중요한 층위에 대해서는 여전히 설명력이 부족한 부분이 있다.[65]

자유주의의 주요 이론가인 코헤인도 지구화는 자본주의에 강탈당했다고 논하면서 지구적 차원에서 빈곤퇴치에 일정 부분 공헌했는데도 경제적 불평등은 더욱 심화했다고 비판했다. 또 자유주의가 주장한 국제제도의 영향력도 자본주의의 모순 앞에서 충분한 효과를 거두지 못했다고 고백하기도 했다.[66]

대니 로드릭Dani Rodrik 역시 구조주의자는 아니지만 신자유주의 세계화의 문제점을 지적한다. 로드릭은 지구화와 국가 주권, 민주화 간의 삼위일체 불가론을 제시한 바 있다. 지구화의 삼중 딜레마trilemma로 인해 세계질서에서 지구화와 국가 주권, 민주화를 모두 가지는 것은 불가능하므로 반드시 하나를 포기해야 한다는 것이다. 자유주의 세계질서에서 국가의 자율성과 국내 민주화를 포기하는 것은 매우 어려운 일이다. 현실적으로도 반발이 심하고, 규범적으로도 옳지 않기 때문이다. 따라서 시장 논리에서만 추구되는 지구화의 문제점을 개선하고 국가 간 합의에 따라 지구화의 흐름을 적절히 규제해야 한다는 것이다. 소위 '자본주의 3.0'이라는 논의인데, 앞서 살펴본 코헤인의 논의와 상통하는 바가 크다.[67]

2016년 트럼프 대통령 당선 이후 미국은, 보호주의 무역화, 미·중 간의 무역전쟁 등의 원인으로 불평등의 심화와 중산층 몰락이라는 거시적 변화를 몰고 왔다. 탈냉전기 미국 패권의 경제적 기반이 된 신자유주의 세계화가 미국에 유리하게 작용했던 것은 사실이다. 하지만 2008년 세계 경제위기 이후는 미국과 선진국들의 경제를 타격하는 부메랑이 되었다.

이와 관련해서 미국의 바이든 정부도 외교정책에서 중산층의 회복과 경제 활성화를 가장 중요한 목표로 삼았다. 따라서 미국 정부는 강력한 시장 개입으로 미국 산업의 활성화와 동맹국·파트너 국가와 더불어 지속 가능한 공급망 건설 계획을 추진하고 있다. 이러한 미국의 거대한 기획은, 경제를 강화하여 약화한 패권을 회복하고, 전략경쟁의 토대를 이루는 경제 분야에서 중국과의 탈동조화를 가능케 하려는 데 있다.

새로운 이슈의 등장과 세계질서의 미래

새로운 이슈로 등장한 2019년 12월 중국에서 처음 시작된 코로나 사태는 국제정치를 근본적으로 변화시키고 있다. 전 세계적으로 500만 명에 이르는 사망자를 낸 팬데믹 상황은 특정 국가에 국한된 문제가 아니라 전 지구적 문제라는 인식을 퍼트렸다. 빠르게 진행된 지구화와 이를 관리 감독할 수 있는 지구 거버넌스의 부재가 낳은 현상이다. 지금도 여전히 코로나는 빠른 속도로 전 지구적으로 확산하는 추세에 있다.

얼핏 생각하면 현 코로나 사태는 지구적인 공통의 악재이기 때문에 국가들이 힘을 합쳐 문제를 해결할 것으로 예측된다. 하지만 다양한 행위자들의 이익과 능력이 결합한 국제정치 현상으로 나타나고 있다. 코로나 사태가 처음 시작된 중국이 고통을 호소하던 2020년 2월, 미국의 로스Wilbur Ross 상무장관은 "미·중 경쟁 속에서 미국이 상대적 이득을 얻을 것"이라고 발언해 빈축을 산 적 있다.[68] 코로나 사태 이후 많은 국가는 방역과 백신 개발 및 접종에 총력을 기울이면서 경제회복에도 노력을 기울였다. 그러는 가운데 국가 간의 세력 균형에서 우위를 점하려는 노력도 치열하게 병행되었다. 세계보건기구WHO와 같은 국제기구는 능력 결여라는 비판을 받았고, 미·중 경쟁 구도에서 중국 편향적 정책을 추진한다는 비판을 받기도 했다.

이러한 양상은 코로나 사태에 대한 국제정치이론의 분석을 요구하고, 지속적인 분석을 요청할 것이다. 이러한 때 기존의 주류 국제정치이론을 비판하는 비판이론들이 새로운 전망을 제시할 것으로 기대된다. 그러나 현실주의와 같은 기존의 주류 이론들은 코로나 사태에도 불구하고 지속되는 근대 국제정치 논리를 강조하고 있다.[69] 코로나 사태로 나타난 현상은 국가 중심의 문제 해결, 강대국 간 방역 및 백신을 둘러싼 경쟁 구도의 지속, 향후 보건 지구 거버넌스를 둘러싼 미·중 양국의 지도력 및 영향권 경쟁 등이다.

월트Stephen Walt와 같은 현실주의 이론가들의 주장처럼 코로나 사태 해결 과정에서 국가들이 중심적인 역할을 했는데 그 논리의 배경은 국익에 있었다. 초국가적 방역을 위한 협력이나 WHO와 같은 국제제도의 역할이 없었던 건 아니지만, 국가의 중심성이 두드러졌다고 말할 수 있다. 또 방역과 백신 개발 등에서 국가들의 체제 경쟁이 더욱 강화됐다. 중국과 같은 권위주의 국가의 대응과 여타 민주주의 국가들의 대응을 둘러싸고 상호 경쟁이 두드러져 협력과 기능 분담 등이 충분히 이루어지지 못했다. 중국은 코로나 국면에서 의료장비 및 백신의 수출을 적극적으로 추진하여 국제정치적 영향력을 확보하고자 했다. 미국은 코로나19 상황을 중국에 대한 제조업 의존도를 낮추는 본격적인 계기로 삼았다. 다른 한편으로는 중국의 영향력 확대를 견제하는 다양한 전략적 파트너십을 강화하고 있다.[70]

국익 중심 그리고 선진국 중심의 대처는 많은 문제를 초래할 수 있다. 국가 간의 협력을 통해 효율적으로 해결할 수 있는 코로나 사태에 대한 기회비용을 증가시킨다. 그리고 후진국의 뒤처진 방역 탓에 지속적인 변이 발생과 확산이 이루어질 가능성도 크다. 현실주의 이론이 당장은 코로나 사태 이후의 국제정치를 잘 설명하는 듯해도, 공동의 문제인 보건 문제를 해결하는데 개별국가 차원의 방역 대책에서는 문제를 드러낼 수밖에 없다. 그런데도 여전히 세계화는 강력한 추세로 진행되고 있어 초국가적 보건 위기는 지속될 전망이다. 방역에 필요한 백신 및 다양한 물자와 장비도 개별국가 차원에서 완전한 생산을 이루기는 어려울 것이다. 이 부분에서 경쟁과 국익에 기반을 둔 제도적 협력이 불가피하다는 자유주의 협력이론의 설명력이 필요하다.[71]

기존의 주류 국제정치이론의 관점은 코로나 사태와 같은 새로운 문제에 대해 충분한 논의가 이루어지지 못했다. 지구화 과정에서 출현하는 다양한 악재를 해결하기 위한 비판적 시각이 절대적으로 필요한 시점이다. 현재의 국제정치학 이론들은 새롭게 등장하는 지구적 문제에 대한 구체적인 분석과 이를 해결하는 노력이 현저히 떨어진다. 따라서 향후 국제정치학이 한정하는 범위와 영역을 초월해서 학제 통합적 연구로부터 많은 도움을 받을 필요가 있다.

이는 국제정치학에만 국한된 문제가 아니다. 곳곳에서 자연과 인간의 관계에 대한 기존의 관계를 반성하고 새로운 계기를 만들어야 한다는 목소리가 높아지고 있다.[72] 지금까지의 국제정치는 인간의 정치적 속성과 인간 집단 간의 관계를 다루는 데 집중했다. 상대적으로 인간과 자연, 인간과 환경의 문제에 대해서는 소홀한 편이었다. 자연은 인간의 경제활동을 위한 착취의 대상으로 인식되었고, 인간과 함께 존재하는 생태적 주체라는 인식이 상대적으로 약했다. 환경문제로서 인간과 자연의 문제가 국제정치학에서 이론화되기는 했지만 미미한 부분을 차지했다.[73]

인간 중심의 지구정치에 대한 비판적 관점은 국제정치학 밖의 영역에서 활발히 논의되어 현재 국제정치이론 분야로 수입되는 중이다. 일례로 크루첸Paul Crutzen과 스토머Eugene Stoermer가 2000년에 제시한 '인류세anthroponcene' 개념은 현재 시점의 지질학적 시대구분에 영향을 주었다. 이들은 자연에 대한 인간 행동의 결과를 일컫는 개념으로 인류세를 제시했고, 인류를 다른 자연의 구성 주체의 하나로 보았다. 무생물과 박테리아, 동물을 비롯해 환경, 대기권, 기계 등 다양한 주체들과 상호관계를 통해 지구정치를 생각해야 한다는 것이다. 인간 사이의 사회적 관계를 환경과 상호작용 속에서 고찰하도록 촉구한다는 점에서 최근의 코로나 사태에 주는 시사점이 크다.[74]

인간이 자연에 대한 착취적 관계를 토대로 환경과 관계를 맺은 배경에는 자본주의라는 경제형태가 자리 잡고 있다. 특히 초국가적 자본 논리에 따라 세계 모든 곳에서 착취적 생산활동이 진행되면서 지구의 생태 위기가 심각해졌다는 반성이 나오고 있다. 인류세 시기의 핵심을 '자본세capitalocene'라 보고, 이에 대한 비판적 관점을 제시한 것이다. 앞서 논의한 구조주의적 비판이론은 환경이론과 연결되어 코로나 사태를 비판적으로 보는 이론적 자원으로 활용할 수 있다.[75]

　　코로나 사태는 탈냉전 30년의 끝자락에서 국제정치 질서의 근본적 구조를 새롭게 성찰하는 계기를 제공해 준다. 여전히 국가 중심의 기존 질서가 강력하게 작동하지만, 지구화에 걸맞은 지구 거버넌스가 창출되지 않으면 인류의 생존 자체가 위험하다는 경고다. 기존 국제정치이론이 규범적 성격보다 설명적 성격을 강조하는 이론에 기초하지만, 실천적 관심 속에서 새로운 연구 주제를 설정하고 이론화하려는 노력이 절실하다. 인간 너머의 국가와 새로운 지구 거버넌스를 고민하지 않는다면, 인류세는 인간은 물론 지구 전체 생태계에 악영향을 미치게 될 것이다.[76]

제 **2** 부

세계질서 변화를 이끄는 핵심 이슈

미래에 대한 분석은, 시대적 상황이나 조건에 따라 달라질 수 있는 가변성에서 불가능성을 내재한 예측이 된다. 코로나19 사태를 겪으면서 국제정치학 분야는, 새로 등장한 주류 국제정치이론들이 세계질서를 재편하는 데 어떤 변화와 영향을 줄 것인지에 관해 제대로 된 분석을 내놓지 못했다고 비판한다. 세계화 과정에서 나타나는 다양한 악재를 해결하려면 비판적 시각이 절대적으로 필요하다는 것이다. 예상치 못한 코로나19 팬데믹과 같은 이슈가 세계질서에 주는 영향과 그에 따른 질서 재편과 변화 촉진에 관한 판단이 매우 중요하기 때문이다.

이러한 차원을 염두에 두고 현존하는 미국 주도의 자유주의 세계질서를 재편하고 변화를 추동하는 새로운 이슈들에는 어떤 것들이 존재하는지를 살펴보려 한다. 아울러 이슈들이 세계질서에 미치는 영향이 무엇인지에 대해서도 논의할 것이다. 이 책은 현존하는 세계질서의 균열이 본격화된 2008년 세계 경제위기와 지금까지와는 다른 형태로 충격을 몰고 온 코로나19 사태를 중심이슈로 선정했다.

1장 세계질서 변화와 IPE

이용욱

오늘날의 세계 경제는 거대한 나무뿌리처럼 연결돼 있다. 주식, 채권, 통화 등의 거래가 세계 전역에서 쉴새 없이 이뤄지고 있다. 하루 평균 외환거래는 7,500조 원(2019년 기준)을 넘어섰고,[77] 국가 간의 상품, 서비스 거래도 지속해서 늘고 있다. 세계 경제가 전 지구적 생산 네트워크로 초연결되었다고 해도 과언이 아니다.

경제 세계화는 시장의 효율성을 상승시키는 데는 매우 긍정적이다. 하지만 그 부작용도 만만치가 않다. 첫째, 국가 경제를 위협하는 금융위기가 빈번하게 발생한다. 둘째, 국가 간의 갈등이 발생하거나 전쟁으로 심화할 수 있다. 셋째, 국내외적인 경제 불평등과 계층 간의 격차가 확대될 수 있다. 넷째, 경제 세계화는 기후 문제와 환경 훼손 등 비경제적 영역에서도 문제를 일으킬 수 있다.[78] 이렇듯 경제 세계화가 촉발하는 문제들은 국가라는 집단의 이해관계를 고려하여 합리적으로 해결할 필요가 있다.

경제 세계화는 특정 시기에 출현한 경제 운영방식이다. 이러한 경제 운영방식이 어떤 배경에서 출현했고, 어떤 과정에서 변화했으며, 국가들이 세계질서 속에서 이 문제를 어떻게 해결하는지를 탐구하는 일은 매우 중요하다. 따라서 이 글은 국제정치경제International Political Economy: IPE의 측면에서 해답을 제시하고자 한다.

국제정치는 질서 경쟁의 장이다. 현대 국제정치의 근간인 주권, 국제법, 다자주의 등은 근대유럽 국제체제로부터 비롯됐다. 유럽의 지역 질서는 19세기의 유럽 팽창에 힘입어 세계질서로 정착되었다.[79] 냉전도 질서의 경쟁으로 이해할 수 있다.[80] 21세기 세계질서 재편 논의의 중심에는 중국의 부상이 자리한다. 중국의 부상이 기존의 자유주의 질서에 어떤 변화를 줄 것인지가 최대의 쟁점으로 떠올랐다.[81] 중국의 부상이 단순히 특정 국가의 흥망성쇠로만 이해되지 않는 이유가 바로 이 때문이다.

국제정치 분야의 저명한 학술지 *International Organization*이 출간 75주년을 맞이한 특집호에서 "Challenges to the Liberal International Order"라는 주제를 선정한 것은 결코 우연이라 할 수 없다.[82] 최근 자주 거론되는 "21세기는 동아시아의 시대"라는 문구도 같은 맥락으로 이해할 수 있다. 새로운 세계질서가 동아시아에서 나올 가능성이 크다는 사유가 담겨 있는 것이다.[83]

질서는 제도를 통해 구현된다. 세계질서와 제도는 쌍방을 규정하는 맥락적 관계를 형성한다. 자유주의 세계 경제 질서는 금융IMF, 개발World Bank, 무역WTO이라는 3대 제도로써 관리한다. 강대국의 전략적 이해관계와 국제사회의 규범 등에 기반한 세계질서는 제도의 생성과 변화를 통해 구체화된다.[84] 제도의 변화는 탈제도화와 재제도화의 경로를 거친다. 탈제도화는 현상 변경의 제도화를 나타내고, 재제도화는 기능적 필요로 이루어지는 기존 제도의 개혁을 가리킨다. 대체로 탈제도화와 재제도화의 과정은 국가 간의 전력 협상을 통해 구현된다.[85]

그런데도 단계적 과정을 거치면서 구현되는 자유주의 세계 경제 질서가 21세기에도 유지될 수 있을지는 의문이다. 최근 무섭게 부상한 중국이 새롭게 창출한 제도로 새로운 세계 경제 질서를 구축할 수 있을지도 의문인 것은 마찬가지다. 따라서 질서 경쟁이라는 맥락에서 세계 경제 질서의 쟁점과 미래 방향성에 대한 논의가 절실하다고 말할 수 있다. 자유주의 세계 경제 질서의 미래가 미·중 관계에 따라 달라질 수 있기 때문이다. 미·중 관계 변화가 자유주의 세계 경제 질서의 탈제도화 및 재제도화에 대한 깊이와 폭을 판가름할 것이다.

세계 경제 질서 재편 논쟁과 미·중 관계

미·중 관계는 세계질서 재편의 중심에 서 있다. 중국이 부상을 본격화한 2000년 대 중반 이후, 현실주의자·자유주의자들이 미·중 관계와 자유주의 세계질서의 미래에 관해 다양한 의견을 내놓았다. 현실주의자들은 미·중 충돌이 필연적이라는 견해를 대체로 고수했다.[86] 패권 다툼이 무정부적인 국제정치의 장에서는 공유되지 않기 때문이다. 미·중 충돌은 자유주의 세계질서를 약화하거나 근본적인 변화를 촉구하고 있다. 여기에 더해 최근 코로나19가 자유주의 세계질서의 종언을 부추겼다는 견해도 들려온다.

코로나19의 무작위적 파괴력을 지적한 헨리 키신저Henry Kissinger는 국가의 자급자족 필요성 증대와 인종 혐오 증폭 등으로 비교우위에 기반한 자유 경제 질서가 해체될 여지가 있다. 이는 세계가 닫힌 성곽의 시대로 이행할지 모른다는 헨리 키신저의 우려 섞인 목소리다.[87] 월트 역시 미·중 간의 갈등과 이에 따른 국제적 지도력의 부재가 공동번영과 개방을 현저하게 축소할 거라고 주장한 바 있다. 루스벨트 재단 국가관리 연구소장인 토드 터커Todd Tucker도 식량과 물자의 안보화가 가속화될 것으로 예측했다.[88]

반면 다수의 자유주의 계열은 미·중 관계는 불확실성에도 불구하고 결국 관리될 것으로 본다.[89] 양국의 극대화된 경제 상호의존이 충돌 가능성을 낮춰줄 거라는 이유에서다. 미·중은 경제 운명공동체로서 협상을 통해 갈등을 관리하고 봉합하여 최악의 사태를 피할 거라는 입장이다. 미·중 충돌은 당사국뿐 아니라 세계 경제가 감당하기 힘든 불확실성을 내포하고 있다.[90] 자유주의 세계질서의 미래는 약화한 미국의 지도력과 중국의 굴기와 도전이 어떤 행보를 보일지에 달렸다는 것이 자유주의자들의 예측이다.[91]

세계질서의 미래에 관한 자유주의 계열의 다양한 전망과 혼돈 양상은 미국과 중국의 당사국 내부의 최근 정책 담론에서도 확인할 수 있다. 미국은 저명한 외교정책지 *Foreign Affairs*(2020년 7월/8월호)에서 아이켄베리와 공저자인 쿨리와 넥슨이 벌인 논쟁을 들 수 있다.[92] 논쟁의 핵심은 미국이 국제적 지도력을 회복할 수 있는지, 만약 있다면 자유주의 질서가 지속 가능한지에 초점을 맞췄다. 아이켄베리는 미국이 민주주의 가치를 공유하는 국가들과 연합하여 미국 주도의 국제적 통솔력을 높일 수 있다고 보았다. 자유주의 세계질서가 표방하는 이념과 제도인 다자주의, 자유롭고 공정한 경제 관계, 국가안보와 사회 안정성의 균형 등이 많은 문제점을 안고 있지만 다른 대안보다는 안정적이라는 이유에서다. 또한 그는 자유주의 세계질서가 미국이 주도하는 민주주의 연합이 중국과 러시아를 충분히 견제할 수 있다면 지속될 것이라고 내다봤다.

반면 쿨리와 넥슨은 아이켄베리와 상반되는 주장을 내놓았다. 미국의 국제적 통솔력이 영구적으로 회복 불능에 빠졌다는 것이다. 냉전이 끝난 이후 다시는 작동하기 힘든 전략적 환경에 놓인 탓이라는 게 그들의 주장이다. 그동안 미국의 국제적 통솔력은 '경쟁 강대국의 부재', '미국 경제력을 토대로 하는 후견 외교', '국제 시민사회의 자유민주주의 가치 공유'에 기반했다. 그런데 중국과 러시아가 세 가지의 대안을 모두 제공하는 바람에 불가능하게 됐다는 것이다. 따라서 미국이 주도하는 자유주의 세계질서는 상당한 변화가 예상된다고 할 수 있다.

미국의 국제적 통솔력과 자유주의 세계질서의 미래에 대한 미국 내부의 이견만큼이나 중국 내부에서도 첨예한 논쟁이 벌어졌다. 덩샤오핑鄧小平이 주창한 '도광양회韜光養晦'에 대한 평가가 그것이다. 중국은 2010년대 초를 기점으로 도광양회보다는 유소작위有所作爲 또는 분발유위奮發有爲를 강조했다.[93] 1978년 개혁개방 이후부터 2010년대 초까지 중국 외교의 주된 담론이었던 도광양회는 "빛을 감추고 은밀하게 힘을 기른다."라는 뜻이다. 이러한 도광양회는 미·중 대결 회피, 화평발전론, 화해 세계론 등에 적용하면서 표출됐다.[94] 이와 달리 "필요한 역할을 한다."라는 유소작위는 후진타오 후반기부터 시작해 시진핑 집권기에 강화되었다. 유소작위의 대표적인 예시가 중국이 표방한 '신형대국관계'와 '주변외교'이다.[95] 신형대국관계란 중국이 자국의 핵심 이익(주권, 안보, 영토, 통일, 사회안정과 경제발전)을 지키고, 미국과 세계질서를 공동으로 운영하겠다는 논리다. 즉, 중국이 미국 주도의 자유주의 세계질서의 변경을 꾀할 가능성이 있다는 뜻이다. 주변외교는 중국이 자국의 주변 정세를 안정시키기 위해서 주변국과 공영하겠다는 것을 가리킨다. 중국의 일대일로 정책 등이 대표적인 주변외교 전략이라 할 수 있다.

그러나 도강양회에서 유소작위로의 이행에 대한 중국 내 논쟁은 여전히 끊이지 않고 있다. 이른바 도광양회 논쟁이다.[96] 유소작위를 섣부른 정책으로 비판하는 도광양회 유지파와 도광양회가 수명을 다했다고 보는 도광양회 폐기파 간의 대립이다. 이 둘 사이의 절충점을 찾으려는 도광양회 수정파가 더해져 치열한 정책 비전과 논쟁을 펼치는 중이다. 도광양회를 둘러싼 논쟁은 결국 미국 주도의 자유주의 세계질서에 대한 중국 내부의 견해 차이가 된다.[97] 이와 함께 중국 외교의 중도 현실주의와 다원적 합리주의 사이에서 벌어지는 논쟁도 중국과 자유주의 세계질서가 핵심으로 벌어지고 있다.[98] 중국 내부 대다수의 국제정치 전문가들은 중국의 대안적 질서를 제시할 필요성에 목소리를 높인다. 하지만 지금까지 국제사회에 대안적 가치나 사상을 뚜렷하게 제시하지 못했다는 평가가 지배적이다.[99]

현재 세계 경제 질서는 1980년대 이후 주류화된 신자유주의를 기반으로 유지되고 있다. 그동안 여럿의 정치적 변동의 결과로 채택한 신자유주의 질서는 소련의 패망으로 냉전이 종식되고 미국의 단극체제가 1990년대 이후 지속된 것이다. 이런 맥락에서 신자유주의 질서는 성립과 발전을 따로 분리해서 논할 수 없다.[100] 유럽이 유럽연합으로 통합되면서 최근 급부상한 중국이 세계질서를 또 다른 질서로 이끈다고 볼 수 있다. 이러한 국제정치적 변동 속에 세계 경제 질서도 질적 양적으로 큰 변화를 겪었고, 그 변화는 앞으로도 지속될 전망이다.

무역 질서 또한 신자유주의 체제를 토대로 자유무역이 더욱 확산하면서 다국적기업의 증가세가 두드러지고 있다. 이는 글로벌 생산 네트워크가 세계적으로 확대된 것과 궤를 같이한다.[101] 미국은 제품의 기획·설계·마케팅을, 한국과 일본은 제품의 중간재를, 중국은 조립을 거친 제품의 최종 생산을 책임지는 식이다.

통화 질서도 1970년대 초반에 금-달러 연동제에서 금에 대한 태환 의무를 지지 않는 달러 기축 통화체제로 변화됐다. 이러한 변화는 1971년 8월 15일 닉슨 대통령이 미국은 절대 금 1온스 35달러를 지키지 않을 거라고 선언하면서 일어났다. 이후 통화 질서는 외환시장에서 환율을 결정짓는 미국 달러를 기축통화로 삼는 변동환율제가 주요국에서 채택됐다. 한편 유럽에서는 1999년 지역통화로 출범한 유로화를 2020년 기준 19개 회원국이 사용하고 있다. 금융질서 역시 변화한 것이다. 이렇듯 1980년대 신자유주의 도래가 '국경 없는 사회'의 기치 아래 자본의 자유화를 활성화했다. 세계 경제 질서의 운영 원리로 다자주의가 지속되었지만, 경제 효율성을 경제 운영의 핵심 가치로 환원한 신자유주의가 경제의 사회적 목적을 강조한 자유주의를 대체하기에 이르렀다.[102] 이로써 중국의 부상으로 격화된 미·중 전략경쟁의 결과가 세계 경제 질서를 구성하는 모든 영역에서의 변화를 꾀할 가능성이 크다. 자유무역, 달러 중심의 통화 질서, 자본의 자유화가 규범이 된 금융질서, 다자주의 협력 방식 등이 그 대상이다.

2018년 6월에 시작한 미·중 무역 분쟁은 2019년 12월에 1차 협상을 타결하였다. 미 · 중 무역 분쟁의 선례가 미래의 세계 경제 질서 재편의 방식과 결과에 상당한 함의를 제공할 것이다. 세계 경제 질서의 미래는 미 · 중 당사국의 경쟁뿐 아니라 유럽과 일본을 비롯한 주요 국가들의 선택이 중요해졌음을 의미한다. 이러한 점에서 미국의 화웨이 제재는 시사하는 바가 매우 크다고 할 수 있다.

미국은 2019년 5월 1일 국가안보 등의 이유를 내세워 중국의 통신장비업체 화웨이에 대한 거래제한 조치를 단행했다. 이어 동맹국을 포함한 총 61개국에 거래중단을 요청했다. 미국의 요청에 대부분 국가는 화웨이 제재 동참에 거부하거나 미온적으로 대응했다. 미국이 접촉한 61개국 중 미국의 요청을 전면 수용한 국가는 호주, 뉴질랜드, 베트남 3곳이다. 부분적으로 수용한 국가는 영국, 일본, 노르웨이 3곳이었다. 미국의 주요 혈맹인 독일, 프랑스를 비롯한 나머지 55개국은 미국의 요청에 부정적이거나 미온적으로 대응한 것이다. 한국도 시장참여자가 결정할 문제라는 원론적 견지를 되풀이한 미온적 태도를 보인 국가에 속한다.[103]

사실 전면 제재를 약속한 3개국도 속사정이 있었다. 호주와 뉴질랜드는, 안보와 기술의 예속 문제로 2012~2013년부터 국가사업에서 화웨이 참여를 제한했었다. 베트남도 미국의 요청을 그대로 수용했다기보다는 5G 산업을 주요 국가산업으로 장려하기 위해 화웨이와의 거래중단을 결정한 것이다. 따라서 베트남도 국내 산업을 보호하기 위한 차원에서 미국의 요구에 응했다는 해석이 맞다.[104]

따라서 미국의 요청에 순수한 의미로 동조한 국가는 거의 없었다. 한참 뒤 미국의 거센 압박과 적극적인 외교 공세에 영국과 프랑스가 화웨이 전면 제재로 돌아서긴 했다. 독일과 일본 역시 화웨이의 이름을 명시하지 않고 국가안보상의 문제를 일으킬 수 있는 거래는 국가 차원에서 허가할 수 없다는 태도를 보였다. 이렇듯 미국의 화웨이 제재 요청에 국가들이 선뜻 응하지 않은 이유가 있다. 화웨이와 같은 네트워크 사업의 특성 때문이다. 네트워크 사업은 경로의존성과 매몰 비용이 상당하여 수요자가 공급자와의 계약을 변경하기가 매우 어렵다. 하지만 이를 차치하더라도, 미국의 핵심 동맹국들이 화웨이 제재에 동참하지 않은 사실은 세계질서의 지각변동에 변화가 시작되었음을 의미한다. 이는 중국의 부상이 그만큼 막강하다는 방증이기도 하다.

미 · 중 무역 분쟁과 화웨이 제재는 새로운 국제정치 흐름에 주목하게 한다. 그 이유를 세 가지 측면으로 접근하면 다음과 같다. 첫째, 미 · 중 간의 국력 측정이 복합화됐다. 이제 군사력, GDP, 인구구조 등을 개별국가 단위로 산출하여 국력을 단순 비교하는 것은 그 유의미성이 낮다. 국력의 네트워크 관계성을 간과하기 때문이다. 국가들의 '무역, 투자, 기술 의존성, 글로벌 생산 네트워크, 통화와 금융, 안보 관계' 등이 다양한 층위에서 복합적으로 얽혀있는 까닭이다. 화웨이 사례가 보여 주듯, 다수의 국가는 네트워크의 관계성을 주요 국력 지표로 활용하는 경향을 보였다. 둘째, 미·중을 비롯한 국가 간의 관계에서 균형점이 불명확해졌고, 이에 따른 이합집산이 나타났다. 세력, 위협, 이익 균형의 모든 균형점이 불확실해지고 있다는 것이다. 어떤 세력에 대해 무슨 균형을 추구할 것인지, 어떤 위협에 대해 무슨 균형을 취할 것인지, 어떤 이익에 대해 무슨 균형을 도모할 것인지에 대한 네트워크의 관계성이 모든 균형의 준거점을 흐트러뜨렸다. 따라서 균형점은 정태적이 아닌 급속한 동태성을 띨 것이다. 셋째, 국익 규정의 복합화와 다면성 확대이다. 화웨이 제재 문제로 미·중 사이에 끼인 국가들은 안보, 경제, 국내 정치를 고려하여 국익을 계산할 필요가 있다. 이어 국내외 시장의 반응까지 연계하여 국가의 선택을 도출하려고 애써야 한다. 이로써 미·중 관계의 전개 양상과 관련한 주요국들의 선택에 따라 자유주의 세계질서의 미래와 세계 경제 질서의 방향성이 변화될 전망이다.[105]

세계 무역 질서와 미·중 무역의 현황

2000년대 중반 이후, 글로벌 무역 질서는 크게 네 가지 변화에서 흐름을 겪고 있다. 첫째, 글로벌 GDP 대비 무역 비중의 감소이다. 2008년 세계 경제위기 이후 무역 성장률의 정체나 저조 양상이 두드러지고 있다. 둘째, WTO 중심의 글로벌 다자주의 쇠퇴에 따른 양자 FTA의 발흥이다. 전자상거래(디지털 무역)와 같은 새로운 무역 영역을 아우르는 메가 FTA의 필요성과 제도화의 흐름이다. 셋째, 미·중 간의 무역 불균형 확대와 이에 따른 양국 간의 갈등 확대이다. 넷째, 중국 중심의 글로벌 및 동아시아 역내 생산 네트워크 가치사슬 확대에 따른 무역의 복합화 등이다.[106]

첫 번째, 세계 무역 성장률의 정체/저조 현황을 살펴보기로 한다. 세계 GDP 에서 세계 무역이 차지하는 비율이 2008년 60.73%로 정점을 찍은 후 내림세다. 세계 무역/세계 GDP 비율은 2009년 52.24%, 2010년 56.81%, 2011년 60.43%

로 세계 경제위기 이후 점증적으로 상승하였다. 하지만 2013년 60.03%, 2014년 59.71%, 2016년 56.10%로 계속 감소하는 추세다.[107] 제2차 세계대전 이후, 2년 넘게 상기 비율이 감소한 적은 없었다. 이로써 무역 저조의 뉴노멀 시대로 접어들었다고 평가받는다. 2018년 세계 무역 증가율은 3%, 2019년 2.6%를 기록하여 무역 정체/저조 기조가 지속되고 있다. 사실상 세계 무역은 코로나19 이전에 이미 후퇴했다.[108] 그 연장선에서 세계 GDP에서 차지하는 세계 상품 무역 증가율이 대폭 둔화했다. 세계 GDP 대비 세계 상품 무역 증가율은 동아시아 금융위기 직후인 2000년을 제외하면, 1995년에서 2008년까지 해마다 최소 1.1%에서 2.5%의 증가율을 보였다. 하지만 2008년 이후부터 1.0% 이하의 수준을 보인 것이다.[109]

두 번째, WTO 쇠퇴, 양자 FTA^Free Trade Agreement 발흥, 메가 FTA 발전을 검토하기로 한다. 세계 무역 질서를 총괄하던 WTO는 2001년 '도하 라운드' 개시 이래 선진국과 개도국 간의 이견을 좁히지 못하면서 공전을 거듭하고 있다. 끝내, 트럼프 정부의 비협조로 위기에 봉착하고 말았다.[110] 이로써 상품과 서비스 교역의 확충을 위해 양자 FTA가 발흥한 것이다. 양자 FTA의 세계적인 증가는 상품·서비스 거래 활성화에 일정 부분 이바지했지만 여러 문제점도 노출했다. 양자 FTA 협상 시 자국의 취약 산업을 보호하려는 현상이 팽배해졌다. 양자 FTA 간 규범과 규칙의 상이성(가령 원산지 규정과 관세 철폐 항목과 일정 등)이 노출되어 '스파게티 볼 효과'를 발생시킨 것이다. 무역에서 글로벌 생산 네트워크의 비중이 점증하고, 전자상거래, 기술 규제 비관세장벽 등 새로운 무역 영역이 대두했다. 따라서 이를 반영하는 새로운 무역 질서를 구축할 필요성이 제기되었다.[111] TPP^Trans-Pacific Partnership, CPTPP^Comprehensive and Progressive Agreement for Trans-Pacific Partnership, RCEP^Regional Comprehensive Economic Partnership 등이 메가 FTA 제도화 발전의 대표적인 사례들이다.[112]

세 번째, 미·중 간의 무역 불균형 확대이다. 미·중의 무역 불균형은 지속해서 확대하여 2008년에는 2,600억 달러였고, 이후 2018년은 사상 최대인 4,393억 달러 그리고 미·중 무역 갈등이 본격화된 2019년은 3,208억 달러를 기록했다.[113] 따라서 미·중 간의 무역 불균형 고착화 상태에 놓인 미·중 간의 서비스 무역과 중국의 전체 무역 구조를 눈여겨볼 필요가 있다. 미국은 1992년 이후 중국을 상대로 한 서비스 무역에서 해마다 흑자를 기록했다. 특히, 2008년 이후 미국의 대중 서비스 무역 흑자 규모는 계속해서 증가했다. 그러다가 2018년대에 들어서서는 1,229억 달러에 그쳤다. 여기에 서비스 무역을 포함한다면, 2018년 미국의 대중 무역 적자 규모는 3,163억 달러로 축소된다.[114] 반면에 중국이 무역 흑자국으로 전환한 것은 2005년이다. 이후 2009년과 2010년을 제외하고는 지속해서 증가해 2019년에는 4,720억 달러의 무역 흑자를 기록했다. 그런데 중국 전체 무역에서 차지하는 흑자 규모의 비율은 2015년 이후 감소하는 추세로 돌아섰다. 그 결과 2008년부터 2020년 기간 동안 6개년도에 걸쳐 무역 적자를 기록했다.[115] 중국의 최대 무역 흑자국인 미국과 홍콩을 제외하면, 2018년 중국의 수출 규모와 수입 규모는 각각 1조 7,100억 달러, 1조 9,700억 달러로 균형에 가까운 무역 구조를 보였다.[116]

네 번째, 중국 중심의 글로벌 및 동아시아 역내 생산 네트워크의 확대이다. 중국의 전체 무역 구조는 중국 중심의 글로벌·동아시아 지역생산 네트워크가 확대되고 있다. 중국 무역의 상대국별로 살펴보면, 2018년 기준 중국은 미국과 홍콩, 네덜란드, 인도, 영국, 멕시코와 등에서 무역 흑자를 기록했다. 반면에 대만, 한국, 호주, 브라질, 스위스, 일본, 독일, 사우디아라비아, 앙골라 등에서는 무역 적자를 기록했다.[117] 중국은 자국 상품의 최종 소비재를 중심으로 교역하는 국가들에서는 무역 흑자를 유지했다. 그러나 에너지와 중간재를 중심으로 교역하는 국가들에서는 무역 적자를 기록했다.[118] 이는 중국이 지구적 생산 네트워크에서 생산과 조립을 담당하면서 삼각 교역구조가 형성된 결과이다. 중국이 세계의 공장으로서 역내 국가들로부터 중간재를 수입하여 최종재를 역내 국가뿐 아니라 역외 국가들로 수출 규모를 점차 확대한 결과이기도 하다. 중국이 일본─동아시아─미국·유럽이라는 1990년대의 삼각 교역구조를 중국─동아시아─미국/유럽으로 대체한 것이다. 이는 미·중 무역 불균형이 미·중 경제 관계를 넘어 전 지구적 차원에서 구조화되고 있다는 방증이다.[119]

특히 동아시아의 경우 중국 중심의 생산 네트워크에 깊이 편입되어 있다. 가치사슬이 발달한 대표적 산업인 ICT 사례라는 점에서 시사하는 바가 크다.[120] ICT 산업을 형성·유지하는 지구적 생산 네트워크의 특징은 중국이 역내 국가들과 독일, 노르웨이 등 일부 동아시아의 역외 국가들로부터 중간재를 수입하여 최종재를 미국에 수출하는 구조를 지닌다는 점이다. 전통적인 부품 공급국인 독일로부터의 수입에는 큰 변화가 없는 반면 중국이 한국, 대만, 일본 등 역내 국가로부터 소재와 중간재 수입을 증가시키고 있다. 베트남, 싱가포르 등 역내 국가들에서도 중간재의 수입을 확대하는 경향을 보인다.[121] 이러한 현상은 중국을 중심으로 한 동아시아 지역과 북미 · 유럽 지역 간의 무역이 한 방향으로 강화되고, 공급자 측면에서도 생산 네트워크 연계가 약화한다는 사실을 보여 준다. 이는 아시아 GVC 수출의 목적지로서 북미와 유럽지역의 비중이 감소하는 추세로 볼 때, 장기적으로 생산 네트워크 연계가 약화하고 지역생산 네트워크의 자기 완결성이 강화될 가능성이 있다는 것을 시사한다. 따라서 향후 동아시아 지역의 경제블록이 화두가 될 전망이다.

세계 무역 질서의 미래 방향성과 중단기 쟁점

세계 무역 질서의 미래 방향성은 미국과 중국이 쥐고 있다고 해도 과언이 아니다. 2020년 등장한 바이든 정부가 전임 트럼프 대통령의 일방주의, 보호주의, 제재외교, 기존의 무역 규범과 규칙의 무력화를 얼마나 바꾸어 놓을지가 관심사다. 그러나 지금까지는 큰 변화가 없다는 게 일반적인 평가이다. 내년 미국 의회 중간선거 이후 정책의 변화를 예상하는 분위기다. 미 · 중 무역 분쟁이 미국과 중국 양자 간의 문제인 건 분명하다. 그래서 중국의 경우는 대체로 장기적인 대응 태세를 기반으로 조기 타협을 모색하고 있다. 따라서 미국의 대중국 전략이 향후 전개 방향의 핵심이 될 것이다.[122] 미 · 중 전략경쟁은 크게 두 경우로 나누어 예측할 수 있다. 첫 번째는 미 · 중 전략경쟁의 악화이다. 두 번째는 미 · 중 전략경쟁의 완화인데, 이 가능성은 하위 층위로 '타협과 협력'과 '갈등 속 타협'을 상정할 수 있다. 이중 가능성이 큰 경우는 '갈등 속 타협'이 될 것으로 예상된다.

'갈등 속 타협'의 가능성은 미국이 트럼프 시대가 훼손한 자유주의 세계질서의 회복을 추구하면서도 미 · 중 전략경쟁에서 우위를 점하려는 노력을 병행한다는 것을 의미한다.[123] 자유주의 세계질서의 회복은 미국이 다자주의와 자유무역 · 투자를 추구하리란 것을 시사한다. 미 · 중 전략경쟁에서도 우위를 확보하려는 미국이 동맹국과 연합해 다자주의 규칙의 재정비와 활용을 통해 중국을 견제하고 사안별로 보호무역주의적인 통상정책을 구사할 것을 뜻한다.[124] 이는 바이든의 정책 선호도와 미국 재무장관이자 경제 수장인 자넷 엘렌Janet Allen 등의 정책 지향점이 현실적으로 중국과 경제 탈동조화decoupling가 어렵다는 것이다. 바이든이 추구하는 기후, 환경, 에너지, 방역 등의 문제를 해결하기 위해선 중국의 협조가 필요하다는 사실에 기반하고 있다.

바이든의 세계질서에 대한 정책 선호도는 다음과 같이 나타나고 있다. 바이든은 트럼프가 미국이 제2차 세계대전 이후 구축한 자유주의 세계질서를 무너트려 국제정치장에서 미국의 힘이 약화했다고 규정한다. 이런 이유로 경쟁자로 등장한 중국을 일관적으로 관리하기 어렵다고 인식하고 있다.[125] 바이든은 대통령 후보 시절부터 '힘에 의한 모범Example of Power'이 아닌 '모범에 의한 힘power of example'을 강조하는 연설을 했다. 미국의 외교정책이 기본원칙과 규범, 도덕을 보여줘야만 다른 국가들의 동의와 지지를 이끌어 세계질서를 선도할 수 있다고 설파했다. 바이든은 취임 이후 지금까지 미국이 자유민주주의 국가들과 정책 연대를 통해 국제정치를 관리한다는 견해를 고수하고 있다. 미국은 중국의 지적 재산권 침해, 불공정 무역 거래 관행 등을 동맹국과 연합해 근절할 것을 천명하고 WTO의 구조개혁을 추진했다. 바이든 정부는 EU와 일본과 협력하여 국영기업 보조금 지급 금지, 디지털 무역에 관한 국제규범 확립, 중국의 불공정 무역에 대한 공동 대응을 선도하고 있다.[126]

바이든은 중국과의 경쟁은 불가피하고 상당 기간 지속될 수밖에 없다고 판단하고 있다. 하지만 협력할 부분도 있기에 중국과 전략적 대화와 협력을 지속할 의사가 있음을 아울러 내비쳤다.[127] 이는 미국과 중국의 핵심 이익이 상충하기 때문에 중국이 국제규범을 위반하는 영역에서는 강력하게 견제하겠다는 뜻이다. 그런데도 정책 대화를 지속하여 무역 갈등을 해소하고 협력을 증진하려는 노력도 병행하겠다는 태도이다.[128] 바이든 정부의 국무장관인 토니 블링컨Tony Blinken은 "미국이 한계점을 넘어 중국을 도발하지는 않을 것"이라는 공식적 언급으로 미국의 대중국 강온책을 시사한 바 있다.[129]

재무 장관인 자넷 앨런 등 바이든 정부의 경제부처 담당자들 역시 대중국 정책을 때로는 강하게 때로는 온화하게 추진하고 있다. 기본적으로 자유무역과 세계화를 지지하는 자넷 앨런은 트럼프 정부의 보호무역이 미국 소비자에게 세금을 부과하는 행위라고 비난했다. 앨런은 미국 무역정책의 실패가 국내 고용정책과 산업정책을 비롯한 정책 실패에서 기인했다고 보고, 트럼프식 양자주의에 회의적인 반응을 보였다. 그러나 앨런 역시 중국의 불공정 무역관행, 지적 재산권

오용 문제, 국영기업에 대한 막대한 국가보조금, 기술 탈취 등에 대해서는 비판적이었다.[130] 재무부 부장관인 아데왈 아데예모Adewale Adeyemo, 백악관 국가경제위원회 위원장인 브라이언 디스Brian Deese도 앨런처럼 자유무역의 중요성을 강조하면서 대중 무역에 관해 유사한 견해를 밝혔다. 하지만 이들이 월스트리트의 블랙록Blackrock 출신이라는 점에 주목할 필요가 있다.[131] 월스트리트가 자유주의 세계 경제 질서에서 가장 큰 혜택을 보았다는 점에서 블랙록 출신의 아데예모와 디스가 트럼프식 보호무역주의에 제동을 걸 수도 있기 때문이다. 2019년 7월 미국 내 학자 100여 명이 서명한 대중국 정책 7대 제안서도 눈여겨봐야 한다. 제안서에 서명한 학자들은 미국이 중국의 강압정책과 불공정 무역에 강력히 대응해야 하지만 중국을 적으로 돌리면 세계 경제의 공동번영을 이루기 힘들다고 주장한다.[132]

바이든 정부 임기 초반의 최대 이슈는 선거 분열에 따른 국론 통합, 코로나19에 따른 경기침체 극복, 고용 창출 및 안정화 등이다. 따라서 바이든 정부가 중국과의 경제 탈동조화로 인한 경제적 불확실성을 장기간 감내하기란 쉽지 않다. 미국의 거대한 수입원이 되는 중국 시장이 가진 잠재력을 간과하기도 어려울 것이다.[133] 중국은 2019년 기준으로 1인당 국민소득 1만 달러 이상의 중산층을 4억 명이나 보유한 국가이다. 더욱이 2035년 이후 중국은 1인당 국민소득이 2만 5천 달러에 중산층 규모가 8억 명이 될 것으로 예상된다. 이런 거대시장이 될 중국을 미국이 쉽게 놓치진 않을 것이다.[134] 미국이 세계 최대 석유 수입국이자 2대 가스 수입국인 대중 수출을 포기할 수는 없을 것이다.

마지막으로 바이든 정부가 지속 가능한 성장을 위해 글로벌 차원에서 관심을 가지는 기후, 환경, 에너지, 방역 등의 문제도 중국의 협조 없이는 해결이 어렵다. 바로 이 지점에서 바이든 정부가 중국과 전면전을 불사하는 정책을 구사하기에는 제약이 너무 크다고 할 수 있다. 중국과의 탈동조화는 글로벌 차원의 불확실성을 극대화하는 원인이 되기 때문이다. 2008년 세계 경제위기 이후 확대된 미·중 간 무역 불균형 문제는 양국이 그 원인을 각기 다른 곳에서 찾았기에 해결의 실마리를 못 찾고 있는 셈이다.[135] 결국, 미·중 양국 사이에 다른 시각이 발생한 근본 원인은 인식 차이에서 비롯된 것이다. 미·중 간 무역 불균형이 중국의 불공정 행위에서 비롯된 것인지, 아니면 지구적 생산 네트워크에서 발생한 구조적 문제인지에 대한 인식차가 그것이다. 따라서 미·중의 인식 차이의 깊이가 향후 미·중 갈등뿐 아니라 세계 무역 질서의 변화 폭과 깊이를 결정할 것이다.

향후 세계 무역의 질서를 재편하는 과정에서 나타날 수 있는 중단기 쟁점을 정리하면 다음과 같다.

첫 번째 쟁점은 글로벌 생산 네트워크의 중요성 증대와 미국발 글로벌 생산 네트워크 재구축의 본격화 가능성이다.[136] 여기서 주목할 점은 글로벌 가치사슬 기반의 교역량 증가이다. 이를 단순한 수출·수입으로 환원할 수 없는 경제활동이 국제무역과 국내 경제에 큰 비중을 차지하게 됐다는 것이다. 가령 최근 IMF 연구자료에서 분석한 미·중 ICT 교역을 보면, 미국이 중국에서 수입하는 ICT 제품의 절반이 중국의 부가가치로 잡혀 있지 않다. 이는 미국의 대중 ICT 무역 적자가 전체 중 절반에 지나지 않는다는 것을 의미한다.[137] 따라서 미국을 포함한 세계 각국은 고부가가치 산업의 발전과 자국 중심의 글로벌 공급망 구축을 더욱 강력하게 추구하게 될 것이다. 이와 함께 생산 네트워크 내의 비대칭 상호의존성과 취약성은 국가 간의 협력과 갈등을 촉발할 것이다.

두 번째 쟁점은 WTO의 제도적 개혁이다. 바이든 정부는 WTO 규칙 준수를 강조해왔다. 따라서 머지않아 WTO 상소기구 위원 임명을 조속히 마무리하고 WTO 개혁을 본격적으로 추진할 것으로 보인다. 동시에 현행 WTO 체제에서 충분히 다루어지지 않은 국영기업 보조금 지급 금지, 지적 재산권 침해, 디지털 무역 등의 제도 개선에 나서고, 중국의 개도국 지위에도 압박을 가할 것으로 예상된다.[138] 디지털 무역에 대해서도 미·중 간의 대립이 예상되는데, 미국은 데이터의 초국적 이동을 주창하고, 중국은 인터넷 주권을 강조하기 때문이다.[139] 이런 이유로 중국이 WTO 제도 개선에 환경문제와 노동문제를 포함하려는 미국을 부담스러워할 가능성이 크다.

세 번째 쟁점은 메가 FTA의 정치경제이다. 바이든 정부는 민주당의 전통대로 공정무역을 기치로 내걸고 국익 차원에서 자유무역과 대중국 압박을 절충하고 있다. 이를 실행하기 위한 기제로 WTO 개혁과 중장기적으로 CPTPP 재가입을 추진할 공산이 크다. 미국이 CPTPP 재진입을 시도할 경우, 미국은 CPTPP를 현존하는 가장 높은 수준의 메가 FTA 설정을 주도할 것이다. 2020년 7월 1일 발효된 USMCA가 이와 유사한 사례가 될 개연성이 높다. 미국은 USMCA에 대해 가장 높은 수준의 무역 규범을 채택한 모범 메가 FTA로 규정하며 향후 무역협정에서 표준 모델이 될 것임을 이미 밝힌 바 있다.[140] USMCA에 가장 큰 특징은 독립적 노동조합을 허용하고 노동기준을 감시하기 위한 노동 감시기구 설립이다. 노동기준 강화, 디지털제품 무관세, 다자 무역협정에서 최초로 명문화된 환율 조작 금지, 국영기업 보조금 지급 신고제 등이 그것이다. 이렇듯 미국이 기획한 노동 감시기구는 캐나다와 멕시코보다는 향후 전개될 중국과의 무역 규범 경쟁을 고려 했다는 평가가 나온다.[141] 이와 더불어 동아시아 메가 FTA인 RCEP의 본격적인 작동도 쟁점화될 것이다.

　　네 번째 쟁점은 메가 FTA의 향후 발전 방향은 글로벌 생산 네트워크의 구조 적 변화와 밀접하게 관련되어 국가 간의 경쟁과 조정이 예상된다. 4차 산업혁명 으로 디지털 기술이 획기적으로 발전하여 다국적기업들이 과거보다 넓고 복잡한 글로벌 생산 네트워크를 형성·관리할 수 있게 됐다. 2017년 이후 글로벌 생산 네트워크가 단순 GVCs에서 복합 GVCs로 전환되는 추세가 강화되고 있다는 점 에 주목할 필요가 있다.[142] 이러한 변화는 동아시아에서 두드러지게 나타나고 있 다. 이는 역내 생산 네트워크 내부의 생산활동이 최종재의 생산을 위한 단순 가 공 및 조립 중심 단계에서 세분화·고도화되었다는 것을 의미한다. 향후 CPTPP 와 RCEP 등 메가 FTA의 체결과 발효는 복합 GVCs의 확대를 더욱 촉진할 것으 로 예상된다. 각 국가가 생산 네트워크의 정점에 서는 고부가가치 산업 전략을 구 사할 경우, 각 메가 FTA가 이에 미치는 영향을 고려해야 하는 전략적 부담을 안 게 된다. 이런 이유로 기술 규제 비관세장벽과 전자상거래(디지털 무역) 관련 모범 규제관행이 쟁점화될 가능성이 크다. 예를 들면, 최근 메가 FTA 체결 협상에서 협상 당사국들이 기술 규제의 준비, 도입, 집행 등 단계별로 모범규제관행 창출에 치열한 공방을 벌인 바 있다.

위안화의 국제화와 달러 체제의 미래

세계 통화 질서의 현재와 미래는 중국 위안화의 국제화가 기존의 달러 중심 국제통 화체제를 변경시킬 수 있는지가 핵심이다. 중국은 2008년 미국발 세계 경제위기 이 후 위안화의 국제화를 강력하게 추진해왔다. 2008년 중국인민은행 총재였던 저우 샤오촨周小川이 달러 체제라 할 수 있는 국제통화시스템이 가진 내재적 불안정성을 지적하면서부터다. 당시, 달러의 대안으로서 위안화의 국제화가 중국 내에서 다양 하게 제기되기 시작했다.[143] 위안화의 국제화에 대한 일련의 흐름은 시진핑 주석이

2009년 전국 인민대회에서 위안화의 국제화를 국가정책으로 선언함으로써 공식화됐다. 중국의 위안화의 국제화 추진 배경에는 달러 체제가 미·중 간의 비대칭적 권력관계를 지속시키는 핵심 질서라는 인식이 자리 잡고 있다.[144]

미국은 최근까지 중국 위안화의 국제화에 대해 방관적인 태도를 보였다. 그런데 비교적 최근에 와서 위안화의 국제화에 대응하겠다고 입장을 선회했다. 이를 바로 보여주는 예는, 디지털 달러 출시를 고려한다는 미국 연방준비제도이사회(이하 미 연준)의 발언이다. 미 연준이 디지털 위안화에 대응해 디지털 달러 출시를 서두를 수 있다는 반응을 보였다.[145] 이로써 미·중 통화경쟁은 본격화되는 수준으로 이행했다고 평가할 수 있다. 미 전 재무부 장관 헨리 폴슨Henry Paulson과 저명한 통화 전문가인 벤자민 코헨Benjamin Cohen, 헤롤드 제임즈Harold James, 에스워 프라사드Eswar Pradard 등도 달러 패권의 종언 가능성을 언급하기 시작했다.[146]

중국은 위안화의 국제화를 단계별로 추진하고 있다. 먼저 중국은 위안화를 2027년까지 동아시아 기축통화로 발전시키고, 2038년까지 달러에 버금가는 국제 기축통화로 위상을 확립할 계획이다.[147] 그러나 2009년 이후 진행된 위안화의 국제화 성과는 미미하다. 세계 경제에서 차지하는 위안화의 위상이 달러보다 현저히 낮기 때문이다. 하지만 2020년 이후 진행된 위안화의 국제화는 그 폭과 깊이에서 다른 양상을 보일 것으로 전망된다. 이러한 전망은 최근 발생한 달러 체제의 불안정성에서 기인하는데, 관련 내용은 다섯 가지 정황을 통해 확인할 수 있다.[148]

첫째, 미국 달러의 과잉 유동성과 이에 따른 달러 가치의 하락 내지는 등락 폭의 확대이다. 미 연준이 코로나19에 대응하여 4조 달러에 달하는 막대한 유동성을 공급한 것이 첫 번째 정황이다. 둘째, 달러 체제 운영의 핵심 사안 중 하나인 패트로 달러 체제의 균열 정황이다. 세계 유수의 정유회사들이 달러 대신 위안화로 대금을 결제하고 있다.[149] 따라서 중국이 2018년 3월 세계 3번째로 상하이에 원유 선물시장을 출범시켜 위안화 결제 폭의 확대가 예상된다. 셋째, 중국이 구축한 대안 국제 결제 시스템 CIPSCross-Border Interbank Payment System이 최근 활성화되고 있다. 2015년 10월 설립된 CIPS는 가입 은행이 6개국 19개로 미미하였지만, 2019년 기준 89개 가입국의 865개 은행으로 늘어 대대적인 발전을 이루었다는 평가를 받는다.[150] 넷째, 중국의 국내 금융시장 개방이다. 중국은 2019년 3월 전인대에서 외국인 투자 관련 「외상투자법」[151]을 통과시켰다. 중국은 금융시장 자유화 정책을 통해 중국 자본시장의 저유동성과 대외 개방의 문제를 해결했다.[152] 다섯째, 2019년 인민은행의 디지털 위안화 출시다. 디지털 위안화가 중국 국내는 물론 해외 결제로도 광범위하게 사용될 수 있어 위안화의 국제화에 새로운 수단이 될 수 있다. 인민은행 총재 이갱易綱은 "디지털 위안화가 미국 주도 결제 시스템의 대안이 될 수 있고, 금융제재와 위협을 해소하는 데 기여"할 것이라고 주장했다.[153]

부채 위기와 세계금융 거버넌스 개혁

1971년 미국이 달러·금 연동 포기를 선언하면서 시작된 제2차 브레튼우즈체제는 불안정성을 드러냈다. 브레튼우즈체제의 불안정성에 대한 경고는 체제의 시작부터 제기됐다고 해도 과언이 아니다. 개발도상국은 당국의 경제 안정성을 담보하기 위해 외환보유고를 늘리고, 미국은 엄청난 규모를 소비함으로써 브레튼우즈체제를 유지했다. 1997년과 2008년의 금융위기는 IMF를 중심으로 이뤄진 세계금융 거버넌스의 취약성을 드러낸 사건이었다. 높은 수준의 시장 자율성으로 대표되는 영미식 체제에 대한 국제적 차원의 문제의식이 대두됐다.[154]

미국발 2008년 세계 경제위기는 이른바 현상 유지로 귀결되었지만, 역설적으로 미국의 구조적 권력과 대안부재를 확인시키는 결과를 낳았다. '현상 유지의 위기status quo crisis'가 예견하듯 2017년 이후, 세계 경제위기 재발에 대한 경고가 끊임없이 제기되고 있다. 2008년 금융위기 이후 12년이 지났는데도 세계 경제는 여전히 양적 완화와 초저금리라는 모르핀에 연명하고 있다. 특히 코로나 사태가 이 흐름을 더욱 또렷하게 드러내 주고 있다. 이로써 세계 금융질서는 2008년 이후 지속해서 과도기 혹은 변환기에 있다고 할 수 있다. 이로써 중국의 부상과 중국의 적극적인 금융 외교가 미래 세계의 금융질서 형성에 핵심 변수가 될 수 있다.[155] 세계 금융질서의 미래는 현재 진행 중인 코로나 사태가 어떤 방식으로 세계 경제위기를 불러올 것인가에 달려 있다. 만약 글로벌 부채 문제가 폭발할 경우 포스트 코로나 시대에 세계 금융 개혁의 빅뱅을 초래할 수 있다. 따라서 글로벌 금융개혁의 중단기 쟁점은 글로벌 금융기구의 지배구조 개혁과 금융 안정화, 안전망 정책 등이 될 전망이다.

먼저 세계 금융질서의 핵심 변곡점이 될 수 있는 글로벌 부채 현황을 살펴보자. 2020년 11월 18일 국제금융협회는 "글로벌 부채 쓰나미가 몰려오고 있다."라고 경고했다.[156] 코로나 사태의 확산으로 각국 정부는 재정 부양 규모를 크게 늘렸다. 주요 선진국들은 코로나19 발생 전인 2019년에 비해 엄청난 규모로 재정 부양을 늘렸다. 이로써 2020년 부채 규모가 무려 3~4배 이상 증가했다. 선진국들의 국내총생산 대비 부채 규모가 432%로 급격히 증가한 것이다. 중국은 335%, 신흥국은 250%에 달할 것으로 예측되고, 잠비아 등은 디폴트를 선언했다.[157] 각국 정부는 코로나19 대응을 위해 돈을 풀며 경기부양을 꾀했다. 하지만 바이러스의 재확산으로 고용과 경제활동 침체가 심화하고 국가부채만 급격하게 늘어나는 결과만 초래됐다. 코로나19가 진정되더라도 많은 한계 기업이 속출하고, 부실채권이 금융권을 위기에 빠뜨릴 수 있다는 전망도 나오는 상황이다. 세계 경제위기의 가능성이 점증하고 있다.[158]

전 세계적인 부채 증가로 세계 경제위기가 도래한다면, 상상 이상의 세계금융 거버넌스 개혁이 추진될 수 있다. 2008년 세계 경제위기 당시 미뤄진 세계금융 거버넌스 개혁이 한꺼번에 논의될 가능성이 크다. 2008년 세계 경제위기가 신자유주의 세계 금융질서를 주도했던 미국이 발생시켰다는 점에서 기존의 세계 금융질서가 근본적으로 개혁될 거라는 예상이 지배적이다.[159]

세계 금융질서 개혁이 광범위하게 논의되던 당시, 이와 함께 세계 금융질서를 운영하는 제도적 틀에 대해서도 개혁이 시도됐다. 최상위 세계경제포럼 G20이 탄생했고, IMF의 쿼터 재분배와 지배구조 개선도 일정 부분 이루었다. 금융 안정성도 바젤Ⅲ 합의를 통해 자기자본과 유동성에 대한 규제 강화로 보강됐다.[160] 이외에도 회계기준의 통합과 표준화accounting rules, 신용평가기관에 대한 규제rules on credit-rating agencies, 장외 파생상품과 헤지펀드 규제 등에 관해서도 금융질서 안정화 차원에서 다양한 논의를 전개했다. 나아가 핀테크의 발전과 함께 등장한 미래금융에 대한 세계적 대처 논의도 본격화하였다.

이러한 노력에도 불구하고 세계 금융질서를 근본적으로 변화시키지는 못했다.[161] 세계 금융질서의 개혁 방향성과 깊이가 표면적인 수준에서 그쳤다. IMF 지배구조 개혁의 핵심이었던 쿼터 조정은 이사국 2석을 개발도상국으로 이전하는 데 그쳐 IMF는 여전히 미국과 유럽을 중심으로 운영되고 있다. 바젤Ⅲ가 은행 감독 규제 강화를 통한 금융 안정화를 일정 부분 성취했지만 그 한계도 명확했다.

바젤Ⅲ는 은행들이 여전히 위험자산의 분류 등 위험 계산에 개별 은행 고유 모델을 활용하도록 허용함으로써 금융 안정화 방안과는 거리가 멀었다. 지급준비율도 확대했지만, 2008년 금융위기 당시 은행들이 운영하던 지급준비율보다 훨씬 낮은 수치에 그쳤다. IMF에 대한 대대적인 재정 증원 등이 이루어졌는데도, 정작 IMF의 보조가 가장 필요한 개발도상국들의 수요는 높지 않았다.[162] 이로써 핵심 금융안전망의 기능은 IMF가 아닌 미국의 양자 스왑Swap이 수행하고 있다. 또 '시장친화적' 개혁에 대한 강조와 자유주의 코드에 대한 언급은 금융규제개혁을 시장개혁이 아닌 시장을 흡수하는 양태로 변질하게 했다.[163] 이로써 세계 금융질서가 왜 제한적으로 개혁될 수밖에 없었는지에 대한 원인으로 크게 세 가지가 거론된다.

첫째, 세계 경제의 구조적 권력을 가진 미국의 선택이다. 미국이 근본적인 개혁보다는 기존 시스템이 가진 최소한의 변화를 원했기 때문이다. 둘째, 중국의 선택이다. 중국이 개혁 담론을 활발하게 펼쳤지만 새로운 금융질서가 내포하는 불확실성 때문에 결국 미국 주도의 개혁에 편승할 수밖에 없었다. 셋째, 유로 위기가 불러온 대안의 부재이다. 유럽은 2009년 유로 위기 이전까지 달러 중심의 세계금융통화시스템에 대한 근본적인 개혁을 촉구하는 주체였다. 하지만 유로 위기의 시작과 함께 그 대안적 영향력이 급속히 감소했다.[164] 대안 질서에 대한 비전과 전략의 부재는 현상 유지의 위기라는 역설을 낳았다. 따라서 미ㆍ중의 선택과 대안 질서의 유ㆍ무와 구체성이 세계 금융질서의 현상 유지에 이바지한 사실은 현재의 현상 유지를 어떤 방식으로 깰 수 있을지에 대한 논의 틀을 제공한다. 다시 말해, 미국과 중국의 선택과 대안 질서의 유ㆍ무와 구체성 등의 조합이 미래 세계 금융질서의 변화 혹은 지속의 핵심 변수가 될 수 있다.

세계 경제 질서 재편이 미래 한국에 주는 함의

세계 경제 질서의 재편을 두고 벌이는 미·중의 경쟁과 갈등은 수그러들 기미를 보이지 않는다. 앞선 논의대로 미·중의 갈등은 무역, 생산 네트워크, 통화, 금융 등의 영역에서 전방위적으로 확산하는 추세다. 미국이 중국 상품에 대해 수출을 규제하면, 중국은 「수출 관제법」을 제정하는 등 다양한 전략으로 맞대응할 것이다.

이러한 상황 속에서 한국은 어떻게 대응할 것인가. 대응책으로는 다자주의 활용, 안미경중安美經中 등거리 외교, 전략적 선택 등이 거론된다. 한국과 유사한 위치에 있는 일본의 일본식 안미경중 전략을 참고할 필요가 있다. 미·중 마찰은 일본에 큰 골칫거리가 된다. 중국은 일본의 가장 큰 수출 시장이고, 미국은 일본 안보의 핵심 동맹이자 두 번째로 큰 수출 시장이다. 이러한 상황 속에서 '관민분업官民分業'을 기반으로 하는 일본 정부는 미국에 보조를 맞추면서 안보에 집중하고, 기업은 중국과 돈독한 관계를 쌓으며 경제를 챙기고 있다. 중국의 성장세가 미국의 압박으로 잠시 둔화할 수는 있다. 하지만 장기적으로는 발전 가능성이 더 클 거라는 판단에 기반한 전략이다.[165] 이러한 일본의 전략은 한국적 변용이 가능하여, 향후 세계 경제 질서 변화에 대응하는 전략적 선택 중 하나로 고려할 수 있을 것이다.

세계 경제는 급속히 디지털화되고 있다. 금융 부문이 특히 그렇다. 디지털 경제와 블록체인, 암호화폐, 핀테크를 개별 혹은 종합적으로 연결하는 세계적 대처 경쟁이 본격화되고 있다. 또, 거래의 제도화 및 법인세, 소득세, 양도소득세 등의 세금, M&A 규제, 빅데이터 규제 등이 세계금융규제 관련 주요 의제로 부상하고 있다. 한국은 국내외의 금융역량 강화를 통해 이러한 영역에서 지도력을 확보하고 실익을 동시에 얻는 방안을 마련해야 한다. 실제로 디지털 세계금융의 표준화 경쟁은 매우 치열하다. 하지만 미국은 '네트워크 규제 완화'를 주창하고, 중국은 '네트워크 주권'을 표방한다. 이로써 미·중의 플랫폼 경쟁은 이들 국가의 향배에 따라 새로운 글로벌 표준이 달라질 것이다.[166] 표준은 일단 설정되면 되돌리기 힘들다. 따라서 한국은 네트워크 플랫폼 경쟁에 적극적으로 참여할 필요가 있다. 이를 통해 디지털 세계금융 규범이 한국의 정책 선호도에 가까워질 수 있도록 기술 개발과 함께 다자 기술외교를 펼쳐야 할 것이다.

2장 신흥안보 시대의 도래와 코로나19

윤정현

정보화와 4차 산업혁명 기술의 확산은 세계화의 흐름을 견인하면서 초국가적 편익에 대한 기대감을 낳았다. 이와 동시에 고도로 복잡화된 글로벌 시스템이 일으키는 새로운 위험성에 대한 우려도 증폭시켰는데, 이는 일국적 수준의 위기관리 시스템으로는 해결하기 어려운 도전들이 기다리고 있기 때문이다. 신종 감염병의 대유행pandemic이 낳은 사회·경제적 위기, 지구온난화가 초래한 이상 기후 현상, 지능적인 사이버테러가 유발한 국가 핵심 인프라의 마비 등이 그것이다.

이뿐만이 아니다. 인공지능, 반도체, 클라우드 컴퓨팅, 차세대 통신 네트워크 등의 디지털 사회의 기능 유지와 경쟁력 강화를 뒷받침하는 핵심 기술을 둘러싼 국가 간의 경쟁이 안보적 차원의 문제로 격상되고 있다. 그 결과, 글로벌 생산·서비스·연구개발에 따른 생태계의 재편이 나타나는 중이다. 이처럼 인류를 위협하는 도전의 질적 양태가 바뀌는 상황에서 전쟁이나 핵 위협과 같은 전통적 안보 문제에만 매몰되어서는 안 된다. 과거에 매몰돼 있으면 지구화 시대의 새로운 도전 환경이 제기하는 초국가적 난제들에 제대로 된 적응이 어렵다.[167]

세계경제포럼WEF의 연례보고서 Global Risk Report는 오늘날 인류 위기의 핵심은 진화된 위협 요소들에 대한 국제적 공동통치 실패에서 기인한다고 지적했다. 세계가 직면하는 실질적인 위협들이 대부분 초국가 수준에서 발생하므로 국가 단위의 대처방식으로는 해결이 어렵기 때문이다.[168] 또한 미美국가정보위원회 National Intelligence Council: NIC는 2021년 4월 발표한 중장기 미래 전망서 Global Trend 2040: A More Contested Worlds를 통해 향후 세계가 인구구조, 환경, 경제, 기술 등을 둘러싼 국제규범 형성을 둘러싸고 첨예한 경쟁이 벌어질 것을 전망했다. 여기서 촉발되는 불확실성과 긴장은 초국가적 협력이 필요한 주요 글로벌 이슈에 대한 거버넌스 수립을 제약할 수 있다고 경고한 것이다. 즉, 글로벌 질서 전반을 지배할 수 있는 단극체제의 유지 가능성을 회의적으로 바라본 것인데, 군사, 경제, 환경, 기술, 인구구조를 둘러싼 거시적인 변화 속에서 다양한 행위자들이 세분화한 사안을 놓고 경쟁하는 다극의 시대가 도래할 것을 전망한 것이다.[169]

최근 급변하는 안보 환경은, 대상·주체 그리고 적용 범위에서 점점 확장하는 형태로 드러난다. 복잡해진 층위에서 이슈들이 벌이는 다양한 상호작용은 지정학적인 환경의 변동성을 높이고, 초국가적 도전이 제도 구축에 대한 불일치를 확대할 가능성도 있다. 이러한 변화는 새로운 시각에서 위험을 분석할 필요가 있다. 따라서 전통적 관점의 안보 개념을 재정의할 필요성이 제기된다. 나아가 대응의 효과성 측면에서 국가 중심의 국제질서가 지닌 한계를 극복하고 대안적 거버넌스 모색이 시급하다는 것을 시사한다.

따라서 본 글은 새롭게 부상하는 안보 위협과 질서 변화의 파급력을 설명하는 주류 국제정치이론의 한계를 파악하고, 그 대안으로 '신흥안보emerging security'라는 개념을 제시하고자 한다. 이와 함께 지역적 보건을 초월하여 지구적으로 위협을 가하는 코로나19COVID-19가 갖는 신흥안보의 특성을 고찰할 것이다. 이로써 효과적인 거버넌스 수립을 제약하는 쟁점이 무엇인지, 지구적 회복에 필요한 글로벌 공공재는 무엇인지를 살펴보고자 한다. 나아가 변이바이러스로 인해 재유행이 반복되는 코로나 국면에서 방역물자와 백신 개발·공급을 둘러싸고 벌이는 국제적 지도력의 경쟁 양상과 이러한 상황이 한국에 시사하는 바가 무엇인지를 짚어보고자 한다.

세계질서 변화와 신흥안보 패러다임의 부상

국제정치의 전통적 주류 이론들은 전례 없는 팬데믹 상황에서도 여전히 근대 국제정치 논리가 작동하는 상황을 강조한다. 고전적 현실주의 패러다임의 경우, 안보 문제는 곧 국가 간의 전쟁 가능성을 의미했다. 국가이익을 심각하게 위협하는 요소는 적대국이 보유한 군사력과 같은 의미였기 때문이다.[170] 이러한 전제는 오롯이 국가만이 동맹을 결성하고 안보의 위협 요인을 근본적으로 제거할 수 있는 유일한 행위자로 볼 수 있다. 그러나 냉전 종식과 함께 초강대국이 된 미국은 단극체제의 시대를 맞이하였지만, 여전히 절대적 안보를 확보할 수 없었다. 새로운 도전 국가들의 위협뿐 아니라 테러, 기후변화, 난민 문제 등 불확실성을 가진 초국가적 이슈 위협과 자주 직면했기 때문이다. 지난 30여 년 동안 지구적 차원에서 개입하고 패권을 투사해왔던 미국은 자국의 위치를 약화하는 결과를 초래한 것이다.

월트Stephen M. Walt는 코로나 사태로 나타난 현상은 국가 중심의 문제 해결 방식을 더욱 두드러지게 보여 주었다고 했다. 이와 달리 WHO와 같은 국제기구나 초국가적 방역을 위한 국제협력은 상대적으로 부차적이었다고 설명한다.[171] 그러나 선진국이 보여준 것처럼, 자국민을 최우선으로 하는 대처방식은 다른 국가들, 특히 수많은 개도국을 소외시키고 팬데믹 상황을 더욱 악화시키는 결과를 낳았다. 지구적으로 공동 위협 상황인 코로나19가 갖는 초국가성과 불확실성의 속성은 국익을 중심으로 접근하는 한계를 보여 주었다는 것이다. 특히 현재의 국제질서를 유지하는 조건이 전통적 관점인 물리적 권력에 기반을 둔 패권으로는 설명할 수 없다는 점을 보여 준다.

반면 자유주의·제도주의적 시각은 군사 전략적 이슈뿐 아니라 경제·환경·사회 문제 등의 쟁점들을 주요 의제로 자리매김하여 협력적 거버넌스의 수립 가능성을 가정해왔다.[172] 여기서 민주주의 국가 간의 규범적 협력은 국가 간의 공존과 상호의존 질서를 유지하는 것이 핵심이다. 현재에도 미래에도 세계질서를 이루는 근간이 될 거라고 보기 때문이다. 특히 개별국가 단위의 민주주의를 넘어 지구적 차원의 민주주의 거버넌스 수립은 세계평화를 위한 궁극적인 목표가 될 수 있다는 것이다.[173] 그러나 실제로 탈냉전 이후의 세계질서는 이러한 가치를 가장 굳건하게 지키는 서구가 주도했는 데도, 자유주의적 세계화의 구조적인 한계와 도전을 받고 있다. 또한 상호의존을 통해 다자간의 협력을 제도화할 수 있는 미국의 지도력에도 의심의 눈길을 보내는 상황이다. 브렉시트에 이어 트럼프 시기의 자유민주주의는 글로벌 차원의 보편적 이념으로서 심각한 도전을 받는데, 이는 코로나19가 다자주의 협력마저 약화했기 때문이다.[174] 그리고 이러한 균열을 일으킨 위협 요소들은 국가 단위의 행위자가 제기하는 문제가 아니다. 기후변화와 신기술의 위협, 신종 감염병 등 초국가적이고 비정형화된 새로운 형태의 위협들이다. 따라서 향후 복원해야 할 자유주의 질서는 단순히 강대국 간의 경쟁뿐 아니라 신흥이슈의 문제 해결을 위한 대안적 시각과 거버넌스 수립에 있다.

다음으로 구성주의적 시각은 오늘날 수많은 잠재적 위험들이 직접 체험을 통해 인지되기보다는 과학, 정치, 여론 등을 통해 집단으로 구성되는 산물이라고 강조한다. 위협의 인지와 평가는 정보가 표현하는 사회적 맥락과 밀접하다는 것이다.[175] 따라서 국제규범 형성과 관련된 의사소통의 과정은 전통적 형태와 다른 새로운 위협 이슈들이 어떻게 안보 의제로 공동체에 수용할 수 있게 되는지를 설명해 준다. 그러나 구성주의 이론은 사회적 맥락의 관념적 요소를 강조한 나머지, 급속한 기술발전과 권력 변화의 특징을 균형 있게 바라보지 못하는 한계를 갖는다. 다시 말해 기술을 매개로 상대방의 신념과 정체성에 작용하는 소통방식의 진화를 간과하거나 과소평가할 수 있는 약점을 지닌다.[176] 이미 최근의 디지털 혁명이 낳은 기술혁신의 특징들은 국가 중심의 국제체제를 허물고 위험소통의 기술과 메커니즘을 점점 복잡하게 변화시키고 있다. 이는 세계 정치질서의 변화된 환경적 맥락, 즉 새로운 형태의 위험에 대한 사회적 차원의 구성과 그 과정에서 나타나는 협력적 거버넌스 기제를 면밀하게 살펴봐야 할 필요성을 제기한다. 특히 코로나19와 같은 글로벌 차원의 위험 이슈는 강대국 간의 방역 및 백신을 둘러싼 경쟁 구도의 지속, 향후 보건 기구의 거버넌스를 둘러싼 미·중 양국의 지도력 및 경쟁 등을 종합적으로 이해할 수 있는 대안적 접근이 필요하다는 것을 말해준다.

21세기에 벌어지는 초국가적 도전의 흐름은 문제의 발생 원인, 국가 대 비국가 행위자 간의 충돌, 확산의 파급효과 등이 복합적으로 전개된다.[177] 또한 다양한 위험소통의 과정을 요구하며, 탈근대 시대의 위험한 속성을 포착하고, 새로운 대응 거버넌스 메커니즘을 심층적으로 논의할 필요성을 제기한다.

냉전 이후의 안보담론에서 주목할 특징은, 안보의 대상referent objects에 대한 인식이 다양화·복잡화되었다는 점이다. 탈냉전기와 함께 뒤바뀐 국제질서의 불안정성, 불확실성, 오류 가능성의 증대로 정책 결정자들이 잘못된 인식과 편향에 따라 결정을 내릴 가능성이 커졌다. 이로써 국가안보 개념의 협소한 범위는 한계성을 해소해주지 못하였다. 따라서 냉전기 안보담론에 대한 비판적 논의의 첫 출발은 '위협'에 대한 대응으로서 국가가 수반하는 폭력뿐 아니라 특정 가치와 관련된 광범위한 모든 이슈를 포함할 필요가 있다. Booth는 '위험의 부재'라는 안보 개념의 정의를 고려할 때, 국가뿐만 아니라 개인에게 제기된 위협 해소가 안보의 주된 목적이라고 주장한 바 있다.[178] 이는 1990년대 부상한 코펜하겐 학파의 '인간 안보 human security'의 논의를 확장하는 시금석이 되었다. 안보의 대상이 전통적인 국가 단위체에서 보편적인 인간, 즉 '개인'으로 바뀌었기 때문이다.[179] 이러한 측면에서 인간안보는 인간의 존엄성에 관한 관심이자 그것을 위협하는 질병, 환경, 사회문제 등 광범위한 도전으로부터 인간을 지키기 위해 안보의 범위를 대폭 확장했다.

특히 이 시기로 대표되는 코펜하겐 학파의 안보 관념은 좁은 의미의 국가안보 개념을 넘어 대상·영역sector에서의 안보 다양화를 추구했다. 초국가적 기구나 단체뿐 아니라 다양한 안보 주체를 포함하는 등 이해관계의 다변화에 따라 생존·안보의 범위를 넓히려는 관념이다. 안보 주체의 범위를 확장한 만큼 군사 영역을 초월해 비군사적 사회문제, 국내적 취약성 등 복합적 특징이 반영되었다. 여기에는 전통적 국가 권한의 약화를 초래한 지구화의 추세 또한 주요한 원동력으로 작용하였다고 볼 수 있다.

탈냉전과 함께 부상한 코펜하겐 학파는 '비전통 안보nontraditional security'와 2000년대 이후 기술환경 변화의 복합적 위험에 주목한 '신안보new security' 개념을 전통적·거시적 수준의 국가안보 이슈와 크게 나뉘는 위험 유형들을 포괄하는 정태적 관점을 취한다. 반면 신흥안보emerging security 개념은 이들 간의 경계를 구분 짓기보다는 잠재적 안보 이슈로 전환 가능한 미시적 안전 문제라고 여긴다. 이들 역시 안보적 관점에서 적극적으로 바라보려는 시도, 즉 양질 전환의 확산 과정에서 나타나는 동태적 변화에 초점을 맞추려 하기 때문이다. 또한 국가 행위자뿐만 아니라 다층적 수준에서 비국가 행위자들 간의 복합적인 상호작용의 유의미한 영향에도 주목한다.[180]

신흥안보는 시스템에 내재한 미시적 위험이 직간접적 상호작용을 통해 양질 변화의 어느 임계점을 넘게 될 경우 국가안보를 위협할만한 중대한 사안으로 바뀔 수 있음을 강조하는 새로운 안보 개념이다.[181] 신흥안보 개념은 더욱 거시적 차원의 '국가안보' 영역과 미시적 차원의 '안전' 영역을 분리했던 기존의 시각을 넘어, 이들 간의 구분이 모호해지는 최근의 변화에 초점을 맞춘다. 즉, 안보 영역에 대한 정태적 차원이 아닌 동태적 관점에서 조망하려는 시도이다.[182] 따라서 신흥안보는 전통 안보 이외의 주요 영역으로서의 비전통 안보라는 영역을 제시했지만 여전히 정태적으로 접근했던 비전통 안보의 개념적 시각과는 차별점을 가진다.

신흥안보 위험 이슈는 공통으로 가변성과 불확실성을 내재한다. 또한 급변하는 위험의 메커니즘을 예측하기가 매우 어렵다. 나아가 일국 차원의 대응에는 한계를 갖는다는 특징이 있다. 결국 초국가성과 불확실성, 가변성은 고도화된 세계화 시대의 신흥안보 위험성을 설명하는 데 가장 중요한 특징이다.[183]

특히 신흥안보 개념은 상대적 이익에 기반하여 국제관계를 전제하는 국가 안보적 관점과는 다르다. 상호이익 및 공익적 사안에서의 다자간 협력 가능성을 조명한다는 점에서 여타 개념들과는 차별성을 갖는다. 다시 말해 '적대 세력'을 상정함으로써 긴장과 정치적 대결 구도로 연결되는 전통 안보 관점에서의 동맹과 확연히 구별되기 때문이다.[184] 따라서 초국가성을 띤 신흥안보 분야에서의 협력은 상호적·비정치적인 속성을 지니기 때문에 비참여 집단에 위협적 요소로 작용하기 어렵다. 이는 이슈를 둘러싼 주변국의 합의와 지지를 확보할 수 있기에 상대적으로 쉬운 분야가 될 수 있음을 의미한다.

'초국가적 난제'로서 신흥안보의 속성과 발현 메커니즘

이 장에서 주목할 부분은 신흥안보 이슈가 지닌 전통적인 국가 단위에서의 해결이 어려운 '사악한 난제wicked problems'의 특징이다. 이들 난제에 대해서 리텔Horst Rittel 및 웨버Melvin Webber는 어떤 윤리적 차원의 문제라기보다는 의도치 않은 '악순환vicious cycle'을 낳는 사안으로서 '전통적인 접근으로는 해결하기 어려운 문제'라고 정의하였다.[185] 왜냐하면 다양한 이해관계자들이 서로 다른 이해관계와 신념 및 가치로써 문제에 접근하기 때문에 문제의 해결방안을 찾는 시점과 주체에 따라 달라지는 상대성을 보이기 때문이다. 따라서 하나의 고정된 정답으로 규정하기가 어렵다. 특히 블랙박스 형태로 나타나는 난제의 속성상 사후에 어떤 처방으로 해당 난제를 완전하게 해결하였는지를 판단하기도 어렵다. 각각의 영향들이 다른 영향들과 어떤 상호작용을 하는지에 대한 예측조차 불가능하기 때문이다.[186] 더욱이 상호연계성과 복잡성이 증폭된 21세기 탈근대 사회에서는, 미시적인 안전 문제가 향후 얼마든지 초국가적 난제로 변모할 가능성이 존재한다는 점에서 높은 불확실성을 전제한다.

결국 신흥안보의 위험은, 잠재적·미시적 차원의 위험 이슈가 언제든지 국가 또는 초국가적 차원의 위험으로 전환할 가능성을 전제하는 접근이다. 신흥안보 위험의 주된 관건은, 복합적인 위험에 직면한 사회가 다양한 국면에서의 위험을 효과적으로 관리하기 위해 어떤 대응 역량을 확보하는가에 달렸다. 이는 초기 단계에서 가지는 위험의 비가시적 특징과 높은 불확실성의 상황에서 다양하게 소통하려는 과정을 요구한다. 따라서 효과적인 대응을 위해서는 협력 주체 간 공동의 위험 인식과 국제사회적 의제화가 손쉬운 방식의 거버넌스 모델을 우선하여 정립해야 한다.[187]

〈표 1〉 '난제(wicked problems)'적 성격을 지닌 신흥안보 위험의 특징

구분	주요 특징	도전 요인
위험의 속성	비정형성	명확한 문제정의·인과관계 확인이 어려움
	다종성	문제마다 유형과 형태가 상이
	희귀성	전례 없는 규모나 특수한 형태로 발현 가능
파급력	초국가성	국가 단위를 초월하여 확대 가능
	다분야 중첩성	전담 조직·학제 간 경계선이 불분명
	연계성	복잡한 동종·이종적 사안과 연결되어 있음
	가치충돌·복잡성	이해관계자 충돌 가능성 높음
정책적 효과	영속성	정답이 없으며 완벽한 문제 해결이 불가능
	지연성	처방의 즉각적 효과가 나타나기 어려우며 장시간을 요함

자료: Rittel and Webber(1973); Rhodes(2000); Weber and Khademian(2008); Camillus(2013)를 중심으로 재구성

실제로 신흥안보 위험의 경우, 미시적 단계에서 양적 축적에 따라 거시적 안보 문제로 비화하는 사례도 있다. 하지만 다른 직간접 부문과 연계되면서 질적 전

환을 통해 안보 이슈화되는 경우도 존재한다. 이 두 가지 방식이 동시에 나타나는 양·질 변환의 과정도 나타날 수 있다. 특히 신흥안보가 지닌 주요 특성상, 어느 순간 발현되는 위험이 특정 임계점에 도달하기 전에 그 연계 고리를 끊지 않으면 순식간에 거시적 차원에서의 중대한 안보 문제가 발생할 수 있으므로 과정에 주목해야 한다.[188]

〈그림 1〉 신흥안보 위험의 전환 메커니즘

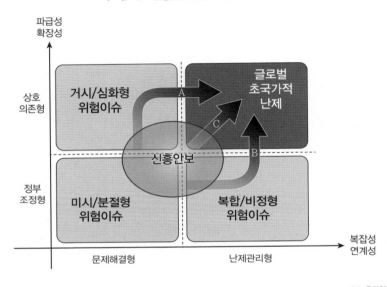

자료: 윤정현(2020a), p. 36.

신흥안보 이슈의 부상이 세계질서 변화에 갖는 의미

군사적 대결 가능성을 최우선적 전제로 두었던 냉전 시대의 권력 개념과 국제질서의 작동방식은, 신흥안보 시대에 상당 부분 그 적실성의 한계를 드러냈다. 안보의 영역과 주체가 대폭 확장되면서 새로운 위해요소가 출현한 것이다. 이뿐 아니라 기존 위험 이슈의 상호작용이 새로운 거시적 위험으로 귀결되는 혼종적 환경에 놓였기 때문이다. 이러한 환경변화가 신흥안보 시대의 국가 역량에 관해 새로운 기준으로 접근할 필요성을 제기한다. 실제로 국가가 기본적으로 제공하는 공공재는 외부의 적대 세력의 위협으로부터 보호하는 전통적 임무뿐 아니라 다양한 기술·환경·사회적 위험으로부터 시스템의 기능을 원활하게 유지하는 역량으로 확장되었다. 이를 위해 일국적 수준을 넘어 다층적 형태의 초국가적 협력을 모색할 임무를 맡게 되었다. 어느 수준에서 누구와 어떤 방식으로 공조해야 하는지 종합적인 판단과 소통 능력 그리고 실천 의지도 요구된다는 것이다.[189]

초국가적 난제를 띤 신흥안보 이슈의 도전과 대응 방식에 대한 고민은, 인구 규모와 GDP, 지정학적 조건과 군사력 등이 주된 척도였던 전통적 관점에서의 국력 개념을 넘어설 것을 요구한다. '국제체제의 유일 단위로서 전쟁을 수행하는 국가의 역할'을 암묵적으로 전제하기 때문이다. 과거 국가 간의 전쟁을 가정하는 전통적 안보 게임이 다분야의 비정형적 신흥안보 과정을 고려하는 복합적인 게임의 양상으로 변모하였다. 따라서 국가의 거버넌스 형태 역시 집중형이 아닌 기민하고 유연하게 대응 가능한 모델이 요구된다고 할 수 있다. 즉, 국가안보의 협소한 범위를 넘어서 정보와 지식획득의 다양성을 위해 다층적 행위자들과의 상호작용을 고려하는 대안적 접근의 필요성을 의미한다.[190] 따라서 전통적 안보 이슈에 대한 대응 역량도 중요하지만 탈근대 시대의 혼종적 질서에서 갖출 국가의 수많은 핵심 역량 중 하나로 이해해야 한다.

모든 국가가 다양한 신흥안보 위험에 대비해 각각 대응 시스템을 완비하는 것은 불가능하다. 기회비용의 측면에서 보면 매우 비효율적이므로 잠재적 위험을 인지하고 사회적 환경을 반영하여 신속하게 대응하는 것이 관건이다. 이는 '변화된 환경에 적응하여 위험에 대비할 수 있는 지속 가능한 사회적 기능을 유지하면서 스스로 진화적 방향으로 재구성하는 능력', 즉 '회복력resilience'을 갖출 수 있는가의 문제로 귀결된다.[191] 회복력 관점에서 신흥안보 시대의 도래는 동태적인 위험 변화에서 환경적 맥락을 고려한 '적정한 대응'을 빠르게 결정할 수 있는 유연한 역량이 필요하다.

위험의 초기 단계에서는 비가시적인 위협의 정도가 사회적 맥락에 따라 다르게 발현된다. 이는 신흥안보 개념이 사회적 위험 인식과 소통에 관련된 구성주의적 시각을 반영한다. 따라서 신흥안보 위험은 '실재하는 위험'이자 행위자 간의 배경과 환경에 따라 재구성되는 위험이라 할 수 있다. 이 같은 전통적 안보 위험과 신흥안보 위험의 차이는 새로운 도전을 초래하는 동시에 기존의 자원기반과 제도적 권력 구조에서 상대적 열세에 놓였던 다양한 행위자에게 새로운 역할 공간을 모색할 수 있는 실천적 해석을 제공한다. 초국가적 신흥안보 이슈에 관한 대응 과정에서 협력 네트워크 구조의 중심성과 매개 역할에 기초한 전략적 위치를 확보함으로써 새로운 권력을 행사할 기회를 제공하기 때문이다.[192] 이러한 관점에서 '네트워크 거버넌스의 역량'은 행위자들 간의 관계 구도를 형성한다. 이뿐 아니라 이에 대한 변화를 통해 네트워크 전체를 창출하고 재구성할 수 있는 요소로서 신흥안보 시대에 요구되는 새로운 권력을 의미한다고 볼 수 있다.

네트워크 거버넌스의 메커니즘을 구성하는 핵심 요소는 다층적인 '위험소통 risk communication' 역량이다. 가변성과 복잡성이 두드러진 신흥안보의 특징은 위험에 대한 전문지식뿐만 아니라 이를 사회와 폭넓게 공유할 수 있는 소통의 과정이 필요하다. 일국 차원이 아닌 지역을 초월해 글로벌 수준의 공동 대응을 위해서는 국가 간 의제와 목표를 도출할 수 있는 지도력과 초국가적인 조정 및 중재가 필수적이기 때문이다. 초국가적인 신흥안보 이슈에 대응하는 과정으로서의 네트워크 거버넌스는 행위자들이 벌이는 상호작용의 맥락에서 작동한다는 특징을 지닌다. 다시 말해 단순히 물질적 권력에 의지하는 게임이 아니라 정보·지식·문화·커뮤니케이션 등과 같은 비물질적 자원을 기반으로 작동하는 것이다. 따라서 지금껏 부차적 요소로 간주했던 지식정보 자원의 매개자로서 해야 할 역할에 더 관심을 기울일 것을 제기한다.[193]

바로 여기서 네트워크 이론이 제기하는 시사점에 주목할 필요가 있다. 전통적인 국제정치이론은 국가를 하나의 행위자로만 보았다. 그러나 세계정치의 구조를 네트워크 시각에서 보면, 각각의 국가 내부에는 다양한 노드node가 존재하면서 질서를 이루고 있다. 다시 말해 국가들은 그 자체가 노드이자 네트워크가 된다. 따라서 다른 행위자들과의 상호작용을 통해 또 다른 복합적 네트워크를 형성하는 일이 가능해진다.[194] 또 중요한 사실은, 네트워크 자체가 노드의 내용을 새롭게 구성하거나 그 속성까지 바꿀 수 있다는 점이다. 관계의 특징에 따라 변화 가능한 것이 노드 자체의 본질이기 때문이다. 이는 네트워크가 중요한 위치를 선점함으로써 더 많은 권력을 보유할 수 있는 자기조직화를 기반으로 지속적 발전이 가능하다는 사실을 보여준다.[195]

이 같은 네트워크 이론의 기본 가정을 신흥안보 거버넌스의 메커니즘에 대입할 경우 네트워크에 기반한 대안적 거버넌스는 전통적 거버넌스 형태보다 운용 면에서 더욱 효과적으로 관리될 수 있다는 점을 시사한다.[196] 각 위험에 따라 협력적·분화적 양상을 보일 수도 있고, 위계적이거나 집중화된 형태를 띠게 될 수도 있다. 이 같은 논의는 기존 자원에 기반한 구조적 권력이나 제도적 권력 구도에서 상대적으로 열위에 있던 행위자들조차 유의미한 협상의 지렛대를 가질 기회를 제공한다. 즉, 네트워크상에서의 무형의 위치 및 매개 자원을 행사함으로써 유리한 전략적 수단을 제공할 가능성을 보여 주기 때문이다.

대표적인 신흥안보 이슈로서의 코로나19

이 장은 신흥안보 위험의 본질적 속성과 그에 관한 대응 거버넌스의 특징을 고려하는 논의를 진행하고자 한다. 지구적 차원에서 전례 없는 충격을 안겨준 신종 감염병 'COVID-19coronavirus disease 2019(코로나바이러스 감염증-19)'는 세 가지 측면에서 신흥안보 이슈의 특징을 보인다.

첫째, 위험의 속성을 명확히 정의하기 어렵다는 점이다. 이는 코로나19의 기원을 둘러싼 서방 국가와 중국에 대한 WHO의 책임 규명 논쟁에서 볼 수 있다. 감염병 바이러스의 최초 발생과 인과관계에 대한 객관적인 규명이 쉽지 않기 때문이다. 코로나19가 백신의 개발 속도를 무색하게 할 만큼 전염성과 치명률이 높은 변이바이러스 형태로 진화하기 때문이기도 하다.[197]

2020년 12월, 영국에서 처음 확인된 알파 변이는 코로나19보다 전염성이 75%나 높은 것으로 보고되었다.[198] 브라질에서 발견된 감마 변이는 2021년 5월 중순까지 미국의 지배적인 변이 중 하나로 보고되었다.[199] 잠복기가 훨씬 짧고 바이러스 증식 또한 1,000배 이상 많다는 인도발 '델타' 변이바이러스는 2021년 10월 13일 기준으로 국내의 99%를 차지할 만큼 우세종으로 자리 잡았다.[200] 문제는 이 같은 변이가 계속 진화하면서 기존 백신의 효과를 무력화시킨다는 점이다. 델타 변이에 이어 2021년 11월 24일 다섯 번째 변이로 분류된 '오미크론Omicron 변이바이러스'가 새롭게 보고되는 상황이다.

〈그림 2〉 주요 국가별 변이바이러스 확산 개요

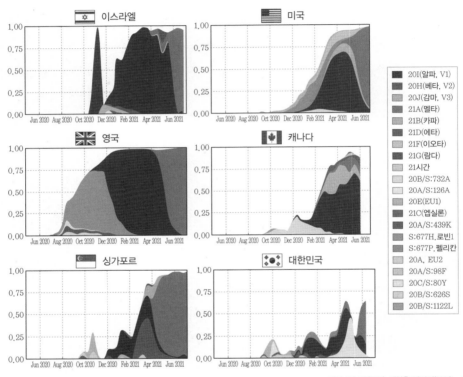

자료: GISAID(2021), 재인용: 박미정(2021), p. 8.

둘째, 파급력 측면에서 볼 때 코로나19는 보건 안보 이슈를 뛰어넘는 글로벌 차원의 복합적인 초국가적 위험 이슈다. 기존의 풍토병이나 지역적 감염병의 유행은 교통·물류망 확대에 따라 급속하게 글로벌 차원으로 귀결되었다. 실제로 세계보건기구WHO는 코로나19가 보도된 지 약 3개월 만인 2020년 2월 28일 글로벌 위험도를 '매우 높음'이라는 최고단계를 선포하였다. 이후 세계는 극단적인 교류·이동의 제한조치를 경험하면서 2020년 전후 −5.4%라는 최악의 경제성장률

을 기록한 바 있다.[201]

2020년 3월 WHO의 팬데믹 선언 이후 세 번째 대유행이 변곡점을 지나면서 그 증가 속도가 더욱 가파르게 상승했다. 2021년 11월 29일 기준, 2억 6천만 명 이상이 코로나19에 확진되었고, 520만 명 이상이 사망했다. 600만 명이 넘는 확진 사례를 보고한 국가는 미국과 인도를 비롯해 13개국에 달한다.[202]

〈표 2〉 COVID-19 확진자 5백만 명 이상의 국가(2021. 11. 29 기준)

국가	누적 확진자(명)	확진자 (100만 명 당)	누적 사망자(명)	사망자 (100만 명 당)
미국	49,240,250	147,541	800,340	2,398
인도	34,583,597	24,718	468,790	335
브라질	22,084,749	102,868	614,428	2,862
영국	10,189,059	148,987	144,810	2,117
러시아	9,603,233	65,772	273,964	1,876
터키	8,770,372	102,436	76,635	895
프랑스	7,628,327	116,504	119,016	1,818
이란	6,113,192	71,493	129,711	1,517
독일	5,825,543	69,218	101,652	1,208
아르헨티나	5,328,416	116,391	116,554	2,546
스페인	5,153,923	110,173	88,008	1,881
콜롬비아	5,067,348	98,115	128,473	2,488
이탈리아	5,015,790	83,130	133,739	2,217
전 세계 합계(평균)	262,301,388	33,650	5,223,239	670

자료: Worldometer(2021), https://www.worldometers.info/coronavirus

앞선 수치가 보여 주듯 코로나19는 보건 이슈에 국한되지 않는 전방위적 파급력을 고려하면 전담 조직과 학제 간 경계를 구분하기가 어려운 분야 간의 중첩성을 가진다. 경제와 산업 분야 그리고 사회 안전망과 관련한 이슈들이 복잡다단하게 연계되었기 때문이다. 또한 방역하는 구성원들의 안전은 물론이고 '지속 가능한 시스템'을 유지하려는 두 목표를 달성하기 위해서는 사회적 합의 과정에서 끊임없는 논쟁이 발생할 수 있다. 논쟁의 결과는 사회적으로 일정 정도의 고통을 감내하면서 공동체의 최우선 가치를 무엇으로 정할 것인지에 대해 사회집단 간의 첨예한 충돌이 예상된다.

셋째, 정책적 측면에서 하나의 명확한 정답이 존재하지 않는다는 특징을 가진다. 확산 초기에 대만 등 동남아시아 국가는 경제적 손실을 감수하고 국경을 봉쇄하는 극단적인 차단 정책을 펼쳤다. 하지만 스웨덴처럼 집단면역을 고대하고 사회적으로 느슨하게 접근한 국가도 있었다. 또한 코로나 국면의 상황 변화를 지켜보면서 혼합적으로 대응과 해법을 모색한 국가들도 존재했다. 그러나 어떤 방식이 더 효과적인지는 쉽게 증명할 수 없다. 그 이유는 코로나의 환경적 맥락과 상황적 맥락을 초월한 보편적인 해법이 존재하지 않기 때문이다. 어쩌면 문제를 해결하는 것조차 불가능할지 모른다.

실제로 WHO는 "COVID-19가 완전히 사라지기보다는 인류와 함께하는 풍토병으로 남을 수 있다."라고 밝혔다. 천연두와 같은 감염 발생률 '0'을 의미하는 '근절eradication'이 아니라 매우 낮은 수준의 전파 감소가 목표일 수 있다고 천명한 바 있다.[203] 2020년만 하더라도 백신의 개발이 코로나 국면을 종식하는 '게임 체인저'가 될 것으로 기대했다. 하지만 백신의 보급에도 새로운 돌파 감염을 일으키는 변이바이러스가 등장하여 거리두기라는 비약물적 수단을 병행하는 국면으로 전환되었다. 그 결과 최소한의 위험성과 공존하면서 지속 가능한 시스템의 관리를 위해 '위드 코로나' 국면으로 가닥을 잡았다. 이는 코로나19가 일국 수준의 단기 처방이 아닌 글로벌 차원의 장기적인 관리와 공조가 필요한 난제라는 점을 보여준다.

여전히 현재진행형인 코로나19의 위기 상황은 상호의존적으로 긴밀하게 구축해온 세계 경제사회 시스템의 취약성을 드러냈다. 방역과 백신 개발 및 공급을 둘러싼 갈등과 불균형도 여실하게 노출됐다.[204] 코로나19 확산 초기, 국가들이 정보를 공유하고 긴밀하게 공조하기보다는 국경을 닫고 각자도생의 길을 모색하면서 팬데믹 사태를 더욱 악화시켰다. 유엔이나 WHO와 강대국들도 의미 있는 역할을 제대로 수행하지 못했다. 코로나19가 글로벌 공공재를 제공할 수 있는 지도력을 실종시키는 비극적인 결과를 낳았다.[205] 미국과 유럽이 초기 방역 단계에서 겪은 혼란은 경제력, 의료시스템, 산업역량 등 물리적 자원과 지식기반에서 우위를 선점했던 서구사회의 취약성을 드러내기에 충분했다. 반면 공공자원과 정보력을 신속히 동원하여 피해의 확산을 선제적으로 차단했던 동아시아 국가들은 사회적 위험에 대한 억제와 흡수를 통해 두드러진 회복력을 보여 주었다. 그러나 2차, 3차 유행으로 코로나19 국면이 장기화하면서 백신 생산·공급의 주도권을 쥔 국가들과 그렇지 못한 국가 간의 접종률 양극화가 첨예한 이슈로 떠올랐다. 결국 세계는 코로나19라는 글로벌 난제의 변곡점에서 나타난 혼란과 협력적 지도력의 부재를 여실히 목도하고 있다. 이는 향후 발생 가능한 또 다른 신흥안보 위험이 도래하면 그때는 과연 누구와 협력해야 하는지에 대한 불신으로 작용할 가능성이 매우 크다.

유례없는 비인간 행위자의 위협에 맞선 전일적 대응의 필요성

2년째 이어지고 있는 팬데믹의 재앙은 1세기 전 스페인 독감 이후 세계가 처음 경험하는 전 지구적 차원의 생물학적 위협의 참모습을 보여 준다. 탈냉전 이후 인류가 빈번히 경험했던 다양한 인간안보 이슈가 기아, 난민, 소수민족 문제 등에 국한했다면, 코로나19는 빈국과 부국을 가리지 않고 지구적인 위협으로 다가온 것이다. 전 세계인이 코로나바이러스와의 전쟁에 휘말려 든 상황이다.[206] 유례없는 팬데믹 상황이 '생물학적 안보biological security'가 군사 안보보다 인류의 생존과 직결된다는 인식을 심어주었다. 기존 안보 패러다임은 사실상 인간들 간의 갈등과 다툼이 연원으로 '인간 대 인간'의 프레임이 당연시되었다.[207] 이러한 프레임을 주류 국제정치이론의 시각으로 보면, 전쟁과 평화는 인간의 의지와 판단에 따른 결과물이다. 그러나 코로나19가 이러한 기본 전제를 뒤흔들어 자연계의 비인간 행위자가 세계를 위기에 빠트리는 핵심 동인driver이 된다는 사실을 입증한다. 인류는 현재 끊임없이 진화하는 바이러스를 대상으로 또는 병원체를 대상으로 종식이 요원한 전쟁을 치르는 중이다.

　코로나바이러스라는 변칙성과 복잡성이 글로벌 차원의 파급력을 지닌 신흥안보 이슈로서 국제사회의 '전일적holistic' 대응에 관한 요구 사안으로 변모한 지 오래다. 또한 완벽한 차단과 예방이 불가능한 상황에서 방역 강화에 따른 사회적 피해의 감수와 적응 그리고 재난관리 회복에 해당하는 단계별 접근이 요구된다. 바이러스의 정보와 매개체, 확산 경로에 대한 국가와 비국가 행위자, WHO, ICTV 등 국제기구 전문가 집단의 초국적인 정보 공유가 필요하다는 것이다. 국가 내에서도 중앙집중식 접근뿐만 아니라 빠른 대응을 위해 지자체의 권한을 독립시키는 거버넌스도 요구된다.[208] 즉, 다층적 수준에서 보건 관리 주체들의 권한을 배분·조정하여 글로벌 제약 기업과 인도적 국제기구를 포함한 확산정보 및 방역·치료 자원을 위해 긴밀한 소통이 필요하다. 이는 결국 '글로벌 다자 참여형' 모델로 거버넌스를 수립할 것을 제기한다고 볼 수 있다.

그러나 팬데믹 사태에서 나타난 국제기구와 강대국들의 무기력한 대응과 대립 구도에서 드러난 지도력의 실종이 코로나19라는 신흥안보의 난제를 더욱 어렵게 만들었다. 단기적 차원에서 방역 대책이 폐쇄적이고 강력할수록 확진자 수와 사망자 수를 줄일 수는 있지만 그에 따른 부작용도 만만치 않다. 막대한 경제적 손실과 사회적 동요를 수반할 수밖에 없다. 따라서 국경봉쇄, 수출입 제한, 유동성 부여 등 각자도생하는 방법들은 임시적일 수밖에 없으므로 지속 가능한 접근이라고는 보기 어렵다. 코로나로 인한 국제적인 위협 양상은 시간이 지날수록 증폭되고 있다. 직간접 부문이 복합적으로 연계되는 팬데믹의 특성상 국가·지역을 초월하여 전 지구가 안정화를 찾을 때까지 모두의 협력이 필요하다. 이러한 위기 상황은 초국가적 협력을 끌어낼 수 있는 강한 지도력이 필요하다. 그 지도력은 팬데믹의 국면마다 요구되는 공공재를 어느 나라의 누가 안정적으로 공급할 수 있느냐의 문제로 귀결된다.

글로벌 보건 안보 이슈와 의료 자원의 보편적 배분 문제

WHO는 신종 바이러스를 'COVID-19'로 명명하고 감염병 경계수준을 최고단계인 '대유행pandemic'으로 격상했다. 하지만 COVID-19는 여전히 블랙박스 안의 위협 요소로 작용하고 있다. 가장 영향력 있는 강대국인 미·중이 협력하기보다는 기원과 책임을 전가하려는 신경전을 벌이기 때문이다. 이런 와중에 WHO는 명확한 방역 지침을 내리지 못하였고 정보 공개, 인력·물자의 교류 허용 여부에 관한 표준화된 국제 기준도 제시하지 못했다. 글로벌 보건 거버넌스의 공백 속에서 각국은 저마다의 해석을 통해 방역 기준을 세우고 각자도생의 길을 선택할 수밖에 없었다.[209] 그 결과는 전후 최악의 세계 경제 위축으로 이어졌다. 이처럼 팬데믹이라는 공동의 위기에 대한 비합리적인 선택을 회피하려면 글로벌 차원의 공공재를 제공할 수 있는 지도력이 필요하다. 공공재를 구성하는 가장 중요한 요소는 '신뢰할 수 있는 투명한 정보'를 공유하는 일이다. 이에 근거한 '과학적 사실에 기반한 방역 지침과 보편적 적용', 그리고 이를 뒷받침할 '의료 자원의 원활한 생산과 공급'이 전제되어야 한다.

그러나 2020년 초 코로나19의 유행이 시작되었을 때, 국제사회는 이들 중 어느 하나도 실천하지 못하였다. 중국 정부가 신종 코로나바이러스의 존재를 WHO에 최초로 보고한 일자는 2020년 1월 9일이었다. 그런데도 WHO는 1월 23일에서야 견해를 밝히면서 "국제적 공중보건 비상사태로 볼만한 상황은 아니다."라는 태도를 보였다.[210] 중국 정부가 시도했던 강압적인 우한武漢 봉쇄 상황이 알려지고 신종 바이러스의 존재를 외부에 폭로한 의사 리원량李文亮의 감염·사망 사건은 국제사회의 반발을 낳았다. 하지만 여전히 WHO 조사단은 우한 현지 조사를 제대로 하지 않았고, 2020년 3월 12일에 가서야 최고단계인 팬데믹을 선언한 것이다. 그러나 이 시기는 이미 113개국에서 확진자와 사망자가 속출하여 조기 대응에 실패한 시점이었다.[211]

이 같은 과정은 보건 거버넌스의 권위체에 대한 정보의 투명성과 공유의 부족이 낳은 단면을 보여 준다. 이는 적정수준의 통제와 글로벌 차원의 방역 대책을 논의하기보다는 각국이 빗장을 걸어 잠그는 기제로 작용했다. 특히 입증되지 않은 불분명한 거짓 정보가 확대·재생산되는 이른바 '인포데믹스infodemics'[212] 현상이 방역의 혼선을 부추겼다. 정보 감염증의 확산은 의료시스템뿐 아니라 사회 전반의 인프라와 구성원들의 인식에 광범위한 영향을 주었다. 실제로 전면적인 이동제한령lockdown이 시행될 것이라는 부정확한 풍문은 마스크와 소독제를 비롯한 생필품에 대한 공황 구매를 촉발하여 소비재의 원활한 유통에도 악영향을 주었다. 음모론은 전파 경로와 대응에 대한 사회구성원들의 잘못된 인식과 비과학적 처방의 확산을 낳는다. 이런 결과가 방역 지침에 대한 반발과 혼선을 초래했다고 할 수 있다.[213] 무엇보다도 서구를 중심으로 확산한 아시아계에 관한 '낙인stigma' 효과는 바이러스 확산에 대한 책임 떠넘기기와 인종적 혐오로 이어지면서 사회통합의 장애물로 작용하였다. 그러나 이 과정에서 WHO와 미국, EU 등은 이를 제대로 바로 잡는 주요한 역할을 하지 못하였다.

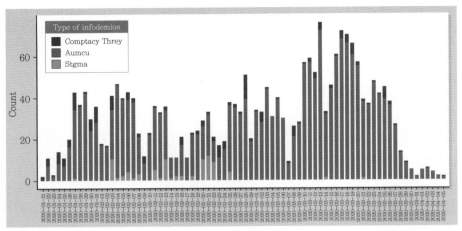

자료: The Communication Initiative Network(2020)

코로나19의 확산에 따른 의료 자원의 원활한 생산과 공급은 국가 간의 이해 관계와 갈등을 일으킨 첨예한 이슈였다. 그리고 여전히 현재진행형인 코로나19 는 계절변화 및 변이바이러스와 맞물려 2차, 3차 유행으로 이어지는 중이다. 확 산의 변곡점마다 효과적인 대응에 필요한 핵심 의료 자원은 마스크·진단키트에 서 백신으로 바뀌었다. 하지만 여전히 생산과 보편적 배분을 둘러싼 문제 제기는 계속되고 있다. 글로벌 차원의 보편적 팬데믹의 특성상, 코로나바이러스의 확산 을 방지하기 위해서는 방역물품에 대한 모든 국가의 접근성을 보장해야 한다. 그 러나 실상은 미국과 유럽, 일본 등의 선진 국가들이 자국에 필요한 의료 자원을 먼저 확보하기 위해 공격적으로 구매계약에 나섰다. 이로써 가난한 국가들은 '의 료 필수품의 사재기 경쟁'에서 밀려날 수밖에 없었다. 의료 자원의 보편적 배분에 따른 국면을 살펴보면 다음과 같다.

첫 번째 국면은 발생 초기 단계에서의 기본 방역물품 및 코로나 진단기의 공 급 문제라고 볼 수 있다. 마스크나 소독제 같은 기초방역물품과 코로나 검사에 필 요한 진단키트는 상당 부분 글로벌 분업체계 안에서 생산되었다. 그런데 진단키 트의 경우 로슈, 지멘스, 존슨앤드존슨 등 거대 다국적기업에서 추출 시약을 공급 하게 되었다. 이로써 한국 등은 유전자 증폭PCR 효소정제와 진단 장비를 생산하 는 한편, 자회사를 통해 인도 등 대량생산이 가능한 저렴한 제조기지를 운용하고 있다.[214] 이처럼 글로벌 공급망은 위기 상황에서 아무리 수요가 높더라도 원료와 장비의 원활한 수급이 이뤄져야 안정적으로 생산·유통할 수 있다. 제조기반이 상대적으로 취약한 유럽뿐 아니라 미국도 코로나19 진단 장비 부족에 직면한 적 있으며, 마스크와 같은 개인보호구도 사정은 다르지 않았다.[215] 2020년 말까지 미국 농촌 지역에서는 N95 마스크 공급부족 현상이 이어졌으며, 일부 의료시설의 개인보호구 비축분도 당국이 권고하는 수준보다 훨씬 낮은 수준에 머물렀다. 그 결과, 선진국들이 공격적인 구매에 나서면서 개도국들은 필요한 장비를 확보하지 못해 경제적 손실을 감내하는 입국 차단과 폐쇄정책에 의존할 수밖에 없었다. 국제기구 역시 의료품 조달에 어려움을 겪었다. 유엔아동기금UNICEF의 경우 확산 초기인 2020년 4월에 100여 개국에 마스크 2억 4천만 장을 지원하는 계획을 세웠지만 겨우 2천 8백만 장만 확보할 수 있었다.[216]

두 번째 국면은 백신의 생산과 공급을 둘러싼 불평등의 문제라고 볼 수 있다. 이른바 '백신 민족주의vaccine nationalism'[217]와 관련된 논쟁이다. 백신 민족주의는 제약회사들이 생산한 백신을 세계시장에 공급하기 전에 특정 정부가 자국민에게 우선 공급하도록 구매계약을 체결할 때 발생한다.[218] 백신 민족주의에 대한 비판론자들은 자국 우선주의가 윤리적 문제를 넘어 장기적으로는 전 세계가 자멸하는 결과를 낳을 수 있다고 주장한다.[219] 주요 선진국들이 백신을 먼저 확보하여 자국민 상당수에 접종을 완료해도 근본적인 문제는 해결되지 않는다. 상호 의존이 고도화된 글로벌 경제구조를 완전히 탈피하지 않는 한 그렇다. 어느 지역이라도 코로나 확산을 잡지 못하면 다른 지역의 백신접종의 효과는 무의미해진다. 실제로 '코로나 확진자 제로'를 선언했던 뉴질랜드는 제한조치를 완화하면서 국외 유입자로 인해 코로나 재유행 국면에 접어든 시기가 있었다. 이런 대표적인 사례가 있는 데도 백신 민족주의로 인한 쏠림 현상은 심각한 수준이다. 일례로 2021년 2월 캐나다는 인구 대비 6배에 달하는 백신을 확보하였고 영국은 3배, 미국은 2배를 확보했다. 구매 확정 규모로는 EU 15억 8,000만 회분, 미국 12억 1,000만 회분에 달하는 물량이다. 반면 국제 백신 공동구매·배분 프로젝트인 코백스COVAX facility는 저개발국가들을 위한 애초 목표치 20억 회의 절반에 불과한 10억 7,000만 회분만 확보하는 데 그쳤다.[220] 이처럼 백신 민족주의가 기승을 부릴 때, 저소득 국가에 가장 큰 고통이 뒤따른다. 그렇게 된다면 이들 국가는 백신 확보를 위한 지렛대를 찾기 위해 백신 원료의 수출 제한을 포함하여 그들이 찾을 수 있는 모든 형태의 저항과 거래 수단을 동원할 수밖에 없다. 이는 백신뿐만 아니라 방역물품을 넘어 글로벌 산업 가치사슬 전반을 둘러싼 공급망의 균열로 이어지는 위험성을 초래한다.[221]

〈그림 4〉 인구 100명당 코로나19 백신접종 현황(2021. 8. 18. 기준)

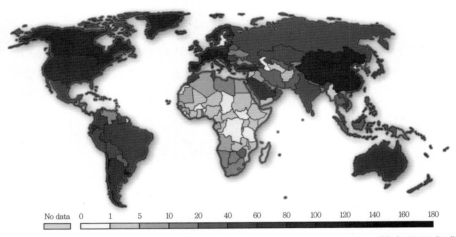

자료: Our World in Data(2021)

　　동아시아 국가들은 코로나 확산 초기 강력한 비약물적 조치를 통해 바이러스 통제에 선방했다. 하지만 방역에 고전했던 서구 선진국들이 백신을 선제적으로 확보하고 접종에 속도를 내면서 경쟁에서 뒤처지고 말았다. 이른바 '방역의 역설' 상황에 직면한 것이다. 진화된 델타 바이러스의 출현이 '코로나 근절'을 목표했던 동아시아 국가들의 이상적인 방역 전략과 초반의 방역 성과로 한동안 여유를 가졌던 백신 수급·접종 계획을 변화시켰다. 2021년 6월 7일 WHO가 언급한 '투트랙 팬데믹two-track pandemic'은 3차 코로나 대유행의 양상을 특징적으로 설명하는 개념이라 할 수 있다.[222] 백신 접종률이 저조한 국가를 중심으로 바이러스가 빠르게 퍼지는 경로와 높은 백신 접종률을 보이는 국가가 보건 조치를 완화·종료하면 재유행의 소지를 다시 제공하여 '투트랙 팬데믹' 현상이 더해지는 것이다.[223] 현재 전 세계적으로 불균형하게 나타나는 백신 접종률은 이들 간의 면역 차이를 만들어 새로운 변이바이러스가 유행할 공간을 열어주고 있다. 그 결과 전염성이 더 높고, 전파 속도가 더 빨라진 진화된 변이바이러스가 우세종으로 거듭나는 악순환을 지속하고 있다. 2021년 2월 조사된 Global Economic

Research의 글로벌 백신접종 완료 예상 시기를 보면, 미국과 유럽을 비롯한 주요 선진국들은 2021년 후반이면 집단면역에 필요한 백신접종을 완료한다. 반면 아프리카, 중남미, 동남아시아 등 상당수 개도국은 2023년이 되어야 현재 선진국과 비슷한 수준에 도달한다.[224] 이들 국가의 백신 완료 접종에 대한 차이만큼 새로운 변이바이러스가 출현할 기간을 연장해 주는 셈이다. 이는 글로벌 공공재로서 의료 자원의 불평등한 배분의 한계를 극명하게 보여 주는 단면이라 할 수 있다.

〈그림 5〉 주요국별 코로나19 백신 주문 확보량 및 백신접종 완료 예상 시기

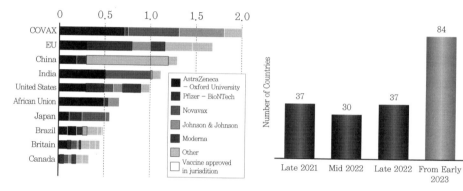

자료: Global Economic Research(2021)

포스트 코로나 시대의 세계질서 변화 전망

코로나 사태의 충격은 정치적으로 엄청난 영향을 미쳤다. 포퓰리즘과 배타적 민족주의의 대두는 민주주의를 위협하고 코로나로 무기력해진 국제협력과 자유주의적 가치의 빈틈을 뚫고 배타적인 자국 우선주의가 공백을 채우고 있다. 초국가적 위기에 대응하는 국제적 지도력과 공조가 희박해지면서, 탈냉전 이후 지배 담론으로 군림했던 세계화의 패러다임에 '조종弔鐘'을 울렸다는 주장까지 제기되는 중이다. 그러나 지젝Slavo Žižek의 언급처럼 적자생존의 공리주의적 처방이나 강제 봉쇄 같은 억압적 정책은 팬데믹이 수반한 복합적인 사회·경제적 문제를 극복할 수 없기에 지속 가능한 대응 수단으로 보기 어렵다.[225]

결국 장기적으로 세계 경제 회복에 이바지할 수 있는 리더십을 복원해야 한다. 트럼프 정부 시기 기술·무역·경제 전반에서 치열하게 경쟁했던 미·중은 이제 코로나19 국면에서 가장 시급한 백신 공급을 둘러싸고 경쟁을 벌이는 중이다. 서방 국가들의 백신 민족주의를 둘러싼 논란의 틈새에서 전개하는 중국의 공세적인 백신 외교가 대표적이다. 비록 코로나 발원국이라는 오명을 쓰고 있지만, 상대적으로 빠른 회복을 보였던 중국은 이미 2020년부터 방역 외교를 펼쳐왔다. 100여 개 국가를 대상으로 마스크, 진단키트, 인공호흡기 등을 제공해 왔으며, 이탈리아와 동유럽에는 의료진까지 파견한 바 있다. 또한 백신을 개발하기 전 2020년 5월 시진핑 주석은 WHO 연례회의 개막 연설에서 중국이 코로나 백신을 개발하여 '글로벌 공공재화'를 하겠다는 구상을 드러냈다.[226] 이후 중국은 자체 개발한 시노팜, 시노백 백신이 WHO의 인증을 획득하자 이를 토대로 적극적인 백신 외교를 추진하는 중이다. 실제로 2021년 2월, 중국 외교부는 전 세계 53개국과 개발도상국에 백신 원조를 진행 중이며 22개국에 백신을 수출하고 있다고 공표했다. 또한 코백스에도 선제적으로 약 1천만 도스에 해당하는 백신을 공급할 예정이라 발표한 바 있다.

러시아 역시 마찬가지이다. 스푸트니크Sputnik V 백신은 아직 WHO와 유럽의약품청EMA으로부터 공식 승인을 받지 못하였지만[227] 벨라루스, 세르비아, 헝가리, 필리핀, 베트남, 인도, 브라질, 아르헨티나, 이집트 등 세계 70여 곳에서 긴급 승인을 받았다. 2021년 9월 24일 현재 5,700만 접종분이 전 세계 민간에 유통된 상황이다.[228] 특히 칠레, 아르헨티나 등 전통적으로 미국에 우호적인 남미 국가들이 2차, 3차 변이바이러스 유행의 중심지가 되면서 백신 공급 문제는 기존 국가 간의 관계와 상관없이 사활적으로 확보해야만 하는 문제가 되었다. 아르헨티나는 화이자와 뒤늦은 백신 공급 계약에 나섰지만 실패하고, 아직 WHO로부터 공식 승인을 받지 못한 러시아의 스푸트니크Sputnik V 백신[229] 3,000만 접종분과 중국의 시노팜BBIBP-CorV 백신 400만 접종분을 확보했다. 미국과 긴밀한 관계를 맺고 있던 인도네시아도 2020년 상반기에 주문한 아스트라제네카 백신 공급이 인도의 델타 변이 유행에 따른 생산 조건의 악화로 1년 가까이 지연되었다. 결국 인도네시아는 중국의 시노백 백신 1,250만 접종분을 구매하기로 했다.[230]

이 같은 공세적 지원에도 불구하고 중국과 러시아는 규범적 · 정통성 측면에서 여전히 취약한 시도를 보여 준다. 중국의 경우 코로나의 방역 지원을 인도적 차원에서 하기보다는 자국에 대한 정치적 지지를 확보하려는 성격을 노골적으로 내비쳤다는 점에서 문제시되고 있다. 대표적인 사례는 2021년 초, 화이자 백신 500만 도즈를 조달하겠다는 대만의 계획을 무산시켰고, 위구르의 인권탄압 문제를 지적한 우크라이나에 백신 공여 계획을 취소시켰다.

최대 35억 도스의 코로나 백신 생산능력을 가진 인도는 세계 2위의 백신 생산 국가답게 백신 외교를 기반으로 남아시아 지역에서의 영향력을 강화하고 있다.[231] 특히 '이웃국 우선 기조Neighbourhood First' 아래 인접한 국가들에 백신을 무상으로 공급하기 시작했다. 인도의 백신 외교는 중국의 일대일로 프로젝트가 인도양에까지 영향력을 확대하면서 견제적 성격을 강하게 띤다는 점이 특징이다. 이처럼 백신 민족주의는 중국과 인도를 비롯한 비서방의 강대국들이 지정학적 목표를 진전시킬 기회로 활용하는 양상을 보인다. 기존 우호국과의 유대관계를 공고히 하거나 새로운 동맹으로 발전시키기 위해 신흥국이나 저소득 국가에 자국에서 생산한 대량의 백신을 유 · 무상으로 제공했기 때문이다.

중국과 러시아 등의 경쟁국이 공세적인 백신 외교를 펼치자, 이에 대한 대응으로 서방 국가들은 뒤늦게 백신을 지원하겠다는 계획을 발표했다. 2021년 4월 미국은 해외에 8천만 회분의 백신을 공급하겠다고 발표했고, 바이든 대통령은 6월 G7 정상회의에서 2021년 상반기까지 백신 5억 회분을 92개 저소득 국가에 추가로 기부할 것을 밝혔다. 이러한 미국의 백신 외교는 자유민주주의 동맹 · 파트너 국가들과 함께 중국을 견제하기 위한 수단적 외교 안보의 차원이라는 인상을 주고 있다. 미국이 이끄는 4자 안보 협의체 '쿼드'(미국 · 일본 · 호주 · 인도)는 3월

'백신 파트너십'을 통해 백신 제조·확대는 물론이고 인도·태평양 국가들에 대한 접종을 지원하겠다고 공약했다. 미국은 또 중국을 차단하려는 전략으로 G7 국가들과 '더 나은 세계의 재건B3W'이라는 구상을 발표하면서, 백신 보급을 위한 공동협력을 지구적 차원에서 강조하기도 했다.

백신 외교가 정치적 계산이 깔린 행위라는 비판이 거세지만 강대국들의 국가 간 백신 양극화를 해소하는 전망에는 시사하는 바가 크다. 국가들이 자국민들에게 여전히 백신을 과소 공급하거나 목표 접종 수치를 달성하지 못하는 상황에서 추진하는 전략적 선택이라는 점을 고려할 때, 현재의 지정학적 경쟁 구도가 역설적으로 백신 민족주의를 해소하는데 이바지할 가능성도 주목할만한 변화라 할 수 있다.[232]

신흥안보 시대의 대안적 리더십과 한국적 시사점

불확실성과 가변성이 극대화된 신흥안보 이슈는 100% 예방하기도, 완전한 해결을 모색하기도 어려운 도전이다. 각국은 시스템의 혼란을 최소화하고 기능의 안정적 유지를 목표로 대응 전략을 바꾸고 있다. 이런 현상은 코로나바이러스에서 여전히 벗어나지 못했다는 사실을 의미한다. 백신의 지속 접종으로 바이러스의 치명성을 경감시키면서 위생 수칙과 거리두기를 통해 바이러스와 공존하는 '위드-코로나With COVID-19'를 의미한다.[233]

위드-코로나는 '회복력resilience' 기반의 유연한 대응 모델로의 전환을 꾀하려는 방법론이다. 모든 불확실성을 완전히 차단하기보다는 위기 속에서도 시스템의 흡수, 회복, 적응 능력을 통해 핵심 기능을 유지하고, 나아가 새로운 형태로의 진화 방향을 모색하기 위함이다.[234] 한 사회의 건강성은 위기 속에서도 시스템 차원의 회복력을 보여 주는 사회적 내구성과 신뢰를 바탕으로 결정된다. 코로나19가 촉발한 현재의 위기 상황은 보건 이슈뿐 아니라 미래의 예기치 못한 극단적 위험에 대비하기 위한 기반으로서 사회 전반의 회복력을 강화할 방법과 이를 추진할 대안적 리더십의 탐색이 시급하다는 것을 상기시킨다.

코로나19로 대표되는 유례없는 비인간 행위자의 위협으로 다가온 신흥안보의 위기는 글로벌 차원의 공공재를 제공할 수 있는 리더십을 필요로 한다. 그러나 지난 2년여간 어떤 국가도 투명한 정보 공유와 과학적 근거에 기반한 방역 지침과 보편적인 의료 자원의 공급을 주도하는 의지와 역량을 보여 주지 못했다. 따라서 이번 코로나 사태의 충격이 신종 감염병의 통제·관리에서부터 국가 간의 협력과 국제기구의 재편에 이르기까지 세계적 대처 전반에서 변화를 일으킬 것으로 예상된다. 특히 COVID-19의 급속한 전 지구적 확산 과정은 촘촘하게 짜인 오늘날의 국제기구와 제도가 얼마나 취약한지를 보여줬다고 할 수 있다.[235]

국제사회는 2008년 금융위기를 겪으면서 선진 7개국이 모이는 G7으로는 세계 경제 질서를 안정적으로 유지하기가 어렵다고 인식했다. 그래서 더 많은 세계 경제의 주자들을 참여시킨 'G20'을 탄생시켰다. 코로나19 국면에서도 여전히 대안적 거버넌스를 찾으려는 노력을 시도하고 있다. 세계는 대내적으로 이번 위기를 통해 자국 방역 시스템의 효과성에 대한 검토뿐만 아니라, 공동체의 안전과 개인의 자유, 정부에 대한 신뢰와 사회적 투명성을 근본적으로 성찰할 필요성을 절감하고 있다. 이러한 변화는 포스트 코로나 시대에 한국이 취해야 할 전략적 방향성과 어떤 책임 있는 역할을 할 것인지에 대한 고민이 필요하다는 사실을 말해준다. 즉, 글로벌 공공재가 부족하다는 위기 상황에서 책임을 다하는 중견국으로서의 지도력을 보여 주기를 바라는 것이다. 코로나19 초기 대응에서 한국은 정보를 투명하고 체계적으로 운용하는 시스템으로 상징되는 'K-방역'에서 주목을 받았다. 한국은 이미 백신이나 치료제 개발뿐 아니라 불확실한 위기 상황에 대응하는 역량을 전 세계에 제공한 바 있다. 따라서 가장 중요한 공공재 자원 제공과 위드 코로나 시대의 혁신적인 지향성을 보여 줄 것을 기대할 수 있다. 이러한 맥락에서 팬데믹 시대의 불확실성은 우리에게 엄청난 도전이었지만, 다른 한편으로는 효과적인 거버넌스의 방향을 제시할 수 있는 대안적 지도력의 위상을 정립할 기회이기도 했다.

제 **3** 부

세계질서를 바라보는
주요국의 시각과 대응

세계질서를
바라보는
주요국의 시각과 대응

앞서 미·소 양극체제를 거쳐 미국이 주도하는 자유주의 세계질서가 핵심이 되는 단극체제가 어떻게 등장하고, 어떤 이슈로 도전을 받고 있는지를 살펴보았다. 그럼에도 불구하고 향후 세계질서의 재편 혹은 변화 여부를 예측하기는 쉽지 않다. 국가 행위자와 비국가 행위자들의 상호작용으로 복잡성이 커진 환경 속에서 출현한 신흥안보 이슈들이 세계질서 변화를 부추기기 때문이다. 다양한 행위자와 다양한 변화를 촉진하는 이슈들이 얽혀서 세계질서를 어떤 방향으로 이끌지는 알 수 없다. 따라서 현재 국제정치 질서를 주도하는 행위자이자 한반도 주변에 영향을 주는 미국·중국·일본·EU 등의 주요국이 세계질서를 어떤 시선으로 바라보는지 살펴볼 것이다. 나아가 질서 변화의 길목에서 어떠한 대응 전략을 추진하고 있는지를 분석하고자 한다.

　　미국은 한국의 핵심 동맹이자 세계질서를 주도하는 패권국으로 미국의 세계질서에 대한 시각을 이해하는 일은 매우 중요하다. 반면에 중국은, 한국과 활발한 경제적 교류를 진행하는 동시에 미국과는 전략경쟁의 각을 세우면서 세계질서를 재편할 가능성을 높여가기 때문에 중국의 시각도 파악할 필요가 있다. 일본 역시 동맹국인 미국과 자국의 이해관계를 쫓아 동아시아 지역에서 중국과 경쟁 관계를 형성하기 때문에 향후 미·중 전략경쟁에서의 역할을 주시할 필요가 있다. 마지막으로 EU는 전통적으로 미국의 우호 세력으로 인식되었다. 하지만 경제위기와 난민 문제 등을 겪으면서 통합체인 EU와 개별국가들의 총합인 EU를 어떤 시각으로 인식할 것인지에 대한 문제가 대두되었다. 현재 통합체인 EU와 EU 회원국들 역시 다양한 이견을 이슈로 표출하는 상황이다. 이러한 현상이 지속된다면, EU가 미래의 세계질서를 재편하는 과정에서 재편을 가속·억지하는 핵심 행위자로 작용할 수 있다. 따라서 EU의 시각과 대응을 면밀하게 분석할 필요가 있을 것이다. 다만, 러시아는 미래의 세계질서 재편 과정에서 주요 행위자로 등장할 가능성이 있는 데도 연구 설계 과정에서의 물리적 제약으로 우선순위에 있는 미·중·일·EU를 분석대상으로 삼고자 한다.

1장 미국의 세계질서론과 동아시아 전략

차태서

본 장은 제3세대 패권 연구Hegemonic Studies 3.0에 기반한 이론적 논의가 된다. 패권국 내부의 국내 정치 동학과 패권국의 특이성에 따른 패권 질서 변이에 주목하는 연구이다. 따라서 자유 국제주의에서 현실주의의 방향으로 변화한 미국의 대전략 패러다임에 주목하여 한국을 포함한 전 세계에 어떤 영향을 줄 것인지를 분석하고자 한다. 이를 위해 역사적으로 미국이 세계질서를 건설하는 과정을 살펴본 뒤 패권의 하강기로 접어든 미국과 그로 인한 자유주의 세계질서의 위기를 고찰한다.

 나아가 제2차 세계대전 이후 서구에서 수립된 헌정질서와 냉전 이후 자유주의 세계질서가 정착된 지구화 과정을 탐구할 것이다. 더불어 미국의 동아시아 질서가 건축되는 과정도 살펴서 한국적 상황에 따른 질서의 이해를 높이고자 한다. 이후 2008년 세계 경제위기를 기점으로 단극체제와 자유주의적 비전이 위기에 봉착하는 모습을 설명하기로 한다. 또한 최근에 나타난 자유주의 세계질서의 향방을 좌우할 내·외부적 도전에 대한 변수도 탐색할 것이다. 이는 미·중 패권 경쟁 상황에서 미국의 대응을 전망하여 시사점을 도출하기 위해서다.

미국의 세계질서 건설사

미국은 건국 초기부터 북아메리카에서의 연방 체제Philadelphian system 건설실험이 전 지구적 범위로 확대 적용할 가능성을 꿈꾸었다. 유럽의 세력 균형 체제 자체에 각인된 무정부상태(=전쟁상태)를 탈출하고, 일종의 세계연합(world union) 구축을 통해 보편적 평화를 창조할 거라고 여겼다. 탈베스트팔렌적 세계질서를 추구하는 열망은 '자유주의 세계질서liberal international order: LIO'라는 전통을 핵심으로 구성해 온 대전략이다. 미국이 1900년대 발발한 두 차례 세계대전에서 '승리한 이후after victory' 전 지구적으로 힘을 투사하게 된 것이 사실이다. 미국은 역사적 국면을 전반적인 국가 간 질서 전환의 기회로 활용하여 세계질서 건설자global architect로 부상했다.[236]

세계질서의 역사를 제도주의적 관점에서 살펴보면, 대전쟁은 기성 세계 권력의 구조를 노출하고 파괴한다. 이뿐 아니라 세계정치의 기본 규칙에 대한 재협상을 발생시키는 중차대한 사건이었다. 전후 승전국들을 중심으로 평화협상을 통해 새로운 세계질서가 구성되었기 때문이다. 이때 권력이 스스로 억제하는 기제를 작동한다는 점에서 질서의 제도화가 가능한지가 핵심이었다. 권력 제한과 제도화가 불가능한 경우 대전쟁 후 세계질서는 세력 균형 혹은 제국적 지배에 그쳐 현실주의적, 강력정치적 형태를 띠게 된다. 하지만 반대의 경우 헌정적 constitutional, 자유주의적 질서의 수립이 가능해진다는 점이다. 여기서 흥미로운 것은 전후 승전 강대국과 약소국 모두 헌정적, 제도적 질서를 구축하는 '패권적 거래hegemonic bargain'에 강력한 유인을 지닌다는 사실이다. 지도국은 2등 국가로부터 세계질서에 대한 지지와 정당성을 끌어낼 수 있기에 강제 비용을 낮출 수 있다. 자신의 힘이 약화한 미래에도 패권 질서의 안정성을 유지할 수 있다는 장점이 있다. 반면에 약소국은 세계질서의 제도화를 통해 지도국이 더욱 온화하게 행동하도록 제한한다. 이로써 국제 거버넌스에 자국의 목소리를 반영할 수 있다는 장점을 얻게 된다. 따라서 20세기 미국에 의한 전후 질서 건설은 이러한 헌정적 세계질서로의 '진화evolution' 과정의 정점을 보여 주었다고 할 수 있다.[237]

워싱턴의 국제주의자들은 1, 2차 세계대전으로 구세계의 국제체제가 파괴되자 드디어 국가 간 연방 체제를 구축할 수 있는 '매디슨적 계기madisonian moment'

가 귀환했다고 인식했다. 우드로 윌슨을 비롯한 자유 국제주의 세력은 제1차 세계대전 이후 아메리카연방 헌법에 기반한 복합주권 모델negarchy을 전후 세계질서 문제를 해결할 청사진으로 이해했다. 베르사유 회의에서 제안된 국제연맹league of nations은 윌슨의 전쟁 참여 명분을 내세워 "민주주의가 안전한 세계를 만드는 Making the world safe for democracy" 제도적 해법이라고 주장했다. 이뿐 아니라 유럽적 세계질서 표준에 대항하는 미국적 세계 헌정질서의 대안도 담아내고 있다. 미국은 세계질서를 자국의 설계도에 따라 재구축할 힘을 소유했다. 하지만 '자유 리바이어던liberal leviathan'으로 부상하려는 목표를 달성하기 위해서는 전간기의 실패와 제2차 세계대전을 기다려야만 했다.[238]

전후 세계 최강국으로 부상한 미국은, 대공황과 세계대전의 재발을 방지하는 임무와 예기치 않게 다가온 냉전을 동시에 수행해야 하는 시대적 과제를 떠안게 됐다. 이런 맥락에서 미국은 세계사에 유례없는 세계질서의 제도화를 달성했다고 볼 수 있다. 미국은 소련과 고전적인 권력정치power politics 게임을 운영하면서, 다른 한편으로는 자본주의국가들을 통합해 1930년대의 보호무역 블록 체제를 해체하고자 노력했다. 제2차 세계대전이 끝난 후 미국은 세계질서를 주도적으로 구성하기에 최적의 조건을 맞이했다. 미국이 확고한 우위primacy를 확보할 수 있었던 이유는 거의 모든 강대국이 파괴되었기 때문이다. 당시 미국의 정책 전문가들은 좁은 의미의 국익보다는 국제환경 자체의 변화를 추구하는 대전략milieu-oriented grand strategy을 추구했다. 이런 상황에서 출현한 새로운 질서는 자유주의적 색채가 가미된 위계적 질서의 형태를 띠었다. 이는 미국과 서유럽-동아시아 사이의 패권 교섭에 기초한 것이다. 미국은 안보와 세계 경제 측면에서 '공공재public good'를 제공하고, 규칙과 제도를 선도해 새로운 질서를 구축했다. 그 결과 제1차 세계대전 이후와 정반대로 미국의 국내 정치에서도 국제주의가 승리하였다는 의미를 지닌다. 비록 지리적으로 '서구'에 국한한 질서지만 '긴 평화'와 자본주의의 '황금기'를 여는 토대를 구축했다고 볼 수 있다.[239]

전후에 성립된 미국 주도의 세계질서 혹은 자유 패권 질서의 주된 규칙과 작동 원리는 다음과 같다. 미국 주도의 질서는 1930년대 교훈에 따라 평화의 경제적 토대로서 개방 세계질서를 추구했다. 동시에 자본주의의 극단적 양극화 양산을 막기 위해 현대적 복지국가 혹은 뉴딜 체제의 세계화를 시도했다. 이는 개방시장과 사회적 복지의 타협이라는 자유주의 정치경제 모델의 혁신embedded liberalism을 의미했다. 또한 다자적 제도협력을 강조한 여러 국제레짐international regimes의 건설은 무엇보다 미국 자체의 공략commitment과 자기 억제self-restraint를 통해 국제관계에서 지닌 힘을 일정 부분 양보한다는 의미이기도 하다. 안보 영역에서도 북대서양조약기구NATO와 동아시아 동맹체제 등을 통해 자본주의 진영 내 국가 간 상호 결박과 제지를 추구한 것과도 연결된다. 이로써 서방 내에서는 국가 간의 세력 균형 현상과 현실주의적 갈등이 완화되는 결과를 낳았다.[240]

　　미국과 서유럽 국가들 사이의 유대는 단순히 경제협력과 안보 동맹 같은 물질적 차원을 넘어 민주주의적 가치와 정체성을 공유하는 북대서양 '공동체'의 성격을 지닌다. 이는 차후에 서구라는 지리적 한계를 넘어 세계 보편조직의 맹아, 지구 정부의 씨앗으로 작동할 것으로 기대를 모았다. 이러한 냉전기 자유주의 세계질서의 토대에는 미국의 패권적 역량과 지도력이 자리 잡고 있었다. 서구세계 내에서의 공공재 제공이라는 특별한 역할을 미국이 떠안음으로써 전체 질서가 유지 · 재생산되었다고 볼 수 있다.[241]

　　전후 서구 강대국 간 관계는 혁명적 변화를 발생시켰다. '팍스 아메리카나Pax-Americana' 구상 자체는 냉전보다 훨씬 앞서 형성된 미국의 자유 국제주의 전통에 기초했다. 하지만 냉전이라는 안보적 필요성security imperative에 힘입어 실현된 게 분명하다. 이러한 서구 세계질서의 강고한 제도화가 최종적으로 자본주의 진영의 냉전 승리를 뒷받침한 것이다.[242]

　　소련과 동구 위성 정권들이 붕괴한 20세기 말, 워싱턴은 전 지구적 차원에서 다자주의적 국제레짐을 확장하고 민주주의와 자유 방임시장의 확대를 추진했다. 구공산권 국가들을 미국 중심의 자유주의 세계질서로 편입하려는 목적에서다. 무정부 질서를 극복하고 국제평화와 단일 자본주의 세계체제를 구축하려는 전후 미국 외교 전통의 일관된 논리이다. 냉전의 맞수 구소련이 사라짐으로써 '단극적 계기unipolar moment'라는 매우 유리한 국제구조적 맥락이 마련된 것이다. 이로써 1990년대 이후 들어선 미국 정부가 베스트팔렌체제 자체의 변화를 시도한 것이다. 미국은 세계 수준에서의 치안 행위police action와 자유방임주의 이데올로기의 전파를 통해 전 지구적 환경조성전략—탈근대적 지구 제국 네트워크 건설—을 추구했다.[243]

　　이런 측면에서 냉전의 종식은 매우 보수적인 사건이었다. 미국 중심의 전후 세계질서의 핵심core이 유지 보전이 된 데다, 거의 그대로 전 세계에 확장하는 계기가 마련됐다. 탈냉전기 다극 체제가 복귀하여 미국, 유럽, 일본 간의 지정학·지경학적 경쟁이 재발할 거라는 현실주의자들의 예측을 뒤엎은 것이다. 당시 현실주의자들은 전후 '서구' 공동체가 단순히 소련의 위협에 근거한 고전적인 세력 균형 동맹balancing coalition에 지나지 않는다고 전제했다. 따라서 현실주의자들은 냉전 종식으로 서방 연합의 존재 이유가 없어진 탓에 20세기 이전의 전통적인 강력 정치가 부활할 것으로 판단한 것이다.[244]

그러나 1990년대의 상황은 현실주의자들의 예측과는 정반대로 전개됐다. 미국 단극체제가 부상했는데도 여타 강대국들의 견제가 거의 없었다. 냉전에 기초한 동맹인 NATO가 더 강화되었을 뿐 동유럽지역으로 지속 확대되는 모습도 포착됐다. 세계경제영역에서도 북미자유무역지대NAFTA와 아시아태평양경제협력체 APEC, 세계무역기구WTO가 출범하여 세계경제자유화의 흐름까지 공고화했다. 결과적으로 탈냉전 초기, 일종의 '자유주의적 계기liberal moment'로서 냉전에 기원을 둔 자유주의 세계질서가 전 지구적으로 확대·심화 되었다. 그 토대 아래 현실주의적 물적 기반과 자유주의적 제도로 무장한 미국의 단극체제가 흔들림 없이 자리 잡는 듯 보였다.[245]

21세기에 이르기까지 미국의 주류 대전략 담론이었던 자유 국제주의 혹은 자유 패권 전략은 점점 경성 이데올로기화로 변화하기 시작했다. 냉전 시대 소련의 공식 국가철학으로써 '마르크스–레닌주의'가 보여줬던 보편주의적 역사철학(혹은 법칙)이 워싱턴 엘리트들에 의해 전 세계의 미국적 이미지화로의 개입주의적, 십자군적 의식으로 변질했다. 이로써 급진적으로 변한 자유주의적 군사주의가 미국의 끝없는 대외전쟁을 일으키는 기폭제가 되었다. 미어샤이머식으로 표현하면, 미국의 '거대한 환상Great Delusion'이 본격적으로 대외정책에 영향을 미치기 시작했다.[246] 2001년 9·11 사태 이후, 부시 정부가 '전 지구적 테러와의 전쟁 GWOT'을 수행하면서 내건 부시 독트린이었던 예방 전쟁론, 정권교체론, 변환외교론 등은 미국 대전략의 골격을 형성한 포스트모던 세계질서를 표방한 건설에서 절정기를 형성했다. 국내 자원 동원력에 기반한 단극체제라는 유리한 국제구조 조건과 반테러라는 명분이 신보수주의 집단의 주류 자유 국제주의 의제agenda를 훨씬 더 공격적이고 일방적인 방식으로 추진케 한 것이다.

미국 자유주의 세계질서 프로젝트의 실패 양상은 대략 2008년을 기점으로 뚜렷이 나타났다. 현지인들의 민족주의에 막힌 아프간·이라크전의 양상과 고삐

풀린 자본의 논리가 기능부전을 일으킨 것이다. 전 지구적으로 일어난 금융위기가 그러한 실패를 극적으로 보여 준 증거들인 셈이다. 2010년대에 본격적으로 전개된 세계질서의 탈 자유주의화는 아무 제한 없이 (신)자유주의적 거대 '사회 공학social engineering'의 꿈을 과도하게 추진한 결과이다. 전간기 칼 폴라니Karl Polanyi, E. H. 카Edward Hallett Carr 등이 분석한 체제적 혼돈systemic chaos의 등장과 매우 유사하다. 모든 나라가 하나의 동질적인 자유주의 모델로 '진보'할 수 있다는 자유주의적 환상이 제국적 과잉 확장(테러와의 전쟁 실패)과 이중 운동(신자유주의 위기와 포퓰리즘의 굴기)을 추동하면서 자기 모순적으로 폭발한 것이다.[247]

특히 미국 패권의 쇠락과 중국의 급성장에 의한 주도권 경쟁이 지정학적으로 두드러지게 나타났다. 따라서 미·중 경쟁은 국제적 공동통치나 탈근대적 제국 등이 인정되던 세기전환기와는 전적으로 다르다. 이는 근대적인 현실주의에 따라 강대국 정치와 다극 체제 정치가 새로운 세계질서의 주된 특징으로 귀환했다는 사실을 주지시킨다.

미국의 동아시아 질서 건축

전후 미국이 주도한 자유주의 세계질서는 동아시아 지역에 수립되었던 샌프란시스코 체제에서 중국은 한 차례 큰 위치 변동을 겪었다. 1949년 중국은 공산당이 대륙 본토를 통일한 후, 한국전쟁에 참전하는 등의 사건을 치렀다. 이 과정에서 중국은 냉전 중반까지 '왕따 국가pariah state'로 분류됐다. 하지만 1970년대에 성사된 미·중 간의 극적 화해를 계기로 중국은 미국이 주도하는 질서로 포섭됐다. 이로써 소련에 맞서는 세력 균형 연합이 탄생하여 두 강대국 간의 비대칭적 협조체제가 생성된 것이다. 이에 대한 공은 미국 국무장관인 헨리 키신저Henny Kissinger가 갖는다. 그의 구상을 기본토대로 이뤄낸 성과이기 때문에 '키신저 질서'라고 부른다.

닉슨Richard Nixon 정부에서 레이건Ronald Reagan 정부에 이르는 냉전기 후반, 미국의 대중 정책은 기본적으로 실용적·현실주의적 접근법에 기반했다. 미국은 또 3각 외교의 틀에서 소련을 견제하거나 두 공산주의 강대국 사이의 틈새를 벌리는 이이제이以夷制夷를 핵심 원칙으로 삼았다. 그런데도 워싱턴 정가는 중국의 레

짐을 변화시키겠다는 식의 이데올로기적 목표 언급은 절대적으로 삼갔다.[248]

　중국은 냉전 종식 이후에도 비대칭적 협조체제를 탈퇴하려는 노력을 보이지 않았다. 오히려 WTO 가입이 상징하듯, 미국 중심의 자유주의 세계질서에 자발적으로 편입해, 지속해서 경제발전을 도모하는 도광양회의 시기를 보냈다. 반면에 미국은 클린턴Bill Clinton 정부가 들어서면서 대중전략에 근본적인 변화를 주었다. 1990년대 미국은 자유 국제주의의 관여와 확장론에 기반해 중국을 체제적 동화의 대상으로 간주했다. 탈냉전기 승리주의, 역사의 종언론, 민주평화론 등의 맥락에서 중국의 자유화를 본격적으로 추구한 것이다. 미국은 중국을 국제무역질서에 편입하고 자본주의를 지속해서 유입시키려고 노력했다. 중국의 경제발전과 정치적 민주화를 이룰 수 있을 거라는 이론적 기초를 토대로 대중전략을 추진한 것이다.[249]

　부시 정부도 이러한 자유주의적, 낙관주의적 대중 시각을 그대로 유지했다. 부시 대통령은 9·11 테러 이후 발표한 2002년 연두교서에서 "테러라는 공동의 위협에 맞서 미·중이 함께 협력하자."라며 희망찬 기대를 표했다.[250] 2005년 로버트 졸릭Robert Zoellick 국무부 부장관 역시 중국을 자유주의 세계질서의 "책임 있는 이해관계자responsible stakeholder"로 호명했다.[251] 당시 유행한 '차이메리카Chimerica'는 중국을 신자유주의 시대 금융주도 성장 레짐의 동반자로서 인식한 워싱턴 주류의 시각이 반영된 담론이었다.[252]

　미국의 대중전략에 구조적 변동이 나타난 것은 자유주의 세계질서 전반에서 중요한 분수령이 되었던 2008년이었다. 오바마 정부 시기부터 관여 전략의 실패와 봉쇄의 필요성을 주장하는 담론들이 등장했다.[253] 미국의 상대적 하락과 패권 경쟁 대비라는 시대적 과제가 본격적으로 제기되고 대중전략에도 반영한 것이다. 본격적인 봉쇄전략은 아니었지만, '아시아로의 회귀pivot to Asia' 또는 재균형 전략이 그것이다. 오바마 정부 때 대중전략의 설계자였던 커트 캠벨Kurt Campbell도 회귀전략은 경쟁과 협력 모두를 대비한 혼합전략이라고 정의했다.[254] 자유주의적 역사 진보의 법칙을 신봉했던 오바마 역시, 경제의 자유가 정치의 자유로 연결될 거라고 굳게 믿었다.[255] 오바마 정권은 대중 견제뿐 아니라 중국을 책임 있는 이해관계자로서 규칙에 기반을 둔 세계질서RBO의 일익을 담당해야 한다는 부시 정부의 탈냉전기 자유 국제주의 패러다임을 그대로 계승한 것이다.[256] 환태평양경제동반자협정TPP이 보여주듯, 지경학적 차원에서 경제적 상호의존성을 높여 규칙에 기반을 둔 세계질서를 건설하겠다는 자유주의적 접근법은 오바마 정부가 내건 동아시아 전략의 중핵이었다.[257]

그러나 최근 미국의 대중 정책 담론계에서 관여 세력보다 견제 세력이 우세해지는 중심이동이 확연해졌다. 이러한 변화를 공식화한 것은 2017년 트럼프 정부가 발간한 『국가안보전략보고서NSS』이다. 이 문서에서 중국은 국제협력의 대상이지만, 신형대국관계의 파트너가 아닌 '수정주의' 국가로 정의했다. 미·중 간의 본격적인 전략경쟁 시대가 도래했다는 포고인 셈이다.[258] 이 포고는 중국이 미국의 은혜와 기대를 배신했다는 '배은망덕背恩忘德'이라는 프레임을 씌운 것으로 수십 년간 진행된 탈냉전기 관여 전략의 폐기를 의미한다. 괴물을 키운 프랑켄슈타인식의 자기반성적 고백이 서구 지식계에 부상한 것이다.[259] '차이메리카' 용어를 만들었던 니얼 퍼거슨Niall Ferguson조차 미·중 간 공생 시대의 종언을 선언하고 신냉전이 이미 시작되었다고 주장했다.[260]

트럼프 정부의 '인도-태평양Indo-Pacific'이라는 새로운 지역의 개념화도 지역정책의 군사화 및 대중봉쇄 본격화라는 대전략 패러다임의 변동을 내포한다. 그동안 보편적으로 사용해온 '아시아-태평양Asia-Pacific'이라는 개념화는 무역이나 금융투자 등과 관련된 국가 간 제도 건설을 통한 세계 경제적 상호의존성 강화라는 자유주의적 지역주의 관념에 기초한다. 반면에 '인도-태평양'이라는 개념은 대중 세력 균형 연합에 인도를 포함해 중국 국방력 굴기와 반접근·지역 거부A2/AD 전략에 대항하자는 안보적 구상이라는 점에서 차이를 형성한다.[261]

자유주의 세계질서의 위기와 향후 미국의 대응

앞선 트럼프 현상은 역사적 맥락에서 거대한 비자유주의적 반동으로써 등장했다. 그 현상 자체로 자유주의 세계질서의 위기를 적나라하게 표출했다고 볼 수 있다. 이로써 트럼프 시대는 미국이 세계질서 건설자와 보호자의 위치를 스스로 포기한 시기로 세계사에 기록될 것이다. 그동안 트럼프의 반자유 국제주의적 외교정책의 내용과 특징에 대해서는 많은 논의가 있었다.[262] 따라서 트럼프 시대가 노출한 자유주의 세계질서의 구조적 결함과 미래에 대한 분석을 패권 질서 이론에 기반하여 시도할 필요성이 있다.

이는 전후 탄생한 미국 주도의 자유주의 세계질서에 근본적인 도전을 제기하는 요소가 될 것이다. 실제로 향후 세계질서 변동의 범위를 결정지을 두 변수에 대해서는 미국의 내외부에서 각각 제기되는 상황이다. 패권 전략은 국내와 국제적으로 지속 가능해야 한다는 점을 고려하면 매우 의미심장하다. 자유 국제체제는 과거의 여러 위기 속에서도 높은 복원력을 보여줬다는 측면과 비교할 때 오늘날의 위기는 그 깊이와 폭이 유례없다고 말할 수 있다.[263] 체제 외부에서의 도전은 전통적인 구조 현실주의적 패권 이론인 패권안정론이나 패권 이행론의 시각에서 현재의 위기를 바라볼 때 두드러지는 요소라 할 수 있다. 근본적으로 한 시대의 세계질서는 패권국의 주도 아래 건설된다. 그런데 만약, 그에 도전하는 도전국이 부상할 때는 질서의 위기가 찾아온다는 주기론적 시각이 강조된다. 따라서 패권 질서는 패권국의 세계질서 운영에 도움을 주는 2등국과 장기적인 파트너십 개발에 의존한다는 점이다. 이런 이유로 냉전기 서유럽과 동아시아 지역에 건설된 팍스 아메리카나는 독일, 일본과의 파트너십 위에 구축한 것이다. 같은 맥락에서 탈냉전 후 단극적 계기 아래 자유주의 세계질서가 팽창하던 무렵, 미국이 핵심 파트너국으로 지목했던 중국의 부상이 팍스 아메리카나에 미치는 영향을 심도 있게 연구할 필요가 있다.[264]

미국은 구소련 붕괴 후 20년간 중국과 상호호혜적인 파트너십을 구축하는 데 성공했다. 나아가 중국의 정치 구조를 자유주의 형태로 변화시키려는 노력도 기울였다. 하지만 2010년대 들어 중국에 대한 미국의 '관여와 확장'의 전략 패러다임이 한계에 부딪혔다. 미·중 간 종합적인 국력 격차를 측정하는 문제와 중국의 의도 파악이 자유주의 세계질서 위기와 미래를 탐지할 수 있는 핵심 변수로 작동하기 때문이다. 국력 성장을 지속한 시진핑 시대의 중국이 미국 패권 질서의 규칙 수용자나 이해관계자 역할에서 벗어날 수도 있다. 이럴 경우 새로운 규칙 제정자로서 기성 국제체제의 규범과 정당성에 어떤 방식으로 도전할지가 21세기 세계정치 미래에 최대 관건이 될 것이다. 최근 논의되는 3세대 패권(질서) 이론은 기존의 패권 관련 논의가 지나치게 구조 결정주의적, 물질변수 편향적, 기능주의적 논의에 그친 것에 반대한다. 패권국의 전략적 선택이나 국내 정치·경제 변수 등이 지니는 영향력에 주목해야 한다고 3세대 패권 이론은 강조한다. 패권 질서의 구성은 세계적 차원의 지배국가가 전략적으로 선택하고 추진할 때, 비로소 성립할 수 있다는 것이다. 따라서 역사상 패권 질서는 시기마다 패권국의 독특한 가치

와 문화에 따라 다를 수밖에 없다고 말할 수 있다.[265]

기존의 자유주의(현상 유지 편향의) 국제정치학은 중심부 국가의 국내 정치 행위자들이 자유주의 세계질서에 근본적으로 도전할 가능성을 기본적으로 무시했다. 그 대신 세계질서의 체제적 변화와 패권 변동의 차원에만 분석을 집중했다. 그러나 오늘날 세계질서를 분석하는 미국의 국내 정치는 그 어느 때보다 변수에 대한 중요도를 높이 평가한다. 패권국 내부의 행위자들은 기성 질서를 지속하는 정책을 선호할 거라는 가정을 연구의 주된 전제로 삼는다. 이로써 미국의 국내 정치 과정이 팍스 아메리카나 유지에 복무할지 아닐지는 역사적으로 조건 지어졌다는 점을 강조할 필요가 있는 것이다. 그런데도 패권의 지속을 지지하는 이익집단으로써 정책연합의 우위가 영속적일 거라는 가정은 사실상 비역사적이다.[266]

이러한 시각에서 신자유주의적 지구화가 낳은 곤경이 패권 국가인 미국 내에서 어떻게 포퓰리즘을 부상시켰고, 무엇이 정당의 재정렬을 초래했는지 주목을 요구한다. 21세기 들어 자유(방임)주의 프로그램이 갖는 내부적 모순이 표출되었다. 부의 양극화에 따른 사회경제적 패자들의 불만 증대, 대중을 배제하는 초국적 기구의 기술관료들에 대한 민중적 분노, 국가정체성에 균열을 초래하는 보편주의적 원칙에 대한 반발 등이 그것이다. 이러한 모순들이 어우러져 정당의 양극화를 심화하고, 특수주의적 정체성(=백인기독교 민족주의)의 에토스가 공화당의 성격을 변화시킨 것이다. 따라서 공화당의 트럼프주의화와 '부족주의'의 창궐이 어떻게 외교전략 수립에서 정당 간 경쟁의 성격을 변화시켰는지 주목할 필요가 있다. 또한 주류적인 자유 국제주의 전략이 국내적 기반을 어떻게 침식했는지에도 관심을 집중해야 할 것이다.[267]

이상의 두 요소가 자유주의 세계질서 위기가 왜 과거와는 질적으로 다른 성격을 지니는지를 잘 설명해 준다. 첫째, 중국 부상이 지닌 이례성이다. 미국 패권의 주요 도전국이었던 과거의 구소련과 일본은 경제력에서 미국 GDP의 절반에도 못 미쳤다. 그러나 현재의 중국은 이미 70% 선을 돌파했고, 10년 내 미국을 앞지를 거라는 전망이 지배적이다. 둘째, 그동안 자유주의 국내 질서에 대한 사회경제적 도전은 주로 체제 외부(주변부)와 좌파에서 유래되었다. 반면에 이번 도전은 선진자본주의 핵심부인 우파 포퓰리즘에서 제기되었다는 점이다.[268] 이들 요소는 정치·경제모델로써 자유주의 자체의 모순이 폭발한 결과라는 점에서 과거의 도전에 비해 훨씬 더 근본적이라고 할 수 있다.

앞선 논의를 통해 예기치 않은 코로나19 쇼크가 미국 주도의 세계질서와 국제적 공동통치 기능을 얼마나 마비시키고 악화시켰는지 확인했다. 비상사태 한복판에서 다양한 층위의 반자유주의적 흐름이 어떻게 미국 대외정책과 세계질서 속에 증폭되었는지도 확인하였다. 따라서 코로나19 팬데믹은 '탈 자유화와 지정학의 귀환'이라는 2010년대 세계정치의 거시적 경향들을 가속화 하는 촉매제로서 해석할 수 있다.[269]

코로나19 팬데믹 상황에서 탄생한 바이든 정부는 가속화된 탈 자유주의적 세계(무)질서의 경향을 제어하는 감속장치 역할을 자임했다. 따라서 바이든 정부가 미국 주도 자유주의 세계질서의 침식을 이끈 두 시대적 요소에 어떻게 응전할 것인지가 관건이다. 바로 신자유주의 지구화에 대한 반발로 탄생한 민족주의적 포퓰리즘과 중국 굴기에 따른 전 세계적 세력 균형의 변화를 어떻게 해결할 것인지에 달렸다. 이렇듯 복잡한 과제를 코로나 이전의 트럼프 시대로 유지·회귀하는 복원restoration 전략으로는 수행할 수 없다. 이 사실을 참작하면, 바이든 정부가 감당해야 할 시대적 과제가 얼마나 무거운지를 짐작할 수 있다.[270]

트럼프주의의 충격과 지속되는 코로나 팬데믹 상황에서 '미국의 복귀'를 선언한 바이든 정부는 미국 주도의 규칙 기반 질서와 글로벌 거버넌스를 복원하려는 외교에 집중하고 있다. 미국은 2021년 6월, 영국에서 개최된 G7 정상회의를 통해 포스트 팬데믹 글로벌 아젠다를 선도하는 그룹으로서 친미 서방 선진국들의 모임을 재강화하였다. 미국의 다자주의 복귀와 동맹 관계 정상화를 획책하기 위해서다. 나아가 '세계의 더 나은 회복Build Back Better World: B3W'이라는 이니셔티브 등을 제안하여 대중 세력 균형 연합을 구체적으로 조직하려는 움직임도 보였다.[271]

이처럼 미국 역사상 대규모 세계질서의 건설 과업을 수행했던 사례는 1930~40년대 루스벨트Franklin Roosevelt 정권이 유일하다. 루스벨트와 그 후임 트루먼Harry Truman은 전간기에 붕괴한 윌슨주의적 세계를 재창조했다. 대공황으로 신뢰를 잃었던 자본주의 질서를 재발명해야 하는 중차대한 과제를 대전쟁으로 파괴된 암울한 현실 속에 수행해야만 했다. 바이든도 크게 다르지 않다. 침식된 자유주의 세계질서를 창조적 방식으로 재구성해야 한다. 무엇보다 급진적 국내 개혁을 통해 정치·경제의 양극화를 극복함으로써 자유 패권 전략에 대한 국내적 합

의를 부활시켜야만 한다.[272]

　　바이든 정권도 지난 정권과 유사하게 이데올로기적 분계선에 맞춰 대중국 봉쇄망을 건설할 가능성이 크다. 이러한 역사적 배경 속에 2020년대 초기는 과거 1940년대 말 냉전 개시의 국면과 유사한 특징을 보인다. 이 점에 착안한 논쟁이 끊임없이 벌어지고 있어 주목을 받는다.[273] 역사적 유추를 강조하는 견해들은 미·소 냉전의 기원에서 당대 미국의 대소련 내러티브 변환에 초점을 맞춘다. 제2차 세계대전 시기의 현실주의적 '4대 경찰국론'이 어떻게 전후 이데올로기적인 트루먼 독트린으로 전환하여 냉전의 시작에 영향을 미쳤는지를 질문하는 것이다. 루즈벨트의 대소련 인식은 21세기의 '합리적인 이해관계자, G2, 신형대국론'과 유사한 강대국 간의 협조 패러다임에 기초해 있었다. 반면에 트루먼의 대소정책은 선(자유 세력)과 악(전체주의 사회)이라는 이분법에 기초한 트럼프 말기부터 주목받은 네오콘적 대중 접근과 유사하다. 즉, 트루먼과 바이든 독트린의 유사성에 주목하여 전쟁이라는 위기 상황과 맞먹는 이데올로기적 경쟁이 다시금 불붙을지를 생각해야 한다는 견해이다.

　　여기서 한 가지의 의구심을 더 표출할 수 있다. 냉전 시대 봉쇄전략의 아버지라 불린 조지 케넌George Kennan이 정작 트루먼 정부 시절 NSC-68 등에 기초한 봉쇄정책에는 비판적이었다는 점이다.[274] 따라서 향후 미국의 대중전략이 세력 균형과 패권 경쟁의 맥락에서 구성되는 것이 확정적이라 해도 과거 냉전 시대의 선례를 고려할 때 현실주의적 타협전략과 자유(이상)주의적 비타협 전략이 경쟁할 공산이 크다.

이단적 해법의 부상

최근 세계정치경제구조의 근본적인 변화에 발맞춰 'Blob' 혹은 주류 전략가들의 자유주의 세계질서를 옹호하는 이론이 후퇴하고 있다. 나아가 '내부자들'에 의해 제시되는 현실주의적 색채가 가미된 대안들이 이례적으로 나타나고 있어 주목을 요구한다.

　　먼저 오랫동안 자유주의적 대전략의 대표로 이데올로그 역할을 맡아온 아이켄베리의 경우이다.[275] 그는 트럼프 시대의 막바지에 출간한 저서에서 자유주의 세계질서의 보편성과 지구변혁 프로젝트를 포기하고 서구문명론 수호와 미국 주도의 세력권 건설을 암시하는 주장을 내놓았다. 그는 전 세계의 미국화와 민주주의 전파론의 시초처럼 여겨지는 우드로 윌슨의 "민주주의에 안전한 세계" 연설도 사실상 민주주의 국가들의 '안보'를 방어적인 입장에서 강조한 거라고 주장했다. 그는 또 이러한 수세성이 자유 국제주의의 본질이라고도 정의한 바 있다. 특히 근래는 1930년대 이후 서구주도의 자유주의 질서가 최대위기를 맞은 상황이다. 외부에서는 비자유주의적 강대국들이 도전해오고, 내부에서는 반동적 민족주의와 포퓰리즘이 부상하고 있다. 이러한 현실에서는 탈냉전기에서처럼 자유 국제주의를 승리 주의적으로 해석하기 때문에 세계를 개선하기 위한 유토피아적 프로젝트를 추진하기는 불가능하다.[276]

이런 이유로 근대성의 양면성을 인정해 근대화와 상호의존이 낳은 취약성에 주목할 필요가 있다. 진보의 필연성이라는 거대 서사보다는 실용적 개혁 추구로 자유주의 대전략의 기조를 수정해야 할 것이다. 자유 국제주의를 특수주의적으로 해석한 아이켄베리가 흥미로운 이유가 여기에 있다. 자유주의 세계질서는 역사 특수적, 우발적contingent 산물로써 서구의 민족국가, 자유민주주의, 영·미패권 등이 결합해 만들어진 인공물이다. 1990년대의 승리주의·신자유주의적 프로젝트와 전후 자유 국제주의 프로젝트의 차별성이 강조되는 것은 바로 이 때문이다. 결국 탈냉전기의 실패한 버전인 자유 국제주의를 폐기하고 새로운 버전의 자유주의를 재상상해야 하는 역설을 발생시킨 것이다.[277]

미국 외교가이자 외교 관계협회CFR장 리차드 하스Richard Haass와 조지타운대 교수 겸 CFR 시니어 펠로우 찰스 쿱찬Charles Kupchan도 다극 체제의 도래와 자유주의 세계질서 프로젝트의 실패를 시인했다. 실패를 시인한 이들이 19세기적 강대국 간 협조체제를 대안으로 제시해 눈길을 끌었다. 현재 국제체제는 거대한 격변기에 도달했다고 주장하는 그들에 따르면, 서구가 기존의 정치 양극화와 경제문제를 해결한다고 해도 다극·다이념의 세계의 등장을 막을 수 없다.[278]

팍스 아메리카나가 부활하는 일은 바이든 정부의 어떤 노력이 있더라도 불가능하다는 진단이다. 이런 탈 패권 시대는 강대국 간의 대전쟁 위험성이 증가한다는 점이 문제가 된다. 이러한 대재앙을 피하기 위해서는 기성 자유 질서를 추구하는 것으로는 21세기 지구의 안정을 가져다줄 수 없다. 결국 미래 지구정치를 안정화하기 위한 최고의 수단은 19세기 유럽의 협조체제Concert of Europe 경험에 비추어 지구 협조체제global concert of major powers로서 주요국들이 다극 체제의 경쟁을 완화하는 국제관계 운영위원회 같은 회의를 구성할 필요가 있다.

이는 국내 레짐의 성격을 문제 삼지 않으며 모든 강대국의 정치체제를 그대로 인정하자는 것이다. 즉, 강대국 간 '현 국경선 유지, 초국적 위협에 대한 공동 대응' 등을 합의된 규범으로 만들어나가고, 지정학적 위기가 발생하면 주도국 간 타협점을 찾자는 취지이다. 물론 이것은 기존에 서구가 추구해 온 자유주의 세계 질서에 크게 미달하는 현실 정치적realpolitik 접근방법이다. 하지만 저자들은 "바람직하지만 불가능한 목표 대신 작동 가능하고 획득 가능한 목표"를 추구하는 것이 정책 전문가가 추구해야 할 이상이라고 강조한다. 만약 협조체제의 구성이 실패한다면, 아무도 거버넌스를 제공하지 않는 무질서의 세계가 펼쳐질 것이기 때문이다. 또한 극심한 지정학 경쟁을 낳을 세력권들의 세계가 도래할 거라는 점에서 현실 정치적 접근방법이 유효하다는 논리이다.[279]

최근 일반적인 세계질서론뿐만 아니라 미국의 동아시아 전략, 미·중 관계 영역에서 방어적 입장에 가까운 현실주의적 주장들이 부상하고 있어 귀추가 주목된다. 이는 향후 2020년대 이후 패권 쇠퇴기에 직면한 미국의 대전략 담론이 기존의 예외주의적, 자유패권적 틀을 벗어나 강대국 현실정치 논리에 '사회화'되는 과정으로 이해된다. 이들의 주장은 일종의 동아시아 세력권 분리론에 기초해 있다. 기성 자유 국제주의 패러다임에 비해 상당히 이단적이라고 평가받았던 '역외 균형론'[280]보다도 더 축소론적인 입장을 견지한 것이다. '역외 균형론'이 동아시아와 중국의 견제를 핵심 개입지역으로 처방한 이유는, 중국에 대해 '유화론적 입장'과 지정학적 타협을 요구하기 때문이다.

크리스토퍼 레인은 미국과 중국 사이에 전쟁 발생 가능성이 없다는 기존의 통념─경제적 상호의존, 핵 억지, 자유 국제제도 등의 변수에 기반한 낙관론─을 비판한다. 그는 제1차 세계대전으로 이어진 한 세기 전 영국과 독일 사이의 경쟁과 오늘날 미·중 갈등 사이에 존재하는 역사적 평행성을 강조한다. 즉, 영국이 독일의 부상을 유화적으로 다루지 못해 대전쟁이 발발한 것처럼 미국이 중국 굴기에 어떻게 대처하는지에 따라 미래의 향방이 결정될 거라고 주장한다. '백년국치'라는 역사적 과제로 강대국 지위 회복과 지역 패권 회수를 목표로 삼는 중국에 대해, 미·중 경쟁을 민주주의 대 공산주의의 관점으로 바라보는 미국 정책수립자들이 증가하는 분위기에 대한 레인의 일침이다.[281]

이러한 대중 정책의 이데올로기적 전환은 상대를 '악'으로 규정함으로써 타협과 협상의 외교를 불가능하게 만든다. 따라서 미국은 대중 관계를 전통적 의미의 현실주의적 열강 간의 경쟁으로 다루는 노선을 취할 필요가 있다. 강대국화와 지역 패권을 주장하는 중국을 일정 부분 수용하면서 강대국 간의 평화로운 타협을 어떻게 이끌지를 고민하는 것이 핵심이다. 이는 무리한 견제나 봉쇄전략 대신 중국에 동아시아의 지배권을 넘김으로써 거대한 재앙적인 전쟁을 피해야 한다는 정책적 조언이다.[282]

찰스 글레이저Charles Glaser 역시 미국이 대만에 대한 안보 공약을 철회해야 한다는 파격적인 주장을 내놓았다. 중국의 위협이 날로 증가하는 상황이 미·중 경쟁의 본격화를 촉구한다는 것이 오늘날 미국 외교가의 새로운 합의이다. 하지만 정작, 어떻게 중국과의 전쟁위험을 축소할지에 관한 질문을 경시한다는 게 그의 화두이다. 글레이저는 기본적 전제로 미국이 이제 동아시아에서 지배적 국가가 아니라는 현실을 인정해야 한다고 말한다. 그에 따르면 쇠퇴국의 최선책은 해외 지역에 대한 공약을 축소해야 한다는 것이다.[283, 284]

패권이 하강하는 국면에서 기존의 현상을 그대로 유지하는 정책status quo은 지극히 위험한 선택이다. 특히 동아시아에서 미국의 본토 방어나 한국·일본 동맹국 방위보다 이익의 우선순위가 떨어지는 대만의 경우가 그렇다. 대만에 대한 통일 의지가 확고한 중국의 포지션을 고려하면, 대만 수호에 매달리는 정책은 실익이 없다. 미국의 대만의 안보 공약의 이유가 사활적 이익 차원이 아닌 민주주의 방어라는 이데올로기적 차원에 근거를 둔다는 점에서 그러하다. 따라서 대만에 대한 공약을 포기하는 것이 필수적인 선택이라 할 수 있다. 부차적 이익을 포기함으로써 전쟁에 휘말리는 가능성을 낮추는 것이 전략적 차원에서 명백한 이익이기 때문이다. 그는 또 미국이 예외주의적 자기 인식 때문에 쉽사리 축소론으로의 대전략 변화를 추진하지 못한다고 지적한다. 중국 부상에 비례해 자신의 이미지를 업데이트하고 일정한 패권 지위 상실을 엄연한 현실로써 수용해야 한다고 그는 강조한다.[285]

한국에 주는 시사점

9·11 사태 20주년을 맞은 2021년은 미국의 대전략과 자유주의 세계질서가 하나의 거대한 순환cycle에 마침표를 찍었다는 것을 느끼게 한다. 지난 시기를 돌이켜 볼 때, 2001년 알카에다의 기습공격을 대응으로 시작한 전 지구적 테러와의 전쟁은 팍스 아메리카나의 궤적에서 중요한 분수령을 이뤘다. 당시 미국의 정치적 선택이 자유주의 세계질서의 운명을 결정했다고 볼 수 있다. 단극의 힘이 절정에 달한 국면에서 발생한 9·11 테러의 비극과 그에 대한 네오콘의 일방주의적, 자유 제국주의적 대응은 결과적으로 미국의 국력 낭비와 중국이 '굴기'할 수 있는 역사적 공간을 열어준 셈이다. 현실주의자들은 권력의 최전성기에서 발생하는 제국의 오만과 과잉팽창imperial stretch에 따른 기성 패권 질서의 위기와 도전국의 부상, 패권 경쟁의 시대가 도래했다고 오랜 기간에 걸쳐 설명해 왔다. 즉, 지난 탈냉전 시기의 세계사에서도 '강대국 정치의 비극'[286]은 어김없이 변주되었다는 설명이다.

예컨대, 2021년 여름에 발생한 카불에서의 황망한 패주 사건은 단극의 패권적 힘이 한계를 드러냈다는 것을 지적해 준다. 해외에서의 거대한 사회 공학grand social engineering적 시도가 환상에 불과했다는 사실을 증명한 사건이라고 할 수 있다. 미국 패권의 하강과 자유 국제주의 패러다임의 패색이 전 세계인의 눈에도 완연하다는 방증이다. 세계 리더로서 미국의 신뢰성에 큰 생채기가 났고, 무엇보다 미국인들 스스로 자국의 제도와 가치에 대한 자신감이 떨어질 수밖에 없는 상황이 도래한 것이다.

지난 시기 트럼프에 대한 지지가 미국 내 에토스의 변화를 뚜렷이 증명한 바있다. 특히 포스트-카불의 상황은 트럼프를 꺾고 당선된 바이든 정부도 넘어설 수 없는 미국 대전략의 새로운 인지적 프레임(=현실주의적 전환)을 구축할 것이다. 아프가니스탄의 철수 결정을 정당화하는 바이든의 수사[287]가 트럼프 독트린과 겹쳐 보이는 것은 이러한 패러다임 전환을 잘 보여 준다.

향후 미국의 동아시아와 한반도 정책을 역사와 이론으로 접근하면, 현실주의적 색채가 짙은 대전략의 기조로 이뤄질 것이 분명하다. 따라서 미국의 동아시아·한반도 정책은 크게 두 가지 시나리오의 가능성이 존재한다.

첫째, 상대적으로 가능성이 큰 방향은 본격적인 미·중 패권 갈등이 동아시아 지역에서 전개되는 시나리오다. 국력 하강기에 접어든 미국은 후퇴 retrenchement하는 기조에서도 주도권 경쟁이 걸린 서태평양과 인도양 지역만큼은 예외로 둘 수밖에 없을 것이다. 사실상 서둘러 진행한 아프가니스탄에서의 철군도 도전국 중국의 역내 균형onshore balancing 정책을 집중적으로 실행하기 위한 전략일 가능성이 크다. 미국은 중국에 대한 억지와 봉쇄를 통해 인도 태평양 지역의 현상 유지 혹은 자국 주도 규칙 기반 질서를 지속해서 추구할 것으로 보인다.

　이러한 배경에서 바이든은 2021년 2월, 해외에서 주둔하는 미군에 관한 재배치 계획을 논평GPR했다. 이로써 인도-태평양 지역을 중심으로 대규모적인 미군의 재배치와 조정이 예상된다. 쿼드 플러스Quad+와 파이브 아이즈Five Eyes를 확대하는 논의와 오커스AUKUS를 출범하는 선언 등 미국이 주도하는 다양한 안보 네트워킹의 흐름을 대폭 강화할 전망이다. 이에 따라 한미동맹의 중요성과 미 · 중 경쟁에서의 위험도 같이 증가할 것이다. 한 · 미 · 일이 삼각동맹을 강화함에 따라 한일관계의 복원과 대중 세력에 대한 균형 연합의 참여 등이 한국 외교의 핵심 의제가 될 전망이다. 이처럼 지정학적 차원에서의 '선택'이 어떻게 위험을 분산 hedging시키고, 역내 패권 경쟁의 완충지로서 중견국과의 연대 외교를 늘릴 수 있을지가 한국의 고민이 될 것이다.

　둘째, 미국의 국력이 예상보다 급격히 떨어지거나 정치상의 고립이 기대치를 웃돌 때 출현할 수 있는 시나리오이다. 두 번째 예상은 첫 번째보다 가능성이 훨씬 낮다. 하지만 현실주의자들의 방어적 입장에서 중국의 동아시아-서태평양 세력권을 인정하고, 미국이 상당 부분 철수하는 경우의 수다. 이 경우 첫 번째 시나리오와는 상반되게 치열한 미 · 중 경쟁에서 방기의 위험이 증대할 것이다. 실제로 아프가니스탄 철군 이후 유럽연합EU 내에서 독자군대창설 논의가 재점화된 사실도 같은 맥락에서 이해할 수 있다. 미국의 후퇴 가능성이 급부상하는 가운데 유럽 국가들이 나토NATO에 대한 안보 의존도의 축소 문제를 제기한 것은 결코 우연한 일이 아니다.

　만약 인도-태평양 지역에서 미국이 주도하는 규칙 기반의 질서를 해체하고 세력권을 재분할하자는 상황이 발생하면, 한국도 엇비슷한 형태를 띤 자주국방에 대한 논의가 전개될 가능성이 크다. 한미동맹의 결속이 약화하면 독자적인 안보를 확보하려는 노력이 강력하게 요구되기 때문이다. 이는 대한민국 외교 안보

전략을 대폭 수정한다는 의미가 된다. 따라서 독자 핵무장 등에 대한 논의가 궁극적으로 거론될 공산이 크다.

2장 중국의 세계질서론과 동아시아 전략

김애경

본 장은 중국의 세계질서 이론에 따른 동아시아 지역과 한국에 주는 시사점에 관한 고찰이다. 최근, 중국의 급부상으로 미국이 주도하는 자유주의 세계질서의 쇠퇴 및 자유주의 세계질서에 대한 중국의 도전 가능성에 관련한 논의가 활발하다. 따라서 세계질서 변화를 촉구하는 중요 행위자가 되는 중국이 자유주의 세계질서를 어떻게 인식하는지와 중국이 추구하는 이상적인 세계질서가 무엇인지를 분석한다. 이어 미국의 대중 견제전략에서 중국이 어떤 대응을 하는지, 중국이 대안적 질서를 구축하기 위해 어떤 노력을 기울이는지도 살펴본다. 마지막으로 이를 종합하여 중국이 추구하는 세계질서의 방향을 전망하고, 그 전망을 토대로 동아시아와 한국에 주는 시사점을 도출한다.

자유주의 세계질서에 대한 중국의 인식

중국에게 자유주의 세계질서는 항상 수정되고 개조되어야 할 대상이었다. 미국 발 세계금융위기를 계기로 자유주의 세계질서의 변화 발생 가능성이 촉발됐지 만, 여전히 중국 내부에서는 "세계질서가 더욱 공정하고, 공평한 방향으로 수정 되어야 한다."라는 주장이 제기되었다. 이런 맥락에서 세계질서 개혁의 필요성을 주장하는 논의는 결코 새롭게 등장한 주제가 아니다. 중국은 건국 이후 지속해서 세계질서는 불공정하고 불합리하다는 점을 강조해왔다. 따라서 불공정·불합리 한 세계질서를 개조시켜야 한다는 중국의 주장에는 변함이 없다.[288] 2008년 이전 세계질서에 대한 중국의 인식을 살펴보기로 한다.

중국은 건국 시기부터 1970년대 초까지 혁명적으로 세계질서를 개조하거나 새롭게 구축할 것을 주장했다. 이러한 주장을 제기하는 중국의 프레임 역할을 한 이론은 '중간지대론中間地帶論'과 '3개 세계론三個世界論'이다. 중국은 식민 통치를 받았 던 경험으로 자국을 발전 수준이 낮은 제3세계 국가와 동일시했다. 이런 이유로 제3세계 국가와 통일전선을 구축하는 등 국제체제 외부에서 세계질서를 전복시 키거나 새롭게 구축하겠다고 주장했다. 이를 위해 중간지대와 제2세계 국가들도 연대해야 한다는 것이 중국의 입장이다.

중국은 실제로 1950년대 미얀마(당시 버마), 말레이시아, 인도네시아, 필리핀 등 아시아 지역 국가들뿐 아니라 알제리, 콩고, 부룬디, 나이지리아, 다호메이니 (현재 베냉), 가나 등 아시아와 아프리카 지역 국가의 반정부 세력들을 지원했다. 제국주의 세력에 대한 계급투쟁을 위한 국제 프롤레타리아 계급들의 협력을 도모 하려는 목적에서다.[289]

중국은 유엔이 1971년 타이완에서 중국으로 지위를 변경하면서 체제 내 국 가로 인정받았다. 이후 중국은 세계질서 운용을 위한 제도로 편입된 상황에서도 세계질서의 불공정성과 불합리성을 지적하며 새로운 질서 구축의 필요성을 지속 해서 제기했다. 유엔에 의해 지위가 변경된 중국의 입장은 이전과 이후가 사뭇 다 르다. 지위가 변경되기 이전은 세계질서를 혁명적으로 개조하자고 주장했다. 반 면 지위가 변경된 이후는 중국이 제도와 규범을 점차 수용하면서 세계질서의 평 화적 개조, 즉 질서의 수정을 강조했다. 이뿐 아니라 중국은 세계질서를 수정하는 데 있어서 절대로 리더 역할을 하지 않을 거라는 점도 천명했다.[290]

중국은 냉전이 종식되면서 '국제정치경제신질서國際政治經濟新秩序'라는 구상을 통해 공정하고 합리적인 세계질서 구축의 필요성을 제기했다. 중국의 '국제정치경제신질서'는 미국이 '신세계 질서New World Order: NWO'라는 구상을 발표하자 이에 대한 대응 프레임으로 제기했다고 볼 수 있다. 탈냉전기 미국은 국력의 절대적 우위를 바탕으로 '팍스 아메리카나'를 구축함으로써 미국의 가치가 세계를 지배할 때 비로소 질서가 안정적으로 유지될 거라고 피력했다. 반면 중국은 미국의 구상이 힘으로 지배하는 강권정치強權政治와 패권주의를 추구하기 때문에 지극히 불공정하고 불합리한 질서라고 주장했다. 또한 중국은 이러한 질서는 수정과 개조의 대상이라고 강조한 바 있다. 이처럼 중국은 지속해서 세계질서의 개조와 수정을 주장해 왔는데도 구체적으로 노력하는 모습은 보이지 않았다. 오히려 중국은 세계질서의 제도와 규범을 선택적으로 받아들이면서 자유주의 세계질서로의 편입과 융화融入를 통해 국내 경제 발전을 꾀했다.[291]

1990년대 중후반부터 2000년대 초반까지 중국의 외교적 레토릭rhetoric에 따르면 중국의 자유주의 세계질서에 관한 입장은 여전히 수정과 개조의 대상이었다. 중국이 이러한 수사를 지속한 것은 자유주의 세계질서가 추구하는 민주주의, 인권 등 핵심 개념을 거부하려는 표출로 판단된다. 중국이 경제적으로는 자유주의 세계질서의 제도와 규범을 받아들여 빠른 성장의 발전을 이룩하여 자국의 국제적 위상을 높여야 했기 때문이다. 반면 정치적으로는 중국이 해결할 많은 정치 이슈들이 서구의 가치를 받아들이기 어려운 상황이었다. 중국은 공산당 일당 독재의 권위주의 국가로서 서구의 민주주의 개념을 그대로 받아들일 수 없었다. 이유는 타이완과의 통합, 독립을 추구하는 소수민족의 통합이 필요한 상황에서 서구 기준의 자유와 인권을 받아들일 수 없는 어려움을 안고 있었기 때문이다. 이로써 중국은 미국을 비롯한 여타 국가들에 "같은 부분은 추구하고 다른 부분은 존중해주자."라는 의미의 '구동존이求同存異' 정신을 어필해 왔다.[292]

중국은 필요에 따라 자유주의 세계질서를 선택적으로 수용하면서 경제적 발전을 지속해 경제적 위상을 높여왔다. 그런데도 중국은 자유주의 세계질서 개혁과 개조를 위한 적극적인 노력 없이 미국 주도의 자유주의 세계질서가 불공정·불합리하다고 끊임없이 주장해 왔다. 오히려 중국은 현재의 질서 체제에서 자국의 이익과 무관한 책임과 의무에는 소극적인 모습을 보이면서 자국의 이익만을 극대화하고자 했다.[293] 많은 이들이 중국을 '무임승차자free-reider' 또는 '선택적 다국간주의자'라고 평가한 이유가 바로 이 때문이다.[294]

자유주의 세계질서의 위기와 중국의 부상

2008년 세계 경제위기는 미국 주도의 자유주의 세계질서가 미래에 대한 불확실성을 안고 있었다는 방증이다. 이로써 미국의 경쟁국인 중국이 기존 세계질서의 제도와 규범을 평화적으로 따를 것인지에 대해 많은 이들의 관심이 집중되었다. 1990년대 초반부터 지속된 중국의 부상 관련 담론은 중국이 부상할 잠재적 가능성만으로도 주목했다. 중국의 부상은 체제적 차원에서 세계질서의 변화를 불러올 수 있기 때문이다. '중국위협론'은 중국 부상의 잠재적 가능성으로 제기됐던 대표적인 담론이다. 최근 중국의 급부상은 세계 경제위기를 맞은 2008년 이전과 달리 세계질서 변화를 이끌 수 있는 현실적 가능성을 평가받고 있다. 사실상 중국의 부상을 대하는 견해는 상이하다. 부상하는 중국이 '현상 유지 세력'이 아니라는 근거를 찾기 어렵다는 주장이 있다. 중국의 부상은 세력 균형의 변화를 가져와 기존의 패권국과의 충돌이 불가피하다는 상반된 견해가 동시적으로 존재한다.[295] 따라서 2008년 이후 세계질서에 대한 중국의 시각은 어떤지, 향후 세계질서 속에서 중국이 어떤 역할을 할 것인지에 대해 정확히 읽어낼 필요가 있다.

먼저 세계질서는 중국으로서 항상 수정과 개조의 대상이었다. 하지만 중국은 냉전의 종식 이후 1990년대와 2000년대 초반까지도 세계질서를 수정 · 개조하려는 의지를 표출하지는 않았다. 오히려 중국은 1990년대 중반부터 '책임감 있는 강대국負責任的大國'임을 내세워 질서를 안정적으로 유지해야 한다고 주장하며 현 질서에서의 국익 극대화를 추구했다.

중국도 2008년 세계 경제위기로 세계질서의 불확실성이 커졌다. 이로 인해 세계질서가 변화할 수 있는 중요한 계기라는 점에 중국도 동의한다. 이 때문에 중국은 현 세계질서의 상황을 '백 년 동안 겪지 못했던 대변화의 국면百年未有之大變局'이라고 주장한다.[296] 세계금융위기를 겪으며 세계 각국의 권력 구조에 변화가 발생하고, 세계질서가 대변화의 국면에 직면했다는 것이다. 2008년 세계 경제위기는 세계질서의 불확실성을 높이고, 국제체제의 권력 구조의 균형 상실을 유발했다는 분석이다. 경제영역에서 미국의 영향력이 축소되고, 브렉시트BRitish EXIT 등 유럽연합의 문제로 위기를 겪은 서구와 달리, 중국과 브릭스 등 신흥 부상국들은 자국들이 전 세계 경제성장에 공헌하는 비율이 높아져 세계 경제 회복을 견인하고 있다고 했다.[297]

둘째, 중국은 세계질서의 권력 구조 변화는 제도와 규범의 변화에도 반영돼야 하는 대변화의 상황이라고 주장한다. 중국은 세계질서의 수정과 개조에 적극적인 모습을 보이지 않았던 이전과는 달리, 자유주의 세계질서의 수정과 개조, 새로운 제도 구축에 적극적인 모습을 보였다. 중국은 자유주의 세계질서의 제도와 규범이 일부 수정되고 개조되는 동시에 현재의 질서를 초월한 새로운 제도를 구축함으로써 중국 중심의 질서를 구축할 기회를 엿보는 듯하다. 2008년 이후 중국이 IMF 투표지분 재분배를 요청해 추가적인 투표 지분을 확보한 것은 세계 경제의 지배구조 개혁을 추진하기 위해서다. 중국은 서구 선진국과 신흥국 간 권력 구조 변화가 발생한 만큼 제도적 차원에서도 이익분배가 이뤄져야 한다고 강조한다. 또한 세계질서의 제도와 규범이 권력 구조의 변화를 즉각적으로 반영하기 어렵다는 점도 인정한다. 이를 극복하기 위해 중국은 일대일로一帶一路, One Belt One Road: OBOR, 아시아 · 인프라 투자은행Asia Infra Investment Bank: AIIB, 브릭스 국가들의 신개발 은행New Development Bank: NDB 등 새로운 제도를 구축하는 '대안적 외교' 방식을 취하고 있다.[298]

마지막으로 중국에서는 자유주의 가치관에 대한 미국의 리더십의 쇠퇴 역시 자유주의 세계질서에 대한 대변화 국면이라고 지적한다. 2008년 세계 경제위기는 미국의 신자유주의 정책이 가져온 필연적인 결과라며, 워싱턴합의의 한계를 지적했다.[299] 그런데 최근의 논의는 훨씬 직접적으로 미국의 지도력을 비판하고 있다.[300] 중국은 미국 우선주의가 세계질서와 거버넌스에 큰 충격을 주고 있다는 서구 학자들의 주장을 인용하면서 반세계화로의 역행을 보여준 트럼프 정부, 즉 패권국 미국이 세계질서의 대변화를 추동한다고 역설했다. 이울러 중국은 미국 우선주의가 현 자유주의 경제 질서와 정치 · 안보 질서의 전환을 가속화 한다는 점도 지적했다.[301]

중국의 연구자들도 세계질서의 권력 구조 변화와 미국의 리더십 쇠퇴가 세계질서의 불확실성을 높였다고 판단한다. 하지만 그렇다고 해서 곧바로 세계질서의 개혁으로 이어질 것으로 생각하지는 않는다. 현 세계질서는 기존 강대국과 신흥 부상국 간의 권력과 이익의 분배가 조화를 이루지 못하는 부분이 존재하기 때문이다. 따라서 국제체제의 권력 구조에 변화가 발생하면서 세계질서의 제도와 규범 수정에 대한 신흥 부상국들의 요구가 높아질 전망이다. 하지만 미국이 리더십을 쉽게 포기하지 않을 것이고,[302] 전 세계적 차원에서 경쟁과 협력으로 둘러싸인 국제제도의 이익 배분은 단시간 내에 성과를 내기가 어렵다. 이런 이유로 국제 권력 구조의 변화가 국제제도의 변혁으로 즉각 이어지지는 않을 거라는 견해들이 제기되고 있다.[303] 또한 중국은 자국의 생존과 주권을 위협하는 경우를 제외하고는 국제적으로 자유주의적 세계질서 원칙에 도전하려는 일에 큰 힘을 들이지 않을 것이다.[304] 이런 이유로 '무임승차자' 또는 '선택적 다국간주의자'라고 비판받을 수도 있다. 하지만 중국은 향후 자유주의 세계질서 속에서의 경제발전을 지속하기 위해 세계질서의 안정을 해치지 않는 선택을 할 가능성이 크다.

중국이 제시하는 세계질서 상像

중국은 현재의 자유주의 세계질서가 불공정·불합리하다고 강조하면서 공정하고 합리적으로 개조해야 한다고 주장해 왔다. 하지만 지금까지 중국이 제시하는 세계질서 상像은 구체적이지 못했다. 탈냉전기 중국이 제기했던 '국제 정치경제 신질서' 구상은 '평화공존 5원칙'에 기반한 유엔헌장이 제시한 국가 간 관계의 기본원칙과 세계질서의 발전 방향에 대한 원칙을 반복하는 수준에 불과했다.[305] 중국은 패권주의와 '힘의 정치power politics'가 세계질서를 불공정하고 불합리하게 만드는 원인이라고 규정하고, 이를 강력히 비판하고 반대해 왔다. 즉, 힘을 이용해 타국의 내정에 간섭하는 행위를 비판하면서 '국제관계의 민주화' 실현을 피력한 것이다. 국내적으로 정치적 민주화를 실현하지 못한 중국이 국제적으로 민주화를 주창하는 모습이 다소 아이러니하다. 그런데도 중국은 미국을 비롯한 서구 국가들의 내정간섭 행위, 인권에 대한 비판 등을 불공정·불합리한 행위라며 비슷한 상황에 있는 개발도상국들의 지지를 호소해 왔다.[306]

하지만 중국은 2008년 세계 경제위기 이후에도 세계질서의 이상을 제시하기보다는 다양한 개념을 통해 세계질서에 대한 자국의 원칙과 발전의 방향만을 반복하고 있다. 그러다 냉전 종식 이후 미국이 제시한 새로운 질서에 대한 대응 차원에서 국제 정치경제 신질서 구상을 제시한 적이 있다. 하지만 자유주의 세계질서에 대한 구상을 구체적이고 체계적으로 제시한 적은 없다. 다만 중국은 공식문건을 통해 공정하고 합리적인 세계질서를 구축하는 데 필요한 원칙만을 제시했다. 중국이 제시한 원칙은 '신형대국관계新型大國關係', '신형국제관계新型國際關係', '중국 특색의 대국 외교' 등의 개념이다. 따라서 중국공산당 전국대표대회 보고와 지도부가 공식적으로 발언한 세 가지 개념이 의미하는 바를 분석하여 중국이 생각하는 세계질서의 이상을 추론하고자 한다.

　　세계 경제위기 이후 중국은 중국공산당 전국대표대회中國共產黨全國代表大會(이하 전대)를 개최하였다. 두 차례 개최된 제18차(2012년), 제19차(2017년) 보고서를 통해 살펴보기로 한다. 이들 보고서에서 중국은 국가 간 평등과 상호존중, 내정불간섭, 대화와 협력을 통한 분쟁 해결, 패권 반대 및 '국제관계의 민주화' 추진 등의 원칙을 제시했다. 이러한 원칙은 제16차(2002년), 제17차(2007년) 전대 보고에서도 같게 제시되고 있고, 그 이전의 전대 보고에도 유사한 내용으로 명시되었다. 그러나 국제적 공동통치 구축에 대한 부분에서는 세계 경제위기 이전과 이후가 다소 차이를 보인다. 세계 경제위기 이전에 개최된 제16차와 제17차 전대 보고에서는 "중국은 국제사회가 개발도상국의 자주적 발전 능력 증강을 도와 남북격차가 축소되기를 희망한다."라고 표명했다. 반면 세계 경제위기 이후에 개최된 제18차와 제19차 전대 보고에서는 "중국은 국제 문제에서 개발도상국의 대표성과 발언권 확대를 지지한다."라고 명시했다.[307]

　　그동안 중국은 G2 국가이면서도 세계 제일의 개발도상국이라고 표명해 왔다. 이러한 중국의 자신감이 국제적 공동통치 구축에서 '개발도상국의 대표성과 발언권 확대 지지'라는 주장으로 이어졌을 것이다. 결국 중국의 주장은 자유주의 세계질서의 제도와 규범이 미국을 비롯한 서구의 이익을 대변하기 때문에 중국·신흥국·개발도상국들의 이익도 반영할 수 있게 수정해야 옳다는 것이다. 여기서 중국과 개발도상국의 이익이 일치하는지는 자세히 따져볼 필요가 있다. 하지만 중국이 세계질서가 공정하고 합리적으로 되려면 개발도상국을 대표하는 자국과 함께 신흥 부상국의 이익을 더 반영하는 제도와 규범으로 전환해야 한다고 강조한 점에서 이의가 필요치 않다.

　　2008년 세계 경제위기 이후 중국은 자국의 평화를 강조하며 '신형대국관계', '신형국제관계' 및 '신시대 중국 특색의 대국 외교'와 같은 개념을 제시했다. 이는 중국의 부상을 견제하는 미국과 국제사회에 제시하는 개념이라고 판단된다. 첫째, '신형대국관계'는 '상호협력과 상생의 파트너십' 구축을 통한 선진국과의 관계 개선이 핵심이다.[308] 둘째, '신형국제관계'는 갈등과 경쟁을 부각하는 현실주의 이론을 초월한다. 신흥 부상국과 기존의 패권국이 충돌하지 않고 협력하며 상생하는 관계를 유지하는 것이다. 상호존중, 공평과 정의, 협력과 상생을 통한 국가 간의 관계를 유지해서 최종적으로는 인류 운명공동체를 만들어 가려는 구상이다.[309] 셋째, '신시대 중국 특색의 대국 외교'는 중국의 외교 이념을 기조로 자리 잡은 개념이다. "평화, 발전, 협력, 상생을 통해 국가 주권, 안보, 발전이익을 추구하는 것"을 의미한다.[310] 좀 더 구체적으로 말하면, '신시대 중국 특색의 대국 외교'란 '신형대국관계'와 '신형국제관계' 구축을 통해 실현되는 것으로, 중국이 이상적으로 판단하는 세계질서의 운용원칙과 발전 방향이라 할 수 있다.[311]

지금까지 논의를 종합해 보면, '중국 특색의 대국 외교'는 서구의 이론과 다른 3가지를 내포하고 있다.[312] 첫째, 상호존중을 강조한다는 점이다. 기존의 국제관계 이론에서 제시하는 국가 간 평등은 법률적 평등에 불과하다. 따라서 중국은 역대로 평화를 사랑하고 제국주의 침략을 경험한 적 있기에 자국의 경험을 타국에 강요하지 않는다. 둘째, 공평과 정의를 고수한다는 점이다. 현재의 자유주의 세계질서에서는 중국을 포함한 개발도상국들의 발언권이 부족하다. 따라서 발전과 거버넌스 등의 문제에서 늘 불공정하고 불공평한 대우를 받는다. 그런데도 중국은 전 세계 거버넌스 개혁 이슈에 적극적으로 임해 세계질서가 공평하고 합리적인 방향으로 나갈 수 있도록 건설적인 역할을 할 것이다.[313] 셋째, 협력과 상생을 추진한다는 점이다. 전 세계적 차원의 거버넌스 체계를 '함께 상의하고, 함께 건설해서 함께 누릴 수 있도록共商共建共享' 변혁해 나가는 '인류 운명공동체'를 수립하겠다는 것이다.[314] 따라서 중국은 기존 강대국들과 달리 '힘의 정치'를 통해 약소국의 이익을 희생시키지 않는다. 나아가 세계질서의 이익분배 구조에서 약자인 개발도상국을 위한 공평과 정의를 실현하고 상생을 도모한다는 것이다.[315]

중국이 원하는 세계질서는 강대국들이 패권을 행사하지 않고, 약소국에 대한 존중과 무간섭 그리고 공평한 이익분배를 실현하는 등 '국제관계의 민주화'를 구현할 수 있는 질서 구조가 바람직하다는 것이다.

그러나 중국은 모순되게도 이웃 국가를 상대로 이미 여러 차례 경제 제재와 같은 패권 외교를 추진한 경험이 있다. '국강필패國强必霸(국가가 부강해지면 반드시 패권을 행사한다)'라는 논리를 비판했던 중국의 모습과는 상반되는 행동이다. 중국이 겉으로는 '중국식 예외주의Chinese Exceptionalism'를 주장하지만, 사실상 다른 강대국들과 크게 다르지 않은 데도 서구와의 차별화 전략으로 중국의 고전과 경험을 미화시켜 표현했을 뿐이다. 미국과 서구 국가들의 이론과 견해가 그들의 이익만을 반영한다는 중국의 주장을 그대로 중국에 대입하면, 중국이 제시한 개념들 역시 중국의 이익을 반영한다는 사실이 명확해진다.

미국의 대중 견제전략과 중국의 대응

'신형대국관계' 구축, '신형국제관계' 수립 및 '신시대 중국 특색의 대국 외교' 이념은 중국 부상의 위협성을 강조하는 서구의 해석에 반박 논리로 제시됐다고 판단된다. 2008년 이후 미국을 비롯한 국제사회는 중국의 부상이 가져올 수 있는 체제적 차원에서의 질서 변화를 더욱 위협적으로 인식했다. 오바마 정부 시기에는 미국 패권의 하락으로 기존 대중전략에 대한 조정의 필요성이 제기됐다. 미국은 '아시아로의 회귀' 전략과 '아−태 재균형' 전략을 통해 대중전략의 조정을 반영했다. 6가지 주요 행동 방침을 포함한 미국의 전진 배치forward-deployed diplomacy를 골자로 하는 두 가지 전략이 그것이다. 두 전략은 비록 대중 봉쇄전략이 아닌 경쟁과 협력의 혼합전략이었지만 중국으로서는 상당한 압박으로 인식할 수 있는 전략적 조정이었다.[316]

중국은 경제 규모의 측면에서 G2 국가가 맞다. 하지만 '두 개의 백 년兩個一百年' 전략을 통해 '중화민족의 위대한 부흥中華民族的偉大復興'과 '중국몽中國夢'을 실현하려면 지속해서 발전을 이룩해야 한다. 중국에 이웃한 국가들은 중국의 영향력 확대 대상이다. 하지만 이웃한 국가들이 대중 견제 전선에 합류한다면 심히 우려하지 않을 수 없다. 중국의 이웃 국가들이 미국의 대중 견제에 합류하거나 국제사회가 민주주의나 인권을 표방해 중국의 내부 문제에 개입하는 상황이 중국은 우려스러울 것이다. 이런 상황들이 중국의 지속적인 발전을 저해하거나 중국 내부의 문제를 복잡하게 만드는 요인으로 작동할 것이기 때문이다.

중국은 미국이 자국의 가치와 경험을 중국에 강요하지 않고, 세계질서의 제도와 규범에서 중국의 목소리를 많이 반영하는 협력과 상생의 질서 구축을 바란다고 주장한다. 중국이 말하는 협력과 상생의 질서는 중국의 경제적 위상이 높아진 만큼 제도와 규범에서 중국의 이익을 반영하는 질서이다. 2014년 시진핑 주석은 베이징에서 개최된 제6차 '미·중 전략과 경제 대화'에서 "넓은 태평양은 중미 양국을 수용할 만큼 매우 넓다."라면서 '신형대국관계'를 구축하자고 제안했다.[317]

시진핑의 발언은 미국과의 관계를 충돌과 갈등 상황으로 나가고 싶지 않다는 희망 섞인 마음으로 해석된다. 더 나아가 미국이 체격이 커진 중국을 그만큼 존중해 주기를 바라는 마음도 함께 담겨 있다고 볼 수 있다.

　중국은 당분간 미국이 구축한 자유주의 세계질서의 거버넌스 속에서 이익을 극대화할 것이다. 이 때문에 중국은 자국의 부상을 위협으로 간주하는 서구의 주장에 대응함으로써 중국의 평화성을 강조할 필요가 있었다. 중국은 여전히 부상하는 과정에 있지만, 세계질서를 주도하는 리더(미국)의 견제를 받는 상황이다. 중국은 자국의 부상이 미국과 자유주의 세계질서에 위협되지 않을 거라는 대응 논리를 제시할 필요가 있는 것이다. 중국은 자국이 자유주의 세계질서를 근본적으로 변화시킬 만큼의 '게임체인저game changer'로 등장할 것인지에 대한 논쟁을 상당히 거북해한다. 중국은 중국 부상의 위협성을 강조하는 서구의 해석을 서구의 문화와 이익이 반영된 이론에 근거한 해석이라고 반박한다. 이 때문에 중국도 중국의 문화와 이익을 반영할 수 있는 이론구축과 개념을 정립해야 한다고 강조한다.[318] 이런 차원에서 '신형대국관계' 구축, '신형국제관계' 수립 및 '신시대 중국 특색의 대국 외교' 개념들은 중국의 부상을 위협이라고 주장하는 미국과 서구의 주장에 대한 대응 논리로써 제시된 것으로 판단된다.[319]

　이 개념들은 중국이 세계질서의 전환과정에서 기존 서구이론의 우려와는 다른 역할을 하겠다는 중국의 선언일 수도 있다.[320] 이러한 주장은 중국의 부상이 미국과 자유주의 세계질서에 위협이 되지 않을 거라고 강조하는 것이다. 최대한 미국의 대중 견제전략에 협력하는 국가들을 최소화하려는 의도가 담겨 있다고 보인다. 이처럼 중국은 자신만의 논리로 중국의 부상을 애써 설명하는 중이다. 이와 동시에 중국은 자유주의 세계질서 안에서 목소리를 반영할 수 있도록 제도와 규범의 개혁을 추진하면서 동시에 제도와 규범을 선택적으로 수용할 가능성이 높다. 앞서도 언급했듯이 중국은 미국이 만든 자유주의 경제 질서에서 가장 큰 수혜를 입고도, 미국 주도의 자유주의 세계질서를 불공정·불합리하다고 강하게 비판한다. 중국은 이러한 외교적 수사와는 달리 자유주의 세계질서에서 원하는 권위와 권리를 찾아 영향력을 확대하려고 노력한다.[321]

　세계 경제위기 이후 중국은 IMF에서의 투표지분 재분배를 요청했는데, 중국(6.394%)은 미국(17.4%), 일본(6.464%)에 이어 제3의 투표 지분을 보유하게 됐다. 이뿐 아니라 중국의 위안화가 특별인출권SDR 구성통화로 편입됐고, 위안화

(10.92%)의 편입 비율도 달러(41.73%), 유로화(30.93%)에 이어 세 번째로 높아 세계 3대 기축통화로 인정받게 됐다.[322] 중국은 기존의 자유주의 세계질서의 거버넌스 내에서 개혁을 통해 중국의 발언권 확대를 시도하고 있다.

반면 중국은 서구식 정치적 자유주의를 추구하지 않을 거라고 선언한다. 물론 공산당 일당 집권체제를 유지하는 국가로서 서구식 자유와 민주의 가치를 받아들이기는 쉽지 않을 것이다.[323] 중국은 오히려 코로나19 사태에서 미국이 보여준 국가 리더십과 정책적 판단 능력 부족, 국가 시스템의 취약성, 사회 위기대처 역량과 국민 공감대 형성의 부족 등을 주장하며 중국의 제도와 집단주의 노선의 우월성을 강조하고 있다.[324]

중국은 자신들의 논리로 부상을 설명하고 자유주의 세계질서의 제도와 규범에서 자국의 이익을 반영하려고 노력하고 있다. 이와 함께 중국은 자유주의 세계질서 밖에서 중국이 주도할 수 있는 제도와 규범 수립을 시도하고 있다. 중국에 대한 세간의 날카로운 평가가 바로 이 때문이다. 중국을 평가받게 한 계기들로는 OBOR 구상을 제시하고 OBOR 추진을 위한 AIIB 수립 및 NDB 수립 등이다. 유엔주재 중국대표단의 참사관, 중국 외교부 차관 등을 역임한 허야페이何亞非도 "중국은 자국의 이념으로 독자적인 세계적 대처를 확립하고자 시도하며, 이에 대해 각국은 '중국의 꿈'을 '세계의 꿈'과 결부시킨 이념을 수용하는 추세"라고 주장했다.[325]

중국의 일대일로 추진 배경과 대안 질서로서의 가능성

중국은 2008년 세계 경제위기에서 미국 주도의 자유주의 세계질서에 따른 한계를 극복하려는 방안으로 OBOR을 구상하고 제시했다. OBOR은 2013년 시진핑 주석이 제기했는데, 이후 많은 발전을 거듭했다. 따라서 이번 논의는 중국의 OBOR 구축과정에서 나타난 평가와 한계를 고찰하고자 한다.

시진핑 주석이 2013년 9월과 10월에 제기한 '실크로드 경제벨트絲綢之路經濟帶' 구축 구상과 '21세기 해상 실크로드21世紀海上絲綢之路' 공동 건설을 제안하였는데, 이 둘을 합친 개념이 OBOR이다.[326] 2010년 중국은 GDP 기준으로 이미 일본을 추월한 세계 제2의 경제 대국이 되었다. 이어 2013년에 들어서서 미국을 추월하고 세계 최대 무역교역국이 됐다. 이 시기 중국은 자국의 핵심 이익을 침해한다고 생각되는 아시아의 이웃 국가들을 대상으로 경제 제재를 취하는 등 이전과는 다르게 매우 강압적이고 공세적인 외교를 펼쳤다.[327] 이러한 이유로 중국이 OBOR 구상을 구체화하는 과정은 전문가들과 국제사회의 이목을 끌었다.

중국 정부가 밝힌 OBOR 구상 제기 배경과 목적은 중국을 포함한 많은 국가의 발전 문제를 해결하기 위한 새로운 경제협력의 아키텍쳐 구축이다. 2015년 3월 28일, 국가발전개혁위원회, 외교부, 상무부는 중국 국무원의 비준을 받아 공동으로 '실크로드 경제벨트와 21세기 해상 실크로드 공동 건설 추진 비전과 실천 推动共建丝绸之路经济带和21世纪海上丝绸之路的愿景与行动(이하 백서)'을 발표했다.[328]

백서에 따르면 육로와 해로를 연결해서 연선 국가들과 '5통五通'을 실현하는 것이 OBOR 구상의 내용이자 OBOR 건설의 최종 목표이다.[329] '5통'이란 '정책 소통政策溝通', '인프라 연결設施聯通', '무역 원활貿易暢通', '자금 융통資金融通', '민심 상통民心相通'이다. '5통'은, 중국이 주도해서 연선 국가들을 이을 수 있는 철도와 항만 및 사이버 네트워크와 같은 인프라를 건설(인프라 연결)하는 프로젝트다. 이를 위한 자금을 마련하고(자금 융통), 그 인프라를 이용해 물류를 원활히 진행하며(무역 원활), 이를 위한 정책을 공동으로 수립함(정책 소통)으로써 연선 국가들의 국민과 화합(민심 상통)할 수 있는 공동체를 형성하겠다는 것이다.

일부 전문가들은 OBOR을 중국의 국내 경제 발전모델의 전환과 새로운 성장동력을 모색하기 위한 구상이라고 진단했다. 중국은 개혁개방 이래로 30여 년간 취해왔던 발전모델의 전환이 필요했다.[330] 반면, 일부 전문가들은 OBOR은 대외적으로 미국의 대중 견제전략에 대한 대응 차원에서 구상했다고 진단했다. 2011년 미국의 '뉴 실크로드 이니셔티브New Silk Road Initiative' 구상[331]에 대한 반발이었을 거라는 분석이다.[332] 이와 관련해 중국은 미국이 냉전적 사고에 머물러 있다고 비판하면서, 그 대응으로 OBOR 구상을 제기했다고 밝혔다.[333] 따라서 중국의 OBOR 구상은 대내적으로 자국 경제발전모델의 전환과 새로운 성장동력 모색, 대외적으로 미국과의 충돌을 최소화하는 미국의 대중 견제에 대한 대응으로 요약할 수 있다.

중국이 OBOR을 자유주의 세계질서의 대안적 질서를 위해 수립했는지는 명확하지 않다. OBOR은 경제교류를 위한 인프라 건설을 통해 육로와 해로를 잇겠다는 단순한 구상이 아니다. 중국은 거대해진 경제력을 바탕으로 자국 주도의 인프라 원조 · 투자를 통해 관련 국가들과의 경제교류를 확대할 수 있는 플랫폼을 만들고 관련 정책으로 제도화하고자 했다. 점-선-면으로 이어지는 중국 국내 대외 개방의 경험을 대외전략에 응용한 것이다. OBOR은 육로와 해로를 잇는 경제전략 그 이상의 것이다. 중국이 관련국과 경제협력 추진을 기반으로 해서 정치 · 안보 · 문화 등 각 분야로 협력을 확대하여 자유주의 세계질서의 대안적 질서를 수립하려 한다고 평가받는 이유이다.[334]

　　OBOR 구상이 제기된 후 중국은 OBOR 건설을 위한 후속 조치를 마련했다. 가장 먼저 중국은 OBOR 구상을 추진하기 위해 국내 조직을 정비하고 기타 OBOR 홍보에 필요한 일련의 조치를 단행했다.[335] 다음으로 중국 최고 지도부는 연선 국가를 방문하여 OBOR 구상에 대한 지지 획득, 양해각서MOU 체결 및 연선 국가와 철도 및 항만 건설을 통한 교통 · 통신 인프라 협력을 강화했다.[336] 이외에도 중국은 OBOR 구상을 제기한 이후 인프라 건설 협력, 자금 융통 협력 및 무역 활성화를 위한 협력을 진행했다.[337] 중국은 현재 OBOR에 참여하려는 국가들과 MOU를 체결하고, 인프라를 연결하는 점을 찍어 선을 연결하는 작업을 진행하고 있다.[338]

　　OBOR은 중국의 국내 경제발전모델의 전환과 새로운 성장동력을 모색하기 위해 발전 공간을 확장하려는 구상이다. 2013년에 제기된 OBOR은 국가 대전략 수준으로 현재 추진하고 있다. 중국은 OBOR이 어떤 국가에나 개방돼 있다고 천명한다. 하지만 미국이 참여하지 않은 상황에서 유라시아 · 유럽, 아시아 · 아프리카 국가들과 협력을 확대하여 공동체를 건설하겠다는 야심을 제시한 것이다. 이 점에서 미국이 주도하는 자유주의 세계질서 밖에서 새로운 질서를 수립하려는 중국의 의지가 엿보인다고 판단할 수 있다. 2013년 이후, OBOR과 AIIB 등 중국 주도의 프로젝트와 제도들은 많은 국가의 호응을 얻어낸 바 있다. 중국에 대한 국가들의 높은 호응은, 경제를 협력해야 하는 필요성이라는 유인이 크게 작용했다고 볼 수 있다. 일대일로 추진과 관련해서 일련의 제도 수립 등은 자유주의 세계질서에 대한 탈제도화와 새로운 지역 거버넌스 창출이라는 재제도화의 시도를 실현하려는 중국의 시도일 수 있다. 그러나 현재 자유주의 세계질서에 대한 대안으로 발전하기까지는 상당한 시간과 많은 과제가 노출돼 있다.

중국의 세계질서 전망

미·중은 현재 질서 경쟁 중이다. 중국은 2008년 세계 경제위기 이후, 자유주의 세계질서 안팎에서 자국의 지분을 확대하고 이익을 반영하려는 움직임을 활발하게 추진하고 있다. 중국은 세계질서의 가장 큰 수혜자로 자국의 경제발전을 추구하며 국제적 위상을 높이는 데 열중했다. 2008년 세계 경제위기가 세계질서에 대한 중국의 태도를 변화시키는 계기를 만들어주었다. 중국은 미국이 주도하는 신자유주의의 폐해를 신랄하게 비판하며, 미국의 발전모델의 보편성과 미국의 제도와 가치를 세계적으로 확산하는 것 등에 회의감을 표시했다. 동시에 중국은 변화를 겪는 세계 권력의 구조를 반영하여 자유주의 세계질서의 제도와 규범을 수정할 필요성을 주장했고, 실질적인 성과를 거뒀다. 물론 그 성과가 기존의 질서를 완전히 바꿀 만큼의 크기는 아니었다. 하지만 2008년 이후 자유주의 세계질서가 재구축되는 과정이라면 미래의 제도와 규범을 수정하기 위한 좋은 본보기가 될 수 있다. 중국은 자국이 자유주의 세계질서에서 가장 큰 혜택을 받았다는 사실을 부인하지 않는다. 그런데도 중국과 미국 그리고 중국과 세계 각국의 상호의존성에서 중국과 자유주의 세계 경제 질서가 디커플링 되기는 어렵다. 이런 이유로 중국은 일정 기간 자유주의 경제 질서 안에서 협력과 경쟁을 통해 제도와 규범을 수정할 전망이다.

동시에 중국은 자유주의 세계질서 밖에서도 제도와 규범을 수립하기 위한 시도를 통해 전략 공간을 확대할 것이다. 중국으로서는 미국과의 충돌을 최소화하면서 중국이 지속해서 발전할 수 있는 공간을 찾는 것이다. 이런 이유로 중국은 원조·투자·무역 등 대외 경제활동의 총합체인 OBOR 구상을 제기한 것으로 이해할 수 있다. 이러한 중국의 모습을 구성주의적 관점으로 보면, 커뮤니케이션과 규범의 재정력을 국제적 공동통치 안팎에서 강화하려는 모습으로 해석할 수 있다. 중국의 OBOR은 인프라 건설을 통해 경제적 교류를 확대하기 위해 육로와 해로를 잇겠다는 단순한 구상이 아니다. 따라서 OBOR은 중국의 경제력을 토대로 자국이 주도하는 인프라 원조와 투자를 유치하여 관련 국가들과의 경제교류를 확대할 플랫폼을 만들려는 시도이다. 여기에 필요한 자금을 마련하기 위해 금융제도 규범을 수립하고, 관련국 간의 정책을 통일하는 등 규범제정을 통해 제도화를 추진하려는 구상이다.

결국 중국은 OBOR을 통해 경제협력을 추진하고 그것을 기반으로 정치·안보·문화 등 각 분야로 협력을 확대할 수 있을 거라고 기대한다. 중국이 미국과의 충돌을 최소화하기 위해 자유주의 세계질서 바깥에서 제도화를 추진하지만, 이 또한 미국과 치열한 경쟁을 벌이는 구도를 형성한다. 사회주의 국가로서 '중국 특색의 민주' 등의 개념을 만든 중국은 미국 등 서구의 민주 가치를 그대로 받아들일 생각이 전혀 없다. 그래서 중국이 미국과의 차별성을 강조하면서 다른 국가에는 절대 강요하지 않겠다는 것이다. 이것이 중국의 OBOR을 대안적 차원에서의 질서 구상일 거라고 평가하는 이유이다. 왜냐하면 세계질서의 제도화는 상당 기간이 소요될 것이고, 지도력에 대한 많은 국가의 동의가 전제돼야 하기 때문이다. 따라서 중국의 행보가 자유주의 세계질서를 대체할 만큼의 유인력이 있을지는 상당한 시간이 필요하다고 진단할 수 있다.

중국이 자유주의 세계질서의 안팎에서 지분을 확대하는 것 이외에도 신흥안보 이슈에 적극적인 행보를 보이며 자국의 리더십 부각에 힘쓴다. 중국의 야망이 한창인 가운데 코로나19와 같은 신종 감염병의 대유행, 지구온난화로 인한 기후변화 등이 세계질서의 불확실성을 심화시키고 있다. 이러한 때 신흥안보 이슈는 인류가 직면한 새로운 도전 요인으로 급부상하면서 초국가적 협력이 강조되고 있다. 지금 국제사회는 인류를 전례 없는 충격과 공포에 빠트린 코로나19 팬데믹 현상에 대한 강력한 대응이 필요하다. 이런 시점에서 중국은 자국의 사회제도와 시스템의 우수성을 홍보하고 적극적인 백신 외교를 전개하면서 상생의 리더십을 부각하고 있다. 나아가 일부 선진국들의 백신 이기주의를 비판하면서 글로벌 보건·안보 이슈로 떠오른 신흥안보 영역에서도 공공재를 제공하는 리더십을 발휘한다고 자평한다.[339] 그런데도 패권국 미국은 팬데믹 상황에서 전 세계 방역에 공공재를 제공하는 실질적인 리더 역할을 못 한다는 사실을 부인하지 못한다. 이런 상황에서 보면, 중국은 개도국에 대한 영향력 확보에서 유의미한 행보를 보인다고 할 수 있다.

중국은 미국과 국제사회가 원하든, 원치 않든 자유주의 세계질서 안팎에서 행보를 이어나갈 것으로 판단된다. 미국의 자유주의 확산 전략이 힘의 정치이자 패권주의라고 비난하는 중국은 다양성을 존중하고 '구동존이'라는 논리를 내세워 반중국에 대응하고 있다. 중국의 반격에 나선 바이든 정부가 중국의 부상을 억제하기 위한 강경한 대중 정책을 유지하겠다고 천명함에 따라 향후 미·중 경쟁은 더욱 심화할 듯하다. 이 과정에서 중국은 미국과 서구 중심의 자유주의 세계질서가 불공정하다는 것을 계속해서 지적할 것이다. 또 중국을 포함한 신흥 부상국들의 이익을 반영해야 한다는 명분을 내세워 자유주의 세계질서의 제도와 규범을 선택적으로 수용하고 발전할 것을 촉구할 것이다. 나아가 중국의 목소리를 확대할 수 있는 제도와 규범을 수정하라는 요구도 기꺼이 할 것이다. 하지만 중국 주도의 제도와 규범이 자유주의 세계질서에 대한 대안적 질서로 인정받을 수 있을지는 장담하기 어렵다. 그런데도 중국은 자국 주도의 제도와 규범 수립을 점-선-면으로 확대하고 개방하여 발전을 추진했던 국내 역사적 경험을 세계질서에도 적용할 것으로 보인다.

동아시아 및 한국에 주는 시사점

자유주의 세계질서 안팎에서 진행되는 미·중 경쟁은 동아시아 및 한국에 적지 않은 시사점을 안겨준다. 첫째, 미·중 경쟁은 동아시아 지역의 불확실성을 극대화할 수 있다. 동아시아 지역은 이미 미·중 경쟁의 장으로 변한 지 오래다. 동아시아 지역에서 미·중 경쟁은 2008년 세계 경제위기를 계기로 본격화되었다. 오바마 정부가 내놓은 '아시아로의 회귀' 전략과 '재균형' 전략은 미국의 전략적 중심이 아시아로 이동했다는 의미로, 그때부터 지역 질서 경쟁이 시작됐다고 할 수 있다. 당시 미국은 중국이 연 10% 가까운 높은 성장률을 바탕으로 아시아 국가들과 교류를 확대하며 대중 경제의존도를 높여감에 따라 아시아 지역의 지정학적 모습이 완전히 달라졌다고 판단했다.[340]

중국은 미국의 아시아 중시 정책이 자국의 부상을 억제하기 위한 것이라고 평가하며 대응 전략을 취했다. 중국은 국제적으로 향상된 지위만큼 미국과 나란히 지역 질서를 구상하고 존중받기를 바랐다. 그런데도 미국이 중국의 발전 공간을 제약하기 위해 견제와 봉쇄전략을 지속한다고 주장한다.[341] 사실 동아시아 지역은 중국이 강대국으로 도약하는 데 발판이 되는 지역이다. 이 때문에 중국도 2010년대 초반부터 기존의 대응적 외교에서 주동적 외교로 전환했다. 주동적 외교로 전환한 중국은 자국의 영향력 확대에 적극성을 보이며,[342] 그에 대한 대응도 다차원적으로 진행하고 있다.

첫째, 중국은 시혜적 이미지를 부각하면서 미국과 평화로운 관계를 추구한다. 하지만 자국의 이익을 침해할 경우, 경제제재와 같은 패권적 수단을 활용하기도 했다. 동아시아 지역에서 첨예하게 벌어지는 미·중의 질서 경쟁은 이 지역 국가들을 매우 혼란스럽게 한다. 동아시아 지역에서 기존의 패권을 유지하려는 미국과 역내에서 자국의 지위에 상응하는 이해관계를 추구하려는 중국의 의지가 충돌하기 때문이다. 이로써 동아시아 지역에서의 미·중 경쟁은 더욱 치열해질 것이고, 동아시아 지역 질서에 대한 불확실성은 더욱 높아질 전망된다.

둘째, 미·중 경쟁이 전방위적으로 확산하는 상황은 아시아 국가들에 대한 미·중의 구애 또는 줄 세우기로 이어지면서 지역 국가들은 선택을 강요받을 수 있다. 이러한 상황은 한국을 포함한 지역 국가들을 더욱 곤혹스럽게 할 수 있다. 미국은 중국 주도의 제도 수립에 동맹국 및 파트너 국가들이 가입하는 것을 반대한다. 하지만 경제영역에서 미국이 동맹국 및 파트너 국가의 대중 경제협력을 막기는 어려운 상황이다. 대부분 국가는 자국의 실익을 명분으로 중국과의 협력을 강화하는 것이 현실이기 때문이다.[343]

미국은 이념경쟁을 명분으로 대중 견제에 동맹국 및 파트너 국가들의 참여를 촉구하고 있다. 트럼프 정부는 중국을 '수정주의' 국가로 규정하며, 무역전쟁과 기술전쟁 및 '인도-태평양' 전략 등을 통해 전방위적 차원에서 대중 견제를 심화했다. 여기에 더해 바이든 정부는 이념경쟁으로까지 확대하는 양상을 보인다.[344] 이에 맞서 중국은 미국의 대중 견제조치와 연대를 비판하면서 보복 조치도 불사하고 있다. 사드THAAD 배치 전후 중국이 한국에 대한 경제 보복 조치를 단행한 것이 그 예이다. 미국이 동맹국과의 안보 연합을 강화하려는 상황 속에서 한국을 포함한 지역 국가들은 당분간 미·중의 질서 경쟁에서 선택을 강요당하는 상황이 증가할 것으로 전망된다. 한국은 실용적 차원의 접근을 통해 위험을 회피할 수 있는 전략적 대비가 필요하다.

셋째, 미·중의 질서 경쟁은 한반도의 평화와 북핵 문제에도 지대한 영향을 미칠 수 있다. 미국의 대중 견제가 격화될수록 중국의 대응도 한층 강화할 것이다. 즉, 중국은 미국의 견제에 대응하기 위해 완충지대 역할을 하는 북한을 끌어안을 수밖에 없다. 이로써 한반도의 평화 프로세스를 진행하는데 필요조건인 북핵 문제의 해결에서 미·중 협력의 가능성은 적어지고, 양국의 힘겨루기만 지속될 수 있다. 북한에 대한 중국의 영향력은 결정적이지도 않지만 무시할 수도 없으므로 비핵화를 위한 노력은 공허한 메아리로만 남을 가능성도 있을 것이다. 따라서 북핵 문제를 해결할 당사자로서의 한국은 미·중 경쟁이 점점 확대되는 상황에서 두 국가의 의도를 제대로 파악해야 한다. 양국이 진정으로 북핵 문제를 해결하고 싶고, 또 해결하려는 의지가 있는지를 명확히 할 필요가 있는 것이다. 아울러 한국과 한반도의 안보 이슈가 미·중 경쟁 구도의 틀에 구속되지 않을 수 있는 방안을 모색해야 할 것으로 판단된다.

3장 세계질서 재편과 일본의 동아시아 전략

임은정

본 장은 한국과 갈등·경쟁을 첨예하게 겪고 있는 일본이 세계질서의 재편을 어떠한 시각으로 바라보는지를 분석하고, 일본의 전략에 대해서도 파악하고자 한다. 이를 위해 일본의 국가전략이 어떻게 변화했고, 향후 일본이 세계질서의 재편 과정에서 어떤 전략을 추진할 것인지를 예측할 것이다. 이를 바탕으로 향후 한국 정부가 한반도와 동아시아 전략을 추진할 경우, 어떤 요소를 고려할 것인지에 대한 함의를 제공하고자 한다.

일본의 국가전략 변화

일본의 국가전략을 분석하는 시각은 매우 다양하다. 일본의 세계질서 재편에 관한 인식을 분석하는 데 도움을 받고자, 일본의 국가전략을 분석한 다양한 틀에 대해서 먼저 알아보는 것이 좋을 듯하다. 일본의 국가전략 분석 틀에 대한 이해는 일본이 처한 안보적 상황에 대한 변화를 이해하고, 향후 일본의 대응을 전망하는 데 이바지할 것이다.

오로스Andrew Oros는 전후 일본의 안보 정책인 ① 식민지 시기와 태평양 전쟁을 통한 역사문제, ② 전후 반군사주의antimilitarism, ③ 미국과의 안보 동맹 등을 주요한 유산으로 보고 있다.[345] 한편, 일본의 국가전략 변화에서 더욱 능동적 · 전략적 측면을 강조한 해석도 존재한다. 그중 하나인 사무엘스Richard Samuels는 일본의 전략 국가strategic state적인 측면을 강조하면서 일본의 전략적 판단에 영향을 미치는 다양한 요인을 제시했다. 자국이 속한 아시아와 서양 사이에서의 선택과 관련된 갈등과 국제적 입지, 즉 대국 또는 소국으로서의 자의식에 관련된 부분과 부국 또는 강병을 선후 문제로 구분하여 제시했다.[346]

한의석은 오로스와 사무엘스의 분석을 토대로, 일본의 국가전략 변화를 시기별로 〈표 3〉과 같이 정리하였다. 일본은 근대화 시기인 메이지유신 때는 부국강병이 국가전략이었다. 그러나 제2차 세계대전을 겪으면서 일본의 국가전략은 제국주의적 패권imperial hegemony으로 변화했고, 패전 후에는 저비용으로 편승하는cheap-riding 무역 국가trading state, 혹은 통상국가로 국가전략을 변화했다.[347] 즉, 일본이 부국강병을 추구하던 공세적인 현실주의 전략에서 비용 편익을 최우선시하는 무역 국가로 변모했다는 것이다. 이는 일본의 국가전략의 기저에는 현실주의적 판단이 강하게 작동하고 있다는 사실을 의미한다.

이노구치 다카시猪口 孝는 국제정치를 바라보는 일본의 엘리트 그룹의 관점을 세 가지로 구분했다. ① 국민국가 체제에서 국가 주권을 최우선 하는 베스트팔리아주의자Westphalian, ② 자유민주주의와 글로벌 시장경제를 옹호하는 필라델피아주의자Philadelphian, ③ 반유토피아론자 등이다. 이노구치는 향후 일본의 정치 외교가 베스트팔리아주의 성향을 강하게 띨 것으로 전망했다.[348]

〈표 3〉 일본의 시기별 국가전략

시기	국가전략
메이지유신 (1868)	메이지 일본의 '부국강병(Rich Nation, Strong Army)'
2차 세계대전	고노에 후미타카(近衛 文隆)의 '신질서' : 제국주의 일본의 '대동아공영권(Imperial Japan's Greater East Asia Co—Prosperity Sphere)'
냉전	요시다 시게루(吉田 茂)의 '요시다 독트린' : 일본 헌법의 제한 속에서 안전보장의 상당 부분을 미국에 의탁함으로써, 일본 정부는 경제 성장과 발전을 최우선 과제로, 경무장과 경제외교를 중요시하는 외교를 펼친다는 국가전략 : '신중상주의(neo—mercantilism)'로도 해석 가능
탈냉전과 9 · 11테러 이후	중추적인 일본의 이중 헤지(Pivotal Japan's Dual Hedge)?? 최적의 합의(Goldilocks Consensus)??

자료: Richard J. Samuels, Securing Japan: Tokyo's Grand Strategy and the Future of East Asia, Figure 1, p. 14.
재인용: "21세기 일본의 국가안보 전략," p. 501의 내용에 가필.

한편 박영준은 일본의 주요 국가 전략론을 크게 네 가지로 구분하여 주요 국가 전략론의 특성을 〈표 4〉로 정리했다. 그의 분류에 따르면 제2기 아베 신조安倍晉三 정부의 국가전략 범주는 '보통국가론'과 '수정주의적 국가주의'의 중간적 성격을 지니는 '수정주의적 보통국가론'으로 규정하였다.[349]

〈표 4〉 일본의 주요 국가 전략론과 특성

구분	평화국가론	미들파워 (Middle Power) 국제주의	보통국가론	수정주의적 국가주의
평화헌법	호헌	호헌	호헌 (개헌 가능성)	개헌
방위력 강화	비무장, 전수방위, 미 · 일 동맹 폐기 (90년대 이후 미 · 일 동맹 인정)	• 방위력 강화 • 미 · 일 동맹 강화	• 경제력 · 기술력 강화 • 미 · 일 동맹 강화	• 방위력 강화 • 핵무장 추구 • 궁극적 자력 국방
역사문제	과거사 반성	과거사 반성	과거사 반성	과거사 긍정
아시아 정책	아시아 · 대중 협력	아시아 · 대중 협력	아시아 · 대중 협력	대중 위협 인식

자료: 박영준, "'수정주의적 보통국가론'의 대두와 일본 외교," p. 97.

보통국가론과 안보 르네상스의 등장

사무엘스는 1991년의 걸프전과 1차 북핵 위기를 냉전 직후 일본에 가장 큰 충격을 안긴 사건으로 꼽았다.[350] 걸프전의 경우 일본 정부가 재정적으로 쿠웨이트 정부를 크게 지원했는 데도 국제사회는 일본 정부의 행보를 '수표 외교checkbook diplomacy'라고 비판했다.[351] 이때 등장했고 현재까지도 논란의 중심에 있는 '보통국가普通の國'라는 개념이 그것이다. 당시 자유민주당(이하 자민당) 간사장이었던 오자와 이치로小沢 一郎는 1993년에 출판한 『일본개조계획日本改造計画』이라는 저서에서 보통 국가 개념을 사용한 적 있다.[352] 오자와는 걸프전 당시 유엔 주도의 평화유지 활동에 자위대를 참여시켜야 한다는 의견이었다. 하지만 평화헌법상의 제약으로 실현되지 못했다. 당시 자위대의 역할론을 둘러싼 논의가 진행되면서 '집단 자위권right of collective self-defense'의 문제가 국내적으로 다시 주목을 받았다. 이로부터 얼마 지나지 않아 1차 북핵 위기가 터졌고, 1998년에는 대포동 미사일까지 발사하는 일이 벌어지자 일본 사회에서 안보 불안감이 고조되기 시작했다.[353]

한의석은 1990년대부터 일본의 국가전략 차원에서 보통국가론이 본격적으로 제기되고 확산했다고 강조한다. 일본은 내부적으로 1990년대 정계 개편 과정을 겪으면서 사회당이 쇠퇴하고 정치의 보수화가 진행되는 시류에서 보통국가론에 힘이 실렸다는 것이다.[354] 일본 정치계의 보수화는 자민당과 사회당 연립정권 시기에 무라야마 담화村山 談話와 같은 과거사에 대한 사죄가 우파 정치인들의 비판을 불러일으키면서 진행됐다.[355]

같은 시기 사무엘스도 "일본이 아무리 부유해져도 독립적인 군사력이 없다면 어떤 영향력도 위신도 갖지 못할 것이다."라고 주장한 가토 도모사부로加藤 友三郎의 정신을 이어받은 새로운 세대의 등장을 지적했다. 그는 이들의 등장으로 일본이 현실주의적인 관점에서 국익을 지켜야 할 것을 촉구하게 됐다고 지적한 바 있다.[356] 1960년대 이후 태어난 새로운 세대의 정치인은 자민당의 이시바 시게루石破 茂와 민주당의 마에하라 세이지前原 誠司 등이 있다. 이들은 2001년 12월에 당적을 뛰어넘어 '신세기의 안전보장체제를 확립하는 젊은 의원들의 모임新世紀の安全保障体制を確立する若手議員の会'을 결성했다.[357] 또한 로젠블루스Frances Rosenbluth 등은 이러한 일본의 내적 변화를 '차가운 민족주의cool nationalism'라고 묘사하면서, 일본이 변화하는 국제 정세에 적절하게 대응해야 한다는 일본인들의 의식이 반영된 현상이라고 평가했다.[358] 요컨대 포스트 냉전 시기와 일본 전후 세대의 자기의식selfawareness 변화는 단순히 비용 편익만을 고려한 것이 아니라 자국의 국제적 위상과 역할을 재고한 현실주의적 차원에서의 대응을 촉구하는 기제에서 비롯됐다고 할 수 있다.

오로스는 아베 총리 첫 집권기인 2006년부터 2016년까지를 '안보 르네상스 security renaissance' 시기로 분류한다. 당시 일본은 소수의 엘리트층뿐만 아니라 일본 사회 내부의 다양한 행위자들의 상호작용을 통해 안보 르네상스 시기로 진입했다고 평가받는다.[359] 이 시기 일본이 자국을 둘러싼 안보 환경의 변화를 인지할 만한 주요 사건은 2008년의 미국발 세계 경제위기, 2010년 중국이 경제 규모에서 일본을 추월한 상황, 2011년 발생한 동일본 대지진이다.

2008년 발생한 미국발 세계 경제위기는 미국 경기의 후퇴와 국제적 영향력의 쇠퇴를 초래한 사건이다. 이는 미·일 동맹을 근간으로 안보 전략을 설정하는 일본에 매우 큰 충격이었다. 다음으로 중국이 일본을 추월하여 G2의 반열에 올랐던 2010년은 중·일 관계가 악화일로로 치닫던 해이기도 하다. 2010년 9월 7일 센카쿠尖閣열도에서 중국인 선장이 일본 해경에 체포된 뒤, 일본에 대한 중국의 희토류 수출이 지연된 사건이 발생했다. 일본은 중국의 조치를 중국인 선장 체포에 대한 보복으로 간주하고 WTO 협정 위반이라고 항의했다. 하지만 중국은 환경보호를 위한 조치일 뿐이라고 응수했다.[360] 센카쿠−희토류 분쟁은 이전까지 사유지였던 센카쿠의 3개의 섬—우오쓰리 섬魚釣島, 기타코 섬北小島, 미나미코 섬南小島을 일본 정부가 국유화하는 계기가 됐다.[361] 마지막으로 동일본 대지진과 함께 발생한 후쿠시마 원자력발전소 사고는 발전주의적 국가developmental state의 표상으로 비치던 일본 원자력 산업의 신뢰가 대내외적으로 추락하게 된 사건이었다. 이 사건은 저비용으로 편승하는 무역 국가를 국가전략으로 삼은 일본에 엄청난 물리적·심리적인 상처를 남기게 되었다.

일련의 사건들이 연속적으로 발생하면서 일본은 국가전략의 근간이었던 미·일 동맹과 요시다 독트린, 발전주의적 국가와 같은 전후 냉전 시기의 타협적 현실주의 국가전략들을 비판적으로 돌이켜 보지 않을 수 없었다. 이런 중대한 국면에서 일본은 정권교체를 경험했는데, 바로 이때 자민당이 아닌 민주당이 집권했다는 점에 주목해야 한다. 민주당은 2009년 8월 30일 열린 중의원 선거에서 480석 중 308석을 획득하는 대승을 거두면서, 9월 16일에 하토야마 유키오鳩山由紀夫 내각을 출범한다.[362] 하지만 얼마 지나지 않아 오키나와沖縄의 후텐마普天間 미군

기지 이전 문제로 갈등이 불거지면서 하토야마는 재임 1년도 안 된 2010년 6월에 사임한다. 후임 총리로 간 나오토菅直人가 지명됐지만 간 정부 역시 동일본 대지진을 겪으며 크게 흔들렸고, 뒤이어 출범한 노다 요시히코野田佳彦 정부도 오래 가지 못했다. 결국 2012년 12월 개최한 총선에서 자민당이 다시 승리를 거머쥐면서 제2기 아베 정부가 출범한 것이다.

아베가 복귀했을 당시 일본이 처한 국제적인 상황은 크게 세 가지로 요약된다. 첫째 미국발 세계 경제위기, 둘째 미국의 정치적 지도력 쇠퇴와 중국의 급부상, 셋째 지역경제 블록화 현상이다. 아베 정부는 동일본 대지진으로 인한 피해 복구 문제 등 여러 심각한 문제들이 더해진 제2기에서 경제 재건을 최우선으로 하면서 미·일 동맹을 강화해 중국 포위망을 구축하는 전략을 수립했다. 그러나 아베 정권의 궁극적인 목표는, 헌법 개정을 통해 보통 국가화를 달성하는 이른바 '아베 유신'이었다고 할 수 있다.[363]

일본의 방위계획 대강防衛計画の大綱의 변화를 살펴보면, 일본이 2010년부터 세력 균형의 변화에 주목하며 동적 방위력 증진을 핵심적인 개념으로 꼽았다는 것이 눈에 띈다. 여기에 방위계획 대강이 재편되는 기간이 점점 짧아진다는 점도 주목할만하다. 첫 번째 방위 대강에서 두 번째 방위 대강 사이가 20년이라는 세월이 흘렀지만, 그 이후는 10년에서 5년, 그리고 3년으로 그 주기가 짧아진 것이다. 가장 최근의 방위계획 대강은 5년 뒤인 2018년에 발표했는데, 역대 일본의 방위계획 대강 변화는 〈표 5〉와 같이 정리할 수 있다.[364]

〈표 5〉 일본의 역대 방위계획 대강의 변화(1967~2013년)

구분	1976년	1995년	2004년	2010년	2013년
상위문서	국방의 기본방침(1957년 공표)				국가안전보장전략 (13년 발표)
안보환경	미-소 간 데탕트	냉전종결, 분쟁종식	테러, 탄도탄 등 新 위협	세력 균형 변화, 북핵 위협	북한 핵·미사일 위협, 중국 군사력 증강, 미국 아-태 재균형
핵심개념	기반적 방위력		동적 방위력		통합기동 방위력

자료: 조은일, "일본 방위계획 대강의 2018년 개정 배경과 주요 내용," p. 5.

세계질서 재편을 바라보는 일본의 인식

본 장은 일본이 바라보는 세계질서의 변화를 구체적으로 파악하기 위해 2018년 12월 18일 개최된 안전보장 회의(이하 NSC)[365]와 각료회의(이하 각의)의 결정에 따라 개정된 『2019년도 이후에 관한 방위계획의 대강에 대하여平成３１年度以降に係る防衛計画の大綱について(이하 2019년 방위 대강)』와 최근 외교청서를 살펴보고자 한다.[366]

먼저 5년 만에 다시 정립한 2019년 일본의 방위 대강은 총 7개 장으로 구성돼 있다. ① 책정의 취지, ② 일본을 둘러싼 안전보장 환경, ③ 일본 방위의 기본 방침, ④ 방위 강화의 우선 사항, ⑤ 자위대의 체제 등, ⑥ 방위력을 지지하는 요소, ⑦ 유의사항 등이다.[367] 여기서 세계질서 변화에 대한 일본의 인식을 파악할 수 있는 내용은 대체로 2장에 담겨 있다.

일본을 둘러싼 안보 환경의 변화는 국제사회의 상호의존성이 심화하는 한편 중국과 같은 새로운 세력이 급부상하여 힘의 균형이 깨지고 기존의 질서들이 불확실해진다는 것을 강조한다.[368] 이와 더불어 국제사회는 한 국가의 노력만으로 대응하기 힘든 새로운 도전과제들이 등장하고 있다는 점도 강조한다.[369] 같은 맥락에서 중국, 북한, 러시아로부터의 위협에 대해서도 각각 강조하고 있다. 중국에 대해서는 중국의 군사 동향이 투명하지 않기 때문에 주변 지역에 우려를 끼친다는 점을 비판적으로 기술하고 있다.[370] 북한에 대해서도 핵무기의 개발과 탄도미사일 관련 활동을 명백한 위협으로 간주한다.[371] 마찬가지로 러시아에 대해서도, 군사력의 현대화가 가속화될 뿐 아니라 세계 여러 지역에서 유럽ㆍ미국과 군사적으로 대립할 가능성이 커진다는 점을 강조하고 있다.[372]

이러한 문제의식에서 일본은 적극적인 평화주의 관점에서 미ㆍ일 동맹을 중심으로 각국과의 협력 관계를 확대ㆍ심화하기 위해 노력하고 있다. 또 국가안보 전략의 토대 위에서 자국의 외교력, 방위력 등을 강화하되 타국에 위협이 될 만한 군사 대국이 되지 않을 것을 기본방침으로 문민 통치를 확고히 한다. 여기에 '비핵 3원칙'[373]을 준수했다는 사실을 긍정적으로 평가하면서 앞으로도 이러한 기본 방침 아래 평화 국가를 지향할 것을 밝혔다. 다만 새로운 도전들에 대해 적극적이면서도 전략적으로 대처해 나가겠다고 덧붙였다.[374]

2021년 4월 발행한 2021년 일본의 외교청서는 총 5개의 장으로 구성되어 있다.[375] ① 2020년의 국제 정세와 일본 외교의 전망, ② 지역별로 본 외교, ③ 국익과 세계 전체의 이익을 증진하는 경제외교, ④ 국제사회에서 존재감을 높이는 일본, ⑤ 국민과 함께 하는 외교 등이다. 2021년의 외교청서에 나타난 일본의 세계 정세에 대한 관련 인식은 다음과 같다.

2021년 외교청서는 2020년 발생한 코로나19 팬데믹으로 인한 국제 정세의 변화를 중요한 화두로 삼고 있다. 모테기 도시미츠茂木 敏充 외무대신은 권두언을 비롯해 권두 특집으로 일본의 코로나19에 대한 대응을 다루고 있다. 모테기 외무대신의 권두언은 인간안보에 대한 새로운 위협이나 기존의 세계질서를 흔드는 도전들 그리고 새로운 영역에서 빠르게 변화하는 안보 상황의 변화 가운데 일본이 자유롭고 공정한 질서와 규칙을 구축하는 데 더 적극적으로 역할을 하겠다는 의지를 담고 있다.[376] 세계정세의 변화에 대한 총론적인 입장에 관한 기술에서도 코로나 상황으로 인해 한 시대의 획을 긋는 변화를 겪는다는 것을 강조하고, 힘의 균형이 흔들리는 가운데 경제 안전보장 등과 같은 새롭고 광범위한 차원의 도전에 직면할 것이라는 문제의식도 담고 있다.[377]

현재 일본은 중장기적인 측면에서 중요한 국제 정세의 변화를 네 가지 이슈로 꼽고 있다. ① 힘의 균형의 변화, ② 위협의 다양화와 복잡화, ③ 세계 경제의 보호주의 확산과 이로 인한 경제 마찰의 증가, ④ 지구 규모 과제들의 심각화가 그것이다. 일본이 꼽은 네 가지 이슈는 2016년의 정세를 담은 2017년 외교청서에서부터 매년 등장하고 있다. 일본이 코로나19 팬데믹 사태를 추가한 것을 빼면 큰 틀에서 일관된 입장을 5년 동안 유지했다는 사실을 알 수 있다.

그러나 2015년의 정세를 담은 2016년 외교청서에서는 ①, ②, ④ 현상에 대한 문제의식이 같지만 세계 경제에 관한 기술은 다르게 나타난다. 세계 경제에 대해 2016년 외교청서는 세계화의 진전과 함께 세계적인 공급망과 금융 시스템의 발달로 상호의존이 어느 때보다도 더해진다고 강조한다.[378] 따라서 미국 우선주의의 기치를 내걸고 보호주의 정책으로 중국과 무역 갈등을 본격화한 트럼프 정부가 출범한 시점에서 일본은 세계 경제 인식 변화가 나타났다고 분석할 수 있다.

동아시아의 안전보장 환경에 대해서 2021년 외교청서는 ① 북한의 핵 및 미사일 개발, ② 중국의 투명하지 않은 군사력 강화와 일방적인 현상 변경 시도를 가장 심각한 문제로 보고 있다. 특히 미·중 관계에 대해서는, 미·중이 세계 1, 2위를 차지하는 경제 대국이니만큼 양국의 안정적인 관계 구축이 일본을 비롯한 국제사회 전체를 아우르는 문제라고 언급했다. 다른 한편으로는 근래 들어 중국이 경제뿐 아니라 군사·안보·외교를 비롯한 다양한 분야에서 그 존재감을 발휘하는 것에 대해 경계하는 태도를 드러내고 있다. 같은 맥락에서 일본은 "향후 세계질서의 변화 과정에서 일본이 다자주의 존중, 안전보장이나 경제 측면에서 자유롭고도 공정한 질서, 규칙의 구축을 추구하는 가운데 주도적인 역할을 해야 한다."라고 외교 전망을 제시하였다.[379]

아울러 일본은 국익의 증진을 위해 7가지를 중심으로 외교를 펼쳐나간다는 계획이다. ① 외교 및 안전보장의 기축인 미·일 동맹의 강화, ② 자유롭게 열린 인도−태평양 전략, ③ 중국, 한국, 러시아와 같은 이웃 국가들과의 외교, ④ 북한을 둘러싼 여러 현안 대응, ⑤ 중동 정세에의 대응, ⑥ 새로운 규칙의 수립을 위한 국제적 노력을 주도, ⑦ 지구 규모 과제에의 대응 등이다.

이를 종합하여 2019년 방위 대강과 2021년 외교청서 등을 통해 드러난 일본의 세계질서 변화에 대한 시각은 크게 두 가지 변수로 압축할 수 있다. 첫째, 중국의 급부상과 형상 변경으로 인해 지역 내 힘이 불균형적이다. 둘째, 전통적 안보가 여전히 위협적인데다 신흥안보가 대두함으로써 불확실성이 증가했다. 일본은 이 두 가지를 외부의 위협으로 상정하고 기존의 전략·방식으로는 국익을 실현할 수 없다는 위기감을 드러낸다. 이러한 일본의 인식은 일본의 국가전략과 대응에 따른 방법론이 변화할 수밖에 없다는 논리와 이로써 국제적인 다자 공조가 필요하다는 강조로 귀결된다.

일본의 동아시아 전략

일본은 자유민주주의 체제 국가로 입헌 내각제의 정치 구도 안에서 다양한 입장들이 공존한다. 하지만 현실적으로는 아베 총리의 장기 집권을 전후로 일본의 국가전략과 외교정책을 분석하는 것이 타당할 것이다. 아베 정권은 7년 9개월(2012.12.26.~2020.9.16.) 동안 집권하면서 일본 역사에서 최장 임기의 내각총리대신으로 기록됐다. 그 기간에 아베가 남긴 일본 외교의 발자취는 매우 크다. 그런데 2020년 9월, 아베 총리가 건강을 내세워 사임하면서 스가 요시히데菅義偉 전 관방장관이 아베 정부의 뒤를 이었다. 곧이어 도쿄 올림픽이 끝난 9월 초, 스가 총리가 자민당 총재선거에 불출마를 결정하면서 차기 총리직을 포기했다. 스가 정부는 재임 기간이 짧았을 뿐 아니라 외교정책에서도 신념 등을 표출하지 않아 아베 정부를 계승했다고 이해해도 무방할 것이다.

일본 내에는 여러 국가전략이 공존하고 있다. 박영준은 사무엘스의 연구를 토대로 현실에서 공존하는 일본의 여러 입장을 다음과 같이 정리하고 있다. '평화주의pacifist'는 기존 평화헌법을 존중하자는 사회당과 공산당에 의해 여전히 견지되고 있다. 안보 상황 변화에 대응하여 안보 체제를 강화하고자 하는 '보통국가론normal nationalist'은 아베 총리를 주축으로 추구하였다. 미국과의 동맹에 대해서 자율성을 가지면서 일본의 무력 사용 범위를 확대할 것을 주장하는 극우 성향의 '신자치주의neo-autonomist'가 존재한다. 이와는 대조적으로 경제력이나 과학기술력을 활용하여 일본의 국제적인 영향력을 증진하려는 '중견국 국제주의'도 나란히 공존한다.[380]

사무엘스는 아베가 '보통국가론'을 처음 개념화한 오자와 이치로, 그리고 고이즈미 준이치로小泉純一郎 전 총리의 맥을 잇는 정치인이라고 보았다.[381] 반면 박영준은 아베 총리나 그 측근들은 평화헌법 자체를 일본의 자주적인 결정에 의한 것이 아니라, 패전 후 미군정에 의해 주어진 일종의 부負의 유산으로 보아 헌법 개정에 대한 강한 의지를 갖고 있다고 강조한다.[382] 아베 정권의 궁극적인 목표는 경제지표의 개선 등을 대중 지지를 위한 방편으로 삼으면서 '보통국가론'에 입각하여 헌법을 개정하는 것이다.[383]

보통 국가론자에 해당하는 아베 집권 시기 일본의 국가전략은 다음과 같은 특징을 갖는다. 첫째, 아베 시대의 일본은 국익이라는 관점에서 국가전략을 보다 주도적으로 입안하고 실행하는 데 주안점을 두고 '적극적 평화주의proactive pacifism'와 같은 전략적 행보를 보였다는 점이다. 둘째, 아베 시대의 일본은 자국의 국제적 위상을 높게 설정하고 '인도−태평양 전략' 같은 확대 지향적인 전략을 펼쳤다는 것이다. 셋째, 아베 시대의 일본의 국가전략은 다양한 분야를 아우르며 보다 종합적이며 일관된 방향을 추구했다는 점이다. 넷째, 아베 시대의 일본은 국가전략을 단순히 선언하는 수준에 머물지 않았다. 이를 위한 법제적 기반을 마련하는 등 보수세력의 장기 집권과 정권 연장마저 염두에 둔 행보를 보였다. 이런 행보는 헌법 개정 같은 부분에까지 담론을 과감하게 확장하였다는 것이다.[384] 또 아베 시대 일본의 안보 정책은 집단 자위권의 재해석, 미일 방위협력지침 개정, 평화헌법의 개정으로 집약된다고 지적하면서 이러한 아베 정권의 안보 정책은 북한의 연이은 도발이라는 외부변수를 활용하여 더욱 공고히

다져졌다.[385]

　이렇게 외부 요인을 활용하여 궁극적인 목표에 다다르고자 하는 아베의 외교는 '유도'에 비유할 수 있다. 아베는 중국의 부상과 북한의 핵 · 미사일 개발을 대의명분 삼아 트럼프 정부의 재균형 전략에 스스로 천명했던 '자유롭고 열린 인도-태평양 전략Free and Open Indo-Pacific strategy(이하 FOIP)'을 투사했다. 이는 일본이 미국의 힘과 그 국가전략의 변화 상황을 이용하여 미국의 국가전략과 일본의 국가전략을 일치시키는 행태를 보인 것으로 분석할 수 있다.[386] 본래 아베의 구상이자 전략인 FOIP를 미국이 자국의 국가전략으로 내걸고, 일본이 미국의 요구에 반응하는 듯한 모양새를 취하려고 FOIP의 중요성을 강조하는 모습은 흥미롭지 않을 수 없다. 2021년 외교청서는 "일본이 제창한 '자유롭고 열린 인도 · 태평양'은 이제는 미국, 호주, 인도, ASEAN, 유럽의 주요국과도 공유되고 협의 · 협력이 진행 중"이라며, FOIP 구상 실현을 위한 아베 정부의 역할을 강조하고 있다.[387]

　이러한 대전략 아래 아베 시대의 일본의 동아시아 전략은 중국과 북한으로부터의 위협을 극대화함으로써 미국을 중심으로 대중 견제 네트워크에 합류하는 것으로 가닥을 잡았다고 할 수 있다. 또 이와 같은 일본의 동아시아 전략은 트럼프 정부가 바이든 정부로, 그리고 아베 정부에서 스가 정부로 교체한 뒤에도 일관되게 적용되고 있을 뿐 아니라 오히려 강화되는 모습을 보였다. 트럼프 정부는 미국 우선주의로 동맹국과도 마찰과 갈등을 빚었다. 하지만 바이든 정부가 들어서면서 동맹과의 연대를 재강조하고, 미국 · 일본 · 인도 · 오스트레일리아가 모인 4자 협의체인 '쿼드Quad' 구성에도 가시화했다. 일본은 스가 총리 임기 종료를 단 며칠 앞둔 상황에서도 미국을 방문해 최초의 쿼드 대면 정상회담을 추진하는 등 미국의 전략 변화에 적극적으로 반응하는 모습을 보였다.[388]

　상대적으로 일본에 한국의 전략적 가치는 상당히 모호해진 측면이 있다. 일본이 남북관계 개선과 북핵 문제 해결을 상호 보완적으로 보기 때문에 선순환 구조를 만들려는 문재인 정부의 '한반도 평화 프로세스'[389]는 아베 시대의 동아시아 전략과 근본적으로 상충한다. 북한으로부터의 위협은 아베 시대의 동아시아 전략을 공고히 하는 데 활용할 가치가 높기 때문이다. 이러한 인식은 "북한에 의한 모든 대량파괴무기 및 모든 사정거리의 탄도미사일의 완전한, 검증 가능한, 그리고 불가역적인 폐기를 위해서 국제사회가 일치단결하여 안보리 결의를 이행하는 것이 중요하다."라는 2021년 외교청서에도 확인할 수 있다.[390] 즉, 일본과 한국의 동아시아 전략의 비동조화decoupling가 나타난 것이다. 이는 아베 시대 일본의 대전략이 해양 국가로서의 지정학적 위치를 전면에 내세워 대륙 국가와의 대치를 결정한 것과 연관된다.

다만 일본 내에는 아베-스가 정부에 대한 국민적 반감 내지는 피로감이 상당히 쌓인 것으로 확인된다.[391] 아베-스가 정부가 추진한 헌법 개정에 대해서도 일본 내 공감대가 형성되지 않은 모습이다.[392] 일본의 헌법 개정은 개정안이 중의원과 참의원에서 각각 전체 의원 3분의 2 이상의 동의를 받아 발의되고, 국민투표에서 50% 이상 찬성해야 이뤄질 수 있다.[393] 따라서 일본이 추구하는 동아시아 전략을 추진하기 위해 헌법을 개정하고자 한다면, 국민적 공감대를 마련하기 위한 여정이 길 것으로 예측된다. 따라서 2021년 9월 29일 자민당 총재선거에서 아베 신조와 자민당 내 주류 보수세력의 지원을 얻은 기시다 후미오岸田文雄가 승리하여 100대 총리로 취임한 것은 시사하는 바가 크다. 특히 기시다가 '적 기지 공격론' 논의를 본격화하였다는 점에 주목할 필요가 있다. 기시다는 이번 자민당 총재선거를 통해 일본의 미사일 방어 능력 강화 차원에서 적 기지에 대한 공격 능력을 보유하겠다는 의견을 피력했다. 이는 향후 상황이 어떻게 바뀌느냐에 따라 일본의 안보 정책에 중요한 변화를 초래할 수 있는 부분이다.[394]

문제는 일본 국가전략 및 안보 정책의 전환에서 가장 큰 명분을 제공하는 것이 중국과 북한으로부터 제기되는 외부 위협이라는 것이다. 그리고 일본은 자신들의 목소리뿐 아니라 워싱턴의 여론 주도자들을 통해 적극적으로 발신하고 있다. 예를 들면, 아미티지Armitage와 나이Nye 등이 2020년 12월에 내놓은 보고서에서도 중국과 북한을 지역 안보에 핵심적인 도전과제로 명시하고[395] 이를 근거로 미·일 동맹의 적극적인 변화를 주장하고 있다. 특히 일본과 중국의 관계는 경제적인 상호의존성 때문에 복잡한 데 반해, 북한으로부터의 위협은 더욱 직접적이고 가시 효과가 크기 때문에 북한의 도발은 일본 내의 개헌논의를 앞당기는 데 이바지했다고 분석할 수 있다. 앞으로도 북한의 도발이 있을 때마다 자민당의 개헌 논의는 한 발짝씩 더 진전하게 될 것을 예측해 볼 수 있다.

한국에 주는 시사점

일본은 현재의 세계질서 변화가 힘의 불균형과 위협 요소가 복잡하게 얽힌 문제하고 인식하고 있다. 이러한 인식하에 일본은 기존의 안보 전략으로는 대응하기가 매우 부족하다는 공감대를 확산시켜 왔다. 일본의 자민당 정권은 아베 시대를 관통하는 미·일 동맹을 중심축으로 다자간의 협력체제를 공고히 하겠다는 방향성을 국가전략으로 세웠다. 이러한 외부적 요인을 헌법을 개정하는 논리와 근거로 활용했다는 점은 확인할 수 있다.

일본의 대한반도 정책은 한국·북한에 대한 정책으로 구분할 수 있다. 일본의 대한국 정책은 강제노역 피해자, 종군위안부 피해자, 전쟁범죄 피해자의 문제들과 독도의 영유권 주장 그리고 무역 분쟁 등이 외교와 관련한 주요 현안으로 꼽는다. 일본의 대북한 정책은 북한의 핵·미사일 개발이 가장 큰 문제이면서, 납북자 문제도 정치적으로 엄중한 사안으로 다루고 있다. 일본은 북한의 위협 요소들이 제거되지 않은 상태에서 남북관계가 개선된다면 일본의 역할이 축소되므로 국익에 도움이 되지 않는다고 판단한다. 한·일 관계에서 반복되는 역사문제 역시 새로운 질서가 재편되는 시기에 일본의 전략을 저해할 거라고 인식한다.

특히 한국의 높아진 국제적 위상은 수정주의적 보통 국가화를 지향하는 일본의 자민당 정권에 도전적 요인으로 인식될 수 있다. 한국의 부상은 동아시아에서 일본의 지정학적 존재감과 그 전략적 가치를 상쇄시키는 측면이 있다는 것이다. 이는 향후 일본 정부가 표면적으로는 중국과 북한의 위협으로부터 동아시아의 질서를 회복하는 데 한·미·일 파트너십을 강조하지만, 내부적으로는 한국을 건너뛰는 양면 전술을 선택할 가능성을 의미한다. 이러한 일본의 태도는 한국 정부의 한반도 평화 프로세스에 부정적인 요소로 작동할 수 있다.[396]

이러한 상황에서 한국은 현실적인 전략 선택에 집중할 필요가 있다. 한국과 일본은 인적·물적 교류가 활발함으로써 경제적 상호의존성이 높은 편이다. 또 미국이 한·미·일 3각 협력을 통해 대중 견제를 추진하는 현재 상황에서 한국이 일본을 제외한다면 스스로 전략적 입지를 좁히는 결과를 낳을 수 있다. 따라서 한국은 일본의 동아시아 전략과 한반도 평화 프로세스가 상충하거나 양립할 수 없는 전략이 아니라는 점을 강조해야 한다. 또 일본의 대중 인식과 북한 문제를 분리해서 바라보고, 북한과의 공존이 일본의 안보는 물론이고 역내 평화에도 이바지할 수 있다고 부각해야 한다. 즉, 세계질서를 재편하는 과정에서 한국과 일본이 경쟁자가 아니라 상호 보완적인 파트너 관계라는 점을 상기시킬 필요가 있다.

[4장] 세계질서 재편과 유럽의 딜레마

두 개의 유럽과 세계질서 ▫

유럽에 관한 논의는 '두 개의 유럽'을 어떻게 정의하고 분류할 것인지에 대한 어려움이 있다. 유럽은 독일·프랑스·영국·이탈리아와 같은 개별국가의 총합으로 이루어졌다. 우리가 익히 알고 있는 그 유럽은, 유럽통합의 정치제도로서 EU$^{European Union}$ 유럽공동체라는 새로운 형태의 국제 정치질서 행위자에 속한다. 따라서 이번 장에서는 두 개의 유럽을 구분하고, 국제 정치경제 질서를 유럽통합과 개별국가로 구분하여 외교 안보와 정치경제 그리고 코로나19와 미·중의 신냉전 구도를 중심으로 논의하고자 한다.

이러한 이론적 기초를 토대로 다음의 내용을 서술하고자 한다. 첫째, 유럽통합의 발전 과정과 이를 뒷받침하는 주류 이론을 소개한다. 둘째, 유럽의 공동외교와 안보 정책에 기반한 유럽중심주의와 대서양주의를 국제 분쟁에 나선 입장과 행위를 통해 고찰한다. 셋째, 2008년 글로벌 경제위기 이후 신자유주의 체제를 거치면서 유럽통합을 균열시킨 브렉시트의 과정·결과 등을 미국과 연계하여 서술한다. 넷째, 유럽 개별국가들과 EU의 견해차가 드러낸 주요 이슈들을 조망한다. 즉, 이민·난민의 정책과 유럽 회의주의(유럽통합에 대한 회의와 부정적인 견해를 취하는 원칙과 이념)를 바탕으로 서술한 유럽통합의 위기와 선택에 대한 조망이다. 다섯째, 코로나19 이후 유럽과 EU의 정책 등을 토대로 4차 산업혁명과 포스트 코로나 시대의 진행 과정을 분석·전망한다. 여섯째, 미·중 구도로 이루어진 현재의 신냉전 체제를 바라보는 유럽의 주요 국가들과 EU의 입장과 방향성을 바이든

제3부 세계질서를 바라보는 주요국의 시각과 대응　137

정부가 탄생한 전후 상황을 고려하여 살펴본다. 일곱째, 지금까지의 논의를 종합하여 유럽의 통합정책과 국제질서가 한반도에 미치는 영향에 대한 시사점과 함의를 도출한다.

위의 7가지 연구 목적을 달성하고자 다음과 같이 3가지 차원으로 나눠 논의를 진행한다. 첫 번째, 도입부로 유럽의 의미를 고찰하면서 전체적인 서술 내용을 기준과 원칙에 따라 제시한다. 두 개의 유럽이 전개되는 과정과 EU의 발전 과정에서의 전환점 등을 간략하게 기술한다. 두 번째, 글의 주제와 관련한 이론적 논의와 분석 틀을 활용하여 유럽의 국내외 전략과 정책의 주요한 요인들인 외교·안보·통상·무역과 이민·난민 그리고 포퓰리즘, 반유럽 통합주의와 유럽 회의주의, 제4차 산업혁명, 코로나19, 미·중 구도의 신냉전 체제 등을 기술한다. 세 번째, 유럽의 역사적 사례가 한반도에 주는 의미와 시사점을 도출한다. 즉, 분단과 통일에 대한 기존의 논리를 새로운 한반도 체제로 전환하는데 필요한 유럽의 이론적 논의와 방법론이 한반도의 미래에 주는 시사점에 대한 고찰이다.

EU의 발전 과정과 쟁점

EU의 발전 과정에 따른 서술적 주체와 대상에 관한 논의는 그 자체로 의미가 있다. 향후 한반도 체제의 통합모델이 될 가능성에서 특히 그렇다. 따라서 유럽의 통합 과정에서 작동한 주요 기제와 구조 등을 살펴보면, 현재의 세계질서를 바라보는 EU의 관점이나 방향성을 알아챌 수 있다. 이로써 한반도의 미래를 전망할 수 있는 것이다. 이를 위해 EU 통합 과정의 역사를 외교·안보 영역과 정치·경제·사회·문화 영역으로 나누어 주요 제도와 정책의 측면을 살펴보고자 한다. 아래의 〈그림 6〉은 유럽통합 회원국의 확대 과정을 나타낸 것이다. 1992년 마스트리히트 조약부터 2013년 동유럽 국가들로까지 확대되는 과정을 보여 준다. 현재 영국의 탈퇴가 확정된 상태지만 여전히 고려해야 할 요소가 많으므로 영국을 논의에 포함하기로 한다.

〈그림 6〉 EU 회원국 확대 과정

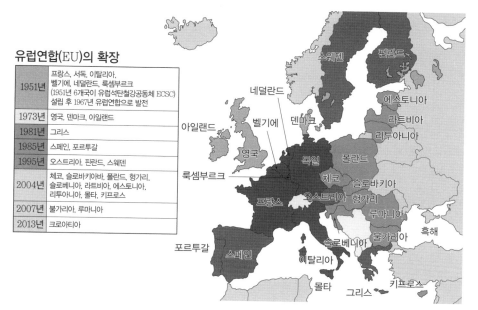

유럽연합(EU)의 확장

1951년	프랑스, 서독, 이탈리아, 벨기에, 네덜란드, 룩셈부르크 (1951년 6개국이 유럽석탄철강공동체 ECSC) 설립 후 1967년 유럽연합으로 발전
1973년	영국, 덴마크, 아일랜드
1981년	그리스
1985년	스페인, 포르투갈
1995년	오스트리아, 핀란드, 스웨덴
2004년	체코, 슬로바키아바, 폴란드, 헝가리, 슬로베니아, 라트비아, 에스토니아, 리투아니아, 몰타, 키프로스
2007년	불가리아, 루마니아
2013년	크로아티아

자료: https://www.donga.com/news/article/all/20131101/58608758/1.(검색일: 2021. 10. 26.)

　　이 글의 주요 서술 범위와 대상은 유럽연합의 형성·심화·확대에 대한 과정이다. 이러한 과정에서 발생한 주요 이슈를 토대로 살펴볼 것이다. 현재 EU는 세계에서 가장 높은 수준의 경제·정치 통합을 이룩한 지역공동체로 평가받는다. 경제통합의 이론을 바탕으로 ECSC→EEC→EC→EU로 발전한 EU의 경제통합은 끝내 영국이 브렉시트에서 탈퇴하는 상황을 발생시켰다. 그런데도 향후 EU의 경제통합 수준은 더욱 강화할 거라는 전망이 지배적이다.

　　EU는 제2차 세계대전 이후 냉전체제를 주도한 미국의 대유럽 정책으로부터 출발했다. 이런 배경에서 EU가 경제통합을 이뤄냈다는 점에서 주목할 필요가 있다. 경제 분야에서 EU가 단일시장을 설립하고 EU 차원에서 산업구조의 조정을 가능하게 한 1957년 로마조약이 특별한 이유가 여기에 있다. 유럽은 로마조약을 통해서 회원국 간의 활발한 교역을 위해 관세의 장벽을 허물었다. 1986년에 조인되어 1987년에 발효한 단일유럽 의정서Single European Act에 기반해 비관세장벽을 제거함으로써 유럽공동체를 구축한 것이다.

　　단일유럽 의정서에 따라 각종 규제를 철폐하고, 그에 따른 국내 입법을 시행하느라 예정보다 1년이 늦은 1993년 1월 1일에 역내 단일시장을 성립했다. 이후

EU는 경쟁력이 강한 기업부터 산업의 구조조정을 시작했다. EU 차원에서 진행된 관세장벽과 비관세장벽의 철폐는 상품과 서비스의 자유로운 이동뿐 아니라 노동과 자본 등의 생산 요소들도 자유롭게 이동하는 단일시장으로 완성되었다. EU의 내부적 기업과 EU의 외부적 회원국들 모두 동등한 대우를 받는 경제적 효과를 발생시킨 것이다.

EU의 단일시장에 대한 논의는, 향후 한반도에서 국가연합체가 진행되는 과정에서 시장을 통합할 때 발생 가능한 다양한 문제점에 관한 모범적 사례를 제공할 수 있다. EU가 로마조약에 기반해 역외국에 대한 무역정책을 공동체적으로 관리할 수 있도록 한 부분도 모범적 사례가 될 수 있다. 이는 2006년 이후 양자 간의 무역협정(FTA, 관세동맹 등)을 적극적으로 추진할 수 있는 기반이 되었다. 또한 거대 경제권에서 역외국과 양자 간의 무역협정을 활발하게 맺을 수 있는 지역공동체로 자리매김하였다. 이를 바탕으로 한국도 2019년 일본과 경제동반자 협정FTA을 맺은 바 있다. 관세동맹 운영과 무역협정 체결에 대한 EU의 경험은, 국가연합의 역내 무역장벽의 철폐와 역외국과의 무역협정 운영에서 비법을 전수할 수 있다.

그러나 발전 과정에서의 문제점도 다수 발견된다. 가장 먼저 발생한 문제는 EU의 예산 집행과 공동농업 보조금 지급과 관련한 회원국 간의 갈등이다. EU는 유럽경제공동체를 창립할 무렵, 독일이나 베네룩스와 비교할 때 산업경쟁력에서 훨씬 뒤처졌다. 이런 이유로 프랑스에 성과적인 보수를 지급할 목적으로 공동 농업정책Common Agricultural Policy을 추진한 것이다. 그런데 공동 농업정책 예산이 오랫동안 가장 큰 비중을 차지한 탓에 상대적으로 농업 부문의 비중이 현저하게 줄어들고 말았다. 이로 인해 영국의 반발과 갈등을 불러일으켜 브렉시트를 발생시킨 것이다. 연이은 회원국들의 반발로 공동 농업정책의 예산 비중은 점차 축소되고 있다. 그런데도 이 제도는 국가연합을 창설할 때 산업경쟁력이 약한 국가의 참여를 적극적으로 권장하는 유인정책이 될 수 있다는 전략적 함의를 지닌다.

EU의 경제정책과 제도에서 가장 높이 평가받는 것이 단일통화 제도이다. EU는 단일통화로써 유로화를 도입하여 역내 경제교류에서 발생하는 거래 비용과 환율 차이로 인한 불확실성을 제거했다. 하지만 동시에 단일통화 정책의 문제점들이 속속 지적되었는데, 회원국들의 거시경제적 환경을 개별적으로 고려할 수 없다는 통화정책에 대한 지적이다. 즉, 불경기 지역과 경기과열 지역들을 차별적으로 대응해야 하는 통화정책을 사용할 수 없다는 문제점이다. 이어 경제위기를 겪는 국가가 수출을 증대시키기 위해 자국의 통화를 평가절하하는 방법을 선택할 수 없다는 문제점도 제기됐다. 결국 EU의 재정위기가 원인으로 작동했는데도 불구하고 유럽이 재정위기를 극복할 때, 거시경제 환경이 다른 국가 간의 통합에서 발생할 수 있는 문제에 해결책을 제시한다는 것이다.

단일통화 제도에 더하여 덧붙일 수 분야는 조세제도 영역이다. EU의 조세정책은 회원국들의 권한에 속하는 영역이다. 이런 이유로 법인세가 낮은 아일랜드에 다국적기업인 유럽 본사가 집중적으로 들어서는 현상이 발생했다. 이러한 현상에 법인세가 높은 프랑스 등의 회원국들이 반발하고, EU 차원에서 조세정책의 조정·조율의 필요성이 제기되고 있다. 그러나 회원국들의 이해관계가 충돌하여 적절한 합의가 이뤄지지 않고 있다. 여기에서의 교훈은 경제통합을 이루는 과정에서 조세정책이 한 국가에 집중적으로 치우친다면 다른 회원국에 부정적인 영향을 끼칠 수 있다는 사실이다.

EU의 경제·통상 분야에 이어 주목할만한 분야는 외교·안보의 영역이다. EU는 1970년 "유럽 정치협력EPC: European Political Cooperation"을 수립하여 회원국들의 정부와 외교정책을 공동으로 협력할 수 있는 기초를 마련했다. 이후 단일유럽의정서를 통해 유럽 정치협력으로 제도화되었고, 1992년 마스트리히트 조약은 EU 대외정책의 "공동외교 안보 정책Common Foreign and Security Policy"의 근간이 되었다. 여기서 유럽의 공동외교 안보 정책의 발전 과정을 살펴볼 필요가 있다. 그 이유는 EU 안에서 존재하는 두 개의 외교 안보 정책에 대한 방향성 때문이다.

EU 회원국은 자격 여부에 따라 NATO 회원국과 비−NATO 회원국으로 분류된다. 미국이 주도하는 NATO와 별개로 EU는 1948년 브뤼셀조약에 따라 서유럽동맹 WEU를 창설하고, 1954년 냉전 시기에 이탈리아를 회원국으로 추가하면서 유럽 국가들의 공동방위를 목적으로 활동했다. 두 개의 안보 공동기구가 대외정책에 대한 이견과 갈등을 시작한 계기는 1998년 코소보 사태를 대하는 방식과 견해차에서 비롯되었다. 코소보 공습 이후 유럽이 주체가 되어 독자 방위론을 주장했고, 2003년 이라크 전쟁이 결정적인 원인을 제공했기 때문이다. 2007년 리스본조약이 체결되면서 2008년 12월 EU가 서유럽동맹의 안보·방위 역할을 대신할 군사 기구를 만들면서 WEU는 소멸했다. 이러한 전개에 불을 지핀 이라크 전쟁은 NATO 조약이 규정하는 제5조 항목을 두고 발생했다. NATO 조약의 제5

조 항목은 회원국이 공격을 받으면 다른 회원국이 자동으로 개입한다는 규정이었다. 당시 이라크 전쟁에 국제사회의 승인이 없었던 까닭에 NATO 회원국들의 논란거리가 되었다.

리스본조약으로 창설된 EEAS^{European External Action Service}가 유럽의 대외적인 외교 안보 정책을 총괄하는 역할을 하였다. 이는 유럽 특유의 공동안보 방위 정책CSDP으로 발전하였는데, 대서양주의에 기반한 NATO와 유럽중심주의에 기반한 EU 차원의 공동방위 안보 정책이 협력·공존하게 되었다. 이렇듯 유럽의 공동안보 정책을 진행하면서 미국과의 갈등을 부각한 사례는 EU의 갈릴레오 프로젝트이다. 갈릴레오 프로젝트는 EU가 미국의 군사위성 신호를 활용하는 위성항법 시스템 GPS와는 별도로 자체 위성항법 시스템을 구축하는 프로젝트이다. 프로젝트의 진행 과정에서 위성 신호의 간섭 현상과 미국의 위성항법 시스템의 독점권이 사라진다는 우려로 인해 미국과 EU는 갈등을 피하기가 어려웠다. 이 사례는 국가연합체를 구축할 때 독립된 안보 주체가 확립될 수 있다는 사실을 알게 해준다.

EU는 비전통 안보 요인에 대한 문제들도 공통으로 해결할 수 있는 중요한 사례를 제공한다. 대표적 요일들에 관한 정책은, 테러에 대처하는 방식과 정책, 국경 철폐를 결정한 셍겐 조약의 체결, 이민과 난민 문제에 대한 공동 대응 등이다. EU는 셍겐 조약으로 내부국경에 대한 통제를 없애는 대신 공동의 역외국경 통제를 강화하기로 했다. 하지만 회원국 간의 이견과 외부국경을 담당하는 국가들이 EU 내에서 저발전·저소득 국가라는 현실적인 어려움으로 효율적인 통제가 불가능한 상황이 발생했다. 더욱이 2005년 이후부터 중동과 북아프리카에서 난민들이 쏟아져 들어오면서 갈등이 고조되었다. 유입된 난민과 이민자들이 고소득 국가이면서 국경이동이 자유로운 셍겐 지역에 몰리면서 EU 회원국 간의 갈등이 첨예화되었다. 갈등을 해결하기 위해 유럽 회원국들이 할당제를 시행하는 등 국경 통제 정책을 폈지만, 여전히 국경 통제를 두고 갈등을 지속하고 있다.

EU는 대러시아 정책에서도 이견들이 상호 충돌하고 있다. 군사 영역이 아닌 에너지 관련 분야인데도 그렇다. EU는 석유와 천연가스 등의 화석연료를 러시아에서 가장 많이 수입하고 있다. 그런데 최근 러시아의 대외정책과 연계한 갈등이 두드러지고 있다. 러시아와 우크라이나의 가스 분쟁이 대표적인 사례가 된다.

EU가 러시아의 크림반도를 점령한 후부터 다양한 제재를 가하면서 이해 당사국
들의 이견과 갈등이 노골화된 것이다. 특히 '노드 스트림' 가스관을 운용하는 독
일과 같은 EU 회원국들이 러시아에 대한 강력한 제재를 바라지 않으므로 갈등의
소지는 여전히 남아 있다고 볼 수 있다.

　　EU의 경제정책과 공동안보 정책은 통합체의 주요한 작동 기제로 볼 수 있는
영역이다. 하지만 EU 내부의 정치적인 제도·분야도 중요한 시사점을 갖기는 마
찬가지다. 이를 위해 먼저 살펴볼 사항은, EU에 속한 의사결정에 따른 기구들이
다. 유럽이사회, 집행위원회, 각료이사회, 유럽의회 등의 주요 기구와 운영 원리
는 유럽연합을 이해하고, 국가연합체 모델을 구축하는데 필수적인 전제 요건이
다. 아래의 〈그림 7〉은 EU의 주요 기구들의 구조이다.

〈그림 7〉 EU의 주요 기구와 구조

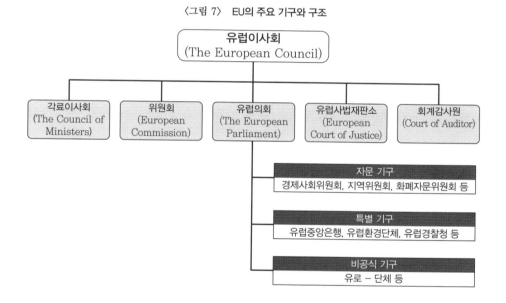

　　EU의 정치적 공동체 성격을 완성한 조약은 리스본조약이다. 리스본조약은
복잡했던 EU의 입법 절차(예를 들어, Co-decision, Consultation 등)를 일반입법 절차
와 특별입법 절차로 단순화함으로써 통치구조의 효율성을 높였다. EU의 일반입
법 절차의 기본적 틀은, 유럽 집행위원회가 제출한 입법적 행위에 대해 유럽의회
와 이사회가 공동으로 채택하는 구조이다. 여기에 각료이사회에서 만장일치로
결정한 유럽의회와의 협의consultation와 동의consent를 내용으로 갖는 특별입법 절

차가 있다. 특별입법 절차는 주로 조세(TFEU 제113조), 사회보장 관련 조치 및 시민 이민자의 사회 보호 조항 등에 적용되는 입법과정으로 이해할 수 있다. 여기에 '보조성의 원칙Principle of Subsidiarity'이 더해지는데, 이것은 유럽연합과 회원국들이 목적을 달성하기 위해서는 개별적 차원보다는 공동체적 대응이 더 효과적이라고 판단될 때 정책을 추진한다는 의미이다. '보조성의 원칙'에 따라 유럽연합의 권한과 개별회원국의 권한을 분명하게 구분·분리한다는 규정이다. 다만 회원국의 주권처럼 민감한 분야는 개별회원국의 권한으로 남기는 경우가 있는데, 그 대표적인 경우가 조세 분야이다.

각료이사회의 의사결정 방식은 만장일치→가중다수결Qualified Majority→이중다수결Double Majority로 점차 변화하는 중이다. 이중다수결 제도는 EU 회원국 중 55%, 즉 15개국 이상이 찬성하고 회원국 인구가 전체인구의 다수만 되면 정책으로 결정하는 제도이다. 따라서 국가들끼리 이견이 존재할 때 합리적인 의사 선택과 정책 결정을 이해하는 데 매우 중요한 사례가 된다. 그러나 최근 EU의 초국가적 성격을 강화한 데서 발생하는 민주주의 결핍Deficit of Democracy 문제를 유럽의회EP: European Parliament의 권한으로 해결하려는 움직임을 보인다. 이러한 움직임은 제도적 측면에서 발생하는 유럽 시민들의 정치적 의사를 더 효율적이고 직접적으로 반영하는 데 한계가 뒤따른다.

이 외에도 EU는 사회문화 영역에서도 고려할만한 정책과 제도를 운용하고 있다. 주요한 4개의 구조 기금 중에서, 사회적·경제적 기반을 구축하려는 기업을 지원하는 유럽사회기금European Social Fund 정책은 노동을 통해 복지를 대체하는 제도로서 주목할만하다. 또한 문화 수도라는 정책은 회원국 간의 문화적 정체성을 유지하고 문화를 통합하려는 정책을 지속해서 실시하면서 더욱 합리적인 노동시장의 균등화를 위하여 1999년부터 볼로냐 프로세스를 시행하고 있다. 볼로냐 프로세스는 유럽 국가들의 교육체계와 의무교육 시스템의 단점을 보완한다. 이는 고등교육 이수자가 노동 시장에 진입할 때 발생할 수 있는 학력과 경력 산정의 문제 등을 해결하기 위한 교육 및 학위 제도로 이해될 수 있다.

유럽통합의 핵심적인 전환기적 정책은, 동유럽 국가들의 경제지원 프로그램인 PHAREPoland and Hungary Aid For Restructuring of Economies(폴란드와 헝가리의 경제 개전을 위한 원조)의 신설이다. 헝가리와 폴란드에 대한 원조를 1989년 12월 18일 유럽공동체 정상회담에서 결정하기 위해 신설한 것이다. 이후 동서독이 통일하면서 사회주의를 추구했던 동유럽 국가들의 EU 가입을 촉진·지원하려는 정책에 힘썼다. 1990년에 집행된 PHARE 프로그램은 점차 이웃 동유럽 국가로 확대되었다. 그 결과 1993년 6월 코펜하겐에서 열린 유럽공동체 정상회담에서 불가리아, 에스토니아, 헝가리, 라트비아, 리투아니아, 폴란드, 체코, 루마니아, 슬로바키아, 슬로베니아 등 동유럽 국가 10개국의 유럽연합 가입을 승인했다.[397]

PHARE 외에도 신규 회원국이 될만한 동유럽 국가에 대한 유럽연합의 원조 프로그램도 있다. SAPARD Special accession programme for agriculture and rural development와 ISPA Instrument for Structural Policies for Pre-accession 등이다. SAPARD는 유럽연합에 가입할 후보국을 위하여 농업 및 농촌개발을 지원하는 프로그램으로 농업 및 농촌개발 총국 DG Agricultural and Rural development에서 담당한다. 환경과 교통에 대한 투자를 담당하는 ISPA 프로그램은 지역 정책 총국 DG Regional Policy에서 담당하는데, 사회적 인프라 건설과 정비를 EU 수준만큼 끌어올리겠다는 목표로 지원한다.

EU는 동유럽 국가들에 대한 지원 프로그램으로 중동부 유럽 국가들의 산업구조를 변화시켰다. EU 회원국이 된 중동부 유럽 국가는 유럽연합의 가치사슬 Value Chain에 편입함으로써 서유럽 지역의 부품을 자국에서 완성하여 서유럽으로 수출하는 경제구조를 갖추게 되었다. 이러한 구조적 전환으로 중동부 유럽과 서유럽은 더욱 밀접한 경제활동을 통해 상호의존성을 확대해 가고 있다.[398] 이러한 과정에서 우려한 문제점들도 노출되었는데, 가장 심각한 문제가 서유럽의 산업공동화 현상과 중동부 유럽의 우량기업 예속화 현상이다. 서유럽의 생산기지들이 임금과 지대 비용 등의 이점이 큰 중동부 유럽으로 이전하면서 일부 서유럽 국가들에서 산업공동화 현상이 나타나고 있다. 이와 달리 중동부 유럽 국가에서는 건실한 기업들이 자금력이 뛰어난 서유럽 국가들의 거대 자본에 의해 인수 합병되고 있다. 이러한 현상은 향후 서유럽과 중동부 유럽에서 노동과 이민 등의 새로운 형태의 사회문제로 점화될 가능성이 크다.

EU의 현재와 미래

2008년 미국에서 시작된 글로벌 경제위기는 유럽통합 운동과 EU에 균열을 가져왔다. EU의 27개 회원국은 글로벌 경제위기에 대응하기 위해 국가별뿐 아니라 EU 차원에서 대규모 경기부양책을 집행했다. 그해 12월 EU는 브뤼셀 유럽이사회에서 GDP의 3.3%에 해당하는 4,000억 유로를 경기부양을 위한 정책집행에 합의했다. 합의안의 정식 명칭은 유럽경제부흥계획European Economic Recovery Plan: EERP이다. [399]

유럽경제 회복계획Europe Economic Recovery Plan: EERP은 2008년 10월 유럽연합 집행위원회European Commission를 통해서 EU가 세계적인 금융위기에 대처한 핵심 행위자가 되어야 한다고 주장했다. 이러한 주장은 결국, 그해 12월 브뤼셀에서 개최한 유럽이사회에서 합의를 이뤘다. EU 집행위원회는 회원국들이 경제회복에 대한 대책을 주도적으로 입안·시행할 필요성을 인정했다. 하지만 유럽 차원의 공동대책이 필요하다는 이유를 내세워 회원국들의 입안을 보완할 수 있는 대책 마련에 역점을 두었다.

가장 중요한 합의[400] 내용은 유럽 차원의 고용 지원 사업, 노동 수요 창출, 기업을 위한 자금 접근의 기회 향상, 유럽의 기반시설 확충 등이다. 가장 먼저 시행한 고용지원 사업은 회원국들이 190억 유로에 해당하는 유럽사회기금European Social Fund: ESF에 신속하게 접근할 수 있도록 ESF 지원 기준을 단순화하고 2009년 초부터 지급할 수 있는 실질 시행에 관한 규정 제안이다. 각 회원국이 대응 자금 없이 ESF를 회원국에 100% 지급하면 예산을 조속하게 지출할 수 있도록 정책의 편의를 제공한 것이다. ESF는 또 청소년·여성 등 경기침체에 직격탄을 받는 취약계층의 지원을 우선하여 결정했다. 실업에 직면한 5백만 명의 청소년들에게 인턴십을 제공하고, 실직자들에게 직업훈련의 기회를 제공할 것을 목표로 삼았다.(20세 이하 청소년 실업자는 1개월 훈련비 지원, 25세 이하 청소년은 2개월 지원, 25세 이상 청년은 3달 지원)

EU 집행위원회는 노동 시장 등에 신속히 개입할 수 있도록 세계화 조정기금European Globalisation Adjustment Fund: EGF의 규정에 관한 개정을 제안하기도 했다. [401] 이에 대응하려는 회원국들은 노동자들의 저임금과 비정규직 등의 사회적 부담을 해소할 방법도 고려하라고 맞받아쳤다. 이러한 정책적 공조로 유럽투자은행 European Investment Bank: EIB은 중소기업SME에 300억 유로를 대출해 주라고 요청했다. 나아가 행정적 규제를 줄이고 창의적이고 도전적인 기업 정신을 고취하도록 권고하기도 했다. 또한, 창업 기업에 적용되는 등록 절차를 기타 행정비용 없이 3일 이내로 완료하도록 조치하고, 특허 등록비도 75%까지 낮추는 행정 조치를 감행했다. EU 집행위원회는 2009년과 2010년에 EU 예산에서 50억 유로를 추가해서 유럽의 에너지 망 연결과 광대역 기반시설 프로젝트를 위해 사용할 것을 제안하기도 했다.

그런데도 유럽통합의 위기는 지속되었다. 그리스가 2008년의 끝자락에서 파산 선언을 하면서 그렉시트Grexit와 이탈렉시트Italexit 등이 대두하였다. 영국이 이를 직접적으로 행동하면서 브렉시트Brexit를 실현하였는데도 결국 유럽통합을 지속하기 위한 EU의 지원정책은 재정적자와 경제위기로 이어졌다. 나아가 난민 문제 등으로 유럽의 주요 국가로부터 확산한 극우주의와 포퓰리즘으로 인한 정권교체가 이뤄졌다. 2017년 주요 국가 총선과 2019년 유럽의회의 선거가 이를 확인시켜 주는 실제적 사건이다. 2017년 주요 국가 총선의 결과로 도출된 포퓰리즘과 극우주의 정당의 강세는 다음과 같은 함의를 갖는다.

사실 영국의 경우는 정치 권력의 교체보다는 의석수의 감소로 보는 것이 맞다. 하지만 노동당이 예상을 뒤엎고 50석을 차지하면서 보수당은 소수 야당의 약진으로 단독 정부 수립에 실패하게 됐다. 이런 결과를 초래한 것은 기성 정치질서의 약화가 원인이었다. 프랑스 역시 집권당인 사회당뿐 아니라 좌우를 떠나서 거의 모든 기존 정당이 몰락하거나 세력이 위축되는 현상이 나타났다. 이로써 마크롱이 이끄는 신생정당과 르펜이 이끄는 극우 정당이 주류 정당으로 부상한 것이다. 독일도 메르켈이 4선에 성공했다고는 하나 기민·기사 연합의 득표율이 33.0%에 그치는 수준에 불과했다. 사민당 역시 20.5%를 획득하면서 독일대안당(12.6%)의 약진이 두드러졌다. 오스트리아도 국민당과 자유당의 강세로 연정 가능성까지 거론되면서, 끝내 30대 총리가 연정을 이끌게 되었다. 체코 역시 긍정당의 눈부신 약진으로 반유럽통합을 주창하는 정당이 정권을 획득했다. 2018년 이탈리아 총선에서도 포퓰리즘 정당인 오성 운동당과 극우 정당인 북부동맹이 승리하면서 연정을 구성했다.[402]

이러한 흐름은 2019년 유럽의회 선거로도 이어졌다. 2019년 5월 유럽의회 선거에서 극우 포퓰리스트 정당 그룹이 약 22.8%의 의석수를 차지했는데, 포퓰

리즘 정당 그룹을 합치면 가장 큰 정당 그룹으로 도약했다고 볼 수 있다. (〈그림 8〉
참조).

〈그림 8〉 2019년 유럽의회 선거 결과

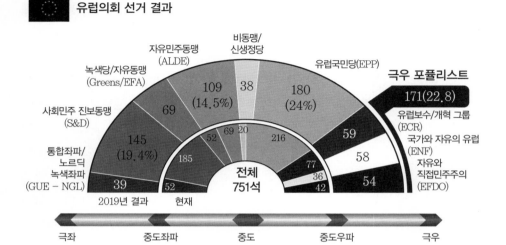

유럽의회의 선거 결과는 포퓰리즘과 극우주의의 강화가 유럽통합 기조에 상
당한 쟁점이었다는 사실을 보여 준다. 주요 국가뿐 아니라 유럽의회에서 포퓰리
즘과 극우주의 정당이 강세를 보인 것은 유럽통합의 미래가 불확실하다는 의미이
다. 하지만 포퓰리즘과 극우주의의 차이는 국가별로 편차가 있는데, 그 세부적인
차이는 정치사회 구조에 따라 다르게 나타나기도 한다. 다음의 〈표 6〉은 유럽의
포퓰리즘 정당과 극우 정당의 차이를 보여 준다.

비교수준	포퓰리즘정당	극우정당
국내 정치적인 구조요인	실업. 연금, 복지, 노동 등의 경제적 요소 등에 대하여 시혜와 혜택을 늘리는 방식으로 정책 결정	경제 위기의 요인을 외국인 노동자나 외국인 난민 등의 요인으로 귀결시켜 사회 공통의 적을 상정하는 방식을 사용함. 노동시장에서 외국인 노동자 배제하는 정책 선택함. 신자유주의 세계화로 인한 지나친 시장경제와 개방화에 대한 반감. 이로인해 계급이나 계층에 기반한 정당소속감이 약화되면서 계급투표행태가 약화되었으며, 정당 간 투표유동성이 증가하는 시대 전환기를 활용함.
유럽정치 통합에 대한 입장	일반적으로 유럽통합에 반대하며, 유로존 탈퇴를 비롯하여 자국우선주의를 기조로 하는 것이 일반적임(예외적으로 유럽통합을 주도하는 국가들의 경우 입장이 다소 다름)	국우정당의 기반인 민족주의나 인종주의적 특징에 기반한다는 점에서 유럽통합에 반대함. 특히 통합으로 인한 경제 종속화에 대하여 일관되게 비판함. 탈유럽통합을 기치로 자국 우선주의를 내세우고 있음.
난민 및 이민정책	난민 할당제를 비롯하여 난민에게 국경을 개방하는 등의 개방과 포용정책에 대하여 일반 국민의 입장에서 반대하는 것이 일반적임. 이민자의 경우 이민자격 요건과 비자 취득 요건 등을 강화하는 방향의 정책 수립	자국 경제 위기의 근본적 원인을 외부적 요인으로 돌리면서, 난민에 대한 국경과 사회복지 혜택의 확대를 반대하는 입장을 견지함. 난민할당제 등에 반대하는 것은 물론 난민에 대한 국경폐쇄와 같은 극단적 정책도 수용하는 편임. 특히 이민자 수용에 대한 엄격한 심사제도의 도입이나 이민자 복지혜택의 폐지나 축소 등의 정책을 견지함.

　영국이 이러한 상황에서 유럽연합을 탈퇴했고, 코로나19 팬데믹으로 혼란이 더해진 탓에 유럽연합의 미래는 더욱 불확실해졌다. (더욱 자세한 설명과 요인에 관한 서술은 '코로나19 팬데믹'에서 추가로 기술할 것임). 그러나 한편으로는 영국의 탈퇴가 EU의 제도와 정책집행의 신속성·지속성을 유지할지도 모른다는 사실을 보여 주기도 한다. 유럽의 상황은 코로나19 팬데믹을 통해 증명되지만, 여전히 영국 탈퇴에 따른 불안정한 문제(북아일랜드와 스코틀랜드 문제)가 드러나고 있어 해결이 쉽지만은 않을 듯싶다.

　포스트 코로나 시대는 여러 변수로 인해 유럽통합의 지속이 예전 같지 않을 거라는 불안감을 안겨주고 있다. 향후 전개될 정치적 상황에 따른 불확실한 미래를 그대로 보여준다고 해도 틀린 말은 아니다. 2021년 6월 영국에서 진행된 G7 정상회의와 2021년 9월 출범한 AUKUS 동맹은 바이든 정부가 출범한 이후의 유럽과 미국의 관계를 가늠할 수 있는 기준점·전환점이 된다.

유럽은 지리적으로 서양의 근원이면서 동양과는 대척점에 자리한 공간이다. 그런데도 유럽은 단순한 지리적 구분이 아닌 개별국가로 볼 것인지, 통합국가로 볼 것인지에 따라 두 개의 유럽으로 표현될 수 있다. 유럽을 두 개의 유럽으로 표현할 수 있다는 말은, 단순히 이분법적 구분이나 분류의 문제가 아니다. 국가성과 통합성 중 어디에 방점을 찍을 것인지의 문제로 보는 것이 옳다. 유럽에서 개별국가성의 역사와 비교하면 통합성의 출발은 매우 늦다. 제2차 세계대전 이후 유럽의 전쟁 방지와 평화 체제를 구축하기 위한 독일·프랑스의 유럽 통합운동은 출발 동기와 환경부터 현재와는 전적으로 다르다.

유럽에 대한 논의와 고찰이 어려운 이유가 이로부터 비롯된다. 바로 '두 개의 유럽'이라는 정의와 분류에서 기인한 까닭이다. 독일, 프랑스, 영국, 이탈리아 등과 같이 개별국가의 총합으로서의 유럽은 우리가 주로 이야기하는 그 유럽이다. 하지만 유럽통합 정치체로서의 EU^{European Union, 유럽연합} 유럽은 유럽공동체라는 새로운 형태의 국제정치 질서의 행위자이다. 따라서 이 글에서는 '두 개의 유럽'을 구분하면서 국제 정치경제 질서를 유럽통합과 개별국가의 입장으로 분류해서 논의하기로 한다.

유럽통합의 이론적 논의와 주요 이론

유럽통합이나 유럽과 관련한 기존 이론들이 제시하는 내용은 두 가지로 구분된다. 하나는 유럽 통합체인 EU의 정치체를 규명하는 이론적 논의이다. 다른 하나는 외교·안보 분야에서 제시하는 대서양주의와 유럽중심주의 이론이다.[404] 따라서 여기서는 EU의 성격에 대한 이론적 논의를 중심으로 그동안 한국에서 진행해온 유럽통합 논의를 소개하고자 한다. 이러한 논의는 브렉시트 이후 현재의 국제정치 질서에서도 기존 이론들이 여전히 유효한지에 관한 질문에 답하는 일이다.

전통적으로 EU를 설명하는 주요 이론은 세 가지다. 첫 번째는 전통적인 연방주의 이론이고,[405] 두 번째는 신기능주의와 자유주의적 정부간주의 이론이며, 세 번째는 구성주의 이론이다. 세 가지의 이론적 방향과 논의는 이미 1960년대 이후, 시대가 전환할 때마다 다양한 관점과 다양한 학자들이 제시한 바 있다. EU에 관한 연구들은 대부분 EU의 발전 과정에서 나타난 EU의 공동체 성격에 대한 분석에 집중하고 있다.[406] 다양한 이론적 논의들이 존재하지만, 일반적으로는 기능주의(신기능주의)와 구성주의가 주류를 형성한다. 유럽통합이론 연구의 전통적인 세 가지 방향과 내용은 2007년 리스본조약을 체결하고, 회원국 간의 갈등과 이견에도 불구하고 2009년 조약을 발효함으로써 유럽통합의 긍정적인 측면을 더욱 강조했다.

그러나 2008년 말부터 시작된 세계 경제위기와 브렉시트를 겪으면서 전통적인 통합 이론의 연구와 방향에 균열이 생겼다. 특히 브렉시트와 트럼프 정부의 등장은 신고립주의 · 보호무역주의의 강화와 국가 우선주의 등의 결합으로 이어져 기존 이론이나 연구 분석의 틀로는 설명하기가 매우 까다롭다. 이러한 상황에서 유럽통합에 관한 연구는 이전과는 다른 방향과 내용으로 발전되고 있다. 주요 방향과 내용을 정리하면 다음과 같다.

첫 번째, 2008년 세계 경제위기와 브렉시트 등으로 발생한 유럽통합의 위기는 이를 설명하는 기존 주류 이론들로도 설명할 수 있다. 첫 번째 방향은 1970년대부터 통합 과정의 "역행spill-back" 개념을 제시한 슈미터Phillip Schmitter의 신기능주의이론으로 대표된다. 유럽의 통합 과정은 유럽 연방국을 추구해서가 아니다. "초국경적 경제행위가 발생시키는 정책 외부화를 규제하려는" 정부 간 협상의 연속으로써 개별 정부의 이탈이 이론적으로는 예측 가능하다고 보는 자유주의적 정부간주의 통합 이론이다.[407] 두 번째 방향은 기존 통합 이론을 비판적으로 계승한 견해들이다. 유럽통합 이슈의 정치화politicization 개념을 새롭게 조명하는 탈기능주의post-functionalism와 "제도적 불균형의 동학"이라는 시각이다. 마스트리트 조약 이후 유럽통합 과정의 특성을 분석한 "신정부간주의new intergovernmentalism"의 주장은 유럽연합이 직면한 현재의 위기를 통합에서 와해로의 전환으로 보지 않는다는 것이다.[408] 다만 기존의 통합 이론을 수정해서 1992년 이후 통합 과정의 특수한 맥락적 분석을 포괄하여 유럽통합이론의 설명력을 확장하려는 것이다. 세 번째 방향은 기존의 유럽통합 이론과 다른 시각에서 유럽통합을 새롭게 이론화하자는 주장이다. 이 방향은 "세계 역사에서 통합integration보다는 와해disintegration의 현상이 더 일반적"이라는 문제의식에서부터 출발했다. 유럽통합의 과정을 하나의 초국적 정체의 창출로써 인식하는 것이다. 따라서 통합과 와해의 동시성을 분석할 수 있는 새로운 이론이 필요하다는 제안인 셈이다.[409]

이러한 통합 이론에 더하여 국제정치 질서와 국제정치구조의 측면에서 유럽통합을 분석하는 연구들도 새롭게 등장하고 있다. 국제정치적 시각에서 유럽통합의 문제는 주로 국제정치 질서 속의 패권 문제에 집중한다. 국가 간·지역 간 패권 경쟁의 형태로 해석할 수 있다는 것이다. 그람시는 헤게모니 개념을 원용하여 '초국적 헤게모니'라는 개념으로 국가 간 패권과 국제관계의 구조 문제를 세계경제 질서의 한 형태로 끌어냈다.[410] 콕스는 초국적 헤게모니를 "단순한 국가 사이의 질서가 아닌 모든 국가를 관통하는 지배적 생산양식으로 이루어진 세계 경제질서라면서 사회적·경제적·정치적 구조로도 묘사될 수 있는 국제적 사회관계의 총체"라고 정의했다.[411]

초국적 헤게모니라는 용어는 국제기구나 미국이 주도하는 세계 패권 전략에 기반해 발전을 거듭하면서 유럽통합 경제체제와 통합 화폐 체계 설명에 사용됐다. 초국적 헤게모니 개념은 경제적 요소를 강조하면 어느 정도 효용성과 설득력 있는 설명이 가능하다. 그러나 인권이나 난민 등의 보편적 인류 가치가 개입되면 효용성과 설득력이 자연스럽게 사라지거나 약화한다. 이는 유럽통합의 위기가 세계 경제위기가 아닌 2012년 중동 난민이 급증하던 시기에 발생했다는 사실에서 확인된다. 유럽 내에서 제기되는 유럽통합의 부정적인 전망은 단순히 위기를 말하기 위해 경제적 요소를 내세운 것이 아니다. 개별국가의 내부적인 상황과 민주주의 속성의 변화 및 외부 요건에 견디는 내성과 지구력의 크기 등 개별국가의 정치적 원심력 등의 요소들이 복합적으로 얽혀있는 위기이다. 유럽 회의주의Euroscepticism와 '유럽통합의 종언The end of Europe'[412]을 제시하는 이들의 논거와 주장이 이를 역설적으로 증명해준다고 할 수 있다.

이러한 이론적 논의의 발전과 다양한 분석 방법의 전개는 유럽통합체 혹은 유럽통합 운동이 현재진행형이라는 측면에서 비롯된다. 유럽통합이론 분석과 논의에서의 핵심은 개별국가의 정치·경제·사회·문화 등의 구성요소나 결정 요인들의 차이뿐만이 아니다. 차이가 있든, 대칭적이든, 통합의 정도와 결속력을 결정할 때 최소한의 조건과 토대의 유사성이 구조적으로 연계되었기 때문에 통합 가능성과 통합체 형성 가능성이 크다는 것이다.

EU의 현재 상황은 매우 불확실하다. 따라서 제2차 세계대전 이후 유럽통합 운동의 선구자들이 제시했던 방법과 이론적 틀로는 현재의 유럽통합을 논의하기에 부족한 측면이 존재한다. 하지만 초기 유럽통합의 시작이 전쟁 없이 평화롭게 공존하자는 단순한 목적에서 시작되었다는 점을 고려하면, 현재 유럽통합의 이론적 논의나 쟁점도 어쩌면 단순할지도 모른다. 영국이 EU를 탈퇴하고, 독일이 유럽통합을 이끌기 위해 자국의 손해를 감수한 행위들은 본질적인 가치나 의미에서 매우 유사하기 때문이다.

유럽통합의 현재와 쟁점

2009년 리스본조약이 통과될 때만 해도 유럽통합의 장밋빛 미래를 예상하는 이론가들이 많았다. 그러나 이미 글로벌 경제위기를 겪으면서 유럽통합의 미래에 대한 회의적인 시각들이 등장했다. 나아가 유럽통합의 중단·해체를 주장하는 이론들도 모습을 드러냈다. 이러한 경향에 결정적으로 영향을 끼친 전환기적 사건이 있다. 하나는 영국의 유럽연합 탈퇴이고, 다른 하나는 북아프리카와 중동 지역 국가들에서 쏟아지는 난민들이다.

　브렉시트의 결정·확정 과정에서 함께 고려할 수 있는 동시대적인 변화는 트럼프 미국 행정부의 출범으로 인한 신고립주의와 국가 우선주의 및 미·중 간의 통상 갈등 상황이다. 트럼프 미국 행정부의 등장이 영국의 브렉시트와 우연히 일치한 것인지에 대해서는 전문가들의 의견이 분분하다. 하지만 영국의 EU 탈퇴와 트럼피즘으로 상징되는 미국 우선주의는 앵글로색슨 계열 국가의 새로운 대외전략의 핵심적인 방향인 건 분명하다. 이 시기 미국과 유럽 간의 외교 안보 관계와 무역과 통상 등의 경제적 이해관계에서 미묘한 견해차가 발생했기 때문이다. 특히 트럼프 미국 행정부가 촉발한 중국 정부에 대한 압력과 경제 제재 조치 등에 대해서 유럽의 주요 국가들이 동의하지 않는 상황이 발생한 것이다.[413]

　이러한 미·중 갈등에 대한 유럽의 주요 국가들이 중립적인 태도를 밝힌 것은 트럼프 정부 이전에는 거의 볼 수 없었다. 미·중이 벌이는 통상 갈등과 해양 패권을 둘러싼 갈등에 대해 유럽이 미국에 동조하지 않은 상황은 글로벌 경제위기 이후 유럽의 주요 국가들이 중국과의 경제협력을 강화하면서 축적된 결과이다. 이런 상황은 사실상 유럽에서는 이미 1990년대부터 시작했다고 볼 수 있다.

　1990년대 이후 유럽의 주요 국가들은 신자유주의 세계화 정책 기조에 따라 수많은 제조사와 공장들이 아웃소싱 대상 국가로 중국을 선택했다. 실제로 유럽 국가의 제조사들 모두 중국에 공장과 생산시설을 마련했고, 중국과의 교역량을 지속해서 늘려갔다.(〈그림 9〉 참조) 이러한 상황에서 등장한 트럼프 미국 행정부가 주도하는 미·중의 통상 갈등은 유럽의 입장을 매우 난처하게 만들고 있다.

〈그림 9〉 EU-중국 간 통상 지표

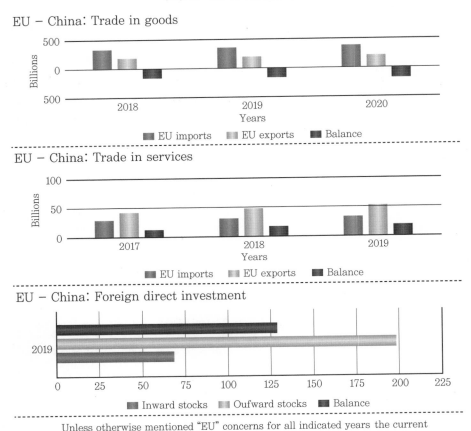

EU – China: Trade in goods

EU – China: Trade in services

EU – China: Foreign direct investment

Unless otherwise mentioned "EU" concerns for all indicated years the current European Union of 27 Member States.

출처:https://ec.europa.eu/trade/policy/countries-and-regions/countries/china/index_en.htm (검색일: 2021.09.24.)

더욱이 오랫동안 경제위기를 겪고 있던 이탈리아는 친미 국가로 분류되었는 데도 2019년 중국이 추진하는 '일대일로' 공정에 유럽에서는 최초로 가입하는 사례를 남겼다. 비록 코로나19 팬데믹의 확산으로 유럽의 대중국 통상과 경제협력이 주춤한 상태지만 유럽으로서는 중국을 제외하거나 배제한 채 경제성장과 대외정책을 계획하기는 쉽지 않은 구조적 요인이 존재한다.

무역과 통상이라는 경제적 요인 외에도 유럽에서 유럽통합의 진전을 더디게 한 결정적인 요인이 있다. 바로 2012년 이후 본격적으로 불거진 난민과 이민의 문제다. 일반적으로 유럽의 난민과 이민 정책은 비유럽인들에게 매우 관대했다. 그러나 경제적 상황이 악화하자 불만과 테러리즘에 대한 불안 등이 겹치면서 점차 엄격한 규정과 방어적 정책으로 전환했다. 이런 요인으로 유럽의 주요 국가에서 극우 정당이 세력을 확산하고, 포퓰리즘의 강세로 인한 유럽통합에 대한 근본적인 회의론이 부상하면서 유럽 대부분 국가에서 발생하는 공통적인 현상으로 자리매김했다.

결국 EU가 선택한 정책은 유럽 국경의 통제와 난민에 대한 적극적인 관리였다. 국경 통제와 난민 지문등록제도 등의 다양한 제도를 시행했지만, 그 한계를 절감하면서 더블린 규정의 근본적인 전환을 불러왔다. 2015년 EU 집행위원회가 실시한 난민 할당제는 유럽 난민 정책의 근본적인 변화를 몰고 옴으로써 유럽 주요 국가들에서 확산하던 극우 정당들의 정치적 입지를 강화하는 계기가 되었다.

난민 할당제의 주된 내용은 EU 회원국의 인구와 경제 규모 및 난민수용 · 현황 등을 종합적으로 고려하여 난민 수용자의 수를 국가별로 할당하자는 안이었다. 2015년 9월 회원국 투표의 찬성으로 정책 대안이 통과됐지만 많은 국가에서 국내의 여론과 극우 정당 및 준비 부족 등의 이유로 제도가 제대로 정착되지는 못했다. 그런데 난민 할당제를 채택한 이후 더 큰 문제와 난관이 불거지기 시작했다. 독일을 비롯한 주요 국가들뿐 아니라 대부분 회원국도 EU 통합을 반대하고, 유럽의 난민 정책에 반발하는 극우 정당이 부상했다.[414]

EU의 난민 정책의 변화는, 현재 유럽에서 부상하고 있는 극우 정당의 강세와 포퓰리즘의 확산 및 유럽통합에 대한 회의론 등이 잘 설명해 준다. 다음의 〈표 7〉은 2000년 이후 EU의 난민 정책의 변화를 잘 드러내 준다. 결국 난민과 이민 정책이 갖는 영향력이 유럽 주요 국가의 내부적 문제에 대한 해결책을 모색하도록 행사했다. 여기에 코로나19 팬데믹의 확산 등이 맞물리면서 유럽의 근본적 가치인 민주주의 체제에 대한 논쟁으로 이어졌다.

주요 난민 관련 정책	제정년도	내용
유럽 난민기금 2000	2000	• 회원국 간 연대증진과 망명 신청 편중에 따른 부담공유, 1차 5개년 (2000–2004) 2억 1천6백만 유로 예산 • 2008–2013년 기간에는 6억 3,000만 유로로 증가
난민을 위한 임시 보호지침	2001	• 임시 보호 채택 여부는 유럽이사회에서 가중다수결(QMV)로 결정, 1년 이 기본임. 6개월씩 2회 연장 총 2년 가능 • 임시 보호 기간 중 망명 신청 억제
난민수용에 최소기준지침	2003	• 보조성(subsidiarity)과 비례성(proportionality)원칙 명기 • 임시 보호 조치 중인 사람은 이 지침 적용받지 않음 • 노동 시장 보호를 위해 EU 시민, 자국민, 합법 거주 제3국인에게 우선권
더블린 규정(II)	2003	처음 입국한 유럽 국가에서 난민 자격 심사를 받아야 하고, 다른 유럽 국가로 다시 이동하여 난민 자격 신청을 할 때 처음 입국한 국가로 이송
유럽 난민데이터 베이스 (Eurodac)	2003	망명 신청자의 지문정보와 신원정보 공유
난민에 대한 공동정의지침	2004	• 보조성(subsidiarity)과 비례성(proportionality)원칙 명기 • 부차적 보호 (subsidiarity protecetion) 규정 • 회원국의 안전에 위협, 유죄판결 받으면 강제송환 가능
유럽 체포영장	2004	테러와 돈세탁 등 31개 범죄 용의자에 대해 한 회원국이 발부한 체포영장이 다른 회원국에서도 그대로 통용(사법 분야의 상호인정 적용)
난민 망명절차 지침	2005	• 보조성(subsidiarity)과 비례성(proportionality)원칙 명기 • 안전한 제3국 개념 규정('안전한 국가' 출신은 망명 신청을 허용하지 않음)
유럽국경관리처 설치	2004	외부국경 관리의 조정(폴란드 바르샤바에 소재)
더블린 규정(III)	2013	1. 개별 인터뷰의 의무화 2. 이송 결정에 대해 항소할 수 있는 권리 보장 3. 요청 시 무료 법률지원의 의무화 4. 아동 최선 이익평가를 위한 자세한 요소들 서술 5. 항소 판결이 났을 때 이송 집행 정지를 위한 항소를 제기할 가능성과 항소 중인 이송 집행 정지 명령 결과를 기다리는 동안 그 나라에 체류할 수 있는 권리 보장 6. 가족 재결합 원칙을 위한 친척들과의 재결합에 대한 확장된 가능성
유럽 난민지원센터 (EASO)	2004	난민 수용소 운영 및 표준화 등을 지원

주요 난민 관련 정책	제정년도	내용
유럽 검찰 협력체(Eurojust)	2002	난민 중에서 확인된 난민 출신 범죄자나, 난민 관련 범죄자 등에 대한 정보 공유 및 수사
유럽 국경해안수비대 (EBCG)	2015.12.17. 집행위 제안 2016.06 법제화	• 최근 난민 위기처럼 난민이 급격하게 유입되고 관련국이 제대로 대처하지 못할 때 수비대 파견 • 인력은 기존 프론텍스 2배인 1천 명이고, 추가 1천 5백 명 동원 가능 • 프론텍스를 흡수하고 권한 강화(난민 구조 및 수색, 불법 난민 추방 가능)
난민의 의무적 할당제	2015	2014년 말까지 확인된 기존 난민에만 한시적 합의
더블린조약의 효력 정지화	2015	• 2003년 더블린조약 II의 실질적인 폐지 • 독일의 참여와 권유 • 기타 회원국의 동참과 참여 기대
집행위 제안 세부적인 난민처리 방침	2015.04	1. 지중해의 합동 작전에 대해 강화한다. 즉, 트리톤, 포세이돈 작전에 재원과 지원을 증가한다. 우리는 또한 프론텍스(Frontex) 권한 하에 개입을 증가시킴으로써, 그들의 관리 영역을 확장할 것이다. 2. 선박을 억류하거나 파괴하는 밀수범에 대한 조직적 노력을 가할 것이다. 3. 유로폴, 프론텍스, EASO와 유럽 사법 기구는 정기적으로 만나 밀수범의 작업 방식에 대한 정보를 얻기 위해 밀접하게 협업함으로써, 그들의 자금과 원조 등을 추적할 것이다. 4. 난민 신청에 관한 합동 처리를 위해 EASO는 이탈리아와 그리스에 팀을 배치할 것이다. 5. 국제 연합의 회원국은 모든 이주민의 지문을 확실히 채취할 것이다. 6. 긴급 재배치 매커니즘을 위한 옵션을 고려할 것이다. 7. 보호해야 하는 사람에게 장소를 제공해줌으로써, 재정착에 관한 EU 전반의 자발적인 시범 사업을 시행할 것이다. 8. 비우호국과 인접한 회원국으로부터 프론텍스에 의해 조정되는 불법 체류자의 빠른 반환을 위한 새로운 반환 프로그램을 설립할 것이다. 9. 유럽연합위원회와 유럽대외관계청이 협력하여 리비아 주변의 국가와 결합하여 니제르에 대한 주도권을 강화해야 한다. 10. 이동 흐름에 대한 정보와 EU 대표단의 역할을 강화하기 위해 주요 제3국에 이민 연락 장교(ILO)를 배치한다.

〈표 7〉은 영국의 브렉시트 탈퇴, 미국과의 전통적 동맹관계의 변화 징후, 중국과의 경제협력과 의존도 심화, 코로나19 팬데믹의 지속에 따른 유럽 민주주의 체제의 재구성 그리고 이런 요인들이 발생시킨 개별국가들 내부의 포퓰리즘과 극우 정당의 확산 등은 현재 유럽연합의 어려운 상황을 잘 대변해 주고 있다. 더욱이 미국의 트럼프 행정부를 이은 바이든 행정부 역시 미·중 간의 통상 갈등에서

더 나아가 군사 안보적 측면까지 갈등을 촉발할 가능성이 커지고 있다. 그런데도 여전히 유럽의 현실적인 상황에서 선택할 수 있는 대안은 그리 많아 보이지 않는다. 결국 이와 같은 대전환기의 상황은 2021년에 들어와서 더욱 심화했는데, 그 본격적인 계기가 바이든 행정부의 출범과 2021년 6월 영국에서 개최한 G7 정상회담이었다.

유럽이 바라본 세계질서와 중국

유럽과 미국의 동맹관계는 제2차 세계대전 이후부터 이어져 온 전통적인 역사와 중요성에서 특정한 지역과는 비교하기 어려운 측면이 있다. 미국 역시 새로운 정부가 들어설 때마다 가장 먼저 유럽을 방문하곤 했다. 이렇듯 미국의 대외관계에서 유럽을 제1순위로 설정한다는 점에서 트럼프나 바이든 행정부의 행보와 입장은 다소 의아하다고 할 수 있다. 그런데도 유럽의 주요 국가들은 미국과의 전통적인 동맹관계의 회복과 귀환을 간절히 바라고 있다.

이런 점에서 2021년 바이든 행정부의 출범은 동맹의 귀환을 바라는 유럽의 기대를 자아내기에 충분했다. 그러나 2021년 6월 영국에서 개최된 G7 정상회담의 결과가 유럽 국가들의 바람에 부합하지 못한 성과와 의미를 가져왔다. 미국은 G7에서 '더 나은 세계의 재건Build Back Better World'이라는 공동성명[416](중국의 '일대일로' 전략에 대응하기 위한 미국 주도 대응 전략으로 서방 선진국의 동의와 참여가 필수적이라는 성명서였음)을 통해 어느 정도 가시적이고 의미 있는 성과를 도출했다고 자부했다.

미국은 공동성명을 통해서 '동맹의 귀환'이라는 전통적인 미국과 유럽 간의 동맹관계를 회복하고 재구축의 토대를 다졌다고 평가했다. 특히 트럼프 전임 행정부와는 차별화된 대유럽정책의 구체적인 성과라고 강조했다. 나아가 NATO를 통한 대서양주의(NATO 중심의 미국과 유럽의 전통적인 외교 안보 전략의 핵심)의 부활 가능성을 확인하기도 했다. 또한 저개발국가에 대한 백신 지원체계의 주도권을 확보하였고, 환경 보호와 포스트 코로나19 시대를 위해 미국이 주도하는 패권 전략의 초석을 구축했다고도 평가했다.[417] 더욱이 대북정책의 공조를 확인하고 핵확산 금지나 핵무기 개발 제한이라는 대중국 견제에 대한 진일보한 전략도 제시했다. 이는 미국과 G7의 공통이익을 앞세워 대북정책과 중국을 압박하려는 전술적 공조라는 상징성을 내포하고 있다.

그런데도 유럽의 주요 국가들과 EU는 미국의 의도와 성과에 모두 동의하지는 않았다. '더 나은 세계 재건Build Back Better World'이라는 미국의 공동성명 발표가 유럽 주요 국가들의 입장을 헤아리지 못했다는 한계를 지적했다. 여기에는 중국과 정치·경제적 관계에 대한 유럽 국가들의 쟁점 사항과 이해관계가 미국의 이익과 의도에서 차이를 형성하기 때문이다.

특히 독일, 이탈리아, EU는 중국과의 무역 및 투자 협력을 위협할 수 있는 미·중 신냉전 체제가 도래한 상황을 우려하였다. 독일의 경우 중국의 자동차 시장 점유율 1위 국가로 폭스바겐과 BMW 등 자동차 회사의 입장을 고려하지 않을 수 없다. 실제로 중국 정부가 중국 내 고급자동차 판매금지 조처 이후 화웨이를 비롯한 중국산 IT 관련 제품(특히 네트워킹 관련)의 사용 허가 결정에 즉각적인 대응에 나섰다. 이탈리아는 2019년 G7 국가에서 유일하게 중국의 '일대일로' 사업에 참여한 국가가 되었다. 이탈리아는 무역 의존도가 높은 국가로서 중국이라는 거대시장을 포기할 수 없는 구조적인 문제를 지니고 있다. 드라기Draghi 총리의 '일대일로' 참여에 대한 재고와 지속성에 대한 고민이 필요하다는 발표에도 이탈리아의 대중국 관계는 미국과는 반대 방향으로 전개되고 있다.

이외에도 미국은 백신 10억 회분의 지원과 3년간 30억 달러 추가 지원을 밝혔지만, 필요한 백신 분량이라고 추정되는 110억 회분에 비하면 1/10의 분량에 그쳐 생색용 지원이라는 비난을 피하기가 어려울 전망이다. 더군다나 국가별 배당이나 재정 할당에 대한 명시가 없어 갈등의 소지를 남겼다. 영국과 프랑스와 달리 독일과 이탈리아가 주장한 백신의 지식재산권 면제의 반대 의견도 조정하지 못했다. 따라서 유럽 국가 내부에서도 백신 관련 정책과 방향에서 이견을 좁히지 못하는 한계를 드러냈다. 또한 EU로서는 미국과 EU 간의 항공기 보조금과 철강 제품을 둘러싼 문제를 거의 다루지 못할 상황이 전개되면서 기대하던 성과에 대한 부정적인 평가가 나오고 있다.

사실 유럽 국가들이 느끼는 북한의 영향력으로 볼 때 NATO의 대북정책에 대한 일관된 전략과 방향성은 선언적인 표현에 그칠 가능성이 크다. 동시에 G7 체제를 확대하기 위해 쿼드 체제 확장·구축의 가능성만 높이는 결과를 초래했다고 볼 수 있다. G7에 초청된 국가들이 쿼드나 쿼드 플러스에 참여할 가능성이 큰 국가들이라는 점에서 더욱 그렇다. 이는 중국의 영향력이 큰 아프리카에서 유일하게 미국의 상황을 대변할 수 있는 국가가 남아공이라는 사실에서 나온 평가이다. 그러나 6월 16일 스위스에서 개최한 정상회담에서 미국과 러시아는 트럼프 정부가 보여줬던 미국의 굴욕적인 대러시아 정책의 기조를 전환했다. 이로써 밀착된 중국과 러시아를 견제할 수 있는 계기를 마련했다는 평가를 받기도 했다.

그러나 G7 정상회담은 적어도 세 가지 측면에서 국제 정치경제 질서에서의 변화와 의미를 부여한다고 평가할 수 있다. 첫째, 미국의 대외정책 전환의 전조이자, 미국과 유럽 간 동맹체제의 근본적 전환의 계기가 되었다는 점이다. NATO 중심의 대유럽 외교 안보 정책의 한계를 드러냈고, 무엇보다 유럽의 주요 국가들은 여전히 미국이 자국 우선주의(아메리카 퍼스트) 전략을 거둬들였다고는 판단하지 않는다는 사실이다. 더군다나 미국이 초청 대상국으로 지정한 호주·인도·한국을 통해 향후 쿼드 체제뿐 아니라 AUKUS 동맹체제를 출범시킬 방안도 고려할 가능성이 크다고 볼 수 있다.

둘째, 미국의 첫째 측면에서의 의도가 성공할 것인지에 대한 부정적인 결과도 중요한 요소이다. 특히 인도에 대한 유럽 국가들의 비판적이고 미온적인 입장 등은 미국의 전략과 의도가 완성될 수 있을지에 대한 회의적인 시각이다. 남아공 역시 아프리카에서의 영향력이 제한적이므로, 역으로 아프리카에서 중국의 영향력이 얼마나 큰지를 확인시킬 뿐이다. 더욱이 G7 정상회담에서 유럽 내부와의 갈등(브렉시트 이후 영국과 EU의 입장 차)만 드러내는 상황을 극명하게 드러냈다는 것이다. 존슨 영국 총리는 G7 회의와 별도로 에마뉘엘 마크롱 프랑스 대통령, 앙겔라 메르켈 독일 총리, 우르줄라 폰데어라이엔 EU 집행위원장 등과 잇달아 정상회담을 열었다. 회담의 주요 의제는, 브렉시트 이후의 처리 문제(특히 북아일랜드 협약[418] 이 핵심 의제임)였다. 프랑스, 독일, EU는 브렉시트 때 체결한 북아일랜드 협약을 준수하는 문제를 영국에게 요구했었다. 하지만 존슨 총리는 북아일랜드 협약과 관련해 절충 의사만 밝혔을 뿐이다. 존슨 총리는 북아일랜드 협약이 조정되지 않는다면 적용을 일방적으로 유예하겠다는 강경한 태도를 밝히기도 했다. 이는 유럽과 영국의 대립이 해결되지 않는다면 미국의 대유럽전략이 한계에 부닥칠 수밖에 없다는 사실을 방증한다.

셋째, G7 정상회담 직후 스위스에서 개최한 미·러시아의 회담에서 미국은 러시아와의 협력을 통한 대중국 대치 전선의 구축의견을 밝혔다. 그러나 중국 견제의 마지막 퍼즐이 러시아라는 점에서 미국은 당면한 과제인 자국의 의도를 관철하지 못했다고 평가받는다. 특히 중국과 러시아는 2021년 3월 9일, 양국 간의 '국제 달 과학 기지' 건설에 대한 양해각서MOU에 서명함으로써 중국의 전략과 러시아의 위성기술 등이 결합한 우주전쟁의 가능성을 남겨둔 채 아무런 성과를 거두지 못했다. 이러한 점은 향후 미국이 주도하는 쿼드 체제나 새로운 대응 전략으로서 B3W가 제대로 작동하지 않을 가능성을 시사한다.

새로운 국제 정치경제 질서 속의 유럽과 중국

G7 정상회담의 결과가 보여 준 한계는 미국과 유럽 간의 협력 체계뿐 아니라 미·중 갈등의 타개책을 마련하지 못했다는 점이다. 오히려 프랑스와 독일이 중국과의 협력을 더욱 강화하는 상황을 연출했다. 2021년 4월 16일 독·프·중의 화상 정상회담에 이어 2021년 7월 5일 다시 한번 3개 국가의 화상 정상회담이 이루어진 바 있다. 물론 지난 제1차 화상 정상회담의 후속 조처 논의를 위한 정상회담이었다. 하지만 G7 정상회담 이후 정체되었던 유럽과 중국 간의 협력을 모색하는 계기가 되었다.

회담의 주요 의제와 쟁점에서 중국과 유럽은 각기 다른 견해를 밝혔다. 중국은 4가지 항목을 정리하여 제안했다.[419] 첫째, 중국과 유럽은 상호존중과 구동존이 원칙에 따라 협력과 전면적 전략의 동반자관계를 지향한다는 인식을 공유한다. 둘째, 호혜 상생과 협력 증진을 위하여 제23회 중국과 유럽 간의 정상회담을 조속히 개최한다. 동시에 경제무역, 인문, 기후영역 등 고위급 대화를 추진하면서 상호 개방과 기업 활동 보장 등을 천명한다. 셋째, 진정한 다자주의를 수호하기 위해 유엔과 유엔헌장의 중심 체제를 유지한다는 원칙을 준수한다. 넷째, '일대일로' 제안에 대한 유럽의 적극적인 역할을 기대하면서 세계평화와 안정 그리고 발전과 번영을 수호한다.

이에 프랑스와 독일은 중국의 인권 문제와 쟁점에 대한 언급과 개선을 요구하면서 신장자치구의 위구르족 탄압 문제와 홍콩 민주화 시위자에 대한 처우 개선을 중국에 요청했다. 또한 메르켈 총리와 마크롱 대통령은 단기 이산화탄소 감축 목표를 달성하기 위한 추가 조정과 10월 중국 쿤밍에서 개최 예정인 제15차 생물다양성협약 당사국 총회를 앞두고 생물다양성 보호를 위한 공동노력을 촉구했다. 덧붙여 프랑스와 독일은 유럽인들의 중국 입국 제한을 완화할 것과 유럽 기업들의 공정한 처우와 경쟁을 보장할 것을 요구했다.

3국은 서로 다른 견해차에도 불구하고 정상회담을 끝낸 뒤 다음과 같은 사항을 공동으로 발표했다. 첫째, 이란 핵 합의(JCPOA · 포괄적 공동행동 계획)[420] 참가국들에 기존 핵 합의 복원을 위한 기회를 이란에 줄 것을 촉구한다. 둘째, 3국 지도자는 아프리카의 문제를 해결하기 위한 협력 방안[421]을 교환하고 다자협력을 위한 노력을 촉구한다. 셋째, 3국 지도자는 아프가니스탄과 미얀마 문제에 관해서도 평화롭게 문제를 해결할 것을 촉구한다. 이를 위해 의견 교환을 적극적으로 표명한다. 넷째, 코로나19의 조속한 해결과 백신 공여 문제 등의 다차원적 대응을 위한 협력 의지를 대외적으로 표명한다. 동시에 우호적인 국제무역 환경 조성과 기후변화 대책, 생물다양성 등에 대해서도 공통의 이익 증진의 필요성을 표명한다.

독 · 프 · 중 3국의 2차 화상 정상회담에서 가장 눈에 띄는 특징은 중국의 대유럽정책의 방향과 전략을 이해할 수 있었다는 점이다. 유럽의 핵심 국가인 프랑스와 독일도, 외교 안보적인 측면보다는 경제적 요인에서 대중국 정책이 필요하다는 의사를 표했다는 점도 있다. 이는 향후 미국의 대중국 압박이 유럽 국가들과 공조하기 어렵다는 사실을 재인식시켜 주었다. 이로써 중국이 미국에 취약한 지역(이란, 아프리카, 아프가니스탄 등)과 분야(환경, 에너지, 기후협약, 코로나19 백신 공여 문제 등)를 유럽 공략의 세부 전술로 채택했다고 평가할 수 있다.

그런데도 여전히 바이든 행정부가 출범한 이후 '동맹의 귀환'을 통해 기존 국제 정치경제 질서를 유지할 거라는 전망이 지배적이다. 사실 미국으로서는 영국이 EU를 탈퇴했지만, 러시아와 중동 문제 등에서 유럽과의 협조 및 동맹관계가 중요했으므로 미국과 유럽의 동맹관계 전환을 예상하지 못한 것이다. 그러나 2021년 9월 15일 탄생한 AUKUS 동맹은 미국이 추진하고 있는 새로운 국제 정치경제 질서의 전환점이 될 것이라고 평가받고 있다.

2021년 2월 바이든 미국 행정부의 출범은 트럼프 행정부와의 차별성을 예상하면서 세계적 국가로부터 환영과 기대를 받았다. 그러나 예상과 기대와 달리 적지 않은 외교적 실책을 범하면서, 전통적인 동맹국 지역에서 불신과 의혹을 거두지 못하는 상황이다. '버려지는 동맹국'이라는 제목의 기사를 자주 볼 수 있을 만큼 기존 미국의 대외정책 핵심 국가들에서의 실책은 기존 동맹국들의 우려와 고민을 깊게 만들었다고 평가받는다. 특히 중동정책과 아프가니스탄에서의 철군으로 인해 미국의 우선주의 정책에 대해 주변 동맹국들은 불안을 감추지 못하고 있다.

이러한 상황에서 G7 정상회담 이후 미국은 대외정책 변화의 전조와 징후들을 AUKUS 동맹을 통해 그 방향성을 분명하게 드러냈다. 미국은 이미 중국을 남중국해에서의 군사 현대화, 영향력 증대 등 주변국들을 위협하는 전략적 경쟁국으로 정의했다. 그리고 인도 태평양 지역에서 미국을 대체할 패권국가가 되는 것을 막아야 한다고도 언급했다.[422] 바이든 행정부 역시 국가안보 전략지침(3월)과 미일 정상회담(4월) 등을 통해 중국을 권위주의 세력으로 규정하고 민주주의 동맹국들과 규합하여 강력하게 대중 견제에 나설 것임을 강조했다. 더욱이 2021년 6월 영국에서 개최한 G7 정상회담에서 미국·영국·호주와의 회담을 통해 AUKUS 탄생을 위한 기초작업을 진행했다.

AUKUS 출범에 맞춘 바이든 행정부의 대외전략은, 대서양 중심의 나토NATO에서 인도 태평양 중심으로의 방향 전환을 우선순위에 올렸다. 미국의 대외전략 기조인 완전한 전환 여부가 불확실한데도 바이든 행정부의 대외전략 기조와 방향 전환의 전조라는 측면에서 미국을 비롯한 유럽 주요 국가들의 언론은 대체로 일치하는 분석을 내놓고 있다.[423]

미국이 단지 AUKUS 동맹을 위해 남중국해와 서태평양에서의 중국 영향력 확장을 저지할 목적으로만 호주에 핵 추진 잠수함 건조 기술을 지원했는지 의구심을 가질 필요가 있다. 미국이 단순히 이들 지역에서 자국의 제해권을 확보하겠다는 일시적인 성격으로만 파악해서는 안 된다. 현재까지 드러난 AUKUS 동맹은 군사 안보적인 성격이 매우 강하기 때문이다. 비록 사이버안보, AI, 수중기술 및 장거리 타격 능력의 기술 공유 등 3국 간의 군산복합체가 연대할 계기를 마련했다는 평가도 있다. 하지만 미국의 인도 태평양 전략은 새로운 안보 동맹보다는 확장한 동맹체로 발전할 가능성이 크다는 평가에 힘이 실리는 이유가 바로 이것이다. 2021년 9월 24일 미국 워싱턴에서 개최한 쿼드 정상회담에서 미국이 경제적 안보공동체의 성격을 구체적으로 밝혔다는 점에서 향후 미국의 대외전략이 두 개의 동맹협의체 중심으로 전환할 것을 예상할 수 있다는 것이다.

이러한 미국의 행보에 당사국인 유럽(특히 당사국인 프랑스)과 중국이 반발하는 것은 또 다른 군사적 대결국면과 갈등의 여지가 남았다는 사실을 보여 준다. 프랑스는 AUKUS 동맹 출범을 계기로 역사상 처음으로 미국과 호주 대사를 본국으로 소환하는 등 강경한 대응에 나섰다. 잠수함 판매 계약에 대한 파기는 경제적 손실 뿐 아니라 안보적으로도 중요한 기회를 상실했다고 인식했기 때문이다. 2021년 프랑스는 인도 태평양 지역에 거주하는 자국민을 보호하기 위해 군대를 주둔했는데, 이는 중국을 견제하기 위해서도 호주와 긴밀하게 협력할 필요가 있기 때문이다.[424] 게다가 마크롱 대통령은 미국 및 나토에 대한 유럽의 안보 의존도를 낮출 것을 주장하면서 EU군 창설 문제도 제기했다. 또한 야당 정치인들에게도 프랑스의 나토NATO 탈퇴를 요구하기도 했다.

EU 역시 프랑스와 함께 미국의 조치에 불만과 불신을 드러내면서 나토에 대한 근본적인 신뢰 문제에 의문을 제기했다. 동시에 군사작전에 대한 독립적 권한을 위한 EU군 창설 논의에도 긍정적인 태도를 보였다.[425] 이어 EU의 핵심 국가인 독일도 이번 조치에 우려 섞인 강력한 논평을 내고 AUKUS 협정에 반대한다는 뜻을 분명히 밝혔다.

이번 사태를 유발한 중국 역시 격렬한 반대와 유감을 즉각적으로 표명했다. 중국은 AUKUS 동맹이 첩보와 정보 공유로 역내 지역의 평화와 안정을 심각하게 훼손할 것이라고 비판했다. 향후 AUKUS 핵잠수함 계획이 구체화한다면 호주 핵잠수함들은 남중국해뿐만 아니라 대만해협 부근까지 접근하여 다양한 중국의 자료와 정보를 수집할 것을 우려하였다. 또한 중국은 호주와의 무력 충돌을 미국의 동맹국에 경고하는 발신을 통해 향후 북한과 러시아와의 군사적 협력 강화를 예고하기도 했다.

이렇듯 AUKUS 동맹과 쿼드의 출범은 미·중 간의 경제적·군사적 갈등이 태평양 연안에만 국한하지 않는다는 사실을 보여 준다. 특히 미국은 동맹국 1순위인 유럽이 자국과의 관계가 약화한 상황에서 유럽이 중국과 의존·협력 관계를 형성하는 일은 단순히 외교적 수사를 넘어서 실질적인 관계로 나아갈 수 있다는 우려를 자아낸다. 특히 기존의 유럽과 중국의 협력 요인이 경제적 측면을 강조하던 기준에서 군사적 외교·안보의 영역으로 확대될 가능성이 열려 있다는 점에서 추이를 지켜볼 필요가 있다.

세계질서 속 유럽의 새로운 속성과 기준

전통적으로 서양의 근원이자 지리적 공간으로 동양의 대척점에 자리한 국가가 유럽이라는 사실은 누구나 잘 알고 있다. 더욱이 유럽은 지리적 구분에서가 아니라 개별국가 차원인지, 통합적 차원인지에 따라 두 개의 유럽으로 표현될 수 있다는 사실도 알고 있다. 바로 이러한 점에서 유럽을 연구하고 논의하는 데 어려움이 따른다.

유럽을 어느 차원에서 이해할 것인지는 단순히 이분법적 분류의 문제가 아니다. 국가성과 통합성 중 어디에 방점을 찍을 것인지의 문제인 것이다. 이러한 문제는 분단된 한반도의 상황에도 그대로 적용된다. 사실 유럽에서 개별국가의 역사성은 통합성의 역사와 비교할 때 출발선이 한참이나 늦다. 제2차 세계대전 이후 유럽에서의 전쟁 방지와 독ㆍ프 간의 평화로운 체제를 구축하기 위해 유럽통합 운동을 시작했던 당시와 현재 21세기와는 전적으로 다르다. 따라서 EU 또는 개별국가의 통합 논의를 당대 이론이었던 연방주의, 기능주의(혹은 신기능주의), 구성주의를 통해 현재의 유럽연합을 해석ㆍ분석하는 작업이 적절한지에 대한 논란은 피할 수 없다. 하지만 전통적인 이론적 논의를 부정할 수는 없다. 그렇다면 EU와 유럽 연구의 이론적 논의도 변화하는 환경과 조건 등을 고려하여 시대성에 맞는 분석과 적용이 필요할 것이다. 이를 적용하기 위해 본 글에서는 미국과 중국을 중심적인 변수로 하여 논의를 진행하고자 한다.

유럽 관련한 기존의 논의들은 미국이 변수가 아닌 상수로서 유럽통합 운동과 통합체의 성격을 결정하는 기준으로 삼았다. 반면 21세기 이후 유럽 통합체 논의는, 중국의 등장이라는 변수뿐 아니라 러시아를 비롯한 중동국가들과 기타 주변국이라는 변수들이 더해지면서 자연스레 유럽 통합체의 속성도 변화할 수밖에 없기에 다양한 변수들을 반영하자는 의미이다. 왜냐하면 유럽연합의 성격과 유럽 지역에서 일어나는 각종 이슈를 기존의 이론만으로는 설명할 수 없기 때문이다. 일명 걸프전이라고 하는 제1차 이라크 전쟁, 제2차 이라크 전쟁(2003년), 2001년에 시작하여 22년을 지속하고도 여전히 국제적 쟁점이 되는 아프가니스탄 전쟁, 21세기 경제적 패권을 둘러싸고 벌이는 미ㆍ중의 통상전쟁 등이 그것이다.

이에 따라 EU와 유럽 개별국가들이 바라보는 새로운 세계질서는 기존의 논의와는 다를 수밖에 없다. 따라서 차이를 발생시키는 일을 어떻게 설명할 것인지가 매우 중요해진 것이다. 이런 관점에서 전통적·이론적 논의뿐만 아니라 변화된 국제 정치질서의 환경과 상황을 반영하기 위함이다. 물론 논의의 일관성이나 주요 변수의 적용 문제가 제대로 되었는지는 의문으로 남는다. 그런데도 두 개의 유럽이 바라보는 세계질서를 코로나19 팬데믹, 2021년 6월 개최한 G7 정상회담 이후, AUKUS 동맹의 출범을 중심으로 서술한 유럽의 통합체 분석에서 새로운 방법을 적용하는 것이 훨씬 적절하고 유용하다는 전제가 따라붙는다.

유럽연합의 경험이나 시각은 현재라는 시점에서 다양한 변수를 반영한 유럽이 된다. 이러한 유럽을 한국적 상황에 적용하면 유럽이 주는 정책적 함의와 시사점을 발견할 수 있다. 따라서 유럽연합에 대한 기존 논의와 이론적 틀과 차별화된 새로운 이론을 적용하고, 이를 한반도 상황에 적용하고자 한다.

유럽은 오래전부터 지역통합이라는 큰 틀에서 유럽통합 운동을 진행해왔다. 유럽의 국가들이 실현 가능성이 크지 않았던 통합운동을 진행했던 가장 큰 목적은, 제2차 세계대전 이후 전쟁의 발발 가능성을 줄이는 동시에 대외적으로 유럽의 영향력과 이익을 증진하려는 차원이었다. 유럽통합 초기, 통합이라는 목적을 달성하기 위해 가장 적합한 통합 논의와 틀을 구축하면서 유럽연합의 성격을 규명하는 이론적 작업이 먼저 진행되었다. 연방주의·구성주의 이론 및 최근의 다양한 논의들도 유럽통합의 성격과 작동 원리를 규명하려는 노력을 이론화한 것이다.

그러나 21세기 문턱에 들어서면서 두 개의 유럽이 대외적인 환경과 요인으로 변화와 속성의 전환을 이뤘다는 점에서 기존 이론만으로는 설명하기 어려운 문제들이 등장했다. 전통적으로 유럽의 대외정책 기준에서 지역과 국가는 미국, 러시아, 터키 등이었다. 그런데 1990년대 이후 중국과 북한 그리고 중동과 아프리카 등이 더해지면서 더욱더 복잡하고 다양한 요소들이 유럽의 성격과 속성에 영향을 주었다. 결국 변화 요인들을 고려하면서 유럽의 내부적인 문제들(이민과 난민 문제 및 포퓰리즘의 등장과 유럽통합에 대한 다양한 주장들)을 포함한 유럽통합의 성격을 분석할 필요가 생긴 것이다.

이제 유럽을 위도상으로 구분하던 기존 방식에서 벗어나 새로운 통합의 기준을 바다와 개별국가의 통합 정도에 따라 새롭게 적용하면 다음과 같다. 유럽에 접하고 있는 4개의 바다가 갖는 지정학적 요인과 국제 정치질서 상황을 접목한 민주주의적 요소를 더해 유럽을 재구성하면 '대서양, 지중해, 흑해, 발트해'라는 4

개의 권역으로 나눌 수 있다.

첫 번째, 본디 대서양은 앵글로 색슨계 국가들(미국과 영국)이 중심이 된 통합 축이었다. 하지만 이제는 영국이 EU에서 탈퇴했고, 미국과의 동맹 약화 등으로 대서양 중심에서 탈피하려는 노력과 징후들을 보인다. 미국의 의존도를 낮추면서 독자적인 유럽으로서의 가능성을 확인할 수 있는 지정학적 의미로 재구성되고 있다.

두 번째, 지중해는 유럽의 대아프리카 정책과 대중동 정책을 결정짓는 바다였다. 하지만 2010년 이후 중동국가의 민주화 바람이 유럽지역의 난민사태를 불러왔다. 난민사태가 미국의 대중동 정책을 실패로 되돌렸고, 현재의 중동 정세를 혼란스럽게 만들었다. 중동국가들의 민주화가 유럽의 난민사태와 유럽의 주요 국가들에서 극우 정당들의 약진과 포퓰리즘이 강세가 나타나게 한 원인이었다. 따라서 유럽의 전략적 중요성의 또 다른 이해 지점이 지중해라고 할 수 있다.

세 번째, 흑해는 최근 발생한 크림반도의 병합 문제로 주목을 받았다. 하지만 이미 이전부터 러시아와 유럽을 잇는 경계였다. 러시아로부터 들여오는 천연가스 등의 자원 문제와 조지아, 체첸, 크림반도 등을 둘러싼 러시아의 이해관계와 직접적으로 연결되어 있다. 또한 이란, 이라크, 아프가니스탄 등을 둘러싼 갈등의 출발지라는 점과 유럽의 대중앙아시아 전략의 출발점이라는 사실에서 흑해가 갖는 지정학적 의미는 매우 크다.

네 번째, 발트해는 북유럽과 북대서양에 속한 변방 국가들을 연결하는 중요한 요충지다. 북유럽과 발트해 3국 및 러시아의 관계성을 설명하는 기준 지역으로 유럽의 주요 국가들과 국민의 구성이 제도적으로 다르다는 점에서 충분한 이해와 설명이 필요한 곳이다.

이렇듯 새로운 기준으로 유럽을 구분하고, 이를 21세기에 일어났던 결정적인 사건이나 요소들을 중심으로 설명한다면 유럽의 대표 격인 EU 역시 유사한 기준에서 해석하고 설명할 수 있다. 영국의 브렉시트에서의 탈퇴는 외교 안보 차원에서 대서양주의의 쇠퇴를 의미한다. 미국과의 관계 약화 현상이 촉진될 가능성이 크다고 할 수 있다. 사실상 EU는 외교 안보 정책의 방향성을 결정하는 요소 중에서 군사적 위협과 전쟁의 발발 가능성을 중요하게 다루지만 인권, 난민, 테러 등의 비전통적 요소 등도 매우 중요하게 생각한다.

더군다나 2008년 말 글로벌 경제위기에서의 대응 방식(영국 탈퇴 전 EU는 경제위기로 미국이 주도하는 G20 경제 질서에 편승하고 EU의 경제위기를 해결하기 위한 다양한 해결책 제시)과 코로나19 팬데믹이라는 위기 상황에서 EU의 대응 방식(신속한 국경봉쇄를 단행하였으며, 동시에 5,000억 유로 규모의 유로존 부양 패키지 합의 등 다소 이중적인 대응 방식을 채택)의 양면성을 이해할 필요성이 있다. 이는 여전히 EU가 국제 정치경제 질서 속에서 주요 행위자가 틀림없지만, 회원국의 개별국가 주권이 여전히 중요하다는 측면으로 이해될 수 있다. 이러한 점에서 유럽통합 정치체로서의 EU는 EU의 미래를 낙관하는 낙관론과 EU의 미래를 회의적으로 보는 회의론이 동시에 공존한다는 특징이 있다.

한국적 적용 및 시사점

유럽의 속성을 변화된 요인으로 파악하면 기존의 이론이나 논리로는 설명되지 않는 부분들이 존재한다. 이를 보완하기 위해 새로운 이론적 틀과 논의가 필요한데, 이 글에서는 분리통합의 이론을 적용하고자 한다.[426] 분리통합 이론의 적실성은 전통적으로 분단통일이라는 이분법적 구도에 익숙한 남북통일에 관한 이론적 틀에 적용하면 더욱 효과적일 수 있다. 70년 넘게 분단을 고착해온 한반도 상황에서 통일을 목적으로 할 수 없는 외부적 여건과 환경 등을 고려한다면 남북체제의 분리와 통합의 동학을 적절하게 활용한 공존이 가능할 수 있다. 아래의 글은 분리와 통합의 동학 현상을 잘 설명해 준다.

　　분리 · 통합에 관한 기존의 연구들은 분리와 통합 현상을 개별적으로 바라본다. 이런 이유로 분리주의 움직임에 관한 연구는 주로 사회 속의 종교, 민속집단 ethnic group, 인종, 언어, 지역 간의 경제 격차 등 다양한 요인에서 분리주의의 원인을 찾는다. 이런 상황에서의 분리는 통합과 무관하게 다루어질 수 있다. 통합에 관한 연구도 마찬가지다. 예컨대 유럽통합 연구자들은 통합 과정의 파급효과 spillover와 함께 역진 spill back 현상을 고려하지만, 통합을 분리와의 연속선상에서 바라보지 않는다. 그러나 이 글에서는 분리와 통합을 하나의 연속적인 현상들로 보고, 어떤 특정 시점에서도 분리와 통합이 동시에 진행되는 것을 원칙으로 삼는다. 다만 분리와 통합 중 어느 하나가 강하게 나타난다면 한쪽 세력이 상대적으로 강하기 때문에 우위를 점한다고 보는 것이다.

분리주의에 관한 현재의 연구들도 이와 유사하다. 분리를 하나의 사회 속의 문제로 간주하여 그 대칭점으로 '사회통합'을 상정한다. 이때 설정되는 사회통합은 국제 통합 또는 지역통합과는 별개의 것으로 구분한다. 그러나 본 글에서 분리 문제는 국가 내의 사회통합 문제뿐 아니라 국가 간의 국제 통합 문제에도 영향을 받는다는 구체적인 사례를 제시하면서 한국의 상황에도 적용할 것이다. 따라서 분리-통합은 국내·국제 구분이 모호한 지점으로 국내에서 전개된 분리의 움직임이 극단적인 상황으로 흐를 때 별개의 국가로 독립시킴으로써 더는 국내 문제가 아니고 국제문제로 전환된다.

　　유럽통합의 과정에서 나타났던 모든 정책, 제도 기구들이 갖는 정책 적용과 함의는 미래지향적인 한반도의 평화 체제를 구축할 때 모범적인 사례로 제공될 것이다. 비록 유럽통합 사례가 특수상황이라 할지라도 한반도의 평화를 지속하고 유지하기 위한 제도 간의 협력이든, 서로 다른 체제의 연합 구조를 형성하든, 남북 상호 간의 민족 정체성 회복을 위한 구성주의적 노력이든지 간에 한반도 상황에 적용하는 자체가 의미 있는 작업이 될 것이다. 그러나 분명한 사실은 이러한 노력과 시도가 단순히 현상적인 접근이 아니라 구조를 바꾸는 방식이라야 한다. 2017년 이후 전개된 남북 정상회담과 북미 정상회담은 이를 방증하는 역사적인 경로와 과정이었다. 이러한 사실을 고려하여 분리통합 이론을 한반도에 적용하기를 제안하는 바이다.

제 **4** 부

세계질서 재편기의
한반도

세계질서와 한국의 정치 · 경제 · 외교 · 안보 등의 연계성을 학문적으로 설명하는 일은 매우 까다롭다. 세계질서나 세계질서의 재편 과정이 한국에 미치는 영향을 규명하는 일도 까다롭긴 마찬가지다. 한반도는 지리적 · 지정학적 조건 때문에 국제정치적 영향에서 벗어날 수 없다. 이렇듯 잘 알려진 문제점을 새로운 질문으로 전환하여 규명하는 일은 특정 학문 분야가 감당하기엔 너무나 광범위한 측면이 있다. 한반도는 현재까지 냉전기 양극체제의 산물을 그대로 보존 · 유지하고 있다. 한국은 분단 이후부터 미국이 주도하는 자유주의 세계질서를 따르고, 북한은 소련 붕괴 이후에도 자유주의 질서 안으로 편입하기를 거부하고 있다. 냉전기와 탈냉전기를 거쳐 세계화 시대가 도래하였는 데도 남북한은 여전히 분단국가를 유지하고 있다. 역대 한국 정부들은 한반도 평화구축을 추구하면서 분단체제를 극복하고 새로운 한반도를 수립하고자 노력해왔다. 그러나 여전히 남북한이 풀어야 할 숙제를 풀지 못한 데다 국제정치적 상황마저 녹록지 않아 한국은 분단체제를 극복하지 못했다.

현재 미국이 주도하는 자유주의 세계질서는 여러 측면에서 도전을 받는 중이다. 중국의 부상, 국제정치경제의 복잡성과 상호의존성의 심화, 코로나19라는 위기 상황에서 드러난 패권국의 지도력 부재, 신기술 안보 이슈와 글로벌 기후변화 이슈 등이 자유주의 세계질서의 변화를 촉구하고 있다. 이러한 질서 변화에 대한 위기는 세계질서의 재편을 바라보는 주요국의 시각과 대응에서도 확인할 수 있다. 따라서 세계질서의 변화 과정이 한국의 정치 · 경제 · 외교 · 안보 분야에 미치는 영향에 대해 살펴보고자 한다. 나아가 현존하는 세계질서 변화를 촉진한 두 가지 사건, 즉 2008년 세계 경제위기와 코로나19 사태를 전후로 한국의 각 분야가 어떤 변화를 겪었는지를 살펴서 한국의 포스트 코로나 시대에 주는 시사점을 발굴하기로 한다. 이러한 논의가 세계질서 재편기의 상황에서 한국이 어떤 전략을 선택해야 할지, 분단체제 극복 이후는 어떤 새로운 한반도체제를 세울지에 대한 함의를 제공해 줄 것이다.

⟮1장⟯ 정치·안보 차원의 영향 분석

박인휘

세계질서와 한국 정치 ▫

한국 정치는 냉전기와 탈냉전기를 거치면서 특징적인 현상을 보였다. 바로 '안보, 성장, 민주주의'라는 관점에서 그러한데, 이들의 특징적인 현상들이 세계질서와 얼마나 적극적으로 결합하는지를 살펴보고자 한다. 한국 정치가 경험한 특징 중 일부만을 선정하는 일은 논쟁적일 여지가 있다. 하지만 안보·성장·민주주의는 다분히 보편적인 기준에 불과하다. 따라서 1948년 이후의 한국 정치를 관통하는 핵심 의제에 관한 논의에 집중한다면 큰 무리는 없을 것이다.

첫째, 신생 독립 국가였던 한국의 '주권 및 안보' 문제와 관련한 논의이다. 1948년 한반도에 등장한 분단국가는 글로벌 차원의 냉전 질서 태동 및 고착화 시기와 맞물려 있다. 한반도는 독일, 베트남, 중국 등과 함께 국제정치적 요소로 동일 민족국가가 분단되는 대표적인 사례로 남게 되었다. 특히 한국의 경우, 제2차 세계대전 이후의 다른 분단국가들과 비교해 냉전 질서를 주도한 미국과의 관계를 국내정치적 목적으로 활용한 정도, 국제 안보환경과 연동된 '반공이데올로기'가 지도력의 핵심 가치가 된 배경 등을 고려하면 한국의 현대 국가건설 과정과 세계 질서 사이의 연결성은 매우 독특하다고 할 수 있다.[427]

당시 북한 및 거대 공산주의의 핵심 그룹으로부터 오는 안보 위협을 해소하는 일은 국가이익에 우선하는 국가적 안건이었다. 다른 분단국이 경험하지 못한 한국전쟁은 동족상잔의 무력 충돌이면서 국제전의 성격을 지닌 탓에 주권이 가지는 어떤 속성보다 안보적 측면이 우선시되는 핵심 가치로 자리 잡게 된 것이다.[428]

이런 이유로 한국은 전쟁 과정에서 국가적 의제로 등장한 주권(안보)을 지키기 위해 '한미동맹'을 선택했다. 이렇듯 단정한다면 논쟁의 소지가 있지만, '동맹alliance'이란 주권과 자력구제self-help의 가치를 보존하면서 타국의 힘을 활용하는other-help 국가안보 전략이다. 제2차 세계대전 이후 미국도 전통적인 대서양 공동체 국가들뿐 아니라 다수의 신생 독립 국가를 대상으로 군사 지원을 약속한 동맹을 맺은 바 있다. 따라서 분단이라는 매우 독특한 조건과 맞물린 한미동맹은 냉전체제의 주요한 사건과 흐름 속에서 결합했다고 볼 수 있다. 국제 안보와 자유무역을 포함한 냉전체제에서 미국이 제공한 각종 공공재는 한국의 주권 안보를 확보하려는 중요한 수단이었다. 결과적으로 한미동맹은 한국 정치와 세계질서 사이의 공고한 결합을 보여준 사례라 할 수 있다.

안보가 중요한 영역으로 자리 잡은 한국전쟁의 경험은, 한국 정치 연구의 대표적 주제가 되는 '국가 성격 및 국가론' 문제와 필연적으로 연동된다. 이런 이유로 한국 정치에 관한 논의의 핵심에는 한국전쟁의 위기와 냉전적 질서를 적극적으로 활용한 보수주의적 시각의 '정통주의', 이를 비판적으로 계승한 '네오베버리안'적 관점과 진보주의적 시각인 '과대성장국가론' 혹은 '파시즘 국가론'이 자리하고 있다.[429] 여기서 한 가지 분명한 사실은 국가형성 과정을 어떤 관점에서 분석하더라도 한국이 미국의 지원과 국제사회의 관심이라는 조건에서 과거의 다른 후진국들보다 더 특별하진 않았다. 그런데도 한국은 미국 주도의 냉전 질서 속에서 괄목할만한 경제성장을 이뤄냈다는 것이다. 사실상 한반도의 남북관계는 냉전에 기반한 극단적인 대결 지상주의로 치달았는데, 이 시기에 한국은 국내정치적으로 북한과 공산주의를 제약하는 '배제exclusivenes의 정치'를 통해 생존과 안보를 추구해야만 했다. 냉전 기간에 벌어진 한국전쟁을 포함하여 국제전이었던 베트남전의 참가 논리, 1965년 한·일 국교 정상화를 가능케 한 배경과 1972년 글로벌 수준의 데탕트를 유신독재로 전환한 논리 등은 냉전 세계질서가 국내 정치로 투영된 '배제의 정치'를 대표하는 사례로 기록될 수 있다.

둘째, 한국의 '성장'과 세계질서 사이의 결합 문제이다. 베트남전 참전을 성사시킨 박정희 정권의 관심은 '안보'와 '경제'였다. 당시 베트남전이 한국경제의 초기 성장 과정에 일정 부분 이바지했다는 점, 베트남전의 교훈이 박정희 정권에 중화학공업과 자주국방에 대한 강한 의지를 심어줬다는 점에서 세계질서 변화와 한국 정치는 강한 연결성을 지닌다.[430] 궁극적으로 한국은 중화학공업이 경제성장

(중산층 등장)을 이끌었고, 이러한 성장이 훗날 정치적 민주화로 이어졌다는 점에서 베트남 전쟁이 한국 사회에 미친 영향은 크다. 근대 질서 이후 대부분의 국가들이 안보와 경제라는 두 가지 목표를 설정했듯이, 한미동맹을 통해 안보 문제를 해결한 한국은 '연성권위주의soft authoritarianism' 지도자였던 박정희가 국가 과제로 산업화를 선정하면서 경제성장의 문제를 해결했다.[431] 산업화에 대한 강력한 의지에도 불구하고 동원 가능한 자원이 절대적으로 부족했던 박정희 정권은 한·미 관계를 중요한 자원으로 활용하여 경제성장을 이룩한 선례를 남겼다. 특히 한·일 국교 정상화와 베트남전 참전 결정은 경제 성장에 대한 의지가 앞섰던 박정희 정권의 계획을 구체적으로 실행하게 만든 가용 자원usable resources 제공에 결정적으로 이바지했다고 할 수 있다.[432]

냉전 역사의 한 가운데서 발생한 데탕트 역시 한국의 정치 상황과 세계질서 사이의 결합을 보여 주는 좋은 사례이다. 세계적·아시아 차원에서 발생한 화해는 한반도 차원에서는 굴절되어 반영되었다.[433] 한국과 일본에 각각 차별적으로 수용된 데탕트는 굴절되어 투영된 한국 정치의 배경을 잘 보여 준다. 한국은 데탕트를 통해 권위주의 질서를 강화(유신체제)했는데, 이러한 유신체제의 지배구조가 역설적으로 박정희 시대를 몰락으로 이끌고 말았다. 중화학공업과 수출지향 정책을 선택한 박정희 정권의 개발전략은 가난을 극복한 지도력으로 상징되는데, 이러한 박정희의 성장 리더십은 냉전 질서 하에서 미국이 주도한 자본주의 진영의 통합이 있었기 때문에 가능했다. 자유무역은 한국과 같은 반공 국가가 선택적으로 수용할 수 있는 일종의 편익이었던 셈이다. 거대한 미국 시장이 조악한 한국 상품의 진입장벽을 낮추는 공공재로 작용했기 때문이다.

셋째, 한국의 민주주의와 세계질서의 결합 부분이다. 민주주의는 광범위한 측면이 강해 안보와 성장의 시대적 배경과는 차별성이 크다. 따라서 탈냉전기 이후로 국한하여 정치적 특징을 살펴보기로 한다. 한국은 1970년대 후반부터 글로벌 차원에서 전개한 '제3의 물결'이라는 개념으로 민주화에 동참했다. 결국 한국은 냉전 종식을 맞이하면서 국내 정치적으로 민주주의 동력을 확보한 것이다. 한국처럼 무방비 상태로 냉전에 노출되었던 국가가 탈냉전을 어떤 방식으로 이해하고 적응했는가의 문제는 시사하는 바가 매우 크다. 이런 맥락에서 한국 보수주의 세력이 겪은 정치적 부침을 기준으로 간략하게 설명하고자 한다.

탈냉전으로 인한 한국의 정치적 세계화(신자유주의)는 1990년 13대 국회에서 진행한 '3당 합당'에서부터 비롯되었다.[434] 3당 합당은 외형적으로 보수정당들(민주정의당, 통일민주당, 신민주공화당)이 호남에 기반을 둔 제1야당(평민당)을 고립시키는 결과를 낳았다. 이념적으로는 한국 유권자들의 선택권을 인위적으로 제약한 것인데, 본 글의 주제와 관련한 정치·경제적 관점에서 보면 세계화를 찬성하는 세력과 신자유주의적 세계화에 소극적인 세력 간의 세력 재편으로 해석할 수 있다.

특히 3당 합당은 세계질서 변화가 한국 정치에 끼친 영향이라는 측면에서 매우 중요한 의미를 지닌다. 3당 합당은 이후 30년간 국내 정치 대결에서 보수세력을 절대적 우위에 서게 만든 정치적 동력을 제공했기 때문이다.[435] 무엇보다도 3당 합당은 한국전쟁을 거쳐 탈냉전기에 이르는 동안 안보담론이 '반공 보수'적 정체성으로 일관되었다는 사실을 의미한다. 이후 냉전 종식을 계기로 '반공 보수'의 안보담론은 '시장 보수'의 안보담론으로 전환된다. 안보와 성장을 최우선 가치로 내세웠던 정치세력의 글로벌 생존전략, 세계시장으로의 진출, 국제사회에서의 지위 향상 등의 가치 전환은 세계질서 변화를 추동한 탈냉전과 세계화가 결정적인 요인이었다. 이로써 탈냉전기 이후 세계질서 변화를 인식·수용하는 한국 정치의 지배 담론은 냉전기와는 또 다른 방식으로 외부환경에 종속적인 모습을 띠게 되었다.

특히 최초의 문민정부였던 김영삼 정권의 세계질서 인식은 19995년 세계화의 선언, OECD 가입(1996) 등의 사례가 보여 주듯 세계질서 변화와 한국사회의 연결성에 대한 숙고를 제공한다. 무조건 세계질서 변화에 편승하면 무한한 이익과 기회가 될 거라는 협소한 인식에서 이뤄진 김영삼 정권의 노력이 결과적으로 30년의 세계화에서 어떤 문제점을 낳았는지를 생각해 봐야 하는 이유가 바로 여기에 있는 것이다.[436]

1990년에 3당 합당을 이룬 보수주의 연합은 2007년 17대 대통령선거의 결과를 의미 있게 설명해 준다. 여야 후보 대결에서 2007년의 대선은 전무후무한 표차이를 기록했다.[437] 이명박 정권의 등장으로 특징되는 2007년 대선은 1990년 3당 합당 이후 한국 정치의 우위 세력이었던 '시장 보수'의 절대적인 승리를 의미한다. 하지만 다른 한편으로는 시장 보수세력의 몰락을 제공한 시점이기도 하다. 물론 한국 정치 역사에서 최초로 집권에 성공한 진보세력(1997년 대선과 2002년 대선)의 정권을 마감케 한 이명박 정권이 전임 대통령들과는 달리 기업가 출신이라는 점에서 상징적인 의미는 크다. 하지만 이명박 정부는 한국 사회의 양극화 현상을 극대화하면서 광우병 파동을 둘러싼 '거리의 정치'를 계기로 '대의민주주의'에 대한 불신을 시민사회에 확산시키는 구조적 문제점을 낳았다. 결정적으로 '반공 보수-시장 보수'로 이어진 정치적 지배 세력이 한국 정치의 다음 아젠다를 제시하는 데 실패함으로써 보수세력의 정치적 위상을 하락시키는 결과를 초래한 것이다. 냉전 종식 이후 한국 사회의 다양한 자원이 세계화 전략에 투입된 사실은 '세계질서-한국 정치'의 유의미한 연결성을 보여 주는 대표적인 사례를 제공한다. 이명박 정부와 박근혜 정부로 이어진 보수세력의 정치적 침체는 전략적 준비 없이 수용한 세계화가 어떤 결과를 낳았는지 잘 보여 주는 사례가 된다.

세계 경제위기 이후 한국 정치의 특징

세계 경제위기가 한국 정치에 미친 특징은 '정치적 불신 혹은 대의민주주의 위기'와 '사회·경제적 양극화'이다. 이러한 특징이 세계 경제위기에 직면한 다른 나라에서도 발견되는 보편적인 특징인지, 한국에서만 강조되어 나타난 현상인지를 판단하는 일은 쉽지 않다. 세계 경제위기가 발생한 2008년은 세계적으로 냉전이 종식된 지 20년이 되는 해이다. 그리고 한국적인 상황에서 IMF 금융위기를 경험한 지 대략 10년이 흐른 시점이다. 세계화를 매우 적극적으로 수용한 한국적 상황에서 '대의민주주의 위기와 양극화 현상'은 지난 20년에 걸친 세계화의 수용 방식 및 IMF 구제금융 이후의 구조조정 방식에서 비롯되었다는 가설을 세울 수 있다. 가설을 분석하기 위해 한국에 적합한 민주주의 방식이 무엇인지를 국가의 조정 능력과 시민사회가 지닌 역할이라는 관점에서 접근하고자 한다.

첫째, 대의민주주의의 부분적 실패를 인정하는 참여민주주의의 등장을 어떻게 이해할 것인가의 문제이다. 과거의 사례를 살펴보면 1997년 대통령으로 당선된 김대중은 한국에서 유일하게 민주주의를 가능하게 만들었다고 평가받는다. 이어 두 번에 걸친 진보 정부의 집권 이후 마치 미국의 3연임 제한 대통령제처럼 2007년 대선에서 보수정권으로 교체되자 민주주의가 절차적 차원을 넘어 실질적 공고화 단계로 진입했다고 분석한다. 2017년에 발생한 대통령 탄핵은 참여민주주의가 헌법적 결정으로 전환된 경우로 한국의 민주주의가 더욱 공고화되었다는 설명도 있다.**438** 이러한 설명에도 불구하고 2008년을 전후로 가시화된 참여민주주의의 강화는 한국이 어렵게 성취한 대의민주주의를 위기에 빠트렸다는 점에서 우려를 자아내게 만든다.

　참여민주주의 등장으로 인한 대의민주주의 위기는 비단 한국만의 문제가 아닌 이미 1970년대에 해외 연구자들로부터의 관심의 대상이었다. '68혁명'이 촉발한 미국 및 유럽의 주요국에서 일어난 시위와 항쟁은 대의민주주의와 전후 질서에서 정착한 자본주의 질서에 대한 구조적 모순을 겨냥했다. '68혁명'에서부터 비롯된 민주주의에 대한 개혁 의지는 1970년대 초반을 넘어서면서 나라별로 다양한 방식으로 수용 · 조정을 거쳤다. 하지만 민주주의 제도의 근본적인 변화와 개혁으로까지 이어지진 못했다. 미국의 경우는 닉슨 대통령의 '워터게이트 사건'과 맞물리면서 미국식 정치 개혁운동을 초래했다. 정책시장policy market이 형성되면서 정책에 투입되는 각종 실용 지식을 생산하는 싱크 탱크think-tank가 활성화되었고, 의회 지도자를 중심으로 정치변화가 진행됐다. 유럽 국가의 경우는 데탕트가 조성되면서 인권, 화해, 평화로 상징되는 지역 안보 질서가 이슈화되었지만 민주주의 제도의 근본적인 변화에는 관심을 쏟지 못했다.

　한국의 경우 민주주의 위기 문제와 대안적 민주주의에 대한 논의가 2000년대를 지나면서 차츰 등장하기 시작했다.**439** 2008년 광우병 이슈로 100만 명 이상의 시민이 촛불집회에 참여하면서 한국 민주주의의 작동과 실행에서 문제가 있다는 점이 지적되었다. 민주주의 발전이란 통상적으로 다양한 이해관계자와 불만을 가진 세력을 제도권 안으로 편입시킴으로써 정당 · 정치 지도자와 일반 유권자 간의 견해 차이를 해소하는 것을 의미한다. 하지만 촛불로 상징되는 참여민주주의가 폭발적으로 증가한 것은 제도권 정치에 대한 시민들의 불신이 팽배하거나 제도권 정치가 시민들의 요구를 수용하는 데 상당한 시간과 비용이 소요되어 기대와 다른 결과로 나타날 것을 예상하기 때문이다.

　이러한 현상에 주목해야 하는 이유는 광우병 사건으로 촉발된 '거리의 정치'가 일시적 현상에서 그치지 않고 다양한 형태로 지속된다는 점이다. 2016년 하반기에 대규모로 점화된 '거리의 정치'가 이듬해 대통령 탄핵을 결정짓는 동인으로 작용했다. 대의민주주의의 실패(혹은 부분적 붕괴)가 지속적인 생명력을 가지는 데에는 반드시 그 이유가 있을 것이다. 학자들의 관점에 따라 다양한 분석이 가능할 수 있다. 하지만 건국 이후 국가의 형성과정에서 선택적으로 진행한 반공 보수주의 및 안보를 지향하는 국가적 전통에 따른 정당정치 활성화의 부재, 정치 지도자에 대한 신뢰 부족, 대통령의 과도한 권한 등과 연결되었기 때문이라고 할 수 있다.[440] 이러한 결과들은 냉전 질서는 물론 세계화 이후에도 지속되어 세계화 전략 수립에 필요한 국가 역할과 깊이 연동되기 때문이기도 하다.

이와 관련하여 한국 정치 현상에서 의미 있는 부분은, 전통적으로 정치적 사안에 관심이 높고 관련한 시사 정보를 수집하는 데에 시간과 비용을 투자하는 진보성향의 시민들이 참여 민주주의적 의사 표현을 주도했다는 사실이다. 그런데 이보다 더 흥미로운 것은 세계 경제위기를 계기로 참여민주주의가 보수적 성향의 시민들의 아젠다로도 채택되었다는 점이다. 한국은 물론 전 세계적으로 미국을 포함한 일부 국가에서는 우파 대중영합주의가 유행하고, 유럽의 복지 국가들은 진보성향의 '승리 연합winning coalition'정당이 지속되면서 정치적 이슈 선점에 관심이 높은 보수주의 성향의 시민들이 참여민주주의에 관심이 많다고 알려졌다. 진보성향의 시민들이 선호하는 참여민주주의에 따른 의사 표현을 최근 보수성향의 시민들도 열망한다는 것이다. 이러한 사실은 한국 민주주의의 정치 문화적 안정성에 문제가 있다는 점을 명백하게 보여 주는 현상이다.

둘째, 한국 사회의 양극화에 대한 문제이다. 정치적 민주화와 경제적 자유화가 상호 수렴한다는 사실은 민주주의를 지향하는 국가들이 거의 공감하는 부분이다. 1997년 IMF 금융위기 이후 본격적으로 시작된 경제 자유화는 한국의 국가정체성이 가지는 대외 의존성 차원에서 금융위기를 경험한 다른 아시아 국가들과 비교해볼 때, 한국은 미국과 서구 자본이 요구하는 구조조정을 더욱 적극적으로 수용한 측면이 있다. 결과적으로 IMF 이후 국제 금융의 국내시장 장악력은 급속히 높아졌다.

그런데 2008년 이명박 정부가 등장하면서, 소위 '이중전환dual transition'으로 알려진 정치적 민주화와 경제적 자유화의 병행에 심각한 문제가 발생할지도 모른다는 우려가 제기되었다.[441] 1997년 금융위기 이후 김대중 정부가 추진한 자본주의와 민주주의의 병행발전은 발전국가 경험을 가진 한국으로서 매우 의미 있는 선택이었다. 특히 국내외의 다양한 정보 수용에 민감해진 국민 대부분이 세계화가 개인적 차원에서 선택하는 문제가 아니라는 사실을 충분히 인지한 것이다. 결과적으로 세계화 수용 방식의 조절과 관련한 요구사항이 있을 수 있지만, 기본적으로 개개인의 정치적·경제적 선택과 관련하여 세계화 현상에 적응하고자 노력했다.

　세계화의 한국적 수용과 관련하여 1997년 금융위기 이후 사회경제적 양극화에 대한 일반 국민의 정치적 불만은 어디로 향할 것인지를 묻지 않을 수 없다. 이 질문에 대한 답은 소위 정부의 조정 능력과 관련되어 있다. 좀 더 구체적으로 답하면, 이중 전환을 추진하고 조율하는 정부의 책임성accountability과 관련한 문제이다. 당시 이명박 정부에서 발생했던 전임 대통령의 자살, 용산사태, 미디어법 파동, 시민사회NGO와의 갈등 등은 발전국가를 넘어서 세계화로 나아가던 한국 민주주의에 위기를 초래했다.[442] 이중 전환 단계에 진입한 국가의 경우, 국민이 일시적으로 발생하는 경제적 위기를 경제적 보상이나 국가 권력 강화를 의미하는 국가 역할의 확대를 통해 해결하는 것을 원치 않는 것으로 알려져 있다. 한국도 마찬가지였는데, 세계 경제위기와 이명박 정부의 등장이 공교롭게 동시에 나타난 상황에서 시민사회의 활성화, 민주적 조정 능력을 추진하는 정부의 능력, 국가 지도자의 소통 능력, 중요한 정치적 사안에 대한 투명한 처리 등의 정치 민주주의적 옵션이 세계 경제위기에 처한 한국 사회의 위기를 해소하는 방안이었다. 하지만 안타깝게도 글로벌 금융위기에 직면한 한국 정치는 이러한 과정으로 이어지지 못했다.

　냉전기 및 탈냉전 초기에 진행된 세계질서 변화가 한국 정치에 투영되는 방식은 직접적이었고 투명했다. 반면 2008년을 전후로 발생한 금융위기 이후의 변화들은, 한국 정치에 굴절되는 방식으로 투영됐다. 이는 '세계질서 변화와 한국 정치' 사이의 관계성을 파악하는 데 큰 어려움이 있다는 것을 의미한다. 여기에는 다양한 이유가 있겠지만, 민주화 이후 오랜 시간이 지나면서 한국 정치문화가 성숙해지고, 여야 간 집권 세력의 반복적 전환, 정치 지도자의 다양한 리크루트 등이 일상화되면서 세계질서 변화가 한국 정치에 반영되는 과정이 더욱 복잡해졌기 때문이라고 판단된다.

코로나19 이후 한국 정치의 주요 쟁점

코로나19는 이론의 여지 없이 국내정치적 · 국제정치적 차원에서 지대한 영향을 미쳤다. 코로나19가 초래한 위기와 문제점을 진단하는 과정에서, 냉전 종식 이후부터 지금까지 전 세계 모든 나라에서 거의 예외 없이 진행된 '세계화' 현상이 주된 원인이라는 국제적 공감대가 형성됐다. 이러한 공감대는 결과적으로 세계질서의 구조적인 변화를 둘러싼 다양한 논쟁으로 이어졌다.[443] 세계질서의 구조를 둘러싼 논쟁들은 소위 '역 세계화globalization reverse'의 필요성을 주장하면서 인프라가 유사한 국가들끼리의 글로벌 보건 거버넌스, 최소한의 국경 개방을 주장하는 반세계화론, 심지어 반중 정서에 기반한 글로벌 생산 네트워크 변화 등의 내용을 포함하고 있다.

국가 전반에 걸쳐 대외의존도가 높은 한국의 상황에서 코로나가 세계질서에 미친 영향의 심각성은 아무리 강조해도 지나치지 않을 것이다. 코로나로 인한 한국 정치의 주요 쟁점은 다양한 관점에서 분석할 수 있겠지만, 한국적 상황과 세계질서 변화의 결합이라는 차원에서 접근하면 다음과 같다. '국가의 관심과 정부 책임성accountability'의 문제와 '민주주의 위기와 거대국가 출현'의 문제를 들 수 있다. 이러한 현상들이 한국의 선거에 어떻게 반영되었고, 정부의 책임성과 민주주의 위기를 한국적 상황에서 가장 정확하게 설명할 방법이 무엇인지를 살펴보기로 한다.

첫째, 정부가 무엇을 최우선 과제로 삼는가의 문제이다. 안보의 대상referent objects과 관련하여 국가가 아닌 인간이 정부 책임성의 최우선 과제로 등장할 수 있느냐의 문제가 된다. 사실 이 문제는 코로나 사태에서 새로 등장한 주장이 아니다. 냉전 종식 이후 유럽지역에서는 국가를 대신해서 다양한 대상objects이 안보의 대상으로 등장했고, 이와 관련한 연구도 많이 이뤄진 상태다. 다만 한국의 경우, 전통적인 안보 위협이 여전히 팽배한 상태여서 유럽에서와 같은 주장은 크게 설득력을 얻지 못한다. 비단 한국뿐 아니라 일본, 대만 등과 같은 동북아 국가에서 인간안보가 설 땅이 좁은 이유는 중국의 강대국화, 중일 갈등, 북한의 핵 등의 문제 때문이다. 하지만 무엇보다도 권위주의 정부(강한 정부)를 유산으로 남긴 나라들에는 의도치 않게 국민의 일상 안보common security가 잘 유지된다는 특징이 있다. 이러한 상황이 여전히 전통적 안보 이슈를 최우선 과제로 설정하도록 만드는 것이다. 그런데 코로나 이후 중요한 안보 문제로 고려하기 시작한 환경문제나 자연재해 사례처럼 '인간의 건강'이 정부의 최우선 과제가 되어야 한다는 인식이 싹트기 시작했다.

전통적으로 국가를 포함한 경제성장, 사회안정, 정치 발전, 안보의 유지, 글로벌 지위 향상, 종교의 자유 등이 정부(혹은 특정 리더십)의 존재를 정당화시키는 조건이었다. 이러한 대상들은 정책 추진의 시급성과 재원 투입의 관점에서 항상 서로 경쟁하고, 정치화policization의 과정을 거친다. 결과적으로 정치화 과정의 마지막 단계까지 중요한 의제를 선점하고, 선점한 아젠다를 해결할 능력을 지닌 정치 세력에게 집권의 기회가 주어진다. 즉, 주요 정책 이슈들은 개별국가 안에서 서로 경쟁하고 경합하면서 국가 구성원들의 지지와 동의를 확보하게 되고, 그 결과 '사회적 구성social construction'에 의해서 최우선 가치를 가진 사안이 선택되는 것이다.

둘째, 코로나 위기로 인한 민주주의 위기의 문제이다. 각 국가의 국민이 어떤 민주주의를 선호하는지에 관한 질문은 국가마다 처한 상황에 따라 다르다.[444] 한국은 세계 경제위기 이후 대의민주주의의 위기가 지적된 바 있고, 거대국가 출현에 대한 우려도 지속되고 있다. 정부가 코로나19 팬데믹 속에서 방역 수칙 준수를 강조하였지만, 여전히 시민들의 참여민주주의 열기는 사라지지 않고 있다. 거대국가 출현에 대한 우려와 민주주의의 침해 가능성과 대의민주주의 불신에 대한 시민들의 참여적 의사 표시가 동시에 진행되는 것이다. 코로나 위기로 인한 거대국가 문제는 상대적으로 간단한 배경을 가진다. 정부는 '감염병의 예방 및 관리에 관한 법률'에 따라 정부가 확보할 수 있는 일반 시민의 정보를 매우 구체적으로 제공한다. 주민등록번호와 전화번호는 물론이고 개인의 처방전 기록, 진료기록부, 출입국 관리기록, 휴대전화를 통한 위치정보 등에 관한 정보다. 국가가 보건의 위기를 빌미로 개인의 신체, 건강, 이동, 위치에 관한 막대한 데이터를 취합한다. 취합한 데이터를 기반으로 정책을 집행하는 소위 '데이터 통치'의 시대를 본격화하는 것이다.

한국 민주주의는 과거 냉전기에 '발전국가' 경험을 거쳐 냉전 종식 이후의 '세계화 국가'를 기반하고 있다. 언뜻 보면 제각각 강력한 행정력 및 유연한 개방성에 바탕을 둔 경험으로 보인다. 하지만 실상은 적극적인 '국가의 개입'이라는 공통점이 있다. 권위주의 정권하에서 사적 영역의 발전을 국가전략으로 설정했던 전통이 세계화 시대에 들어서서 '탈국경화'를 국가전략으로 설정한 것이다. 마찬가지 논리로 세계 경제위기 이후 가속화된 참여민주주의의 경향은 '코로나 거대국가' 논리와 절대로 이질적이지 않다. 민간차원의 데이터 활용의 편의성, 비용절감, 소비자 권리보호 등을 충분히 경험한 시민과 각종 정보를 국가가 공유한다는 차원에서 거대국가와 참여민주주의의 공존이 이질적이지 않기 때문이다. 즉,

'물적 인프라'와 '심리적 인프라'의 공존이다. 전자는 한국 사회 전반에 걸쳐 IT 인프라가 촘촘하게 장치된 경우로 이미 'IT 강국'의 지위를 확보했다는 사실을 의미한다. 후자는 다분히 한국적 상황을 반영한 경우로 각종 포털이 제공하는 무료 메일, 뉴스 검색, 정보제공을 당연시하고, IT 기업에 개인들의 취미, 관심사, 소비 성향, 심지어 인간관계까지도 거리낌 없이 제공한다.

　　권위주의 국가에 의한 인권침해와 영리한 거대국가를 구분하는 일은 쉽지 않다. 하지만 코로나 위기 직후 감염자 수가 폭등하자 서구 민주주의 국가들은 반자유주의적 봉쇄 조치를 주저 없이 강행했다. 코로나바이러스와의 전쟁이 잠복해 있던 서구 민주주의 국가들의 독재적 요소들을 일거에 드러낸 것이다. 결과적으로 서구 민주주의 국가에서 중국이나 러시아와는 다른 새로운 유형의 감시 권위주의surveillance authoritarianism가 강화되는 것은 아닌지에 대한 우려가 생겨났다.

　　그런데 코로나 위기로 인한 세계화 질서에 대한 전반적인 점검은 대략 10여 년간 진행된 자본주의 체제의 근본적인 성격 변화 혹은 구조적 변화라는 거시적 흐름과 맞물려 있다는 것을 알 수 있다. 따라서 거대국가 혹은 감시 국가의 등장은 전후 질서에서 구조화되고 공고화된 자유주의 세계질서의 변화라는 관점에서 접근할 필요가 있다. 또한 코로나 사태로 인한 민주주의 위기는 정부의 역할에서 기인한 측면이 있다. 다른 한편으로는 시민사회 차원에서 유발된 측면과 동시에 공존한다는 점도 발견할 수 있다. 왜냐하면 코로나 위기는 세계화로 인한 탈국가적 공동체의 삶이 편안하고 행복할 거라는 기존의 믿음을 붕괴시켰기 때문이다. 이러한 붕괴는 지역주의나 민족주의 혹은 개인들의 고립된 삶이 득세한다는 위협 의식으로 이어질 수 있다. 정부의 역할이나 정치 시스템의 역할이 불가피하므로 정부의 영향력이 확대될 것이라고 여겨지기 때문이다.[445] 결과적으로 정부, 시민단체, 민간인 간의 새로운 협력모델에 기반한 코로나 시대의 정치 거버넌스가 요구된다고 할 수 있다.

　　셋째, 한국의 유권자들은 코로나 위기에서 일시적으로 수용한 '인간안보'의 중요성과 '거대국가'의 역할을 실제 선거에서 판단의 준거로 삼았을지에 대한 문제이다. 자연재해 등과 같은 사태, 즉 몇 년 전에 발생한 메르스 사태 때만 해도 불가피한 재해나 질병은 인간의 통제를 벗어나는 영역으로 받아들였다. 따라서 자연재해나 질병의 발발 사태를 정치적으로 정부를 지지하는 차원에서 접근하면 안 된다고 판단했다. 이러한 판단의 준거를 코로나 위기가 전복시킨 것이다. 재해 발생에 대한 정부의 대응이 적절한지, 정부가 재해를 어떻게 대처했는지 등 유권자들의 평가가 선거 결과에 영향을 미친다. 그렇다면 'K 방역'의 지위를 확보한 한국의 경우는 어떠한지 살펴볼 필요가 있을 것이다.

2020년에 치러진 제21대 국회의원선거 결과는 국내 정치학자들의 연구 주제로 이어졌다.[446] 관점에 따라 다양한 접근으로 분석할 수 있지만, 한국 정치의 주요한 쟁점이라는 두 가지 견해로 집중되었다. 첫 번째 견해는 코로나로 인한 신체적 · 경제적 · 정신적 피해가 발생했지만, 정부(혹은 여당)에 대한 평가로 이어지지 않았다는 점이다. 두 번째 견해는 코로나가 자연재해라는 성격을 지니지만 현 정부의 감염병 방역 능력에 대한 평가가 뚜렷하게 투표에 반영되었다는 점이다. 흥미롭게도 정부의 코로나 대응능력에 관한 평가에서 두 가지 견해가 모두 반영됐다는 사실이다. 하나는 전임 정부들과 대응능력을 비교했고, 또 하나는 다른 나라 정부의 코로나 대응 상황과 비교했다. 이러한 평가가 제21대 국회의원선거 결과로 드러났다고 할 수 있다.[447]

앞선 논의를 종합할 때 발전국가와 세계화 국가를 지나온 한국의 민주주의는 방대한 정보에 기반한 새로운 유형의 민주주의로 나아갈 수 있을지 의문이다. 미국을 중심으로 본격화한 데이터 자본주의는 이미 수년 전부터 정치적 영향과 결정력 차원으로 전환되었다. 코로나19 대처 과정에서 정치적 영향력을 시민의 관점에서 투명하고 공정하게 적용했다면 '데이터 민주주의'는 가능할 것이다. 한국 정부는 방역 대처 과정에서 정보를 독점적으로 활용하는 지배적 지위를 차지했지만, 비교적 법률적 기반과 민간부분과의 협력이라는 대원칙을 일관되게 유지했다고 평가받는다.[448] 이러한 평가 배경에는 디지털 역량을 강화하기 위해 20년 넘게 지속해온 한국 정부와 민간부문의 노력이 있었다. 그 노력 결과를 각 산업 분야에 적용하려는 정부의 강한 의지가 데이터의 민주적 사용이라는 변화를 발생시킨 것이다. 일반 시민들이 거부감 없이 정부 방역 정책에 조응한 이유가 바로 여기에 있다고 볼 수 있다. 다만 인권, 자유, 국가개입에 관한 사회적 합의를 찾기 어렵다는 점에서 민주주의의 원형으로 자리 잡기까지는 앞으로 많은 노력이 필요해 보인다.[449]

세계질서와 한반도 안보: 안보 부재의 정치

세계질서가 한국 안보에 미친 영향은 1948년 이후 글로벌 안보 상황이 한반도 사회구조와 결합한 방식과 내용에서 찾을 수 있다. 개념과 인식 그리고 실천이 사회화 과정을 밟아 진행되는 안보 영역의 경우 개별 사회 내부에서 발생한 다양한 안보 위협이 서로 경합하는 속성을 지닌다. 안보는 본인이 속한 사회가 타자와는 어떻게 다른지differentia를 지속해서 확인하는 작업이기 때문이다.[450] 위협의 수준에서 '안보'로 전환되는 과정은 결국 '다름'이라는 사회적 동의와 합의를 거쳐 정책으로 전환된다는 의미를 지니기도 한다.

특히 안보는 국가 단위 안에서 실천되는 경우가 대부분이다. 즉, 위협의 개념이 확정되어 내부의 세계weness가 외부의 세계otherness와 어떻게 다른지에 대한 논리를 전제하기 때문이다. 하지만 한국의 경우는 국가의 생존을 고민하면서부터 냉전체제와 결합한 탓에 '주어진 안보' 현실을 관리하는 것만으로도 국가 능력의 포괄적인 동원을 요구받았다. 결과적으로 한국인들의 요구에 기반한 '주장된 안보' 이슈를 선택할 겨를이 없었다고 할 수 있다. 한반도의 안보는 냉전기 동안 글로벌 안보의 작동방식에 종속적으로 연동되었으므로 한국의 안보를 정의하려면 핵심적인 두 축인 미국과 북한의 의미를 설정해야만 했다. 따라서 한국 안보의 상징적인 '분단구조'는 세계 안보 질서와 한반도적 상황이 결합한 구조 방식이라 할 수 있다.[451] 이러한 관점에서 한미관계와 남북관계가 어떻게 결합했는지에 대한 분석을 통해 세계질서가 한반도 안보와 어떤 연결성에서 의미를 갖는지를 파악할 수 있다. 미국은 한반도의 현실적인 안보에서 독립적인 국가로 존재하기보다는 '동맹'이라는 제도적 관계로 존재한다. 이로써 한국 안보의 사회 구조화는 한국 사회의 위협에 대한 제도적 장치들이 불가피하게 한미관계를 보호하는 결과물로서의 의미를 지닌다.

냉전 종식은 유럽, 남미, 동남아시아, 중앙아시아 등 광범위한 영역에 걸쳐 개별국가 차원과 지역 안보 차원에서 근본적인 변화를 몰고 왔다. 그런데도 한반도에 정착된 '분단 안보 구조'에는 아무런 변화가 없었다. 세계질서와 한국의 안보가 긴밀하게 연동되었다는 필자의 주장과 견줄 때, 탈냉전의 세계질서 변화가 한반도 안보 상황과 유리되어 전개되었다는 주장은 숙고해볼 여지가 있다. 하지만 한반도 안보를 지탱하던 '외적 균형'에서 미국과 중국의 변수를 활용하려는 북한의 탈냉전기 생존전략을 면밀하게 고찰하면 '세계질서−한반도' 간 연동성을 잘 확인할 수 있다. 탈냉전기에 들어서서도 남북한 간의 군사 대결을 핵심으로 하는 한반도 안보 상황에 아무런 변화가 없었던 이유가 바로 이것이다. 따라서 미국과 북한의 접점인 '안보 부재의 정치'는 어떤 전략적 배경에서 탄생했고, 한반도 안보의 특수성으로 인해 '위협'이 '안보'로 전환되지 못한 채 안보 유지가 '위협'을 재생산하는 상황이 지속되고 있다.

냉전이 종식된 지 30여 년의 시간이 흘렀다. 이제는 인식, 개념, 그리고 실천의 차원에서 한반도 평화를 위한 근본적인 접근이 필요하다. 하지만 한미·남북 관계는 여전히 대립 구도를 형성하고 있다. 이런 상황이 지속되는 이유는, 북한이 냉전 종식과 함께 핵 개발을 생존과 동일시하는 의미로 정당화하기 때문이다. 사실상 북한의 생존을 위한 핵 개발은 국제사회에서 일탈 행동에 관한 지침을 제시함으로써 북한의 논리에 정당성을 제공한 측면이 크다. 동시에 미국에 의한 탈냉전적 안보 구조화를 제도적으로 보장해 주는 효과도 발휘했다. 결국 한반도에서 발생하는 위협을 국내정치적으로 연동시켜 사회적으로 구조화시킨 '안보 부재의 정치politics of insecurity'는 북한이 일관되게 주장하는 핵 개발 논리를 잘 대변해 준다.

북핵 문제의 탈脫 한반도성

미국과 북한의 안보적 결합인 '안보 부재의 정치'는 어떤 전략의 결과로 탄생했고, 한반도 안보와 세계질서의 결합이라는 관점에서는 어떤 의미를 지니는지 살펴보기로 한다. 미국의 한반도 안보 개입은 글로벌, 동북아 및 한반도 안보 전략의 교집합이라는 측면이 있다. '글로벌 비확산을 위한 성공적인 운영'과 아시아 차원에서 '한국과 일본이라는 동맹파트너를 활용한 대중국 전략'인 동시에 '한미동맹이 글로벌 성장과 민주주의에 이바지한다'라는 국제 지도력의 유지를 의미한다.[452]

핵을 통한 북한의 생존전략이 미국의 안보 전략과 맞닿는다면, 미국은 한미동맹을 강화하여 한반도 및 동북아 안보 유지를 책임지려 할 것이다. 따라서 미국과 북한의 전략적 이해관계는 논리적으로 상당한 접점을 형성한다. 이러한 사실은 북핵 문제가 어떤 맥락에서 탈 한반도적인 안보 사안으로 기능했고, 결과적으로 세계 안보 질서와 한반도 안보가 어떻게 연계되어 있는지를 잘 보여 준다.

한반도 안보를 둘러싸고 모순적으로 결합한 북한과 미국은 세계화 이후에도 여전히 분단구조의 고착화를 유지하고 있다. 한미동맹과 남북 관계가 '안보'와 '안보 부재'를 서로 교환하면서 균형점을 맞추고 있는 한반도 안보는 오랫동안 구조화되었기에 해결책을 찾기가 어렵다. 북핵으로 인한 탈냉전기 안보의 불안 요인은 '한국의 자율적인 역할'을 제한하는 미국과 북한의 '타자에 의한 정치화'의 부각인 것이다.

탈냉전기 이후 일상화된 북핵 위협에도 불구하고 한국 정부의 역할이 매우 제한적이었다는 사실은 한반도 안보 상황과 세계질서 사이의 결합을 보여 주는 실제적인 사례이다. 1990년대 초부터 북한 핵 문제가 불거진 지난 30여 년간 한국 정부의 일관된 비핵화 노력과 대북정책은 '기능주의'적 접근을 전제로 한다. 자유주의 국제정치이론의 갈래인 기능주의는 하위정치low politics에서 활성화되고 일상화된 교류와 관여 프로세스가 상위정치high politics로 전환된다는 내용이다.[453] 이는 핵을 생존적 지위로 부각한 북한을 상대로 북한의 정치체제의 특수성을 고려하여 경제협력, 사회문화교류, 인적 방문 등으로 대표되는 기능주의적 결합을 시도하려는 취지이다. 탈냉전기 시각으로 볼 때, 한국은 지난 30여 년간 보수적 성향의 정부와 진보적 성향의 정부가 교차적으로 집권하면서, 보수적 대북정책과 진보적 대북정책이 공존했다. 전자의 경우는 원칙과 국제표준에 입각한 대북정책을 추구했고, 후자의 경우는 평화 정착을 위한 관여주의 정책을 추구했다. 그렇지만 두 정책 모두 기능주의functionalism에 기반한 정책이었고, 공통으로 '거래적trade-off' 성격의 대북 접근법을 활용했다.

한국의 대북 접근법을 북한의 비핵화 시각으로 보면, 지난 30여 년간의 기능주의적 대북정책은 실패했다. 김대중·노무현 정부의 '햇볕정책' 그리고 이명박·박근혜 정부의 '비핵개방3000과 통일 대박'이라는 정책은 정부마다 정책적 고려사항이 달랐는데도 궁극적으로는 북한이 변화할 거라는 기능주의적 전환 효과를 기대했다는 점에서는 같다. 북한의 정치적·안보적 변화를 기대한 배경에는 경제적·사회적 지원이라는 전제가 선행했다. 이를 북한의 관점에서 보면 한국 정부가 북한에 제안한 정책들은 경제적 보상이었을 뿐 북한의 체제 유지와 국가의 존립 문제는 거래 대상에 상정시키지 않은 것이다.

바로 이 점에서 북한이 생존을 위해 한반도 안보의 대상으로 한국을 선택하지 않고, 탈 한반도 차원에서 안보 논의를 전개할 수밖에 없었던 것이다. 즉, 한국을 생존 및 안보적 상대로 인정하지 않고, 미국을 상대로 담판을 짓겠다는 의지를 자연스럽게 다졌다는 뜻이다. 한국이 30여 년 동안 일관되게 추진한 기능주의적 '안보 vs. 경제' 정책은 북한의 관심을 끌지 못했는데, 북한은 글로벌 안보 균형자인 미국을 상대로 생존게임을 전개해야 했었기 때문이다. 그동안 북한을 상대로 한 한국 정부의 노력이 구조적 한계에 부딪힐 수밖에 없었던 이유는 바로 여기에 있다. 아이러니컬하게도 한반도의 안보 구조를 바꾸기 위한 한국 정부의 노력은 결국 북한이 탈 한반도 정책으로 돌파구를 마련하도록 원인을 제공한 셈이다.

마지막으로 세계질서와 한반도 안보의 결합이 한국의 '동북아 국가로서의 정체성'에 기인한 바가 크다는 점을 지적하고자 한다. 세계에서 동북아 국가로서의 정체성이 가장 두드러지게 나타난 지역이 한국이다. 2000년대 이후에 등장한 한국 정부는 동북아 안보와 환경 개선을 핵심 외교정책으로 내세웠다. 노무현 정부는 '동북아균형자론'을 둘러싼 논쟁을 경험한 적 있는데, 2003년 이라크 파병 논란을 비롯해 미국의 일방적인 '연루 국가'라는 현실에서 벗어나고자 노력했다. 노무현 정부는 자국이 미국과 중국만큼 강력한 힘을 가진 국가가 아닌 줄 알면서도 동북아 안보 질서를 변화시키려는 구상을 제시했다.[454] 김대중 정부의 '동아시아 비전 그룹', 이명박 정부의 '신아세아 정책', 박근혜 정부의 '동북아평화 협력 구상' 등의 정책들도 한국의 동북아적 국가정체성에 따른 지리적 외교환경을 확보하려는 국가안보 전략이다.

세계 경제위기 이후 안보와 남북관계

글로벌 금융위기는 한반도의 안보와 남북관계의 구조적 변화에 지대한 영향을 미쳤다. 가장 큰 구조적 변화는 '억지와 강제' 사이에서 균형을 유지하던 북한이 핵전략의 균형을 깬 것이다. 즉, 한반도에서의 핵 문제 성격이 근본적으로 새로운 국면으로 전환되었음을 뜻한다. 한국전쟁 이후 한반도 안보의 중추적 역할은 담당했던 한미동맹은 북한의 군사 도발을 억지하는 것이 목표였지만 동북아지역의 안보 유지에도 기여한 것이 사실이다.

그런데 한미동맹의 애초 목표였던 북한의 억지 대상에 '핵 개발'이 포함되는

지는 따져볼 문제이다. 두 가지 견해가 존재할 수 있다. 첫째, 북한의 핵 개발은 명백한 도발이라는 관점이다. 핵으로부터 비롯된 위협이 한반도를 넘어서 동북아 안보를 불안하게 만드는 심각한 안보 위협이라는 견해이다.[455] 따라서 한미동맹은 북한의 어떤 도발보다 핵 개발 억지를 위해 노력해야 한다는 전략적 설명이 깔려있다. 둘째, 북한의 핵 개발은 전통적인 다른 안보 위협과는 차별적이어서, 북한이 핵 개발을 실제적 사용을 목적으로 하기보다는 체제의 생존과 국제사회와 협상하기 위한 것이라는 견해가 있다. 따라서 군사적 차원이기 때문에 억지의 대상으로 간주하기는 곤란하다는 것이다. 논쟁적 소지가 있지만 두 가지 견해 중 한국과 국제사회는 두 번째 견해에 입각하여 북한을 상대로 협상과 외교전을 전개해 왔던 것이 사실이다. 북한의 일관된 '핵은 자위권이자 생존전략'이라는 주장을 암묵적으로 받아들인 것이다.

그런데 국제사회가 북한의 핵 개발을 인정했다는 사실은 한미동맹의 억지력과 억지 기능의 실패를 의미한다. 북한의 대남 군사 도발을 저지하는 것이 한미동맹의 억지 기능이기 때문이다. 이론적으로 억지에 실패한 다음의 행동강령은 강요compellence이다. '강요'는 발생 이전으로 사태를 되돌리려는 전략적 노력이다. 그런데 왜 한미동맹의 억지 기능에 문제가 발생했는데도 군사력을 포함한 '강요'의 정책 옵션을 채택하지 않은 것일까?

북한은 2006년에 1차 핵실험을, 2009년에 2차 핵실험을 감행했다. 공교롭게도 글로벌 금융위기가 발생한 2008년과 일치한다. 1990년대 초 핵 문제를 공식화한 북한이 핵무력 완성이라는 목표를 언제부터 설정했는지는 알 수 없다. 사회과학 영역에서 제기되는 질문과 가설은 인과관계 규명에서 객관적이고 신뢰할만한 근거를 토대로 이루어져야 맞다. 하지만 북한 지도부의 의사결정 과정을 뒷받침할 자료 확보가 불가능한 한국적 상황에서는, 한미동맹의 억지 기능이 핵실험이라는 도발에도 '강요'의 단계로 넘어가지 못한 배경에 미·중 갈등이라는 국제 안보 환경이 자리한다는 가설을 설정하여 합리적인 추론을 제기하고자 한다.

국제정치학자들은 글로벌 금융위기를 계기로 미·중 갈등에 중요한 단계적 변화가 일어났다고 주장한다. 미·중 간 전개되던 '이슈 중심적issue-driven 갈등이 제도 중심적institution-driven 갈등'으로 전환된 시점이 글로벌 금융위기라는 것이다.[456] 이들은 1948년 한국 정부 수립 이후부터 세계질서 및 국제정치환경의 핵심이 한반도 안보로 구성되었는데, 탈냉전기 이후부터는 북한의 생존전략에 미·

중 경쟁이라는 외부 요인이 결정적인 변수가 되었다고 주장한다. 이러한 주장은 2008년 글로벌 금융위기를 계기로 미·중 갈등의 구조적 성격이 변화하는 상황은 북한에게 전략적 공간 확장의 기회를 제공했다고 설명한다. 북한은 금융위기를 맞은 미국이 외교안보에 투입할 정책자원이 부족하다는 점과 G2 지위에 오른 중국이 강대국 팽창전략을 추구하는 점을 적극 활용하기로 한 것이다.[457] 즉, 북한은 미국의 리더십 하에 유지되던 동아시아의 안보가 흔들리고, 남중국해 등 미·중 간의 군사 대결이 확대되는 상황에서 핵 개발을 통해 자국의 생존 공간을 확보하려고 노력했다는 의미다.

글로벌 금융위기는 김대중 정부로부터 이어진 진보 진영의 노무현 정부가 집권을 마감하던 시점에 발발했다. 곧이어 2007년 대선에서 승리한 이명박 정부가 집권하면서 전형적인 보수주의적 대북정책을 전개했다. '통일부 폐지' 논란과 민간 진영에서 제기한 '북한 퍼주기식' 논쟁이 맞물리면서 소위 남남갈등이 사회적 이슈로 등장했다. 남남갈등 이슈는 북한 문제와 관련한 정책적 논쟁을 이념적으로 접근하는 결과를 초래했고, 젊은 세대를 중심으로 북한 문제에 대한 무관심이 이어져 통일보다는 '무시, 타자화他者化, 불가피한 공존' 등의 대북관을 형성했다. 이러한 맥락에서 체제의 생존 가능성을 확보하기 위한 북한의 핵무기 개발 전략은 더욱 공고해질 수밖에 없었다. 따라서 냉전 종식 이후에도 변화가 없었던 한반도의 안보 구조는 '선택적 분단구조'라고 할 수 있다.

애초에 한반도의 분단구조가 남북관계자들의 의지와는 무관하게 진행된 '주어진 분단구조'였다면, '선택적 분단구조'는 세계질서와 연동된 한반도 안보의 특수성을 극대화한 북한의 생존전략에서 비롯되었다고 할 수 있다.[458] 따라서 선택적 분단구조의 핵심적인 특징은 '위기-생존-동북아 안보 구조'의 결합물이다. 북한이 주도한 핵 개발에 따른 위기 상황은 남북한 간 대결 구도의 범위를 확장하고, '한·미-북·중', '남·북-북·미', '한·미-북·미' 등 대결 구도의 층위와 내용을 복잡하게 만들었다.

한반도 분단의 안보 구조에 대한 이해를 돕기 위해 냉전기 및 세계화기로 구분한 분단구조의 차이점을 〈표 8〉을 통해 제시하고자 한다. 한반도 분단 안보 구조를 '분단의 요인', '재생산 구조', '안보의 특징', '분단극복의 장애물'이라는 관점에서 비교한 분석표이다.

<표 8> 주어진 분단구조 vs. 선택적 분단구조

	냉전기 주어진 분단구조	세계화기 선택적 분단구조
분단의 핵심 요인	• 글로벌–지역 차원 냉전 구도의 한반도적 투영 • 이에 대한 국내적 조건과의 결합	• 체제 붕괴의 두려움으로 인한 북한의 생존 전략과 핵 개발의 동일시 • 핵 개발과 연동된 북한의 다양한 한반도 상시 위기 전략
분단 재생산 구조	• 글로벌 냉전 구도와 한반도 냉전 구도의 연계성 • 한반도적 차원의 '구조화'된 분단체제 정착 및 발전	• 한국 및 미국과 중국을 포함한 국제행위자들의 복잡한 이익구조 • 한반도 및 동북아 안보 구조의 한계를 극대화한 북한의 생존전략
한반도 안보의 특징	• 이념에 기반한 남북한 대결 구도와 배제의 정치 • 전형적인 방어동맹의 정착과 관련한 한미동맹의 제도적 발전	• 안보(한미동맹)와 위협(북한)이 상호모순적으로 공존 • 한반도 안보 부재(insecurity)의 정치
분단극복의 장애물	• 글로벌 냉전 구도에 대한 종속성 • 자체적인 의지 및 능력의 부족	• 핵심 관여자 간 비전 및 정책적 합의의 부재 • 동북아 안보의 구조적 특징과 제약

자료: 박인휘, "북핵 20년과 한미동맹: 주어진 분단 vs. 선택적 분단," pp. 195~200. 재인용.

한국 정부의 대북정책은 글로벌 금융위기를 경험하면서 더욱 보수화됐다. 이명박·박근혜 정부로 이어진 보수주의 정권의 남북관계 인식은 북한은 세계질서 변화에 전혀 순응하지 못한 국가, 경제성장의 기회를 놓치고 있는 국가, 한국의 인도로 세계화에 동참할 기회를 잡아야 할 국가 등이다. 남북관계는 또, 글로벌 금융위기, 국제 자유 질서의 변화, 극우 대중영합주의, 미국의 지도력 성격, 강대국의 이기주의 등에도 많은 영향을 받고 있는데, 북한은 여러 변화 요인들을 일관되게 '지도력 안보'의 관점으로만 접근하는 경향을 보인다. 따라서 북한은 국제사회가 설정하는 국가안보 개념과 달리 김정은의 권력 장악력을 중심으로 한 '집권안보leadership security'를 국가안보와 동일시하는 특징을 지니고 있다.

세계질서 변화와 한미동맹

최근 코로나 위기를 전후로 국제자유주의 질서가 위축되었다는 주장이 현실화된다면, 한국과 같이 대외의존성이 높은 나라의 경우 국가적 이익에 치명적인 피해를 볼 것으로 전망된다. GDP의 80% 이상을 해외 교역을 통해 창출하는 한국은 대외 의존적 경제구조뿐 아니라 한반도의 구조적 안보 상황이 강대국들의 국가 이기주의적 접근으로 인해 더욱 악화될 가능성이 크기 때문이다. 하지만 현 상황이 세계질서의 위축으로 후퇴하기보다는 조정기로서의 의미를 지닌다는 주장도 만만치 않다. 만약 그렇다면 한국으로서는 오히려 외교역량을 확장할 기회가 될 수도 있다.

국제자유주의 질서 변화의 핵심에는 주요국들이 경제적 이익을 최우선시하는 대외관계를 내세우면서 외교에서 관용과 이해가 실종되었다는 사실이 자리 잡고 있다. 관용과 이해의 실종은 국제정치에서 다양한 형태의 저강도 도발'low-intensity'을 야기할 것이고, 이 경우 저강도 도발의 특성상 미국의 영향력 하락을 다른 특정 강대국이 대체하는 결과로 이어지지는 않을 것이다.[459] 관련하여 한미동맹에 미치는 영향 역시 제한적일 수 있다. 다만 어떤 형태로든 기존의 자유주의 제도의 틀로는 충분히 반영하지 못했던 이해관계가 적극적으로 등장할 것이고, 결과적으로 미국의 리더십과 영향력이 내용적으로 변화하는 계기가 될 수 있을 것이다. 예를 들어 기존의 무역, 금융, 기술 등에서 유지되던 규칙과 관행만으로는 국가들의 이익을 충분히 반영하지 못하기 때문에 미국으로서는 새로운 유형의 글로벌 연대를 정립하고자 노력할 것이다. 이러한 변화의 연장선에서 기존의 강대국 간의 대결이 시스템을 제공하는 차원이었다면 새로운 강대국 간의 대결은 표준기술을 제공하는 성격을 가지게 될 것이다. 따라서 한국으로서는 과거보다 전략적 선택의 폭이 넓어지는 셈이고, 한미동맹의 파트너십은 풍부하고 공고해질 수 있다.[460]

최근 세계질서 변화의 중심에는 미·중 갈등의 악화가 자리 잡고 있다. 동시에 세계 초강대국들의 갈등이 한미관계를 어려운 국면으로 몰고 갈 수 있다는 분석이 제기되고 있다. 하지만 미·중 관계의 개선과 악화가 한미관계와 한국 외교에 어떤 영향을 줄 것인지를 예단하기는 쉽지 않다. 미·중 경쟁의 가속화는 한국에 위기와 기회의 측면을 동시에 제공할 수 있기 때문이다.[461] 현재 미·중의 갈등

관계는 글로벌 표준제공과 생산 공급망 구축을 둘러싼 경쟁이라는 새로운 국면으로 돌입하는 단계이다. 아직 '한·미·중' 관계가 안정적으로 정리되지 않은 시점이다. 여기서 한국은 '동북아 국가'로서의 정체성을 가지고 동북아지역의 안정과 평화가 국가이익에 가장 중요한 전제조건이라는 점을 유념할 필요가 있다. 동시에 동북아 국가로서 한국의 정체성으로 인해 주변 강대국에 둘러싸여 동북아지역에 함몰될 위험성도 크다는 사실도 명심해야 한다. 따라서 미·중 충돌, 일본의 우경화 등의 요인으로 동북아 및 동아시아의 국제관계가 불안정할수록 한미동맹은 한국의 탈 동북아적 외교·안보 소통을 보장해 주는 가장 신뢰할만한 외교·안보 자산이라는 점을 기억해야 한다.[462]

미·중 갈등과 한반도 문제의 국제성

미·중 갈등을 핵심 내용으로 하는 동북아 지역질서는 경제적·사회적으로 상호 의존적 측면과 정치안보적으로 경쟁적 측면이 동시에 상존한다는 큰 특징을 안고 있다. 이러한 공존을 동맹관계와 지역공동체 사이의 부조화라고 표현할 수 있다. 동맹관계와 정치·안보적 공존은 매우 민감한 측면이 있는데, 현재 동북아에 정착된 국제 안보 질서는 한국전쟁 직후에 등장한 미국 주도의 '복층적' 양자 동맹이다. 미국이 주도한 양자 동맹은 미국이 역내 대다수 국가(한국, 일본, 과거 대만 등)를 상대로 안보 동맹을 체결하고, 동맹 질서를 체결하지 않은 역외 국가(중국, 북한, 구소련 등)를 지역 질서에서 배제하는 과정을 의미한다. 미국이 동북아지역에서 유럽의 나토와 같은 집단안보 체제가 아닌 양자 동맹을 선호한 이유와 관련해서는 많은 연구가 이루어진 바 있다.[463]

탈냉전 이후 30여 년간 다른 지역에서는 안보 환경이 크게 바뀌었음에도 불구하고, 동북아에 정착한 미국 주도의 양자 동맹은 견고하게 유지되는 상황이다. 이론적 차원에서의 동맹구조는 위협과 적대 세력에 맞서기 위해 체결된 군사안보적 협력구조이다.[464] 따라서 동맹관계는 시대적 변화에 따라 국가 간의 협력과 방식이 군사 분야에서 다른 영역으로 이동할 수 있다. 하지만 동북아의 한·미동맹과 미·일 동맹은 군사 지향적인 동맹 정체성이 지배적이다. 이러한 특징은 안보 확보를 위해 누구를 배제하고 누구를 적으로 규정할 것인가의 문제와 직결된다.[465]

미국 주도로 이루어진 군사적 우위와 억지를 위한 양자 동맹 질서가 한국전쟁 이후 동북아지역의 안보를 지키고 전쟁의 가능성을 제거했다. 이러한 안보환경을 발판삼아 동북아지역이 세계에서 가장 역동적인 경제성장을 이뤘다는 점은 부인하기 어렵다. 하지만 동맹 개념이 변화했는데도 여전히 '적'과 '방어'를 전제하는 동북아의 동맹구조는 견고하게 유지되고 있다. 따라서 중국의 성장과 같은 구조적 변화 요인이 발생했음에도 불구하고, 지역 안보의 안정성 제고를 위한 근본적인 고민이 아직 진행되지 못하고 있다. 이러한 문제의식은 동북아 안보의 핵심 현안인 북한 문제 해결과 관련해서도 그대로 적용될 수 있을 것이다. 향후 한반도에 평화 체제(북·미관계 정상화 포함)가 들어서게 된다면, 동맹 질서의 근본적인 변화는 불가피하다. 결국 '누구를 누구의 위협으로부터 지킬 것인지에 대한 안보 개념'에서 어떻게 벗어나는가의 문제로 귀결될 것이다.

경제성장의 성과를 군사강대국화로 전환하려는 중국의 국가전략은 결과적으로 미·중갈등을 더욱 악화시키고 있다. 강대국 간의 안보 구조 경쟁에서 한반도의 문제는 미·중 갈등의 중심에 있다고 해도 과언이 아니다. 핵 개발을 생존의 논리로 제시한 북한은 한·미동맹과 북·중동맹이 첨예하고 대립하는 한반도의 안보 구조를 국제적 문제로 이슈화시켰다. 핵 개발의 기원을 탈냉전기 직후인 1990년대 초반으로 본다면, 북한의 핵 개발은 구소련의 몰락과 한·중수교가 결정적인 원인으로 작동했을 것이다. 남북한의 내적균형과 한·미 또는 북·중(소)의 외적 균형이 한반도 안보 구조에서 팽팽하게 유지되다가 냉전 질서가 종식하면서 일거에 무너졌기 때문이다.[466] 국제정치적 요인에서 분단된 한반도는 전후 질서에서 분단된 독일, 베트남 등의 상황과는 많이 다르다. 한반도는 내부세력에 의한 '내적 균형'과 외부세력에 의한 '외적 균형'이 한반도의 안보 구조를 특징짓는 핵심 요소이기 때문이다.

소련의 붕괴와 한·중수교로 상징되는 '외적 균형'의 붕괴는 북한으로서는 생존의 위협으로 다가왔을 것이다. 북한이 과거 체제전환을 경험한 대부분의 나라들이 선택한 개혁개방, 경제성장, 내부 개혁과 같은 경로가 아닌 핵 개발을 생존전략으로 선택한 배경에는 여러 이유가 존재할 것이다. 관련하여 가장 중요한 점은 북한의 핵 개발은 미국과 중국이라는 초강대국의 한반도 개입을 정당화시키는 결과로 이어졌다. 이러한 북한의 전략은 한반도의 안보가 남북 간의 문제뿐 아니라 미·중 간의 문제라는 복합성을 띨수록 자국에 더 유리한 안보환경을 제공해 준다는 판단에서 비롯되었다.[467] 이러한 북한의 판단은 북한 스스로 일관되게 내세운 '주체와 자주'의 논리가 얼마나 허구적인지를 잘 보여 주며, 한반도의 안보 구조를 국제적으로 활용하려는 북한의 안보전략을 잘 보여 주고 있다.

마지막으로 미국과 중국의 대한반도 정책의 이익구조를 살펴보기로 한다.[468] 한국이 두 초강국을 전략적 파트너로 묶어두려면, 미·중의 대한반도적 이익과 그에 따른 실천 전략이 무엇인지를 정확하게 파악해야 한다. 그동안 미국은 동북아 정책을 미·중 관계의 안정성이라는 관점에서 운영해왔다. 앞으로도 미국은 동아시아 지역에서 중국을 안정적으로 묶어두는 전략을 통해 중국의 '미국 밀어내기' 전략에 대응할 것이다. 예를 들어 아시아를 하나로 묶는 미국의 '인도-태평양 전략'은 중국의 '신형대국관계'라는 동진전략과 '일대일로' 및 AIIB에 기초한 서진전략에 맞서기 위한 적극적인 대응전략으로 해석된다. 이는 동중국해와 남중국해에서 벌어지고 있는 중국의 해양 영유권 주장에 대한 미국의 적극적인 대응이, 향후 미국의 아시아전략 성공 여부를 시험하는 외교정책이 될 거라는 분석에 기초한 이해가 된다.[469]

미국의 동북아전략은 한·미동맹과 미·일 동맹을 결합한 삼각 협력체제의 구축이다. 한·일 관계가 지속해서 불협화음을 내기 때문에 미국의 삼국 협력 전략에 차질을 빚을 거라는 전망도 있다. 하지만 미국은 중국의 군사 강대국화에 대한 조치로 한국과 일본 모두 고유한 동맹의 가치가 있다고 강조하고 있고, 따라서 미국은 어떤 형태로든 한·미·일 협조체제를 공고히 할 거라는 전망이 지배적이다. 북한의 존재는 한미 및 미일 관계의 자연적인 결합을 확인시켜주는 좋은 예인데, 지난 2018년과 2019년 두 차례의 북미정상회담이 결과 실패(노딜)로 귀결되었을 때, 미국은 한국과 일본이 가지고 있는 동북아 안보를 위한 각각의 전략적 가치를 통해 언제든 한미일 연대가 가능하다는 점을 자연스럽게 보여준 바 있다. 과거 대북 제재 과정에서 미·중의 이해관계가 첨예하게 충돌한 사드 배치 문제처럼 북핵의 방어목적이 미·중 갈등을 강화하는 측면이 있다는 것이다. 이로써 미국은 한반도에서의 미·중 경쟁이 치열할수록 한반도에 대한 미국의 영향력이 강화될 수 있다는 점을 잘 알고 있을 것이다.[470]

중국의 대동북아 및 대한반도 이해관계는 '2050년 국가현대화 완성' 전략과 연동되어 있다. 중국은 2020년을 전후로 국내 발전에 전력투구한다는 뜻을 강조한 바 있다. 중국은 또 '주변국 관계 외교'에 집중함으로써 자국의 안보환경을 관리하는 정책에 집중적인 에너지를 쏟고 있는데, 이는 한반도로 상징되는 전략적 요충지의 평화와 안정이 중요하다고 인식하기 때문이다. 이런 기조 아래서 중국은 '한반도 3대 기조'가 되는 '현 상태를 유지하는 평화와 안정을 통한 한반도의 급격한 변화 거부', '북한 체제 유지', '북한 비핵화'를 강조한다. 하지만 수년간 미·중 사이에서 벌어진 다양한 외교적 갈등 국면으로 볼 때, 국내 발전에 집중하겠다던 중국의 입장과는 상충한다. 중국의 인도양 진출, 남중국해 독점 시도, 홍콩 보안법 등이 그 예가 된다.

대미전략 차원에서 중국은 한반도에서 발생할 수 있는 무력 충돌이 미국의 대한반도 영향력을 증대시키는 원인으로 중국 안보에 매우 부정적이라고 판단한다. 중국은 북한 체제가 유지되는 현재 상황이 자국의 이익에 부합한다고 여기고 있을 것이다. 이러한 판단이 북·중 관계에 영향을 미쳤고, 김정은 집권 이후 외교적 교착상태에 빠져 있던 북·중이 2018년 북·미 협상 국면부터는 2019년 6월 시진핑의 평양 방문까지 5차례에 걸쳐 북·중 정상회담을 개최했다.

한반도는 과거뿐 아니라 근대 세계질서 이후에도 대륙 세력(중국, 러시아)과 해양 세력(미국, 일본)이 충돌·교류하는 교착지점으로 인식됐다. 한반도를 영향권 아래 둔다면, 해양과 대륙으로의 진출이 모두 용이하기 때문이다. 따라서 향후 중·미 또는 중·일 경쟁이 격화된다면 미국은 물론 중국 역시 한국의 전략적 가치를 더욱 중시하게 될 것이다. 무엇보다 중국의 핵심 경제 교역국인 한·미·일이 한반도에서 분쟁을 일으킨다면 정상적인 교류가 어려워져 경제적 직격탄을 맞을 수 있기 때문이다. 여기에 더해 경제성장으로 정치적 정당성을 강조하는 중국공산당에 부정적인 영향을 줄 것으로 간주하기 때문이다. 중국은 장기적인 관점에서 '안정적 경영'을 추구하면서 한반도 안보에 관여하는 폭을 넓히려고 할 것이다. 중국은 대외관계에서 대체로 다층적 소통 창구의 메커니즘 구축을 통해 경제 등과 같은 공통이익 형성을 중시하고, 이러한 형성을 토대로 국가들 간 상호타협 촉진 및 안보 충돌의 관리에 주력하는 경향이 있다. 이러한 국가적 이익 추구 과정에서 중국은 한반도의 비핵화에 대한 해법을 다자적 틀 속에서 찾겠다는 견해를 고수할 것이다.

2장 경제·외교 차원의 영향 분석

이효원

세계질서와 한국경제 ▫

세계질서의 변화가 한국경제에 미친 영향은 무엇인가? 제2차 세계대전 이후 국제사회는 패권국가인 미국이 주도하는 단극체제에서 냉전기의 양극체제로의 구조적 변화를 겪었다. 하지만 소련의 붕괴 이후 다시 단극체제로의 전환과정을 거쳤다. 제2차 세계대전 직후도 브레튼우즈체제를 정립하는 등 자유주의 경제 질서를 구축하기 위한 노력이 있었지만, 냉전의 도래로 국제사회는 서구권과 동구권으로 나뉘면서 세계적 차원의 자유주의적 경제 질서를 확립하지 못했다. 따라서 1990년 탈쟁전기 이후에서야 자유주의적 세계질서가 안정된 세계화 시대로 진입했다고 볼 수 있다. 이 시기는 국제제도의 비약적인 발전으로 국가 간의 협력 증대가 나타났다. 개발도상국에서 중진국으로 성장한 한국 역시 1990년대 이후부터 자유주의적 세계질서의 주요 참여자가 되었고, 국제기구에서의 역할도 강화했다. 한국은 이 시기부터 다수의 국가와 경제적인 상호의존과 협력을 강화하기 시작했다. 따라서 지금부터는 제2차 세계대전 이후부터 탈냉전기까지의 국제사회 구조 변화가 국제 정치경제 질서 구성에 미치는 영향력에 대해 알아본다. 나아가 세계질서 변화에 따른 한국의 경제정책과 제도에 대해서도 논의하고자 한다.

제2차 세계대전 이후 미국은 패권국으로 부상하였고, 미국과 서유럽 국가들은 전후 경제회복을 위해 자유주의 경제정책을 추진했다. 1930년 대공황 이후 국가들이 자국의 이익을 보호하기 위해 실시한 보호무역 및 환율 인상과 같은 보호주의 정책을 시행한 결과가 무역 분쟁과 국가 간의 갈등을 초래하여 경제적 불안정과 제2차 세계대전의 발발 원인이 되었다. 따라서 국제 경제의 안정성 확보와 국가 간의 갈등을 완화하려면 자유무역 정책과 국제제도를 통한 협력이 필요하였다. 반면 최빈국을 비롯한 개발도상국들은 미국 및 선진국 중심의 자유주의 질서에 동참하지 않았다. 자유무역이 개발도상국의 경제를 선진국에 종속시킬 것을 우려한 것이다. 또한 자유무역이 경제발전의 수준이 낮은 개발도상국에 긍정적인 효과를 가져오지 못할 것이라고 주장했다.

　　그러나 미국은 이러한 반대에도 불구하고 전후 브레튼우즈체제를 수립하고 이를 기반으로 자유주의적 경제 질서를 구축했다. 이는 2차 세계대전 이후 미국이 패권국의 지위에 있었기 때문에 가능했다. 당시 미국은 전 세계 생산의 상당 부분을 점유하고 있었는데, 마샬 플랜Marshall Plan과 같은 원조 정책을 통해 개발도상국들을 설득할 수 있었다. 이에 1944년 미국 뉴햄프셔New Hampshire의 브레튼우즈에 모인 44개 국가는 미국이 제시하는 자유주의적 경제 질서 구축에 동의했다. 브레튼우즈체제는 자유무역, 고정환율 레짐 그리고 경제재건과 발전을 기본원칙으로 했다.[471] 이와 같은 국제 협약과 레짐은 자유무역 체제를 확립하여 개별국가들의 경제발전을 도모하고, 세계대전 이후의 경제를 재건하려는 목적을 지녔다. 또한 국제레짐을 통한 경제적 상호의존 증대는 궁극적으로 국가 간의 협력을 강화하여 국제사회의 평화유지에도 긍정적인 영향력을 행사할 것으로 보았다. 그러나 국제레짐이 이와 같은 목표를 달성하려면 선진국뿐 아니라 개발도상국들을 포함한 전 지구적인 참여가 필요했고, 미국 또한 회원국 수의 증진을 위해 노력해야 했다. 예컨대 GATT 체제는 비차별nondiscrimination, 다자주의multilateralism, 최혜국 대우MFN: Most Favored Nation 그리고 상호호혜주의reciprocity 등에 기반한 기본적인 원칙들로 운영됐다.[472] 자유무역과 공정무역 시행을 목표로 하는 GATT 경우도 시장의 확대를 통해 경제발전을 도모하려는 선진국들은 적극적으로 참여한 데 반해, 개발도상국들의 참여를 유도하기는 어려웠다. 당시 다수의 개발도상국은 자유무역 질서 참여를 시기상조로 보았다. 특히 미국은 서구권의 개발도상국들의 GATT 참여를 유도하기 위해 이들에게는 예외 조항을 제시했다. 개발도상국들의 경제발전을 위해 예외적인 보호무역 조치를 허용한 것이다. 1948년 10개의 개발도상국이 GATT 회원이 되었고, 1960년에는 16개국, 1970년에는 50개 이상의 개발도상국이 GATT에 참여했다. 선진국과 개발도상국을 합한 회원국의 수는 1948년 23개국에서 1970년 77개국으로 증가했다.[473]

한국의 경우 1960년대 이전까지는 한국전쟁 이후의 경제재건이 가장 주요한 과제였으므로 경제발전을 도모하기 위해 미국의 원조를 상당 부분 받았다. 1960년대부터는 수출을 기반으로 자립적인 경제발전을 도모하면서 1967년 GATT의 회원국이 될 수 있었다. 한국의 제1차 경제개발계획은 1962년부터 1966년까지 추진되었는데, 당시 한국의 목표는 산업의 근대화 및 공업화 그리고 경제적 자립이었다. 한국은 수출증대를 위해 원화를 평가절하했는데, 이는 단기적으로 수출증대의 효과를 가져왔다. 한국이 본격적인 수출 주도형의 경제정책을 시행한 것은 1967년 제2차 경제개발계획 때부터였다. 기술 수준과 생산성의 향상, 중화학공업의 양성을 통해 전반적인 수출량을 증대했고, 경제발전에서 수출이 차지하는 비율도 기대 이상이었다. 이 시기부터 외자 의존도가 상승하고 해외직접투자도 시작했다.[474] 냉전 초기 한국은 이러한 정부 주도적인 경제개발계획 정책을 통해 무역량을 증대시켜 미국이 주도한 브레튼우즈체제와 서구권 국가 간의 자유주의 경제 질서에 참여하였다.

　　미국은 냉전이 안정화된 1970년대부터 더욱더 적극적이고 공격적으로 자국의 이익을 극대화하는 방향으로 국제 경제 질서를 주도했다. 이에 따라 제2차 세계대전 이후 유지되던 브레튼우즈체제는 붕괴하고 신보호주의가 등장했다. 서유럽 국가들은 마셜 플랜에 입각한 미국의 원조와 지원을 기반으로 전쟁 이후의 경제재건에 성공했다. 아시아 지역에서도 일본의 경제는 급격한 속도로 발전한 데 비해 미국은 1971년 무역 적자를 기록했다. 이 당시 석유파동으로 국제수지가 악화하자, 미국을 비롯한 선진국들이 인플레이션에 대응하기 위해 신보호주의 정책을 추진했기 때문이다. 미국은 개발도상국들에 대한 배려보다는 자국의 상대적 이익 추구를 위한 정책들을 도모했다. 냉전 초기 동맹국 형성 및 개발도상국들을 자유주의 체제로 유입하기 위해 자유무역 원칙의 예외를 허락했던 미국이 냉전이 안정되자 자국의 경제적 이익을 위하는 정책을 목표로 삼은 것이다. 이에 대응하고자 개발도상국들은 무역과 발전에 관한 유엔 회의United Nations Conference on Trade and Development: UNCTAD를 구성하는 등 국가이익을 높이기 위한 집단적 움직임을 보였다. 그러나 미국은 Section 301과 같은 공격적이고 일방주의적 무역정책을 추진하며, 개발도상국들이 자유무역 원칙을 고수할 것을 바랐다. 미국은 또 1973년부터 1979년까지 진행된 GATT의 도쿄라운드Tokyo Round에서 관세 인하와 자유무역 원칙을 강화할 것을 요구하였지만, 개발도상국들은 특별대우 및 예외

조항의 유지를 주장했다.[475]

　　1970년대 이전까지 한국은 두 번의 경제개발 계획과 수출 주도적인 경제정책을 기반으로 경제성장을 이루었다. 1970년대 한국의 대외무역 의존도는 두 배 이상 증가했다.[476] 그러나 1970년 석유파동 등 세계 경제 위기가 한국의 수출 기업들에도 부정적인 영향을 끼쳤다. 이에 한국은 특별 긴급경제 조치와 같은 정부의 경제 보호 정책을 통해 은행 금리를 인하하고, 사채를 조정하는 등 기업의 자금난을 해결하기 위한 다양한 정책들을 시행했다. 그러나 이러한 정부의 경제 개입과 1960년대부터 시작된 국가 주도의 경제개발계획은 경제 전반의 효율성을 저해하여 장기적인 경제성장을 지속하기 어려웠다. 또한 이 시기 한국은 국내 사회적인 불평등의 문제도 심화하여 1980년대부터 성장과 더불어 분배와 균형의 중요성을 강조하는 경제정책을 펼쳤다.[477]

　　요약하자면 전후 1945년부터 냉전이 붕괴하기 전까지 국제 정치경제 질서는 미국의 대외경제 정책을 중심으로 형성·유지됐다. 이 시기 한국은 국가가 주도하는 경제정책에 따라 수출증대를 위해 노력했다. 한국은 GATT에 가입하고 브레튼우즈체제에 참여했지만 국제기구에서 주도적인 영향력 행사보다는 국내 경제의 재건과 성장에 초점을 맞췄다.

　　냉전 붕괴 이후에는 자유주의적 경제 질서가 전 세계적으로 확대되고, 국제무역량과 국가 간 FTA 및 PTA^Preferential Trade Agreement의 수가 급격하게 증대됐다. 또한 이 시기부터 국제제도들의 역할과 영향력이 전 세계적으로 강화됐다. 다수의 신자유주의자는 냉전 이후 이 시기를 세계화 시대의 시작점으로 보았다. 국가 간의 상호의존도가 높아졌으며, 국경을 초월한 전 지구적인 교류가 본격화됐다. 또한 냉전의 붕괴가 냉전기 이전의 패권국인 미국에 지위를 다시 부여했다. 미국은 상호호혜주의와 같은 GATT의 기본원칙을 강조하며, 개발도상국을 비롯한 미국의 무역상대국들이 자유무역 원칙을 철저히 따를 것을 요구했다. 미국은 과거 브레튼우즈체제에 기반한 세계은행, IMF 그리고 GATT의 제도화를 다시 추진했다. 세계은행은 최빈국들에 대한 지원을 구체화했고, IMF는 1980년대부터 빈번하게 발생한 외환위기에 개별국가들이 대처할 수 있도록 '최후의 대출자' 역할을 해 주었다.[478]

　　국제제도의 제도화가 가장 뚜렷하게 나타난 것은 GATT이다. 미국의 주도로 이루어진 1995년 GATT 협정은 국제기구인 WTO의 설립으로 발전됐다. WTO

는 다음의 두 가지 측면에서 GATT와 대비된다. 우선, GATT가 상품 거래에 관한 자유무역의 원칙과 규제를 제시했다면, WTO는 상품뿐 아니라 서비스, 지적 재산권, 노동 및 환경에 관한 측면의 규칙을 포함한다. 즉, 무역자유화의 범위가 이전보다 확대된 것이다. 두 번째로 GATT는 개발도상국들의 참여를 유도하기 위해 예외 조항을 비롯해 다양한 혜택을 주었다. 개발도상국들에는 GATT가 분야별로 선택하여 협정에 참여할 수 있는 권한을 주었다. 그러나 WTO는 가입된 회원국들에는 WTO의 모든 원칙에 따를 것을 요구했다.[479] 개발도상국들과 유럽, 일본은 이러한 변화에 동의하지 않았지만, 미국은 패권국의 지위를 이용해 WTO를 설립하고 세계 자유무역 질서를 공고히 했다.[480]

세계화 시대의 자유무역과 국제제도의 활성화와 더불어 국제 정치경제 질서의 또 다른 특징은 생산체계의 세계화이다. 1980년대 해외직접투자가 세계자본에 차지하는 비율이 2.3%였다면, 1998년에는 11% 이상이 증가했다. 다국적기업의 수는 1970년대 7,000개 수준에서 2000년 6만 개 이상의 모기업과 82만 개 이상의 해외 지사로 증대되었고, 세계 무역의 70% 이상을 차지했다.[481]

이 시기 한국 또한 세계화로 정의되는 국제 정치경제 질서에 따라 무역규제를 완화하고 수출입 절차를 간소화하여 무역자유화를 도모했다. 1989년에 수입 감시제도를 철폐했고, 무역업에 대한 허가제를 1993년부터 등록제로, 1997년 이후에는 신고제로 수정했다. 그리고 2000년에는 무역업 신고제 자체를 폐지했다. 또 한국은 1996년에는 OECD 회원이 되어 무역과 자본이동의 자유화를 강화했다. 1997년 발생한 한국의 외환위기는 IMF의 구제금융으로 해결되었지만, 이 과정에서 자유주의적 경제개혁정책을 강도 높게 추진했다.[482] 1990년대 말부터 한국은 다수의 무역상대국과 FTA를 체결하는 등 지역적인 경제통합정책을 추진했다. 1999년 말, 한국은 칠레와 FTA를 개시하여 2004년 발효했고, 같은 해 싱가포르, 2005년 EFTA(유럽자유무역연합)와 ASEAN, 2006년 인도 그리고 2007년 EU와 FTA를 개시했다.[483]

한국은 1995년 설립된 WTO의 회원국으로서 WTO 체제의 확립과 다양한 후속 협상을 타결하기 위해 적극적으로 참여했다. WTO에서 제안하는 무역정책 검토에 계속 참여했고, 1996년, 2000년 그리고 2004년에 무역자유화를 위한 한국의 조치들에 대해 WTO 또한 긍정적인 평가를 했다. 한국은 무역상대국과의 무역 분쟁 발생 시에도 양자적 혹은 일방적인 해결보다는 WTO의 다자적인 분쟁해결기구를 이용하려고 노력했다. 1995년부터 2004년까지 한국은 총 22건의 분쟁해결절차의 분쟁국에 포함되었다.[484] 2020년 기준, 한국은 전체 WTO 분담금의 2.9%를 지급했다. 이는 전체 160개 이상의 회원국 중 10위 안에 드는 수준이다.[485]

한국은 냉전기와 탈냉전기를 거치면서 자유주의적 세계질서에 참여하기 위해 여러 방면에서 노력했다. 개발도상국에서 수출 주도적 산업화전략에 기반해 경제를 비약적으로 발전시켜 OECD 회원국이 되었다. 과거 미국 원조에 상당 부분 의존했던 한국은 냉전 붕괴 이후, 세계화 시대의 자유주의 세계질서에 적극적인 참여자가 된 것이다.

세계 경제위기 이후 한국경제의 특징

1990년대부터 진행된 세계화와 자유주의 체제는 2008년 경제위기를 계기로 국제 정치경제 질서의 전반에 변화가 나타났다. 2008년 미국의 부동산 거품에서 시작된 경제위기는 전 세계 경제에 영향을 주었다. 미국 부동산 시장의 급등 현상으로 미국의 저신용자들에 대한 '서브프라임 모기지'가 대폭 증가했는데, 이는 미국의 부동산 가격 하락과 신용불량자 양산 그리고 금융기관들의 연쇄적 도산 및 실물경제의 위기로 이어졌다. 이와 같은 미국의 경제적 상황으로 무역과 해외투자가 감소하였고, 환율의 변동과 같은 경제적 불안정이 세계적으로 전파된 것이다. 미국은 이에 대한 회복을 위한 막대한 재정을 투입했지만 그 효과는 미미했다.[486]

1990년대부터 꾸준한 증가 추세를 보인 경제발전의 정도를 나타내주는 다양한 척도인 GDP, 수출량, 수입량, 무역량 등은 2008년 직후 감소했다는 것을 알 수 있다. 2008년 전 세계 GDP는 63조 달러에서 2009년 60조 달러로 감소했다. 세계 경제에서 무역이 차지하는 비율은 2008년 50% 이상에서 2009년 41%로 감소했다. 한국 또한 2001년부터 지속적인 증가세를 보인 GDP가 2007년 이후 3년가량 감소 추세를 보였으며, 전체 GDP에서 무역이 차지하는 비율도 약 10% 정도 감소했다.[487] 경제위기로 인해 전 세계적으로 해외직접투자는 감소하였고, 경제가 침체하는 등 불안정한 국제 정치경제 질서가 형성됐다.

경제적 측면에서의 불안정과 더불어 이 시기 미국의 패권 또한 급격히 쇠퇴했다. 자유주의 경제 질서 구축을 주도해 온 미국은 경제위기 이후 국내 경제, 사회 및 정치적인 상황에 집중해야 했고, 점차 보호주의적인 경제정책을 추진하게 됐다. 트럼프 정부는 미국 우선주의를 내세우며 자국의 경제적 이익을 최우선으로 했고, 이를 위해 보호주의 정책들의 필요성을 강조했다. 이로써 트럼프는 2017년 TPP에서 탈퇴했고, 미국이 주도적으로 설립한 WTO에서의 탈출도 고려하는 태도를 보였다. 트럼프 정부는 다음의 두 가지 측면에서 WTO를 공격했다. 첫 번째, 이 시기 미국은 기존의 주요 무역상대국들에 대해 관세를 부과하여 무역 분쟁의 여지를 제공했다. 미국은 중국을 비롯한 인도, 말레이시아, 베트남, 인도네시아, 태국 등의 개발도상국들을 상대로 특정 수출품에 대한 보조금 지급을 비판하며 상계관세를 부과했다. 트럼프는 2018년 한국의 대미 주력 수출품인 세탁기와 태양광 제품에 대해서는 세이프가드를 발동했는데, 트럼프의 미국 우선주의 정책을 잘 보여 주는 보호주의 사례로 논의된다.[488] 두 번째, 미국은 WTO의 상소기구에 판사 임명을 미루면서 분쟁해결절차의 운영을 위협했다. 미국은 기존의 다자주의적 제도나 자유주의적 경제 질서의 약화에 상당 부분 영향력을 행사했다.[489] 이는 미국이 국제적 기구 운용에서 리더 혹은 공공재를 제공하는 패권국가 역할을 더는 하지 않겠다는 의지를 보여 준 것이다.

여기에 더해 중국의 부상 또한 이 시기의 국제 정치경제 질서의 전환에 주요한 요인이 되었다. 중국은 2001년 말 WTO에 가입했고, 자유무역 시장의 주요한 행위자로 경제발전을 도모했다. 중국은 경제적 측면에서 미국의 경쟁상대가 될 만큼 급격한 성장을 이루었다. 몇몇 학자들은 2000년대 이후를 미·중이 경쟁하는 제2의 냉전 혹은 G2 시대라고 불렀다. 중국은 제2차 세계대전 이후, 미국과 서유럽 국가를 중심으로 설립된 국제기구들이 선진국들의 이익만을 대변한다고 비판했다. 이러한 문제점을 해결하고 아시아 지역의 경제발전을 도모하기 위해 57개 회원국과 함께 2016년 AIIB를 설립했다. 2020년 AIIB의 회원국이 103개국으로 증가했고, 한국 또한 초창기 회원국이었다.[490] 미·중 경쟁 구도 하에서 한국은 양국에 대한 다자적인 차원에서의 접근이 유리할 것으로 예상된다. 중국은 한국보다 3배 가량 빠르게 경제성장을 하고 있고, 한국과는 비대칭적인 교역 관계를 유지하고 있다. 한국의 대중 수출의존도가 25% 정도지만, 중국의 한국에 대한 수출의존도는 4% 정도에 머물러 있다. 그러나 한국이 2013년 이후 중국의 최대수입국인 점을 고려한다면, 중국 시장에 대한 견제보다는 중국을 중심에 두고 여타

유럽, 러시아 및 동남아시아 국가들과의 교역을 모색해야 한다.[491]

냉전 이후 도래한 세계화 시대는 국제기구의 확산과 지역적 협의체를 통해 증대되었다. 그러나 2008년 세계 경제위기 이후 2010년부터는 미국과 WTO 등이 국제기구의 한계를 보여주는 사례들이 다수 등장했다. 예컨대 유럽연합은 2000년대 초기까지 제도화의 정도가 매우 높아서 성공한 지역적 협의체로 평가받았다. 그러나 2008년 이후 그리스 경제위기와 브렉시트를 거치면서 지역통합체의 한계를 여실히 보여줬다.

2008년 금융위기 이후는 이전과 달리 미국의 패권국 역할이 쇠퇴했고, 경기침체와 국제제도의 위기로 불안정한 국제 정치경제 질서가 나타났다. 이 시기 한국 또한 무역량을 비롯한 여러 경제 지표에서 성장률의 감소세를 보였다. 그러나 2010년대에 들어서면서 한국의 경제는 다시 이전과 같은 회복세를 보였다. 보호주의로 회귀할 것을 주장하는 미국과 달리 한국은 자유무역의 원칙을 유지하려고 노력했다. 금융위기 이전보다 더 활발하게 WTO를 이용하면서 무역 분쟁 발생시, 양자적인 협상보다는 WTO의 분쟁해결기구를 이용하는 등 다자주의적인 해결책을 모색했다. 한국은 2018년 미국을 상대로 두 번의 무역 분쟁 사례를 WTO에 제소했고, 일본과도 2018년부터 2020년까지 몇 차례의 무역 분쟁에서 WTO의 분쟁해결절차를 통해 해결책을 모색했다.[492] 과거 미국이 WTO 분쟁해결절차 이용의 대부분을 차지했다면, 2010년대 이후는 한국을 비롯한 중진국들의 참여가 증대되었다. 이러한 현상으로 자유주의 세계질서의 주 행위자 혹은 국제제도의 주요 참여국의 변화를 파악할 수 있다.

한국은 2008년 이후 2017년까지 11개의 FTA가 발효되었고, RCEP과 같은 지역적인 경제 합의를 도모했다. 현재 한국은 동남아시아, 중앙아시아, 중남미의 시장 진출을 확대하기 위해 다수의 협상을 진행하는 중이다.[493] 2009년 한국의 FTA 교역 비중은 13.8%로 중국·일본보다 적었지만, 5년 후인 2013년에는 35.3%까지 증대되어 유리한 교역 환경을 조성했다. 이는 2013년 중국·일본의 교역 비중보다 훨씬 높은 수준이었다. 여기에 더해 한국은 2013년 6월 '신통상 로드맵'을 구축하여 세계적인 경제통합 논의에 주도적인 참여자가 되고자 지속해서 개방적인 국제 통상정책을 유지했다.[494]

코로나19 이후 한국 경제정책의 방향

2020년 코로나19 확산은 2008년 금융위기 이후 세계 경제에 지대한 영향을 끼쳤다. 전염병의 확산으로 세계 금융시장이 둔화했고, 세계 경제의 성장세는 전반적으로 약화했다. 미시적 차원에서 국내 소비자들의 소비심리 또한 위축됐다. 과거 사스나 메르스와 같은 전염병은 세계 경제에 미친 영향력은 미미했고, 지엽적이고 단기적으로 나타난 경향이 짙었다. 하지만 코로나19는 그 파급력이 전 세계적이며, 장기화할 가능성도 크다. 특히 전 세계적으로 소비자들의 경제행위에 직접적인 영향력을 행사한다는 점에서 과거의 사례와는 전적으로 다르다.[495] 전염병 확산 방지를 위한 국경 폐쇄와 여행 제한은 각 국가의 산업 전반에 부정적인 영향력을 행사했다. 예컨대 코로나19 확산 초기인 2020년 1월과 4월의 비행기 이용 수요는 약 90% 정도가 감소했다. 2019년 4월은 비행기 탑승객이 3억 5천만 명 이상이었는데, 2020년 4월은 4천만 명에 불과했다.[496] 이러한 통계로 운송 및 여행업의 적자와 이에 따른 실업률의 증가를 예상할 수 있다. 코로나19로 전 세계 국가들은 경기침체를 겪고, 그로 인해 국가 간의 무역 감소 우려가 나타났다. WTO는 2020년과 2021년 무역량의 감소와 이후의 무역 회복에 따른 몇 가지 시나리오를 제시했다.

〈그림 10〉은 코로나19 이후의 무역량 감소와 무역량의 회복에 관한 WTO의 예상이다. 2020년 코로나19 확산 초기에 무역량이 급격히 감소했다는 것을 알 수 있다. 그러나 이러한 감소세가 지속된 것만은 아니다. 2020년 말과 2021년 초에는 코로나19 확산 전에는 못 미치지만 어느 정도는 세계 무역량을 회복하였다. 이후, 2021년 하반기와 2022년에는 어떠한 양상으로 무역량의 회복이 나타날지는 아직 알 수 없다. 하지만 현재로서는 이전의 무역 증가 추세로 온전히 회복하기는 어려울 것으로 예측된다.

코로나19 확산 초기 세계적으로 보호무역주의가 확대됐지만 2020년의 보호무역주의는 이전의 보호무역주의와는 다른 양상으로 전개되었다. 미국의 보호무역주의는 2008년 경제위기 이후 수입 규제에 초점을 맞췄는데, 중국과 개발도상국으로부터 수입에 대해 관세를 부과하고, 자국의 상품을 판매하는 정책에 매진했다. 즉, 수출을 증진하고 수입을 규제하여 국가의 경상수지를 회복하려는 정책이다.

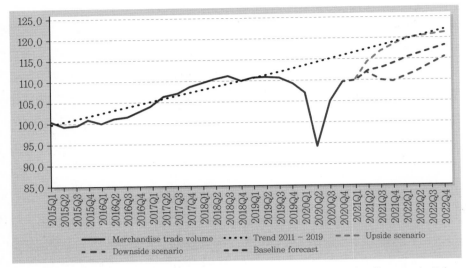

<그림 10> 코로나19 이후 무역량 예상

자료: WTO, "World trade primed for strong but uneven recovery after COVID-19 pandemic shock," March 31, 2021, 〈https://www.wto.org/english/news_e/pres21_e/pr876_e.htm〉 (Accessed October 26, 2021).

　　코로나19 이후의 보호무역정책은 수입 규제가 아닌 수출규제 측면에서 나타난다. 예컨대 마스크나 위생장갑, 손소독제 등의 물품들에 대한 국내 수요가 급증함에 따라 국가들이 수출규제를 시행하게 된 것이다. WTO는 일반적으로 수출규제 전반을 자유무역 원칙을 위배하는 것으로 간주한다. 다만 공급부족critical shortage 시 단기적 규제가 가능한데, 국민건강 보호나 국내 산업 운영에 필수적인 자원을 보호하기 위한 수출규제만큼은 허용한다. 국가의 안보와 직결될 경우도 수출규제를 허용하는데, 바로 코로나19 사태도 예외 조항에 해당한다.[497] 수출규제 정책이 전 세계적으로 확산하면서 마스크, 손소독제 등의 가격상승과 공급 불안정, 세계적인 양극화가 심화하였다.

　　코로나19에 대한 전반적인 국제사회의 대응은 보호주의적인 형태로 나타나고 있다. 미국을 비롯한 다수 국가의 대응은 경제적 자립 및 탈동조화, 자국 우선주의에 기반한 정책들이 주를 이룬다. 이는 코로나19 직후, 경기침체 회복에 대한 부정적인 예측이 많았기 때문이다. IMF에서 출판된 2020년 상반기 경제전망 보고서는 2020년 세계경제성장률을 −3.0%로 예상했고, 이코노미스트는 2020년 1분기 세계 경제 성장률을 작년 대비 −1.3%로 예측했다. OECD 또한 2020년 예상 GDP 성장률을 하향 조정했다. 개별국가들의 경제성장률 또한 감소 추세를 뚜렷이 보여 준다. 2020년 1분기 경제성장률에서 미국과 유럽연합의 국내총생산은 전년 대비 각각 4.8%와 2.7% 감소했고, 중국의 경제성장률은 전년 대비 −6.8%를 기록했다.[498] 이러한 회의적인 예측으로 개별국가들은 국제적인 협력보다는 국내 경제 보호에 초점을 맞추게 되었다. 따라서 2008년 이후부터 쇠퇴하는 자유주의 세계질서의 회복은 어려워질 전망이다.

그러나 최근의 경향은 코로나19 이후의 경제회복에 대한 긍정적인 모습도 나타나고 있다. 우선, 2021년에 들어서 수출과 수입량이 빠른 속도로 회복세를 보였다. 코로나19 직후에 나타난 위기 상황에 대한 대처로 단기적인 수출규제를 비롯한 강한 보호무역 정책들을 완화했기 때문이다. 또한 코로나19 이후 발전하는 산업 분야도 등장했다. 전자상거래나 OTT over-the-top 스트리밍 서비스 산업에 대한 수요가 증대되었다. 한국을 포함한 개별국가들이 단기적으로는 보호주의나 자국 우선주의에 따라 경기부양을 했다면, 장기적으로는 국제적 협력을 통한 생산 공급망 확보와 자유무역을 증대하려는 노력이 요구된다.

코로나19 이후의 경기회복뿐 아니라 세계적인 경제 양극화에 관한 대안도 필요하다. 이미 백신의 공급과정이나 전염병의 파급효과에서 국가 간의 격차가 크다는 사실을 확인했다. 이러한 측면에서도 국제협력과 국제기구의 역할이 강조된다. 개별국가들의 투명한 정책과 정보 공유에 기반한 국제기구들이 제 역할에 충실할 필요가 있다. 자유주의적 세계 경제 질서 회복과 최빈국을 비롯한 개발도상국들에 대한 원조 증대는 코로나19로 인한 경기침체를 회복하는 데 결정적일 것이다. 한국은 2008년 세계 경제위기 이후 경제정책의 연장선에서 국제제도를 활용하고 국가 간의 협력 증대를 유지해야 한다. 무역 분쟁과 같은 국제적인 분쟁을 해결할 때는 다자주의적 국제기구의 활용도를 높이고, 국제기구와 정보를 공유하는 등의 적극적인 참여가 필요하다. 국내 경제의 활성화를 위해서도 장기적으로는 보호주의적인 정책을 추진하기보다는 자유무역 원칙을 고수하는 것이 중요하다.

세계질서와 한국 외교

세계질서의 변화가 한국 외교에 미치는 영향을 규명하는 일은 쉽지 않다. 제2차 세계대전 직후 미국은, 경제적·군사적 측면에서 패권국의 지위에 올랐지만, 곧이어 소련과 경쟁적 구도를 형성하면서 양극체제가 나타났다. 한반도는 냉전기 미·소의 경쟁 구도에서 한국과 북한으로 나뉘었다. 한국전쟁은 두 국가 간의 긴장과 갈등을 보여주는 특수한 사례로, 전후 냉전 시기와 탈냉전 시기의 한국 외교정책의 주요한 특징들을 파악할 수 있다. 따라서 지금부터는 한국의 국제기구 참여나 국제개발 협력이라는 외교적 차원에서 세계질서 변화가 어떠한 영향력을 행사했는지에 대해 논의하고자 한다.

한국은 냉전기 국제사회에서 주체적 행위를 하기보다는 강대국들의 정책을 수동적으로 받아들이는 모습을 보였다. 이 시기 한국의 외교정책은 무엇보다 미국과의 관계를 우선순위로 결정했다. 1953년 10월 한국은 미국과 상호방위조약을 체결했는데, 이 조약은 한국이 맺은 유일한 군사동맹이었다. 이후 미국은 한반도의 외교·안보 전반에서 상당한 영향력을 지니게 되었다. 미국은 남북관계 형성과 한국의 대북정책 결정에서 주요한 의사 결정권을 행사했다.[499] 당시 한국은 안보·경제라는 두 가지 측면에서 미국과의 관계가 매우 중요한 시기였다. 우선, 안보적인 측면에서 한국은 미국과의 동맹 유지를 통해 한반도의 안정을 추구했다. 또, 경제발전과 산업화를 진행하는 경제적 측면에서도 미국의 원조에 상당 부분 의존했다. 따라서 미국의 정책이나 미국과 다른 국가와의 관계 변화는 한국 외교정책 형성에 주요한 요인으로 작용했다. 예를 들어 남북한 사이에 체결된 1972년 남북공동성명의 이면에도 미·중의 화해나 미·소의 냉전 완화가 핵심적인 역할을 했다.[500] 한국전쟁 이후 경제적·안보적으로 취약했던 한국은 미국과의 동맹을 중심으로 외교정책의 방향을 설정한 것이다.

제2차 세계대전 이후 국제사회가 평화를 달성하기 위해 국제기구의 중요성을 부각하면서 UN이 설립됐지만, 한국은 국제기구에서 주요한 행위자가 아니었다. 미·소의 양극체제로 운영되던 UN은 미국과 소련이 서로의 주도권을 견제하려는 목적에서 전략적 수단으로 이용된 측면이 있다. 당시 국제평화 유지라는 역할을 잘 수행하지 못했다고 비판받은 이유가 바로 이것이다. UN이 세계평화를 위해 집단안보를 달성하려 했지만, 냉전기 동구권·서구권이라는 양 진영에 기

반한 동맹 안보가 우선하는 경향을 보였다.[501]

　　한국의 경우 냉전기 UN의 회원국이 되기 위해 여러 방면에서 외교적인 노력을 기울였다. UN의 감독 아래 치러진 총선에서 대한민국 정부가 수립된 이후 한국은 UN의 회원이 되어 국제사회에서 정통성과 합법성을 인정받고자 했다. 이에 한국은 1949년부터 UN 가입을 신청했고, 미국을 비롯한 다수의 UN 안보리 국가들의 지지를 받았다. 그러나 한국의 UN 가입 시도는 소련의 지속적인 반대로 지연되어 냉전이 종식하기 전까지는 실현되지 못했다. 하지만 냉전기 동안 한국의 경제적 발전과 UN 가입을 위한 노력으로 냉전 붕괴 이후 회원국으로 승인됐다. 한국은 1985년 노신영 국무총리의 UN 창설 40주년 기념총회 연설, 1988년 최광수 외무장관의 제3차 UN 군축 특별총회 연설, 1988년 노태우 대통령의 UN 총회 연설 등을 통해서 한국의 UN 가입에 우호적인 국제 여론을 조성했다. 이와 더불어 1988년 서울올림픽을 개최하여 한국의 경제적 성장 및 국제적 위상 제고를 국제사회에 보여 주었다. 이 같은 한국 정부의 노력이 1989년 UN 48개 회원국의 한국 가입 지지를 끌어내는 데 일조했다.[502]

　　냉전이 종결된 이후, 탈냉전기의 미국은 경제적·군사적 측면에서 패권국의 지위를 가졌다. 새로운 세계질서에서 UN의 역할 또한 부각했는데, 평화유지를 위한 인권, 개발, 경제 등의 문제점에 대한 논의가 강조됐다. 1990년대 초 한국 역시 UN 가입을 최우선적인 외교정책 목표로 설정했다. 이제까지 한국의 가입을 반대했던 소련이나 중국 등 냉전 시기의 동구권 및 주요 국가를 포함한 대다수의 회원국이 한국의 UN 가입을 지지했다. 소련은 한국에 우호적인 태도를 보였는데, 고르바초프는 1991년 방한하여 한소정상회담을 시행했다. 북한도 UN 가입을 신청했고, 1991년 9월 17일 제46차 UN 총회에서 만장일치로 한국과 북한은 모두 가입 승인을 받았다.

　　남북한의 UN 가입은 세 가지 측면에서 의미를 지닌다. 첫째, 한국과 북한은 가입을 통해 국제사회에서 지위를 향상할 수 있었다. 무엇보다도 UN의 회원국이 됨으로써 UN 및 그 산하 기구들에서 의사결정에 실질적인 참여가 가능해졌다. 둘째, 한국과 북한이 각각 UN에 가입하면서 한반도의 분단은 합법화되었고, 각각 주권국가로서 지위를 국제적으로 인정받았다. 국제기구가 인정한 합법적인 분단으로 한국과 북한의 경계선이 명확해졌다. 이는 상대에 대한 적대적인 행위나 침략에 대해서도 국제사회의 제재를 받게 됨을 의미했다. 따라서 남북한 침략에 대한 국제적인 압박이 강화되었고, 남북한의 평화적인 관계 유지에 긍정적인 효과를 주었다고 볼 수 있다. 셋째, 한국과 북한의 UN 가입으로 한반도의 평화 문제가 UN에서 논의되는 공식적인 국제문제로 상정될 수 있었다. 이는 과거 한반도 문제가 한국과 북한의 우방인 미국과 소련에 의해서 상정되었다는 점에서 더욱 발전했다고 볼 수 있다.[503] UN 가입 이후 한국은 1993년 소말리아 공병부대 파병을 시작으로 평화유지 활동에 참여했으며,[504] 그 외의 UN의 주요활동에서도 적극적으로 개입했다. 한국은 1996년과 2013년에 안보리 비상임이사국으로 진출했고 2001년에는 UN 총회의장을 수임했고, 2006년에는 UN 사무총장을 도출했다.[505] 냉전기와는 달리 탈냉전기부터 한국은 국제기구의 적극적인 참여자로서 역할을 할 수 있었다.

UN 가입과 더불어 탈냉전기 한국은 아시아 주변 국가들과의 지역적 협력을 증대시키는 등 국제적 협력의 강화를 통해 경제적인 발전과 평화를 달성하려고 노력했다. 1990년대 말, 김대중 정부는 1997년 외환위기를 극복하고자 일본과 우호적인 외교정책을 시행했다. 1998년에는 한일관계의 개선을 위해 10개 조항으로 이루어진 '21세기 새로운 한일 파트너십 공동선언'을 채택하고 일본과 무역을 확대했다. 일본과의 관계 개선은 무역 확대로 이어져 한국경제의 위기 극복에도 도움이 됐다. 안보적인 측면에서는 북한과의 관계 개선을 위해 '햇볕정책'을 추진하면서 북한에 원조를 제공하는 등 경제적인 협력을 도모했다. 이와 더불어 동남아시아 국가들과도 지역적으로 협력했는데, 당시 동남아시아 국가들도 한국과 마찬가지로 경제위기를 겪었다. 한국은 이를 극복하기 위해서 다양한 국제레짐으로 다자주의적 협력에 동참했다. 이 시기 한국은 동남아시아 국가들과 협력해서 치앙마이 이니셔티브CMI, 아세안+3 재무장관 회의에 참석해서 외환시장의 안정화를 위하는 금융정책을 추진했다.[506] 이와 같은 한국의 경제와 안보적인 측면에서의 다자주의적인 접근은 중국이 부상하기 시작한 2000년대 이후에도 지속됐다.

탈냉전기와 세계화 시대의 한국은 UN의 성공적인 가입을 시작으로 다자적인 외교정책을 적극적으로 추진했다. 냉전 시기 강대국인 미국과의 동맹을 중심으로 추진한 외교정책도 큰 변화를 겪었다. 미국과 대립 관계에 있던 소련과의 대화가 추진되고, 북한 및 아시아 지역 국가들과 협력하는 양상도 나타났다. 한국은 경제성장을 통해 1996년 OECD 회원국이 됐는데, 이 시기부터 여러 국가와 FTA

를 맺고, 에너지 및 자원 확보를 위한 협력을 확대했다. 한국이 1970년대까지는 미국을 비롯한 선진국들의 원조에 경제발전 대부분을 의존했다면, 이후 원조의 공여국으로 성장할 만큼 경제적 발전을 이룩했다. 2002년 한국의 ODA는 2억 8천만 달러 이상이었고, 이후 지속해서 증대하여 2010년에는 12억 달러를 넘어섰다.[507] 한국은 외교정책에 대한 방향성에서 냉전 시기에는 안보가 중심이었다면, 탈냉전기부터는 대외경제나 에너지 등 다양한 측면에서 외교정책의 중요성을 강조한 것으로 나타났다.

세계 경제위기 이후 한국 외교의 특징

미국이 주도한 자유주의 세계질서는 2008년 미국에서 시작된 금융위기를 기점으로 변화를 겪기 시작했다. 2008년 미국의 금융위기는 2010년 유럽연합 경제위기로 이어졌고, 세계적으로 경기가 악화하여 이전의 자유주의적 세계질서의 한계를 드러냈다. 탈냉전기부터 패권의 지위를 유지해오던 미국의 쇠퇴로 자유주의적 세계질서의 전환이 본격적으로 진행됐다. 금융위기 이후, 미국은 패권국으로서 세계질서를 주도하는 역할보다는 자국의 이익 증진을 최우선 하는 외교정책을 추진했다. 이 시기 집권한 오바마 대통령은 이전 정권과는 달리 국제분쟁에 대한 적극적인 군사적 개입보다는 실용주의적 노선을 유지하려고 했다. 반면, 미국의 패권적 지위에 도전하는 중국은 국제사회에서 영향력을 확보하기 위해 더욱더 적극적이고 공격적인 외교정책을 추진했다.[508] 세계 경제위기 이후 한국은 미국과 중국이라는 두 세력 경쟁 사이에서 다변화된 외교정책을 추구했다. 문재인 정부는 미국과 동맹관계에 기반한 외교정책을 유지하되, 중국과 협력적인 관계를 도모할 것을 강조했다.[509] 또한 안보와 경제뿐만 아니라 다양한 분야에서의 외교정책을 추진했다. 따라서 본 장에서는 한국의 개발 협력정책과 환경정책에 집중하여 살펴본다.

외교정책 중 개발 협력정책과 환경정책은 SDGs의 달성과 밀접하게 연관되었으며, SDGs 목표 달성 과정은 외교정책의 다변화와도 연결된다. 한국은 SDGs의 달성을 위해서는 국제개발 협력 정책들이 수원국의 빈곤퇴치와 경제성장에만 초점을 맞추기보다는 인권 · 환경 · 에너지 · 사회 정의 등의 포괄인 문제로 전환되어야 한다고 보았다. 과거 ODA 수원국에서 공여국으로 전환한 한국은 개발도 상국들에서 모범·성공사례로 소개되고 있다.

　　한국은 2010년 OECD DAC^Development Assistance Committee에 가입한 이후 국제 사회에서 중견 공여국으로 인정을 받았다. 한국은 GNI 대비 ODA 비율이 매우 낮은 수준에 머물렀지만 OECD DAC 전체 회원국들의 연평균 ODA 증가율과 비 교하면 한국의 연평균 증가율은 DAC 회원국 가운데 최상위 수준을 차지했다. 한 국의 양자 원조는 주로 아시아, 아프리카 그리고 중남미 순으로 지역적인 비중을 두었고, 사업 분야별로는 보건 분야가 가장 큰 부분을 차지했다. 한국은 2010년 「국제개발 협력 기본법」을 제정해 공적개발원조 정책의 기본 골격을 정립했으며, 국제개발 협력위원회에 법률적 지위를 부여했다. 국제개발 협력 종합기본계획은 1차(2011~2015년), 2차(2016~2020년)를 거쳐서 3차(2021~2025년)까지 제시됐다. 한 국은 체계적인 국제개발 협력 정책을 시행하고 국제사회에 공헌하고자 한다. 제3 차 종합기본계획은 포용적 ODA, 상생하는 ODA, 혁신적 ODA, 함께하는 ODA 를 전략적 목표로 중점과제들을 이행하려는 포부를 가진다.[510]

　　다음은 환경정책이다. 한국은 환경 보호를 위한 외교정책을 2000년대 후반 부터 강조했다. 하지만 2000년대 중반까지 경제 규모와 소득 수준에 비교해 환경 과 SDGs 분야에서는 국제적 두각을 나타내지 못했다. 1990년대 이후 산성비, 황 사 등 지역적으로 영향을 미치는 환경문제에 대한 시민들의 인식이 강화되었지 만 전 지구적인 환경문제로서 기후변화에 대한 전략적 대응은 체계적으로 이루어 지지 않았다. 1996년 OECD 가입과 더불어 다양한 환경 협약에 비준했으나 기후 변화에 관한 주요 협약에서는 의무 감축 부담을 지지 않는 개도국 지위를 유지하 는 데 주력했다. 대표적으로 2002년 교토의정서 비준 시, 의정의 부속서 I^Annex I 국가로 참여하지 않고, 비非부속서 I^Non-Annex I 국가에 속해 온실가스 배출 의무를 지지 않았다. 이후 2008년 출범한 이명박 정부의 녹색성장^Green Growth은 기후변화 문제에 대한 대응을 국가발전의 기조와 국가경쟁력 제고를 화두로 삼았다는 점에 서 의미 있는 전략적 변화로 볼 수 있다. UNEP, OECD 등의 국제기구 역시 당시 한국 정부의 녹색성장 전략에 긍정적인 평가를 보냈다. 한국은 녹색성장을 목적 으로 국제기구인 글로벌녹색성장연구소^Global Green Growth Institute: GGGI를 2012년 설 립했다. GGGI는 이후 OECD와 DAC에서 ODA 적격기구로 승인되었고, 2013 년 말 UN 총회 옵서버 지위를 획득하는 등 입지를 공고히 다졌다.[511]

이와 같은 긍정적인 평가는 한국의 환경 지도력을 강화하는 데 일조한 것으로 보인다. 이러한 국제사회의 긍정적인 인식이 실제로 녹색기후기금Green Climate Fund의 송도 유치에 영향을 미쳤던 것으로 판단된다.[512] 이명박 정부의 녹색성장 전략의 구체적 성과 및 추진 방식에 대해서는 전문가와 시민사회의 부정적인 평가도 다수 존재한다. 하지만 환경외교 측면으로 국한해볼 때, 한국은 2007년 이후 기후변화 외교에서 선진국과 개도국의 중간자적 입장으로 기후변화 대응 체제의 발전에 긍정적인 영향을 주려고 노력했다. 특히 선진국과 개도국 간의 가교역할을 통해 대립 요소들을 해결하는 역할을 했다고 평가할 수 있다.[513] 그러나 이와 같은 지도력은 박근혜 정부와 문재인 정부를 거치며 일관되게 추진했지만 발전되지는 않았다.[514]

외교 방법적 측면에서도 전통적인 외교뿐 아니라 공공외교가 강조됐다. 전통적인 정부 간의 채널을 통해 외교를 넘어서 정부가 외국의 대중들과 직접 소통하는 공공외교 역할이 중요해진 것이다. 외국 대중과의 직접 소통을 통해 이들 사이에서 자국 및 자국 외교정책에 대한 호감을 높이면, 외국 정부 또한 한국에 우호적인 태도를 보일 것으로 기대할 수 있다.[515] 2010년을 '공공외교의 원년'으로 선포한 한국 정부는 선진국 정부들에 비해 다소 늦게 공공외교에 뛰어든 면이 있지만 정부 주도의 문화 교류, 즉 문화외교는 훨씬 이전인 1950년대부터 진행됐다. 1958년 최초로 정부의 지원을 받은 공연단의 순회공연이 베트남, 홍콩, 싱가폴, 태국, 필리핀, 일본에서 50여 일에 걸쳐 진행된 바 있다.[516]

한국이 UN에 공식 가입한 1991년, 정부는 한국국제교류재단the Korean Foundation을 설립하고 그 산하에서 다양한 문화외교를 펼쳤다. 2000년대는 한류가 아시아 국가를 중심으로 유행하면서, 정부의 문화외교도 한국 대중음악과 드라마를 비롯한 한류의 전파를 주축으로 이루어졌다. 이후로도 정부는 공공외교를 기존의 정무 외교 및 경제외교와 함께 대한민국 외교의 3대 축으로 설정하고, 다양한 측면에서 공공외교 노력을 기울이고 있다.[517] 특히 정보기술 및 뉴미디어의 발달로 외국 대중에 대한 접근성이 쉬워지고, 대중이 정부 정책에 미치는 영향이 강화되었다는 점에서 공공외교의 형태도 다양화되고 그 효과성도 커지고 있다.

이제 한국은 기존의 문화예술 중심에서 벗어나 공공외교를 다각화할 필요가 있다. 한국의 문화예술에 대한 호감이 한국의 외교정책에 대한 지지로 이어지지는 않을 수도 있기 때문이다. 한국 외교정책이 추구하는 가치들, 즉 민주주의, 인권, 평화, 지속가능성 등을 공공외교채널을 통해 일관되게 전달하는 방안을 고려해야 한다. 다만 일방적이고 선전적 스타일Propaganda의 공공외교는 오히려 반감을 살 수 있으므로 염두에 두고, 양방향 소통과 참여에 기반한 공공외교를 강화하려고 노력해야 한다.[518] 이를 위해서는 진행 중인 공공외교 정책에 대한 근본적 · 체계적 평가를 통해 그 효과성을 검토하고, 정책을 개선해나갈 필요가 있다.

코로나19 이후 한국 외교정책의 방향

2000년대 후반의 다변화된 외교정책은 코로나19 이후에도 같은 기조로 진행되었지만, 이전과 다른 몇몇 특징을 발견할 수 있다. 가장 주요한 특징은 코로나19에 대응하기 위한 외교정책이 주목을 받았다는 점이다. 국제개발 협력의 측면에서 개발도상국들의 코로나19에 대한 대응 및 회복에 관한 정책들이 이전과 달리 새롭게 나타난 것이다. 한국은 환경외교에서도 다자적인 외교를 지속할 것을 강조하고, 포스트 코로나19 시기에도 국제환경협력이 활성화돼야 함을 강조했다. 이와 함께 코로나19를 극복하기 위한 공공외교 활용을 위한 논의도 지속하고 있다.

　　한국 정부는 코로나19 대응을 위해 보건 분야에서 개발 협력사업을 이전보다 더 확대했다. KOICA는 코로나19 대응을 위해 보건 분야의 개발 협력사업 예산을 늘리고, 개발도상국이 코로나19에 대응하는 데 실질적인 도움을 주는 방안을 강구하고 있다. 코이카는 개발 협력을 통한 코로나19 회복력 강화 프로그램 Agenda for Building resilience against COVID-19 through development cooperation: ABC 프로그램을 시행했는데, 이 프로그램은 한국 정부의 개발도상국 코로나19 대응 지원을 위한 개발 협력 전략인 'Building Trust'[519]의 하나로 추진되고 있다. 한국은 진단키트를 개발도상국에 지원하고 치료제나 백신 개발을 위한 지원도 하고 있다. 개발도상국의 취약계층에 대한 인도적 수요를 긴급 지원하고 개발도상국의 감염병 관리 역량을 강화하는 등 한국적 경험으로 도움을 제공하고 있다. 이는 한국과 개발도상국들 사이의 글로벌 연대를 강화하는 데 도움이 된다. 2020년 말까지 ABC 프로그램을 통해 전 세계 116개국의 3,800만여 명에게 코로나19 관련한 지원을 진행했고, 총 1억 5천만 달러의 지원액 중 보건 분야에 14,892만 달러, 사회경제 분야에 970만 달러를 지원했다. 보건 분야에서는 진단키트, 마스크, 개인보호장비, 감염병 예방 교육 및 캠페인, 방역 및 위생 키트, 의료기자재 등에 대한 지원을 진행했다. 사회경제 분야는 생필품 · 긴급 식량, 원격교육, 원격봉사, 고용지원, 생계 활동 지원, 취약계층 지원 등에 대한 개발 협력사업을 시행했다.[520]

이와 같은 실질적인 원조와 더불어 한국은 개발 협력사업을 시행하는 데서도 코로나19 시대에 걸맞은 패러다임의 변화를 추구한다. 대면 위주로 진행했던 개발 협력사업 자체를 비대면으로 시행하는 방안을 강구하고 있다. 예를 들어 한국에서 파견한 개발 협력사업을 현지인 및 현지 비정부기구를 중심으로 진행하는 방식이다. 수혜자와 직접적으로 접촉하기보다는 지역 단위의 개발 협력사업을 시행하자는 것이다. 또한 교육과 역량을 강화하는 사업 등을 비대면으로 전환하면 수혜자들의 참여도도 높이고 실질적 역량도 강화할 수 있다. 그러나 코로나19 발생 이후 귀국 조치했던 봉사단원들에게 백신접종을 완료한 뒤 파견을 재개하는 방안도 고려하고 있다.

한국은 최근까지도 다자적 환경외교 정책을 추진하고 있는데, 환경문제를 해결하기 위해 국제협력이 적극적으로 필요하다고 본다. 코로나19로 국제환경 관련 회의들도 연기되거나 비대면으로 전환되었다. 하지만 한국은 2020년 하반기 G20 환경 장관 회의나 UNESCAP 환경개발위원회 등에 참석하여 환경 보호를 위한 논의와 환경 보호를 위한 국제협력의 중요성을 강조했다. 2020년 6월, 외교부가 주관하는 그린라운드 테이블이 개최됐다. 그린라운드 테이블의 주제는 '포스트 코로나19 시대의 녹색 뉴딜 정책 방향'인데, 장기적인 측면에서 환경 보호 정책들이 논의되었다. 또한 한국은 P4G^{Partnering for Green Growth and the Global Goals}

²⁰³⁰(녹색성장과 글로벌 목표 2030을 위한 연대)에 참여하고 있는데, 2021년 5월 P4G 서울 정상회의를 개최한 바 있다. 이와 같은 환경 관련 기구에 대한 한국의 참여 사례들을 통해 한국이 코로나19 시대와 포스트 코로나19 시대에도 국제환경협력을 통한 환경 보호를 도모할 것으로 예상할 수 있다.[521]

2000년대 후반은 전통적인 외교 형태가 공공외교 형태로 전환되어 나타났다. 코로나19 시대에 한국은 디지털 공공외교를 추진하려는 노력을 보였다. 외교부는 2020년 말 '디지털 공공외교의 체계적 추진방안'이라는 토론회를 개최했다. 전 세계 60개 이상의 재외공간에서 참여했는데, 외교의 공간으로 디지털 공간을 활용한다는 중요성을 논의했다.[522] 또한 외교부는 2021년 '디지털 플러스

공공외교' 사업을 통해서 더욱더 효과적이고 체계적인 공공외교를 수행하려고 한다. 한류나 K-방역 등의 전파를 통해 한국의 문화나 콘텐츠를 전 세계적으로 공유하여 국제사회에서의 신뢰를 높이고자 한다. 디지털 공공외교의 성공적인 시행을 위해서 외교부 내에 자체적으로 제작할 수 있는 스튜디오를 구축하고, 이를 활용해 디지털 콘텐츠를 제작 또는 공유하는 온라인 행사 등의 주최를 계획하고 있다. 외교부는 현재뿐 아니라 포스트 코로나19 시대에도 디지털 공공외교의 인프라를 구축하기 위해 '디지털 플러스 공공외교'에 64억 원 이상의 예산을 편성했다.[523] 코로나19 시대에도 한국의 외교정책의 기조는 변함없이 지속될 것으로 예상된다.

3장 질서 재편기 속 흔들리는 한반도

박은주 · 정성철

냉전기 세계질서와 한반도의 분단체제

제2차 세계대전 직후 세계가 미국과 구소련을 중심으로 한 냉전질서로 이행하면서 한반도는 분단을 맞이했다. 그에 앞서 17세기 형성된 근대 국제체제는 급부상한 서유럽 강대국들이 제국의 질서를 형성하면서 비서구 지역의 식민화로 이어졌다. 한반도 역시 일본제국의 식민지로 전락하였지만, 한국인들은 식민지 상황에서 벗어나고자 자주독립 운동을 위한 투쟁을 이어나갔다. 이러한 상황에서 치른 제1 · 2차 세계대전에서 전체주의를 누르고 자유주의가 승리하면서 제국주의는 종식되었다. 그러나 곧 자유주의와 공산주의가 대립하면서 냉전 질서가 등장했다. 자유주의 진영을 선도하는 미국과 공산주의 진영을 선도하는 구소련은 1945년 한반도를 나누어 점령한 뒤 각각의 정부를 수립했다. 그로 인해 한반도는 남과 북으로 나뉜 채 70여 년의 세월을 보내게 되었다. 제국의 질서 아래서 망국을 경험한 한반도는 냉전 질서로 분단의 아픔을 겪어야만 했다.

한반도의 분단구조는 한국전쟁을 거치면서 더욱 공고해져 끝내 분단체제로 고착됐다. 자유주의 진영의 한국과 공산주의 진영의 북한이 상반된 정치 · 경제 체제로 체제 경쟁을 벌이면서 한반도에 특수한 체제가 자리 잡은 것이다.[524] 한반도의 분단체제는 남북한의 대치를 지속시키고, 두 국가의 정권을 보장하면서 스스로 재생산하는 '적대적 공존'[525]의 모습을 보이기도 했다.[526] 실제로 1970년대 북한 김일성이 주체사상을 강화하고 개인 숭배체제를 구축할 때 한국에서는 박정희 정권이 유신을 통해 장기집권한 바 있다.

냉전기의 남북관계는 국제관계 속 국가 간의 숙적관계international rivalry 시각으로도 이해할 수 있다. 대다수 국제정치학자는 국제분쟁과 위기가 숙적관계에서 발생한다는 사실에 주목했다. 일부는 지난 10년 동안 무력 분쟁을 몇 차례 경험했는지를 통해 숙적관계를 도출하고,[527] 다른 일부는 특정 국가의 지도자가 상대 국가를 어떤 위협으로 인식하는지를 통해 숙적관계를 판단했다.[528] 이러한 숙적관계에 놓인 두 국가는 분쟁을 자주 경험할 뿐 아니라 대내적으로 중앙집중화에 성공할 가능성이 큰 것으로 나타났다.[529] 실제로 국가 간의 전쟁과 갈등은 정부의 자원 동원 능력을 향상하고, 권력 집중에 이바지한다.[530] 최근 연구에 따르면 정치 불안과 경제불황 등 국내 문제에 직면한 정부는 숙적관계에 놓인 국가와의 갈등을 유발하는 경향이 강하다.[531] 숙적과 무관한 국가를 상대로 분쟁을 일으킬 경우, 무모하고 불필요한 문제를 초래했다는 국내적 비판이 거세질 가능성을 배제하기 어렵다. 따라서 국내 청중의 시선을 외부로 돌리면서 국내 문제를 일으킨 책임에서 벗어나고자 숙적을 공격하는 것이다.

남북한의 분단체제는 미·중의 긴장이 완화된 시기에도 유지됐다. 베트남전에서 벗어나려 했던 미국은 중·소 분쟁을 주시하면서 중국과의 관계를 개선하였고, 1972년 닉슨 대통령의 방중을 이뤘다. 한국전쟁에서 치열하게 대치했던 미국과 중국은 각자의 동맹국인 남북한의 반응을 염려하면서 한반도의 안정을 희망했다.

이러한 미·중의 기대와 압박 속에 남북한은 '7.4 공동성명'을 통해 자주·평화·민족 대단결이라는 통일 3원칙을 발표하기도 했다. 하지만 1976년 판문점 도끼 살해 사건 등 남북 긴장과 충돌이 재발하는 바람에 한반도의 긴장 완화는 성사되지 않았다. 그 대신 한국의 유신체제와 북한의 후계체제가 등장하면서 양쪽의 체제 경쟁은 더욱 심화하는 양상을 보였다.[532] 이는 한반도 분단체제가 세계·지역 수준의 변화와 연동되지 않고, 일정한 자율성을 가진다는 사실을 일깨운다. 또한 군사적 위기와 통일 논의가 짧은 기간에 오가는 남북관계의 특수성을 여실히 보여준다.

1991년 구소련의 붕괴로 냉전 질서가 붕괴했는데도 한반도의 분단체제는 종식되지 않았다. 제2차 세계대전 이후 세계질서의 변화 속에서 분단되었던 한반도는 미·소 냉전 구도가 종결된 이후에도 '냉전의 섬'으로 남게 된 것이다. 한국의 민주화와 남북한의 국력 격차가 크게 벌어지면서 남북한의 '적대적 공생관계'는 사실상 종식된 측면이 있다. 그러나 분단체제의 공고화가 독일 통일에 이어 한반도 통일을 기대했던 많은 이들에게 실망을 안겨주었다. 한국 노태우 정부는 1990년대 초반, 구소련과 공산권 붕괴의 여파 속에서 북방정책을 추진하면서 구소련과 중국, 동구권 국가들과 외교관계를 맺었다. 분단체제를 극복하고 한반도 통일을 이루려는 노력을 적극적으로 추진한 것이다. 노태우 대통령은 1988년 7·7선언을 통하여 남북한 문화 교류와 이산가족 상봉, 경쟁 및 대결외교 종식, 상대 우방들과의 관계 개선에 적극적으로 협력할 의지를 밝혔다.[533] 하지만 이러한 노력에도 불구하고 1991년 남북기본합의서 채택 이후 남북관계는 악화일로 상황에서 북핵 위기까지 경험한 바 있다.

자유주의 세계질서와 흔들리는 한반도

패권국인 미국이 주도하는 단극체제의 등장에도 한반도를 둘러싼 위기와 갈등은 반복됐다. 구소련이 붕괴한 후 미국은 자유주의 세계질서를 구공산권 지역을 포함한 전 세계로 확장했다. 동맹체제와 자유무역에 기초한 안보·경제 세계질서의 창출로 자유주의 가치에 대한 확산과 강화를 꾀한 것이다. 냉전기 16개 회원국으로 구성된 NATO는 1999년부터 동구권 국가들과 남유럽 14개 회원국을 새롭게 받아들였다.[534] 이로써 세계 GDP에서 무역이 차지하는 비중도 1991년 38.39%에서 2008년 60.79%로 빠른 속도로 증가했다.[535]

공산권의 붕괴로 촉발된 세계질서의 변환 속에서 북한은 경제 붕괴와 외교적 고립에 맞서 '고난의 행군'을 견뎌야 했다. 한국도 1997년 아시아 금융위기를 겪으면서 경제 자유화와 사회 양극화의 변화를 피하지 못했다. 이러한 혼란과 변화 속에서 유엔에 동시 가입한 남북한은 2000년과 2007년 두 차례의 정상회담을 개최하면서 화해·협력의 시대로 진입한다는 기대를 고조시키기도 했다. 하지만 남북한-북·미-북·일 관계의 긴장과 갈등이 북한의 핵 개발과 인권 문제를 중심으로 반복되면서 분단체제는 더러 흔들리기도 했지만 무너지진 않았다.[536]

사실상 남북한의 세력전이는 1970년대에 발생했는데, 이후 북한은 새로운 전략을 모색할 수밖에 없었다. 1960년대부터 고속 성장을 개시한 한국이 1970년대에 나타난 다양한 지표에서 북한을 앞질렀다. 1인당 GNP는 1967년, 화학비료는 1980년, 시멘트는 1969년경, 전기생산은 1975년경, 자동차 생산은 1967년경에 남북의 역전이 일어났다.[537] 1980년 군사비 지출에서의 역전은 북한의 국력이 더는 기존의 체제 경쟁을 뒷받침하기 어렵다는 것을 의미했다. 아래 〈그림 11〉에 나타나듯이, 남북한의 에너지 소비도 1970년 초중반에 역전된 후 그 격차가 꾸준히 벌어졌다. 북한은 1980년대 후반 이후 에너지 소비가 줄어드는 마이너스 성장을 경험한 데 반해 한국은 1960년대 이후 꾸준히 경제 규모가 증가하는 모습을 보였다. 따라서 탈냉전기에 들어서면서 냉전 시기에 자리 잡은 분단체제가 종식되리라는 기대는 냉전 후반기에 시작된 남북한 간의 세력 불균형에 기초한 판단으로 볼 수 있다.

〈그림 11〉　남북한 에너지 소비량 비교(1948~2016)

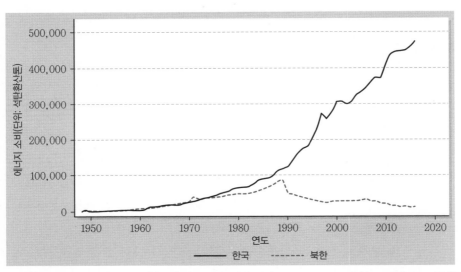

출처: "National Material Capabilities V6.0," 〈https://correlatesofwar.org/data-sets/national-material-capabilities〉 (Accessed September 27, 2021).

　　　1990년대 초중반 북한의 붕괴 시나리오에 기반해 남북의 통일로 분단체제가 종식될 거라는 기대가 실제로 존재했다. 그러나 1차 북핵 위기가 터지면서 기대는 물거품처럼 사그라들었다. 북한은 이미 1980년대 후반부터 핵무기를 개발하고, 비대칭 전력으로 체제를 유지하겠다는 전략을 채택했다. 구소련과 공산권이 붕괴하는 상황을 지켜보았던 북한으로서는 체제를 유지하려는 욕구가 절실해졌을 것이다. 북한은 힘이 열세한 가운데 사상을 통제하고 내부를 단속하면서 체제의 붕괴 상황을 방지하는 동시에 끊임없이 외부와의 갈등을 일으키는 것으로 정권의 정당성을 확보했다. 1990년대 중반부터 반복된 북·미 및 남북 갈등과 위기는 김정일 정권을 정당화하고 안정화를 도모하는 데 도움을 주는 등 분단체제 유지에도 이바지했다.

이런 이유로 분단체제를 극복하지 못한 채 2008년 세계 경제위기를 맞으면서 한반도 분단체제에 대한 영구화를 우려하는 목소리가 커졌다. 미국발 세계 경제위기 당시 중국이 보여준 경제력과 잠재력은 미·중의 세력전이가 곧 현실화하리라는 전망을 강화했기 때문이다. 이라크전을 기점으로 쇠락기에 접어든 미국이 2008년 이후부터는 더욱 가파르게 하강할 거라는 예상이 등장했기 때문이다. 이러한 예상들에 따라 냉전기의 대결 구도가 한·미·일 vs. 북·중·러로 조만간 재현될 수 있다는 전망이 쏟아졌다. 신냉전이라는 구도에서 북한은 경제적 제재와 외교적 압박을 중국과 러시아의 지원을 받아 해결하고, 한국은 미·일과의 삼각 협력으로 중·러를 견제하는 역할을 맡을 것이라는 예상도 널리 퍼졌다. 만약 신냉전이 동아시아 지역에서 현실화한다면 한반도의 분단체제가 다시 강화될 거라는 우려에 따라 분단체제의 영구화를 막고 평화 체제를 출범시켜야 한다는 주장에 힘이 실렸다.

실제로 미·중 경쟁이 심화하면서 한반도는 양국의 충돌 가능성이 큰 지역 중 하나로 지목됐다. 대표적으로 앨리슨Graham Allison은 "미·중 충돌은 불가피한가?"라는 질문을 제기한 후 충돌 시나리오를 통해 양국이 남중국해, 대만 문제, 한반도에서 양보할 수 없는 이슈들을 안고 있다고 평가했다.[538] 중국은 통일문제와 내정 문제를 핵심 이익으로 규정하는 한편 남중국해와 한반도를 포함한 주변 지역에 대한 영향력 확대를 동시에 추진하고 있다. 후자의 문제들을 전자의 핵심 이익을 지키기 위한 필요조건으로 인식하는 것이다.

미국은 중국의 부상을 당장 억제하지 않는다면 실제로 세력전이가 일어날 수 있다는 위기감으로 전략을 재정비하고 있다. 북·중의 관계를 순망치한으로 간주하는 중국이 한반도를 두고 미국과 치열하게 경쟁하는 상황에서 북한을 포기할 리 만무하다. 미국은 한국을 통해 공산 세력의 확장을 막았듯이 한미동맹을 활용하여 중국을 견제·압박하려는 의도를 명확히 한다. 만약 북한에서 급변사태가 발생하여 핵무기 통제와 지도력의 공백이 발생하면, 미·중이 뜻하지 않게 충돌을 일으킬 가능성도 존재한다.

최근 코로나19로 미 · 중 대립이 격화되면서 분단체제 고착화에 대한 우려가 더욱 깊어졌다. 2008년 세계 경제위기와 트럼프 정부의 출범으로 자유주의 세계질서에 대한 종식 논의가 급속히 증가하는 상황에서 코로나19 팬데믹이 발생한 것이다. 물론, 코로나19 사태가 세계질서를 근본적으로 바꿀지 아니면 최근의 변화를 강화하는 데 그칠지는 확실치 않다.[539] 하지만 미 · 중이 중장기적으로 안보 · 경제 · 기술 · 가치의 다양한 영역에서 글로벌 · 아시아 지역의 주도권 경쟁을 벌일 것이란 전망은 기정사실로 인식된다. 중국의 일대일로 전략과 미국의 인도−태평양 전략이 맞서는 아시아에서 대다수 국가는 두 강대국의 압력과 회유에 시달리는 상황이다. 한국은 중국의 사드 보복 이후 미국이 주도하는 반도체 생산망과 민주주의 연합에 함께할 것을 요청받았다. 북한은 미국과 두 차례 정상회담을 펼친 이후 의미 있는 성과를 거두지 못하고 중국과 더 밀접해진 모습을 보였다. 남북한을 정반대 방향으로 끌어당기는 힘이 한층 강화된 것이다.

처음 한반도 평화 체제에 대한 논의를 시작한 것은 노태우 정부이다. 노태우 정부가 공식화한 한반도 평화 체제와 관련한 논의는 김영삼 정부가 구체화하였는데, 당시 남북한의 협상을 미 · 중이 보증한다는 전략으로 추진한 바 있다. 이를 이은 김대중 정부는 한반도의 냉전체제를 해체하는 데 초점을 맞춘 전략을 구사했다. 남북기본합의서 이행과 남북한 화해에 따른 협력뿐 아니라 북미 · 북일 관계를 개선하고, 북한의 대량파괴무기를 제거하려는 구조적 변화로 평화를 달성하고자 했다. 하지만 2차 북핵 위기가 또 터지면서 한국 정부는 동력을 상실하고 말았다. 결국 남북은 2006년 북한이 핵실험에 성공하면서 논의 자체를 이어가기가 어려운 상황에 부닥쳤다. 여기에 더해 2014년 유엔이 북한인권조사위원회COI라는 보고서를 발표하면서 북한과 국제사회의 갈등은 깊은 골을 형성했다.

이후 한반도의 평화 체제가 새로운 화두로 등장한 시기는 무역과 기술을 중심으로 미 · 중 경쟁이 격화되던 2010년대이다. 박근혜 정부가 추구한 통일대박론이 북한의 비난 속에서 뚜렷한 성과를 내지 못한 채 마무리된 이후 등장한 문재인 정부가 평화를 전면에 내세운 '운전자론'을 강조하던 상황이었다. 한반도 평화 체제논의는 2017년 북 · 미 갈등의 심화로 위기에 봉착했지만, 2018년 남북−북 · 미−북 · 중 정상회담이 연이어 개최되면서 재개되었다고 할 수 있다.

문재인 대통령은 2019년 2월 북미 하노이 정상회담을 앞두고, 새로운 한반도체제 구상을 밝히면서 분단체제 극복에 대한 의지를 피력했다. 하노이 북 · 미

정상회담은 성과 없이 종결됐지만 문재인 정부는 3.1절 기념사를 통해 "남북한이 주도하는 새로운 100년과 평화협력공동체"에 대한 구상을 밝혔다. 남북한이 수동적 객체에서 능동적 주체로 안보공동체와 경제공동체를 두 축으로 하는 한반도 체제를 구축하고 국제 차원의 지지를 이끈다는 비전을 제시한 것이다.[540]

남북관계와 북·미 관계가 교착 상태에서 헤어나지 못한 결과 새로운 한반도체제에 대한 구상은 동력을 잃고 말았다. 이는 북한의 호응과 주변국의 지지 등 외부환경 변화에 따라 한반도의 평화 체제 구축이 그만큼 어렵다는 사실을 각인시킨다. 그러나 거시적·장기적으로 접근하면 새로운 한반도 체제를 구상하고 실현하려는 준비와 노력을 기울일 때라고도 볼 수 있다. 냉전 질서가 분단체제를 불러왔고, 단극체제의 수립이 분단체제를 균열시킨 사실을 기억할 필요가 있다. 세계질서의 변화를 주시하면서 새로운 한반도체제를 그려나가려는 시도가 무엇보다도 중요한 시점이다. 세계 경제위기와 코로나19 팬데믹으로 세계질서가 변화를 맞은 것이 현재 상황이다. 이로써 한반도의 질서는 새로운 글로벌·지역 질서와 연동되어 변화를 맞게 될 것이다. 이러한 환경에서 외부적 영향을 무시하거나 부정하기보다 우리가 원하는 한반도를 구축하려는 방안을 모색하려는 지혜와 노력이 요구되는 시점이다.

규칙 기반 질서와 한반도의 미래

현재 진행 중인 세계질서의 변화는 무엇으로부터 기인하는가? 새로운 한반도체제는 어떤 세계질서와 호응하면서 구축될 수 있는가? 미국은 제2차 세계대전에서의 승리와 구소련이 붕괴한 이후, 자유주의 세계질서를 구축하고 확장하였다. 하지만 미국이 상대적으로 쇠퇴하고 중국의 도전이 가시화되면서 자유주의 세계질서의 주체가 다수 민주국가로 변화하는 중이다. 일방적으로 제정하고 강제하던 미국의 시대가 저물고 다자가 지탱하는 세계질서의 시대가 도래하고 있다. 이와 더불어 중국의 부상과 권위주의 연합 세력이 자유주의 세계질서를 종식할 거라는 전망도 존재한다. 그러나 중국의 글로벌 영향력이 제한적인 현재 상황에서 미국이 군사력과 기술력의 우위를 유지한다면, 중국만의 특색있는 세계질서가 세계에 영향을 미칠 가능성은 매우 낮다. 따라서 자유주의 세계질서가 대체되기보다는 변화하리라는 예상을 가지고 새로운 한반도체제를 구체화하는 것이 바람직할 것이다.

　　앞으로 한반도를 규칙 기반의 세계질서 망에 안착시키는 노력이 절대적으로 필요하다. 세계질서와 친화성을 갖춘 한반도 체제를 구축할 때 새로운 한반도체제 수립의 가능성이 크며, 안정성을 유지하기도 쉽다. 현재 자유주의 세계질서가 어떻게 변화하고 유지될지 단언할 순 없지만, 다수 민주국가가 지지하는 규칙을 기반으로 미래의 세계질서를 예상할 수 있다. 그동안 유럽연합, 일본, 호주 등의 국가들은 규칙 기반 질서rules-based order의 중요성을 지속해서 강조해 왔다.[541] 이들은 미·중 경쟁의 심화로 권력정치가 게임의 규칙인 미래를 거부하고 있다고 지적한다. 동시에 중국을 배제하는 전략이나 언사에 노골적이거나 적극적으로 호응하지 않고 있다. 미국은 트럼프 시기부터 중국과 러시아를 도전 국가로 규정하지만, 다수 민주국가는 이러한 도전과 응전 프레임을 그대로 받아들이지 않는다. 그 대신 규칙 기반한 질서를 모든 국가가 존중하고 따를 것을 요구하고 있다.

　　하지만 다수 민주국가가 선호하는 규칙 기반 질서에 전 세계 국가들이 함께 호응하지 않을 수 있다. 남북한이 전혀 다른 세계질서에 안착한다면 분단체제의 극복은 불가능해질 것이다. 분단체제의 시작은 남북한이 서로 다른 세계질서에 각각 편입하면서 발생했다. 따라서 분단체제가 오랫동안 유지된 핵심 이유는 북한이 자유주의 세계질서로 진입하지 못한 채 탈냉전기를 보냈기 때문이다. 그러기에 남북한의 전제조건은 규칙 기반 질서 아래서 한반도의 미래를 지향해야 한다. 세계질서와 유리된 한반도의 미래를 추구할 수는 없다. 자주적 입장에서 남북한의 평화와 통일을 이루겠다는 원칙은 1972년 남북공동성명에서 시작되어 민족공동체 통일방안으로 계승되고 있다.[542] 그러나 이러한 자주의 원칙이 세계 및 지역 수준의 변화에 호응하지 않는 한반도 체제를 의미하는 것은 아니다.

　　그렇다면 향후 규칙 기반 질서의 중핵은 무엇이 될 것인가? 과연 어떤 규칙을 추구하는 질서가 등장할 것인가? 국제정치가 권력정치로 치환하는 상황을 거부한 대다수의 민주 세력이 선호하는 원칙은 무엇인가? 따라서 이 글은 규칙 기반 질서의 핵심을 ① 다자주의, ② 자유무역, ③ 민주주의가 되리라고 예상된다.

　　첫째, '다자주의'는 글로벌 패권국이 단독으로 주도하는 방식이 아닌 다자가 협의하고 결정하는 방식을 의미한다. 단극체제가 들어서면서 일방주의에 대한 우려를 불러일으켰던 미국이 바이든 정부가 출범하면서 다수 민주국가와 연대하는 전략을 채택했다. 제2차 세계대전 이후 압도적 국력을 토대로 자유주의 진영을 선도했던 과거로 회귀하기보다는 쇠퇴 상황을 받아들이면서 유사 국가들 like-minded states과 연대하면서 지도력을 발휘하겠다는 계획이다. 이는 미국 우선 주의에 입각한 트럼피즘에 실망한 주요 민주국가와 연대함으로써 현재의 세계 질서를 유지하고 미·중 간의 충돌을 억제해야 한다는 공감대가 형성되었기 때문이다. 비록 강대국이 아니라도 중견국이 서로 연합할 때 자국의 국익과 지역의 안정을 동시에 확보할 수 있다는 믿음에서 기인한 것이다. 이러한 미국의 중견국에 대한 외교의 핵심은 '다자주의'이다. 따라서 향후의 규칙 기반 질서는 기존의 자유주의 세계질서를 지지하는 다자 국가들의 합의·협력을 강조할 거라고 예상할 수 있다.

둘째, '자유무역'은 이미 대다수 주요 국가가 강조하는 원칙이다. 대다수 전문가는 트럼프 정부가 중국과 무역 분쟁을 개시하자 미국과 중국 모두 잃을 것이 많다고 지적했다. 실제로 미국은 트럼프 정부 시기, 지난 12년 중 가장 심각한 무역 적자를 기록했다.[543] 하지만 자국산업과 노동자 보호를 강조하는 우파 민족주의가 미국과 유럽에 득세하면서 보호무역의 움직임은 강화됐다. 이에 대한 반작용으로 유럽연합을 포함한 다수의 주요 민주국가는 자유무역의 중요성을 연일 강조한다. 바이든 정부 역시 세계화가 자국 중산층과 노동자에게 불리하다는 국내 여론을 잠재우고자 노력하고 있다. 아직 미국을 포함한 유럽 국가가 포퓰리즘과 민족주의의 파도를 극복하고 자유무역에 입각한 경제정책을 고수할지는 장담할 수 없다. 보호무역과 자국 이익에 초점을 맞춘 국가들이 다자주의에 기초한 세계질서를 거부한 채 자국중심주의에 몰입할 수 있다. 하지만 규칙 기반 질서를 강조하는 국가들은 자유무역에 기초한 세계질서를 뚜렷하게 선호한다. 그러기에 향후 이러한 국가들을 중심으로 자유무역 망이 형성된다고 볼 때 자유무역은 규칙 기반 질서의 핵심축이 될 것이다.

셋째, '민주주의'에 기초한 규칙 기반 질서는 자유주의 가치들을 전면에 내세울 것이다. 현재 규칙 기반 질서를 강조하며 자유무역을 옹호하는 대다수 국가는 민주주의를 채택하고 있다. 이들 국가는 현재 부상하는 디지털 권위주의와 권위주의 간 연합이 확대되는 미래를 우려한다. 타국의 내정에 디지털 기술을 활용하여 영향력을 행사하고 내부통제 기술을 다른 권위주의 정권들에 전수하는 상황이 증가하면서 민주국가의 위기감은 점점 고조되고 있다. 이러한 민주주의 수호에 대한 목소리는 1990년대부터 이른바 비자유 민주주의illiberal democracy

의 발흥을 지켜보면서 시작됐다.[544] 보통선거를 통해 선출된 정치 지도자가 법치주의를 무시하고 개인의 인권을 무시하는 국가들이 늘어나면서 미성숙한 민주주의와 혼합체제에 관한 관심이 증대했다. 동시에 중국이 지속적 경제성장을 통하여 권위주의 모델을 제시하자 민주주의 없는 경제성장에 대한 기대가 권위주의 지지와 세력 사이에서 증가했다. 이러한 상황에서 민주국가는 개인의 인권과 법치주의를 존중하는 세계질서의 확립을 보다 강조한다. 규칙 기반 질서의 자유주의적 속성은 비민주국가의 참여를 제한할 가능성이 크지만 민주주의와 권위주의 간 긴장이 고조되는 상황에서 개인의 인권과 가치수호를 강조하는 민주국가의 목소리가 유지되리라 예상한다.

[4장] 새로운 한반도체제의 구성과 수립

박은주 · 정성철

새로운 한반도체제는 어떤 모습이어야 하는가? 기존의 한반도 평화에 관한 체제 논의는 정전체제를 종식하고 안보적 · 경제적 공동체를 건설한다는 비전을 제시하였다. 따라서 이 글은 현재 진행 중인 세계질서의 변화를 반영하는 새로운 한반도체제의 내용과 그 실행 전략을 논의한다. 제2차 세계대전 이후 자유주의 세계 질서는 세계적으로 확장되었지만, 미국의 상대적 쇠퇴와 트럼피즘Trumpism의 등장으로 위기를 맞고 있다. 하지만 새로운 세계로의 질서 전환이 단박에 실현될 가능성은 희박하다. 상대적으로 기존 세계질서를 선호하는 다수 민주국가의 세력으로 규칙 기반 질서가 등장할 가능성이 크다. 규칙 기반 질서의 핵심 내용은, 다자주의 · 자유무역 · 민주주의가 되리라 예상할 수 있다.

이러한 세계정치의 변화를 주시하면서 남북한은 공동의 세계질서의 일원임을 명심하고 분단체제를 극복하려는 전략에 임해야 한다. 따라서 새로운 한반도체제는 규칙 기반 질서와의 연계성에서 비핵 · 군축을 토대로 안보협력, 대칭적 의존관계를 추구하는 경제협력, 동아시아 국가들과 연계하는 지역협력을 지향해야 한다. 새로운 한반도체제를 건설하기 위해서는 국내 · 남북 · 국제정치라는 영역에서 각각 추진해야 할 것이다. 새로운 한반도는 국내적 합의를 토대로 남북한의 동의가 절대적으로 필요하고, 국제사회가 지지하는 질서를 장기적으로 추진하고 실행해야 한다.

새로운 한반도체제가 나아갈 길

규칙 기반 질서가 다자주의 · 자유무역 · 민주주의를 강조하면서 형성된다고 볼 때, 새로운 한반도체제는 어떠한 모습이어야 하는가? 규칙 기반 질서의 핵심 내용과 충돌하는 한반도 체제의 수립은 비현실적이고 불안정하다. 따라서 세계질서와 친화적인 규칙 기반을 고려하면서 남북한이 상생하고 동의가 가능한 한반도 체제를 고민할 필요가 있다. 미 · 중이 전략경쟁을 펼치면서 세계 · 지역 질서에 대한 변화를 두고 대립하면 할수록 새로운 한반도체제의 중요성은 더욱 커져만 간다. 이러한 문제의식으로 새로운 한반도체제의 핵심 내용을 ① 안보협력, ② 경제협력, ③ 지역통합으로 제시하고자 한다. 이에 대한 구체적 내용과 세부적인 목표는 다음과 같다.

첫째, 새로운 한반도체제는 '비핵 및 군축'을 핵심으로 하는 안보협력을 지향한다. 1990년대 1차 북핵 위기 이후, 한반도는 핵무기를 둘러싼 위기가 반복되면서 지역 불안의 원인을 제공하고 있다. 이는 북한의 외교적 고립과 경제적 저성장을 낳으면서 한반도 화해와 번영에 걸림돌이 되고 있다. 따라서 남북기본합의서와 비핵화 공동선언에 따라 한반도 비핵지대에 대한 합의를 되살리고 군축에 돌입하는 작업이 무엇보다도 시급하다. 미국이 2019년 중거리 미사일[INF] 조약에서 최종 탈퇴하면서 동아시아에서 중요한 안보 불안의 불씨가 생겨났다. 비록 조약의 상대국인 러시아의 미준수를 이유로 미국이 탈퇴하였지만, 그 속내는 중국과 북한에 대한 견제를 담고 있다.[545] 만약 남북한의 비핵과 군축에 대한 안보협력을 멀리할 경우, 미 · 중 강대국 미사일 경쟁의 무대가 될 가능성이 크다. 따라서 이러한 안보 현실을 자각하고 분단체제 극복의 필요성을 남북한이 절감하는 것이 절실하다.

둘째, 수출입과 투자유치라는 다변화에 기초한 '대칭적 상호의존'을 추구한다. 새로운 한반도체제에서 남북한은 서로를 경제협력의 대상으로 보는 기존의 틀에서 벗어나 서로가 서로에게 다양한 행위자와 경제적 의존관계를 형성하는 그물망을 지향해야 한다. 이는 비대칭적인 상호의존성이 가지는 평화의 효과가 제한적이라는 교훈에 따른 대안이다. 경제적 의존관계를 지향하여 무력 충돌의 기회비용을 높이는 방안은 자유주의 학자들이 오래전부터 주장해 온 핵심 내용이다. 하지만 최근 동아시아에서 중국과 주변국 간의 긴장과 갈등은 경제적 의존관계 수립이 만병통치약이 될 수 없음을 보여준다. 2000년대 이후 개성공단으로 상징되는 남북한의 관계가 경제 분야로는 북핵 문제를 근본적으로 해결하지 못한다는 사실을 상기시킨다. 이러한 원인은 경제 규모가 절대적으로 다른 두 국가가 경제협력을 높이게 되면, 한 국가의 상대적 의존도가 높아지면서 경제적 취약성이 들춰지기 때문이다. 비교적 덜 의존적인 국가가 더 의존적인 국가에 대해 영향력을 행사하는 구조를 피하기가 어렵다. 따라서 경제적 격차에서 큰 차이를 형성하는 남북한이 경제협력을 한반도에서만 국한한다면, 북한은 경제적 취약성을 끊임없이 고민하게 될 것이다. 따라서 남북한 모두가 무역 망의 일부로서 다양한 국가들과 대칭적 의존관계를 맺으려는 노력이 필요하다.

셋째, 새로운 한반도체제는 주변 국가와 '경제적·문화적'으로 연결된 지역통합을 추구한다. 만약 남북한이 민족주의에 기반하여 배타적 협력·통일을 추구한다면, 주변국들과의 갈등이 깊어질 수밖에 없다. 따라서 새로운 한반도체제는 강대국 지향이 아니라 동아시아 지역통합에 방점을 두어야 할 것이다. 이러한 목표 설정은, 다자간의 경제 협력망의 연계성으로 동아시아의 안정화에 이바지할 수 있다. 규칙 기반의 질서가 다자주의와 자유무역에 기반한다는 점을 참작하면, 배타적인 민족주의보다는 동아시아 보편주의에 따른 한반도 체제가 이웃 국가들의 지지로 견고하게 뿌리내릴 수 있다. 현재 한반도와 동아시아는 민주주의와 권위주의 간의 대립으로 체제와 가치를 둘러싼 대결이 선명하다. 이런 이유로 지역통합이라는 기치 아래 한반도 체제를 수립하려는 기획은 역내 안정을 위한 새로운 노력으로 인정받을 만하다.

안보협력·경제협력·지역통합에 기초한 새로운 한반도체제에서 남북한은 같은 규칙 기반 질서의 일원으로 활동할 것이다. 한국 정부는 민주화 이후부터 남북 대화와 협상을 통해 군사적 대치 상태를 종결하고, 경제공동체를 형성하려는 노력을 꾸준히 해왔다. 그러나 국내·국제적 정치변화 속에서 북한의 호응뿐 아니라 국내적 지지가 항상 기대를 저버리는 상황으로 치달아 분단구조의 해체는 요원해지곤 했다. 이러한 실패는, 남북한이 다른 세계의 질서 망에 편입하지 못한 것이 원인이었다. 〈그림 12〉가 보여주듯, 한국은 지난 50여 년 동안 중국·일본·미국 등과 정부 간의 다양한 기구IGO에 참여하면서 양자 및 다자협력에 대한 수준을 높여갔다. 하지만 남북한이 공동으로 참여한 기구는 앞서 제시한 사례들의 절반 수준에서 머물고 있다. 이러한 원인을 북한의 고립적 정책에서 찾을 수도 있다. 하지만 한국 정부가 펼친 남북 대화와 협상에서의 한계가 직접적일 수도 있다. 따라서 남북한 모두 국제사회의 일원이 되어야만 제3국의 안보 위협과 남북 간의 비대칭 의존성 등의 문제를 해결할 수 있을 것이다.

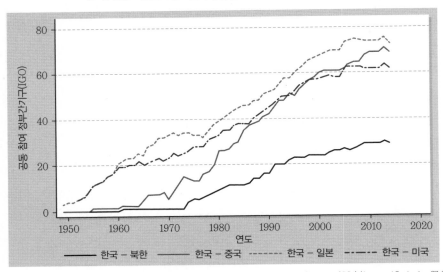

〈그림 12〉 1952~2014년까지 공동으로 참여한 정부간기구(IGO)

출처: "Intergovernmental Organizations V3." (https://correlatesofwar.org/data-sets/IGOs) (Accessed September 27, 2021).

한국 정부는 지금까지 민족공동체적 통일방안으로 자주 · 평화 · 민주라는 3 원칙의 통일을 주장해왔다. 강대국의 정치 논리로 망국과 분단의 아픔을 겪는 과 정에서도 통일을 주체적으로 해결하겠다는 한국의 3원칙은 많은 이들의 호응을 얻었다. 하지만 남북한 당사자 간의 합의를 통해 북한 문제와 통일문제를 해결하려는 의식의 전환이 필요한 시점이다. 한국은 민주화 이후, 보수 · 진보의 정부가 반복적으로 교체되면서 각기 다른 대북 · 통일 전략을 수립했지만, 근본적인 변화를 이끌지 못했다는 자성과 함께 새로운 변화를 모색해야 한다. 남북한의 협력을 가로막는 문제와 이를 해결하지 못하는 과제를 돌아보면 한반도와 세계질서를 연계할 수 있는 새로운 시각이 요구된다. 또 이러한 사고는 장기적 관점에서 추진할 전략과 연계될 필요성이 있다.

단계적 추진전략

향후 안보·경제·지역의 통합을 내세운 한반도 체제를 어떻게 수립할 수 있는 가? 그간 한반도의 통일외교는 주변 강대국에 대한 양자관계를 강조해왔다. 하지만 북한 문제를 주도 남남갈등이 첨예해지면서 대북정책과 통일정책에 관한 국내 합의의 중요성이 더욱 커졌다. 한편 미국이 주도한 단극체제가 약화하면서 다자 합의에 기반한 세계질서의 수립이 주목을 받는 상황이다. 현재 미·중 경쟁 체제에서 어느 한 국가가 단독으로 선도할 수 있는 국제적 환경이 아니기 때문이다. 특히 미국이 유럽연합과 민주국가와 민주 연합체를 구성하여 자유주의 세계질서를 공고하게 다지려는 전략을 취하고 있다. 이러한 변화를 고려한 새로운 한반도 체제는 '국내·남북·다자'라는 세 차원에서 설득과 지지를 확보하는 과정을 거쳐 수립하는 것이 바람직하다.

먼저, 국내 차원에서는 분단체제를 평화 체제로 전환할 필요성을 강조하고 안보협력·경제협력·지역통합의 비전을 제시해야 한다. 이는 민주화 이후 북한 문제를 둘러싼 진영 간의 갈등을 고려한다면, 짧은 시간 내에 한국 사회에서의 호응을 얻는 데는 어려움이 따른다. 하지만 이러한 국내적 합의 과정 없이 정부 차원에서 새로운 한반도체제를 수립하고자 한다면, 머지않아 동력을 상실할 수 있다. 1990년대부터 새로운 정부가 출범하면서 한반도 정책이 변화할 때마다 국내 분열이 거셌던 점을 고려하여 미래의 대북·통일 전략은 정부와 정당을 초월하여 기반을 다지는 일이 무엇보다 중요하다.

다음은 남북 양자 차원에서의 논의와 합의이다. 앞서 논의한 안보협력과 경제협력은 남북한 공동의 이익을 추구한다. 비핵과 군축을 통해서 평화지대를 구축하지 않는다면 한반도는 미·중이 경합하는 전장으로 기능할 가능성이 크다. 물리적 전쟁이 아니더라도 휴전선에서의 긴장이 유지된다면 남북한이 가장 큰 피해자가 될 것이다. 경제적 측면에서도 새로운 한반도체제에서는 남북한 모두 다양한 국가들과 경제 망을 형성해야만 지금보다 대칭적인 상호의존성에서 이익을 누릴 수 있다. 이러한 새로운 한반도체제의 필요성과 내용에 관한 논의를 토대로 남북한 모두 분단체제를 극복하려는 의지와 지혜를 모을 필요가 있다.

마지막으로 주요국들과 신한반도의 비전 구상을 공유하고 그들 국가에 협력을 구해야 한다. 미·중·일·러시아와 함께 새로운 한반도 체제를 위한 핵심 내용을 설명할 필요가 있다. 여기에 덧붙여 지역통합과 역내의 안정에 무게를 둔 기획이라는 점을 반드시 강조해야 한다. 과거 미·소로 이루어진 냉전기 때와는 달리, 현재의 미·중은 서로를 경쟁상대로 지칭하면서도 협력적 대상으로도 바라본다는 사실이다. 최근 무역과 기술, 인권과 코로나19를 둘러싸고 갈등하는 양국이지만 기후 위기와 사이버 문제 등에서 협력할 뜻은 내비치고 있다. 따라서 북한의 핵 문제와 인권 문제도 그들에게 협력적 쟁점이 될 수 있다는 사실을 부각해야한다. 한반도의 안정과 번영이 그들의 이익에 부합한다는 점을 적극적으로 각인시킬 필요가 있다.

　　새로운 한반도체제의 수립은 국내로부터 시작해 남북을 거쳐 국제사회로 진출하는 단계적 과정에서 이루어질 것이다. 1948년 이후부터 줄곧 유지되던 한반도의 냉전을 종식하고 새로운 한반도체제를 마련하기에 앞서, 폭넓은 논의와 논쟁이 국내에서 선행되어야만 한다. 북한과의 통일을 둘러싼 이념이 세대마다 다른 입장을 가지는 한국 사회에서 정부의 한반도 정책이 충분한 동력을 얻지 못한 것이 주된 원인이기 때문이다. 일부 국민만이 지지하는 대북·통일에 관한 정책은 북한이나 국제사회라는 암초를 만나면 곧바로 좌초될 수밖에 없다. 따라서 국가적 이익과 가치에 대한 논의를 바탕으로 새로운 한반도체제의 청사진과 그것을 실현할 전략을 세운다면 분단극복의 미래는 우리 앞으로 성큼 다가올 것이다.

[Endnote]

〈제1부_세계질서에 대한 국제정치이론적 고찰〉

▬ 1장. 현실주의 국제정치이론과 세계질서

1   Hedley Bull, The Anarchical Society: *A Study of Order in World Politics* (London: Macmillan, 1977), p. 8.
    전재성, 『주권과 국제정치: 근대 주권국가체제의 제국적 기원』(서울: 서울대학교 출판부, 2019), pp. 108~109.

2   John Mearsheimer, "Bound to Fail; The Rise and Fall of the Liberal International Order," *International security*, vol. 43, no. 4 (2019), p. 9.

3   헤들리 불은 국제사회를 무질서(anomie)가 아닌 무정부(anarchy)상태이며, 공통의 양해와 규범, 규칙, 제도로 규율되는 질서가 작동하는 것으로 이해한다.
    Andrew Hurrell, "Foreword," Hedley Bull, *The Anarchical Society* (New York: Columbia University Press, 2002), pp. vii~ix.

4   Joseph Nye, "The Other Global Power Shift," *Project Syndicate*, August 6, 2020.

5   Stephen Krasner, *Sovereignty: Organized Hypocrisy* (Princeton, NJ: Princeton University Press, 1999), pp. 3~4.
    Stephen Krasner, *Power, the State, and Sovereignty: Essays on International Relations* (New York: Routledge, 2009), pp. 3~6.

6   안토니오 그람시는 1920년대부터 활발한 저작 활동을 보여준 이탈리아의 공산주의 사상가로서 패권(hegemony)을 동의에 의한 지배로 정의했다.
    Antonio Gramsci and Quintin Hoare, *Selections from the Prison Notebooks* (London: Lawrence & Wishart, 1971), p. 57.

7   Randall L. Schweller and Xiaoyu Pu, "After Unipolarity: China's Visions of International Order in an Era of U.S. Decline," *International Security*, vol. 36, no. 1 (2011), pp. 47~49.

8   Robert Gilpin, *War and Change in World Politics* (New York: Cambridge University Press, 1981), p. 29.

9   Michael Mastanduno, "System Maker and Privilege Taker," *World Politics*, vol. 61, no. 1 (2009), pp. 121~154.

10 Joseph Biden, "Build Back Better," *A Presidency for All Americans*, November 10, 2020.

11 Michael Beckley, *Unrivaled: Why America Will Remain the World's Sole Superpower* (Ithaca, NY: Cornell University Press, 2018), pp. 150~154.

12 Robert Ross and Zhu Feng, *China's Ascent: Power, Security, and the Future of International*

Politics (London: Cornell University Press, 2008), pp. 11~33.

전재성, "미중경쟁 2050: 군사안보" (EAI 스페셜리포트, 2021.7.16.), pp. 6~8.

13   Michael Beckley, *Unrivaled: Why America Will Remain the World's Sole Superpower*, pp. 12~18.

14   *Ibid.*, pp. 33~61.

15   *Ibid.*, pp. 1~3.

16   Michael Beckley, "America Is Not Ready for a War With China: How to Get the Pentagon to Focus on the Real Threats," *Foreign Affairs*, June 10, 2021.

17   Nuno P. Monteiro, *Theory of Unipolar Politics* (NY: Cambridge University Press, 2014), pp. 3~6.

18   *Ibid.*, pp. 93~103.

19   Nuno P. Monteiro, "Unrest Assured: Why Unipolarity is not Peacefulm," *International Security*, vol. 36, no. 3 (2011/12), p. 12.
     Nuno P. Monteiro, *Theory of Unipolar Politics*, pp. 78~81, pp. 156~177.

20   Nuno Monteiro and Alexandre Debs, "An Economic Theory of Hegemonic War," Transcript at Georgetown University's GUITARS seminar on 2014.2.10., pp. 39~40.

21   Gregory Kulacki, "China's Nuclear Force: Modernizing from Behind," *Union of Concerned Scientist*, 13 January (2018), pp. 2~4.

22   Nuno P. Monteiro, *Theory of Unipolar Politics*, pp. 3~7.

23   The Correlates of War Project, "Militarized Interstate Disputes (v5.0)".

24   전재성, "미중경쟁 2050: 군사안보," p. 7.

25   John Mearsheimer, *The Tragedy of Great Power Politics* (New York: Norton, 2001), pp. 4~5.

26   John J. Mearsheimer, *The Great Delusion: Liberal Dreams and International Realities* (New Haven: Yale University Press, 2018), chapter. 6.

27   *Ibid.*, pp. 183~188.

28   *Ibid.*, pp. 110~113.

29   *Ibid.*, pp. 217~234.
     John J. Mearsheimer, "Bound to Fail: The Rise and Fall of the Liberal International Order," *International security*, vol. 43, no. 4 (2019), pp. 7~50.

30   Charles L. Glaser, "A U.S.-China Grand Bargain? The Hard Choice between Military Competition and Accommodation," *International Security*, vol. 39, no. 4 (2015), pp. 61~64.

31   *Ibid.*, pp. 63~64.

32   Charles L. Glaser, "Washington Is Avoiding the Tough Questions on Taiwan and China: The Case for Reconsidering U.S. Commitments in East Asia," *Foreign Affairs*, April 28, 2021.

33 Graham Allison, "The Thucydides Trap: Are the U.S. and China Headed for War?," *The Atlantic*, September 24, 2015.

34 Steve Chan, *China, the Us and Power-Transition Theory: A Critique* (New York: Routledge, 2007).
Dale C. Copeland, *Economic Interdependence and War* (Princeton, New Jersey: Princeton University Press, 2015).
Dale C. Copeland, *The Origins of Major War* (Ithaca: Cornell University Press, 2000).

2장. 자유주의 국제정치이론과 세계질서

35 Joseph S. Nye Jr, "What New World Order?" *Foreign Affairs*, vol. 71, no. 2 (1992), p. 90.

36 Eric Helleiner, "The Life and Times of Embedded Liberalism: legacies and Innovations since Bretton Woods," *Review of International Political Economy*, vol. 26, no. 6 (2019), pp. 1120.

37 Joseph S. Nye, "Will the Liberal Order Survive?: The History of an Idea," *Foreign Affairs*, vol. 96, no. 1 (2017), pp. 10~12.

38 John Ikenberry, "The Future of Liberal World Order," *Japanese Journal of Political Science*, vol. 16, no. 3 (2015), pp. 451~453.

39 Stephen D. Krasner, "Learning to Live with Despots: The Limits of Democracy Promotion," *Foreign affairs*, vol. 99, no. 2 (2020), pp. 49~55.

40 Michael W. Doyle, "Liberalism and World Politics," *The American Political Science Review*, vol. 80, no. 4 (1986), pp. 1158~1159.

41 John Mearsheimer, "Bound to Fail: The Rise and Fall of the Liberal International Order," pp. 21~26.

42 Robert Keohane and Joseph Nye, *Power and Interdependence* (New York: Longman, 2001), pp. 21~22.

43 Jeff Colgan and Robert Keohane, "The Liberal Order is Rigged: Fix it Now or Watch it Wither," *Foreign Affairs*, vol. 96, no. 3 (2017), pp. 36~37.

44 John G. Ruggie, "International Regimes, Transactions, and Change: Embedded Liberalism in the Postwar Economic Order," *International Organization*, vol. 36, no. 2 (1982), pp. 388~392.

45 Jeff Colgan and Robert Keohane, "The Liberal Order is Rigged: Fix it Now or Watch it Wither," pp. 39~42.

46 Jeff Colgan, and Robert Keohane, "The Liberal Order Is Rigged: Fix It Now or Watch It Wither," pp. 36~44.

47 Eric Helleiner, "The Life and Times of Embedded Liberalism: Legacies and Innovations since Bretton Woods," pp. 1112~1135.

48 Françoise Nicolas and David Buchanan, "China and the Global Economic Order: A Discreet yet Undeniable Contestation," *China Perspectives*, no. 2 (2016), pp. 7~14.

49 John Ikenberry, "The Next Liberal Order: The Age of Contagion Demands More Internationalism, Not Less," *Foreign Affairs*, vol. 99, no. 4 (2020), pp. 133~142.

50 *Ibid.*, p. 140.

51 *Ibid.*, pp. 141~142.

52 *Ibid.*, p. 133.

53 Daniele Archibugi, David Held and Martin Köhler, eds., *Re-imagining political community: studies in cosmopolitan democracy* (Cambridge, UK: Polity Press, 1998), p. 220, p. 253.

—— 3장. 구성주의 국제정치이론과 세계질서

54 Charles Kupchan, "The Normative Foundations of Hegemony and the Coming Challenge to Pax Americana," *Security Studies*, vol. 23, no. 2 (2014), pp. 224~230.

55 Bentley Allian, Srdjan Vucetic and Ted Hopf, "The Distribution of Identity and the Future of International Order: China's Hegemonic Prospects," *International Organization*, vol. 72, no. 4 (2018), pp. 861~862.

56 *Ibid.*, pp. 863~864.

57 Bentley Allan, Srdjan Vucetic, and Ted Hopf, "The Distribution of Identity and the Future of International Order: China's Hegemonic Prospects," *International Organization*, vol. 72, no. 4 (2018), pp. 26~28.

58 세력전이론에 의하면 부상국이 기존 패권국의 국력의 80%에 달하면 충돌의 가능성이 생기기 시작한다.
    전재성, "미중경쟁 2050: 군사안보," pp. 3~4.

59 Carsten Rauch, "Challenging the Power Consensus: Gdp, Cinc, and Power Transition Theory," *Security studies*, vol. 26, no. 4 (2017), pp. 649~653.

60 U.S. Embassy in El Salvador, "Secretary Michael R. Pompeo Remarks at the Richard Nixon Presidential Library and Museum: 'Communist china and the Free World's future'," July 23, 2020.

61 Alexander Cooley and Daniel Nexon, *Exit from Hegemony: The Unraveling of the American Global Order* (NY: Oxford University Press, 2020), pp. 137~158.

62 *Ibid.*, pp. 5~8.

63 Alastair Iain Johnston, "China in a World of Orders: Rethinking Compliance and Challenge

in Beijing's International Relations," *International security*, vol. 44, no. 2 (2019), pp. 56~60.

=== 4장. 다양한 비판이론의 갈래와 세계질서

64 Robert Cox, "Social Forces, States and World Orders: Beyond International Relations Theory," *Millennium: Journal of Studies*, vol. 10, no. 1 (1981), pp. 128~130.

65 Andrew Davenport, "Marxism in IR: Condemned to a Realist fate?," *European Journal of International Relations*, vol. 19, no. 1 (2011), pp. 40~42.

66 Robert Keohane, "Twenty Years of Institutional Liberalism," *International Relations*, vol. 26, iss. 2 (2012), p. 136.

67 Dani Rodrik, *The Globalization Paradox: Democracy and the Future of the World Economy* (New York: W.W. Norton & Company. 2011), pp. 184~206.

68 "Commerce Secretary Wilbur Ross Says China's Coronavirus 'Will Help' Bring Jobs Back to U.S.," *The Washington Post*, January 30, 2020.

69 Yan Xuetong, "Becoming Strong: The New Chinese Foreign Policy," *Foreign Affairs*, vol. 100, no. 4 (2021), pp. 40~47.
    Yanzhong Huang, "Vaccine Diplomacy is Paying Off for China: Beijing Hasn't Won the Soft-Power Stakes, but It Has an Early Lead," *Foreign Affairs*, March 11, 2021.

70 Stephen Walt, "The Realist's Guide to the Coronavirus Outbreak." *Foreign Policy*, March 9, 2020.

71 Seth Johnston, "The Pandemic and the Limits of Realism: The foundational international relations theory has been revealed to be far less realistic than it claims." *Foreign Policy*, June 24, 2020.

72 Hal Brands and Francis Gavin. eds. *COVID-19 and World Order: The Future of Conflict, Competition, and Cooperation.* Baltimore (Maryland: Johns Hopkins University Press, 2020), pp. 3~10.

73 Charalampos Efstathopoulos, Milja Kurki, and Alistair Shepherd, "Facing Human Interconnections: Thinking International Relations into the Future," *International Relations*, vol. 34, no. 3 (2020), p. 8.

74 Erika Cudworth, Stephen Hobden, and Emilian Kavalski, eds. *Posthuman Dialogues in International Relations* (New York: Routledge, 2018), p. 4.

75 Jason W. Moore, and Christian Parenti, *Anthropocene or Capitalocene?: Nature, History, and the Crisis of Capitalism* (Oakland: PM Press, 2016), pp. 3~6.

76 김준수, "인류세 시대의 국가공간 다시 읽기," 『문화과학』, 제97권 (2019), p. 102.

77 "1분기 하루 외환거래 593억 7,000만 달러 통계이래 최대," 『신아일보』, 2020.4.23.

78 Dani Rodrik, *The Globalization Paradox: Democracy and the Future of the World Economy*, pp. 3~23.

79 Adam Watson, "European International Society and Its Expansion," in Hedley Bull and Adam Watson eds., *The Expansion of International Society: A Comparative Historical Analysis* (London: Routledge, 1984), pp. 13~18.

80 Andreas Herberg-Rothe and Key-young Son, *Order Wars and Floating Balance* (London: Routledge, 2017), pp. 15~20.

81 Miles Kahler, "Who Is Liberal Now? Rising Powers and Global Norms," in Amitav Acharya ed., *Why Govern? Rethinking Demand and Progress in Global Governance* (New York: Cambridge University Press, 2016), pp. 68~70.

82 David Lake, Lisa Martin, and Thomas Risse, eds., "Challenges to the Liberal International Order: International Organization at 75," *International Organization*, vol. 75, no. 2 (2021).

83 Rodney Bruce Hall, "The Social Purpose of Global Governance," in Amitav Acharya, ed., *Why Govern? Rethinking Demand and Progress in Global Governance* (New York: Cambridge University Press, 2016), pp. 84~90.

84 Amitav Acharya, "Rethinking Demand, Purpose and Progress in Global Governance: An Introduction," in Amitav Acharya ed., *Why Govern? Rethinking Demand and Progress in Global Governance* (New York: Cambridge University Press, 2016), pp. 1~6.

85 *Ibid.*, pp. 6~8.

86 John Mearsheimer, *The Great Delusion: Liberal Dreams and International Realities* (New Haven: Yale University Press, 2018), Chapter 8.

87 이용욱, "코로나 이후 세계의 정치경제: 코로나19는 미중 대립의 게임체인저가 될 것인가?" 여시재 엮음, 『코로나 시대 한국의 미래』 (서울: 서울컬렉션, 2020), p. 50.

88 위의 글, pp. 50~51.

89 Jessica Chen Weiss and Jeremy Wallace, "Domestic Politics, China's Rise, and the Future of the Liberal International Order," *International Organization*, vol. 75, no. 2 (2021), pp. 636~637.

90 *Ibid.*, pp. 637~642.

91 손열, "세계금융위기 이후 세 갈래 질서 변화," 손열 엮음, 『위기 이후 한국의 선택: 세계금융위기, 질서변환, 중견국 경제외교』 (서울: 한울아카데미, 2020), pp. 9~13.

92 John Ikenberry, "The Next Liberal Order: The Age of Contagion Demands More

Internationalism," *Foreign Affairs* (July/August, 2020), pp. 133~142.

Alexander Cooley and Daniel Nexon, "How Hegemony Ends: The Unraveling of American Power," *Foreign Affairs* (July/August, 2020), pp. 143~156.

93 이왕휘, "세계금융위기 이후 세계 질서의 변화," 손열 엮음,『위기 이후 한국의 선택: 세계금융위기, 질서변환, 중견국 경제외교』(서울: 한울아카데미, 2020), p. 78.

94 위의 글, pp. 80~83.

95 위의 글, pp. 83~87.

96 조영남,『중국의 꿈: 시진핑 리더십과 중국의 미래』(서울: 민음사, 2013), pp. 279~288.

97 이용욱, "중국의 패권과 국가·주권 체제의 미래," 손기영 엮음,『신춘추오패: 패권과 탈패권 사이의 21세기 국제질서』, (서울: 아연출판부, 2021), pp. 276~279.

98 위의 글, pp. 279~282.

99 이정남, "중국이 구상하는 세계질서 상: 중국내 국제정치학자의 인식을 중심으로,"『국제정치논총』, 57권 4호 (2017), pp. 134~137.

100 Jeffry Frieden, David Lake, and Lawrence Broz, *International Political Economy: Perspectives on Global Wealth and Power* (New York: W.W. Norton & Company, 2017), pp. 1~4.

101 Eric Thun, "The Globalization of Production," in John Ravenhill, ed., *Global Political Economy* (Oxford: Oxford University Press, 2017), pp. 181~187.

102 Sara Wallace Goodman and Thomas Pepinsky, "The Exclusionary Foundations of Embedded Liberalism," *International Organization*, vol. 75, no. 2 (2021), pp. 411~414.

103 이용욱, "코로나 이후 세계의 정치경제: 코로나19는 미중 대립의 게임체인저가 될 것인가?" pp. 44~46.

104 Huong Le Thu, "A Collision of Cybersecurity and Geopolitics: Why Southeast Asia Is Wary of a Huawei Ban," *Global Asia*, vol. 14, no. 3 (2020), pp. 40~42.

105 이용욱, "코로나 이후 세계의 정치경제: 코로나19는 미중 대립의 게임체인저가 될 것인가?" pp. 47~48.

106 이승주, "글로벌 금융위기 이후 세계 무역 질서의 변화와 한국의 대응," 손열 엮음,『위기 이후 한국의 선택: 세계금융위기, 질서변환, 중견국 경제외교』(서울: 한울아카데미, 2020), p. 145~162.

정주영, "새로운 무역질서가 필요하다," 여시재 엮음,『코로나 시대 한국의 미래』(서울: 서울컬렉션, 2020), pp. 57~61.

107 이승주, "글로벌 금융위기 이후 세계 무역 질서의 변화와 한국의 대응," p. 145.

108 위의 글, p. 146.

109 위의 글, p. 146.

110 정주영, "새로운 무역질서가 필요하다," pp. 57~58.

111 2019년 1월 WTO에 속한 76개 회원국이 WTO 전자상거래 협상 출범에 동의했다.

112 이승주, "미중 무역 전쟁과 한국의 통상정책: 다자주의 회복과 지역 경제 질서의 재편을 위한 중견국

외교," (EAI 2020 전망과 전략), p. 6.

113 김치욱, "세계금융위기와 미국의 국제경제전략," 손열 엮음, 『위기 이후 한국의 선택: 세계금융위기, 질서변환, 중견국 경제외교』(서울: 한울아카데미, 2020), pp. 49~51.
이승주, 글로벌 금융위기 이후 세계 무역 질서의 변화와 한국의 대응," p. 147.

114 위의 글, p. 148.

115 중국은 2013년에는 3,150억 달러에 달하는 대규모 무역 적자 기록했다. 중국 무역의 최대 흑자는 2016년으로 6,330억 달러에 달했다.

116 이승주, "글로벌 금융위기 이후 세계 무역 질서의 변화와 한국의 대응," p. 149.

117 위의 글, p. 151.

118 이승주, "미중 무역 전쟁과 한국의 통상정책: 다자주의 회복과 지역 경제 질서의 재편을 위한 중견국 외교," p. 5.

119 이승주, "글로벌 금융위기 이후 세계 무역 질서의 변화와 한국의 대응," pp. 152~153.

120 정주영, "새로운 무역질서가 필요하다," pp. 61~62.

121 이승주, 글로벌 금융위기 이후 세계 무역 질서의 변화와 한국의 대응," pp. 153~155.

122 이정남, "중미 간 경제무역 갈등의 본질 및 대응방향에 대한 중국내 인식," 『국가전략』, 제26권 1호 (2020), pp. 57~59.

123 John Ikenberry, "The Next Liberal Order: The Age of Contagion Demands More Internationalism," pp. 135~137.

124 Ruchir Sharma, "The Comeback Nation: U.S. Economic Supremacy Has Repeatedly Proved Declinists Wrong," *Foreign Affairs* (May/June, 2020), pp. 72~76.

125 전재성, "바이든 후보의 외교정책, 미국의 리더쉽 회복과 세계질서 변화를 가져올 수 있나?" (EAI 스페셜 리포트, 2020.8.25.), pp. 2~5.

126 강구상, "미국 바이든 행정부의 경제정책 전망과 시사점." (대외경제정책연구원 오늘의 세계경제, 2020.11.6.), pp. 3~5.

127 정재흥, "2020 미국의 선택: 미·중관계," (세종연구소 세종논평, 2020-28), pp. 1~2.

128 왕윤종, "바이든 시대의 미·중 통상갈등 전망," (고려대학교 일민국제관계연구원 일민온라인시리즈 no. 78, 2020.11.23.), pp. 4~5.

129 『아주경제』, 2020.11.8.

130 New York Times, November 28, 2020.

131 『연합뉴스』2020.12.4.

132 Taylor Fravel, Roy Strapleton, Michael Swaine, Susan Thornton, and Ezra Vogel, "China Is Not an Enemy," *The Washington Post*, July 3, 2019.

133 왕윤종, "바이든 시대의 미·중 통상갈등 전망," p. 4.

134 위의 글, p. 5.

135 김치욱, "세계금융위기와 미국의 국제경제전략," pp. 52~55.

136 위의 글, pp. 53~54.

137 이왕휘, "세계금융위기 이후 세계 질서의 변화," pp. 87~89.

138 왕윤종, "바이든 시대의 미·중 통상갈등 전망," p. 5.

139 이효영, "디지털 무역 규범 어떻게 형성되고 있나," (여시재 미래디자인 시리즈, 2021.2.18.), pp. 7~8.

140 김치욱, 세계금융위기와 미국의 국제경제전략," pp. 53-54.

141 위의 글, p. 54.

142 이승주, "글로벌 금융위기 이후 세계 무역 질서의 변화와 한국의 대응," p. 152.

143 이용욱, "중국의 선택: 위안화 국제화와 기축통화의 정치경제," 김병국·전재성·최강·차두현 공편, 『미·중관계 2025』(서울: EAI, 2012), pp. 143~144.

144 이용욱, "위안화 국제화와 한국 금유외교: 삼립불가능성과 전략적 선택," 하영선 편, 『미·중의 아태 질서 건축경쟁』(서울: EAI, 2017), p. 222.

145 이용욱, "미-중 국제기축통화 전략경쟁," (EAI 스페셜 리포트, 2021), pp. 4~5.

146 Harold James, "Late Soviet America," *Project Syndicate*, July 1, 2020.
Henry Paulson, "The Future of the Dollar: US Financial Power Depends on Washington, Not Beijing," *Foreign Affairs* (May 19, 2020).
Eswar Prasad, "China's Role in Global Financial System," in David Dollar, Yiping Huang, and Yang Yao, eds., *China 2049: Economic Challenges of A Rising Global Power* (Washington D.C.: Brookings Institute Press, 2020), pp. 355~372.
Eswar Prasad, *Gaining Currency: The Rise of the Renminbi* (Oxford: Oxford University Press, 2017).

147 김정식, "디지털 위안화 앞세워 미국 달러화 패권 도전한다," 『중앙일보』, 2020.2.11.

148 이용욱, "미·중 국제기축통화의 전략경쟁," pp. 7~8.

149 김연규, "영국의 BP와 스위스 머큐리아는 왜 위안화를 받고 원유를 팔까?" (여시재 인사이트, 2020.8.4.).

150 "Rise of the yuan: China-based payment settlements jump 80%," *Nikkei,* 2019.5.20.
Harold James, "Late Soviet America," p. 2.
Duvvuri Subbarao, Duwuri. "The Dollar as the Dominant Global Reserve Currency: A Threat to Financial Stability?" (*RSIS Policy Report*, February 18, 2020), pp. 5~8.

151 「외상투자법」의 핵심은 중국의 증권업, 은행업, 보험업 등 금융업 전반에 대한 외국인 투자이익의 보호와 자금조달의 편의성을 전면적으로 제고하는데 있다.
안유화, "신외상투자법 실행이 중국 금융업에 미치는 영향," 『성균관차이나브리프』, 8권 2호 (2020.4.), pp. 113~119.

152 김애경, "중국의 외국인 투자관련 법률 제정," 『외국입법 동향과 분석』, 15호 (2019.11.20.), pp. 1~7.

Eswar Prasad, "China's Role in Global Financial System," pp. 364~368.

153 Dylan Loh, "Rise of e-RMB: Geopolitics of China's Digital Currency," *RSIS Commentary*, no. 117 (2020), p. 3.

154 이용욱, "한국 중견국 금융외교의 가능성·한계·역할이 모색: 규칙준수자에서 규칙제정자로," 손열 엮음, 『위기 이후 한국의 선택: 세계금융위기, 질서변환, 중견국 경제외교』 (서울: 한울아카데미, 2020), pp. 213~214.

155 위의 글, pp. 214~216.

156 Sebastian Mallaby, "The Age of Magic Money: Can Endless Spending Prevent Economic Calamity?" *Foreign Affairs* (July/August, 2020), pp. 65~70.

157 "'코로나 부도' 쓰나미 온다…6개국 디폴트 선언, 미국도 위험," 『중앙일보』, 2020.11.23.

158 "올해 15조弗 폭증…코로나發 '부채 쓰나미'," 『한국경제신문』, 2020.11.19.

159 이용욱, "중국의 선택: 위안화 국제화와 기축통화의 정치경제," pp. 142~144.

160 이용욱, "한국 중견국 금융외교의 가능성·한계·역할이 모색: 규칙준수자에서 규칙제정자로," pp. 213~214.

161 Eric Helleiner, *The Status Quo Crisis: Global Financial Governance after the 2008 Meltdown* (Oxford: Oxford University Press, 2014), Introduction.

162 *Ibid*., Chapter 4.

163 이용욱, "한국 중견국 금융외교의 가능성·한계·역할이 모색: 규칙준수자에서 규칙제정자로," pp. 214~215.

164 Eric Helleiner, *The Status Quo Crisis: Global Financial Governance after the 2008 Meltdown*, Chapter 6.

165 "미·중 무역전쟁 속 일본의 생존전략," 『동아일보』, 2021.9.21.

166 박지영·김선경, "디지털 무역 경쟁과 데이터 보호주의," (아산정책연구원 이슈브리프, 2019), pp. 5~6.

━━ 2장. 신흥안보 시대의 도래와 코로나19

167 윤정현, "신흥안보 위험과 네트워크 거버넌스", 『한국정치학회보』, 제54권 4호, (2020a), p. 30.

168 WEF, *The Global Risk Report 2019 14th Edition* (Geneva: World Economic Forum, 2019). 윤정현, "신흥안보 위험과 남북협력 방안 모색." 『국제정치논총』, 제60권 2호, (2020b), p. 146.

169 NIC, "Global Trend 2040: A More Contested Worlds," March, 2021, pp. 6-9.

170 윤정현, "신흥안보 거버넌스: 이론적 고찰과 대안적 분석틀의 모색", 『국가안보와 전략』, (2019). 제19권 3호, pp. 6-7.

171 Stephen Walt, "The Realist's Guide to the Coronavirus Outbreak," *Foreign Policy*, March 9, 2020.

172 윤정현(2019), "신흥안보 거버넌스: 이론적 고찰과 대안적 분석틀의 모색," p. 10.

173 Daniele Archibugi, *Cosmopolitan Democracy: An Agenda for a New World Order,* (Oxford: Polity, 1995).

174 G. John Ikenberry, "Preserving Liberal Internationalism in the 21st Century" CDA Institute, (July 27, 2021)

175 노진철(2010). 『불확실성 시대의 위험사회학』. (파주: 한울, 2010). pp. 80-81.

176 윤정현(2019), p. 19.

177 김상배, "신흥안보와 메타거버넌스: 새로운 안보패러다임의 이론적 이해", 『한국정치학회보』, (2016), 제50권 1호, p. 82.

178 Ken Booth, "Security and Emancipation", *Review of International Studies,* vol. 17, no. 2 (1991), p. 319.

179 민병원, "21세기의 복합안보: 개념과 이론에 대한 성찰", 김상배, 하영선 편, 『복합세계정치론: 전략과 원리, 그리고 새로운 질서』, (파주: 한울아카데미, 2012), p. 218.

180 윤정현(2019), "신흥안보 거버넌스: 이론적 고찰과 대안적 분석틀의 모색," p. 3.

181 김상배(2016), "신흥안보 거버넌스: 이론적 고찰과 대안적 분석틀의 모색," pp. 81-88.

182 윤정현(2019), "신흥안보 거버넌스: 이론적 고찰과 대안적 분석틀의 모색," p. 4.
     김상배·신범식 편, 『한반도 신흥안보와 세계정치』, (서울: 사회평론 아카데미, 2017), p. 16.

183 김상배(2016), "신흥안보 거버넌스: 이론적 고찰과 대안적 분석틀의 모색," pp. 33-34.

184 윤정현·이경숙, "신흥안보 위험과 남북협력 방안 모색," p. 146.

185 Horst WJ. Rittel and Melvin M. Webber, "Dillemmas in a General Theory of Planning," *Policy Sciences*, vol. 4, no. 2 (1973), pp. 155-169.
     John Camillus, "Strategy as a Wicked Problem", *Harvard Business Review*, (2013), pp. 345-363.
     Roderick Rhodes, "The Governance Narrative: Key Findings and Lessons from the ESRC'S Whitehall Programme," *Public Administration,* vol. 78, no. 2 (2000), pp. 41-58.

186 윤정현(2020), "신흥안보 위험과 네트워크 거버넌스," p. 32.

187 윤정현(2019), "신흥안보 거버넌스: 이론적 고찰과 대안적 분석틀의 모색,"pp. 147-148.

188 윤정현(2020), "신흥안보 위험과 네트워크 거버넌스," p. 35.

189 윤정현(2020), "신흥안보 위험과 네트워크 거버넌스," p. 46.

190 이명석, "네트워크 거버넌스와 정부의 역할: 복잡계 이론을 중심으로," 『국정관리연구』, (2011), 제6권 1호, pp. 1-31.

191 '회복력(resilience)'이란 '다시 뛰어오르다'라는 뜻의 라틴어 'resilio'에 연원한 용어로, 평형상태를 추구하는 사회·조직 시스템이 위험으로 인한 충격을 흡수하는 과정에서 정보를 습득하고 변화된 환경에 적응하여 지속가능한 상태로 스스로를 재구성해나가는 역량으로 정의할 수 있다. 여기서 중요한 것은 단순히 충격 이전 상태로의 회복(recovery)가 아닌, 원래의 상태를 넘어 보다 발전적인 상태로까지 도약할 수 있는 가능성을 내포하는 역량을 의미한다.

C. Holling, "Resilience and stability of ecological systems," *Annual Review of Ecology and Systematics*, vol. 4 (1973), pp. 1~23.

B. Walker eds, "Resilience, Adaptability and Transformability in Socio-ecological Systems," *Ecology and Society*, vol. 9, no. 2 (2004).

S. B. Manyena, "The Concept of Resilience Revisited," *Disasters*, vol. 30, no. 4 (2006).

Carl Folke, "Resilience: The Emergence of a Perspective for Social-ecological System Analyses," *Global Environmental Change*, vol. 16, no. 3 (2006).

192 전재성, 『동아시아 국제정치: 역사에서 이론으로』, (서울: 동아시아연구원, 2012), pp. 168-168.

193 윤정현(2020a), "신흥안보 위험과 네트워크 거버넌스," p. 43.

194 김상배, "네트워크 권력의 세계정치: 전통적인 국제정치 권력이론을 넘어서," 한국정치학회보, vol. 42, no. 4 (2008),pp. 397-408.

195 이창주, 『변방이 중심이 되는 동북아 신 네트워크』, (부산: 산지니, 2014), p. 22.

196 전재성(2012), 『동아시아 국제정치: 역사에서 이론으로』, pp. 167-168.

197 국제바이러스분류위원회(ICTV)의 분석에 따르면, COVID-19 자체가 2003년 대유행을 낳았던 사스(SARS: 중증호흡기증후군)의 변종이었으며, 이를 토대로 WHO는 'SARS-CoV-2'로 명명한 바 있다.

198 N. G. Davies et al. "Estimated Transmissibility and Impact of SARS-CoV-2 Lineage B.1.1.7 in England" *Science,* (Apr 9, 2021), p. 4.

199 Alexandre Bolze et al., "Rapid Displacement of SARS-Co-V-2 Variant B.1. 1.7 by B.1.617.2 and P.1 in the United States," *MedRxiv*, June 21, 2021.

200 김민수. 2021. "델타 변이 전파력 강한 이유 '잠복기 짧고 바이러스량 1000배 이상'," 『동아사이언스』, (2021. 7. 22.).

201 세계은행이 제시한 2021년 세계경제의 낙관적인 성장률 회복 시나리오에서 조차 팬데믹 이전 추세선에 비해 2021년은 -5.6%, 2022년은 -4.6% 수준의 영구적인 충격을 기록할 것으로 진단한 바 있다. The World Bank, *Global Economic Prospects*, January 6, 2021.

202 박미정, "코로나19 투-트랙 팬데믹: 변이바이러스에 맞서며 어울리며", BRIC View, 동향리포트 2021-T31, 2021.9.9.), p. 4.

203 위의 글, p. 3.

204 NIC, "Global Trend 2040: A More Contested Worlds," p. 6.

205 "Global Leadership is Missing in Action," *The Economist*, June 18, 2020.

206 Lisa Monaco, "Pandemic Disease Is a Threat to National Security," *Foreign Affairs,* March 3, 2020.

207 민병원, "코로나19와 안보 개념의 확대", (서울대학교 국제문제연구소 이슈브리핑 no. 99, 2020.6.18.), p. 4.

208 박미정(2021), "코로나19 투-트랙 팬데믹: 변이바이러스에 맞서며 어울리며", p. 30.

209 WHO, "Coronavirus diesease(COVID-19) (WHO Situation Report-44, March 5, 2020).

210 "코로나19: WHO, '팬데믹' 공식 규정… 왜 지금 팬데믹 표현 쓰나?" 『BBC NEWS 코리아』, 2020.3.12.

211 윤정현, "현실이 된 X이벤트: 한국사회의 감염병 대유행 시나리오", 『Future Horizon+』, 제44권 (2020), p. 12.

212 정치학자이자 언론학자인 로스코프(David Rothkopf)에 의해 명명된 용어로 정보 확산으로 인한 대표적인 부작용으로서 '정보'와 '전염병'의 합성어이다. 추측이나 근거없는 각종 루머들이 덧붙여진 부정확한 정보가 IT기기나 미디어를 통해 그 사회에 전염병처럼 빠르게 전파될 수 있으며, 개인의 사생활 침해 수준을 넘어 경제, 정치, 안보 등에 부정적 영향을 미치는 디지털 시대의 신(新)흑사병으로도 비유된다.
David Rothkopf, "SARS also spurs an 'information epidemic'," *Newsday*, May 14, 2003.

213 Md. Saiful Islam, "COVID-19-Related Infodemic and Its Impact on Public Health: A Global Social Media Analysis," The Communication Initiative Network (2020).

214 "'K키트' 위상 높였지만…로슈가 시약 안주면 무용지물", 『매일경제』, 2020.5.12.

215 "코로나19: 진단키트 공급 부족 인정한 미 정부", 『BBC NEWS 코리아』, 2020.3.6.

216 "제3세계, 부자나라 코로나19 의료품 사재기서 밀려나 발동동", 『연합뉴스』, 2020.4.10.

217 토머스 볼리키(Thomas Bollyky)와 채드 바운(Chad Bown)이 처음 언급하였으며, 이들은 선진국을 중심으로 만연해 있는 '백신 민족주의'가 코로나 사태 해결을 더욱 어렵게 만드는 요인이 되고 있다고 보았다.

218 Amir Khan, "What is 'vaccine nationalism' and why is it so harmful?" *Aljazeera News,* February 7, 2021.

219 Tedros Adhanom Ghebreyesus, "Vaccine Nationalism Harms Everyone and Protects No One", *Foreign Policy,* February 1, 2021.

220 Hung Tran, "What vaccine nationalism and diplomacy tell us about future pandemics", *Atlantic Council,*. Mar 22, 2021.

221 Thomas Bollyky and Chad Bown, "The Tragedy of Vaccine Nationalism-Only Cooperation Ends the Pandemic", *Foreign Affaires,* July 29, 2020, p. 97.

222 WHO, "Director-General's opening remarks at the media briefing on COVID-19," June 7, 2021.

223 박미정(2021), "코로나19 투-트랙 팬데믹: 변이바이러스에 맞서며 어울리며," p. 13.

224 Carl Tannenbaum, Ryan James Boyle, and Vaibhav Tandon, "Economic Commentary: Vaccine Nationalism, Minimum Wage, Rising Energy Prices", *Global Economic Research,* February 19, 2021.

225 Slavo Žižek, *COVID-19 Shakes the World* (London: Polity Press, 2020).

226 "习近平在第73届世界卫生大会视频会议开幕式上的致辞," 『中国共产党新闻网』, 2020. 5.18.

227 "WHO, 러 '스푸트니크V' 백신 승인 절차 중단," 『파이낸셜뉴스』, 2021.9.17.

228 "스푸트니크V, WHO 재평가?⋯'유엔 등 10월 러시아 방문'," 『핀포인트뉴스』, 2021.09.25..

229 스푸트니크 V는 2020년 8월 11일 러시아에서 세계 최초로 등록된 코로나19 바이러스 백신이며 2021년 9월 20일 현재 전 세계적으로 70개국에 등록되어 있으나, WHO와 유럽의약품청(EMA)은 백신 제조 과정이 생산 표준을 충족시키지 못했음을 이유로 승인 절차를 중단한 상황이다.

230 "'코로나 백신외교'로 밀착하는 중·러⋯백신 생산도 공조," 『연합뉴스』, 2021.5.12.

231 "India is set to become a vital Covid vaccine maker - perhaps second only to the U.S.," CNBC, 2021.2.14.

232 Lukasz Gruszczynski and Chien-huei WU, "Between the High Ideals and Reality: Managing COVID-19 Vaccine Nationalism", *European Journal of Risk Regulation,* (19 March 2021), 1-9.

233 박미정(2021), "코로나19 투-트랙 팬데믹: 변이바이러스에 맞서며 어울리며," p. 28.

234 정지범, "회복력 중심 시스템으로의 전환을 위하여" 『Future Horizon+』, (2020), Vol. 45, p. 39.

235 위의 글, p. 37.

〈제3부_세계질서를 바라보는 주요국의 시각과 대응〉

━━ 1장. 미국의 세계질서론과 동아시아 전략

236 차태서, "아메리카 합중국과 주권의 문제설정: 탈근대 네트워크 주권에서 근대 완전 주권으로의 퇴행?" 『한국정치학회보』, 제53권 4호 (2019), p. 134.

237 John Ikenberry, *After Victory: Institutions, Strategic Restraint and the Rebuilding of Order after Major Wars* (Princeton, NJ: Princeton University Press, 2001).
John Ikenberry, "Reflections on *After Victory*," *British Journal of Politics and International Relations*, vol. 21, no. 1 (2019), pp. 5~9.

238 차태서, "아메리카 합중국과 주권의 문제설정", pp. 134~135.

239 John Ikenberry, *Liberal Leviathan: The Origins, Crisis, and Transformation of the American World Order* (Princeton, NJ: Princeton University Press, 2011), pp. 159~169.
여기서 한 가지 짚고 넘어갈 것은 자유국제주의의 거대 서사에서 제3세계 지역의 문제는 언제나 불편한 자리 혹은 삭제된 이야기로 비가시화된다는 점이다. 자유주의 세계질서론의 계보에는 인종주의와 제국주의의 유산이 관계돼 있기 때문이다.
윤상현, "주권, 세계 구상, 자유주의적 국제주의의 계보," 『개념과 소통』, 17호. (2016), pp. 159~190.

240 *Ibid.,* pp. 169~185.

241 John Ikenberry, *Liberal Leviathan*, pp. 185~193.

242 *Ibid.,* pp. 217~219.

243 차태서, "아메리카 합중국과 주권의 문제설정", p. 135.

Michael Hardt and Antonio Negri, *Empire* (Cambridge, Mass.: Harvard University Press, 2000), pp. 16~17, pp. 180~182.

244 John Ikenberry, *Liberal Leviathan*, pp. 228~231.

245 *Ibid.,* pp. 232~239.

246 존 미어샤이머 지음, 이춘근 옮김, 『미국 외교의 거대한 환상: 자유주의적 패권 정책에 대한 공격적 현실주의의 비판』(서울: 김앤김북스, 2020).

247 차태서·류석진, "탈냉전 '30년의 위기': 다시, 에드워드 할렛 카를 읽는 시간," 『한국과 국제정치』, 36 권 1호 (2020), pp. 1~36.

248 차태서, "아메리카 합중국과 동아시아 지역 아키텍처의 변환: 네트워크 국가론의 시각," 『한국동북아논총』, 25권 2호 (2020), p. 17.

249 "Clinton's Words on China: Trade Is the Smart Thing," *The New York Times*, March 9, 2000.

250 George W. Bush, "President Delivers State of the Union Address," The White House, January 29, 2002.

251 Robert B. Zoellick, "Whither China: From Membership to Responsibility?" US Department of State, September 21, 2005.

252 Niall Ferguson and Moritz Schularick, "Chimerica and the Global Asset Market Boom," *International Finance*, vol. 10 no. 3 (2007), pp. 215~239.

253 Zhao Suisheng, "American Reflections on the Engagement with China and Responses to President Xi's New Model of Major Power Relations," *Journal of Contemporary China*, vol. 26, no. 106 (2017), pp. 489~503.

254 Kurt M. Campbell, *The Pivot: The Future of American Statecraft In Asia* (New York: Twelve, 2016), p. 25.

255 "Obama Hits a Wall on His Visit to China," *The Wall Street Journal*, November 19, 2009.

256 정구연·이재현·백우열·이기태, "인도태평양 규칙기반 질서 형성과 쿼드협력의 전망," 『국제관계연구』, 23권 2호 (2018), pp. 16~17.

257 차태서, "아메리카 합중국과 동아시아 지역 아키텍처의 변환," p. 17.

258 Donald J. Trump, "National Security Strategy of the United States of America," The White House, December 18, 2017.

259 "Economists Share Blame for China's 'Monstrous' Turn," *Financial Times*, July 10, 2019.

260 "The New Cold War? It's With China, and It Has Already Begun," *The New York Times*, December 2, 2019.

261 차태서, "아메리카 합중국과 동아시아 지역 아키텍처의 변환," p. 18.

262 차태서·서정건, "트럼프 행정부와 미국외교의 잭슨주의 전환," 『한국과 국제정치』, 제33권 1호 (2017), pp. 63~91.

차태서, "예외주의의 종언? 트럼프 시대 미국패권의 타락한 영혼," 『국제·지역연구』, 제28권 3호 (2019), pp. 1~30.

263 David A. Lake, Lisa L. Martin and Thomas Risse, "Challenges to the Liberal Order: Reflections on International Organization." *International Organization*, vol. 75, no. 2 (2021), pp. 225~257.

264 Michael Mastanduno, "Partner Politics: Russia, China, and the Challenge of Extending US Hegemony after the Cold War," *Security Studies*, vol. 28, no. 3 (2019), pp. 479~504.

265 John Ikenberry and Daniel H. Nexon, "Hegemony Studies 3.0: The Dynamics of Hegemonic Orders," *Security Studies*, vol. 28, no. 3 (2019), pp. 395~421.

266 Paul Musgrave, "International Hegemony Meets Domestic Politics: Why Liberals Can be Pessimists," *Security Studies*, vol. 28, no. 3 (2019), pp. 451~478.

267 에이미 추아 지음, 김승진 옮김, 『정치적 부족주의: 집단 본능은 어떻게 국가의 운명을 좌우하는가』 (서울: 부키, 2020), pp. 175~264.

268 Daniel Deudney and G. J. Ikenberry, "Liberal World: The Resilient Order," *Foreign Affairs*, vol. 97, no. 4 (2018).

269 차태서, "탈자유주의적 역사로의 가속화? 포스트-코로나, 포스트-트럼프 시대 미국외교와 세계질서 읽기," 『국제·지역연구』, 30권 1호 (2021), pp. 3~4.

270 위의 글, pp. 4~5.

271 강선주, "2021년 G7 정상회의: 포스트-코로나 국제질서에의 함의와 전망," (국립외교원 주요국제문제분석 2021-16, 2021.7.23.).

272 Charles A. Kupchan and Peter Trubowitz, "The Home Front: Why an Internationalist Foreign Policy Needs a Stronger Domestic Foundation," *Foreign Affairs*, vol. 100, no. 3 (2021), pp. 92~101.

273 David Adesnik, "Biden Revives the Truman Doctrine: His Call to Wage a Global War for Freedom Echoes the Dawn of the Cold War," *Foreign Policy,* March 29, 2021.

274 John Gaddis, *Strategies of Containment: A Critical Appraisal of American National Security Policy During the Cold War*. (New York: Oxford University Press, 1982), pp. 25~126. George F. Kennan, "The Failure in Our Success," *New York Times*, March 14, 1994.

275 이혜정·전혜주, "미국 패권은 예외적인가?: 아이켄베리의 자유주의 국제질서 이론 비판," 『한국과 국제정치』, 제34권 4호 (2018), pp. 7~25.

276 John Ikenberry, *A World Safe for Democracy: Liberal Internationalism and the Crises of Global Order* (New Haven: Yale University Press, 2020), pp. xi~xvi.

277 *Ibid.,* pp. 1~12.

278 이미 세계에 복수의 세력권이 형성되기 시작했다는 것을 미국이 받아들여야만 한다는 현실주의적 주장으로는 다음을 참조. Graham Allison, "The New Spheres of Influence: Sharing the Globe With Other Great

Powers," *Foreign Affairs*, vol. 99, no. 6. (2020), pp. 30~40.

279 Richard N. Haass and Charles A. Kupchan, "The New Concert of Powers: How to Prevent Catastrophe and Promote Stability in a Multipolar World," *Foreign Affairs,* March 23, 2021. 참고로 이 글은 영국의 채텀 하우스(Chatham House)와 미국의 CFR, 조지타운대 외교학부(School of Foreign Service)가 21세기 세계질서의 안정을 위한 대안을 모색하기 위해 공동으로 진행 중인 '로이드 조지 세계질서 워킹그룹(Lloyd George Working Group on World Order)'의 연구 성과이다. 더욱 본격적인 유럽협조체제에 대한 분석과 그 현대적 함의에 대해서는 다음을 참조. Richard N. Haass, "How a World Order Ends: And What Comes in Its Wake," *Foreign Affairs,* vol. 98, no. 1 (2019), pp. 22~30 참조.

280 John Mearsheimer and Stephen Walt, "The Case for Offshore Balancing: A Superior U.S. Grand Strategy," *Foreign Affairs*, vol. 95, no. 4. (2016), pp. 70~83.

281 Christopher Layne, "Coming Storms: The Return of Great-Power War," *Foreign Affairs*, vol. 99, no. 6 (2020), p. 46.

282 *Ibid.,* pp. 46~48.

283 *Ibid.,* pp. 46~48.

284 Charles Glaser, "Washington Is Avoiding the Tough Questions on Taiwan and China: The Case for Reconsidering U.S. Commitments in East Asia," *Foreign Affairs*, April 28, 2021.

285 참고로 글레이저는 2015년도만 해도 대만과 남중국해를 맞교환하는 빅딜을 주장했지만, 이제는 중국의 대만공격 의지와 남중국해에 대한 비타협 결의가 한층 강화되었기 때문에 미국이 일방적으로 축소(retrenchment)하는 선택지만이 남았다고 주장한다. 6년 사이에 더욱 후퇴된 입장으로 변화한 셈이다. Charles L. Glaser, "Still Waiting for a Serious Debate on Taiwan," *Foreign Policy*, May 19, 2021.

286 John Mearsheimer, *The Tragedy of Great Power Politics*, 2nd edition (New York: W. W. Norton & Company, 2014).

287 "나는 과거 우리가 저지른 실수를 반복하지 않을 것입니다. 미국의 국익과 관련이 없는 분쟁에 끝없이 연루되어 싸우는 실수, 해외 국가의 내전에 몰두하는 실수, 미군을 무한정 배치하여서 한 나라를 건설하려는 실수들 말입니다." Joseph Biden, "Remarks by President Biden on Afghanistan," The White House, August 16, 2021.

2장. 중국의 세계질서론 동아시아 전략

288 "中华人民共和国代表团团长邓小平在联大特别会议的发言,"『人民日报』, 1974.4.11. 梁守德、洪银娴,『国际政治概论』(北京: 中央编译出版社 , 1994), pp. 275~284. 穆朝辉 , "关于中国国际新秩序理论探讨-中美关于国际新秩序构想的比较,"『东北师大学报』, 3期 (1998), pp. 54~58.

289 송영우·소치형, 『중국의 외교정책과 외교』 (서울: 지영사. 1993), pp. 231~234.
김애경, "중국과 주권: 책임대국 역할과 주권 인식," 전재성·이정환 엮음, 『주권과 비교지역질서』 (서울, 사회평론아카데미, 2020), p. 279.

290 『鄧小平文選』, 3卷 (北京: 人民出版社, 1993), pp. 5~57, p. 105, p. 128.

291 자유주의 세계질서의 제도와 규범을 받아들이는 과정에 관한 내용은 다음을 참조. 김애경, "중국의 다자주의 외교에 대한 인식 변화와 그 동인," 『동서연구』, 15권 1호 (2003), pp. 5~30.
Samuel S. Kim, "China's International Organizational Behavior," Robinson & Shambaugh eds., *Chinese Foreign Policy-Theory & Practice* (New York: Oxford Press, 1995), pp. 410~425.
Samuel S. Kim, "International Organizations in Chinese Foreign Policy," *The Annals of the American Academy of Political and Social Science*, vol. 519 (January 1992), pp. 140~157.

292 중국의 이러한 모습에 대해 에리스와 월라스는 미국 주도의 자유주의 세계질서와 대립한다고 주장했다.
Jessica Chen Eriss and Jeremy L. Wallace, "Domestic Politics, China's Rise, and the Future of the Liberal International Order," *International Organization*, vol. 75, no. 2 (Spring 2021), pp. 635~664.

293 냉전 종식 후 중국은 당시 세계질서의 불공정·불합리성을 지적하며 공정하고 합리적인 '국제정치경제신질서' 구축을 강력히 주장했다. 그러나 중국은 현 질서에서 자국의 이익을 극대화하고 있는 모습을 보이며 레토릭과 실제 행태에 상당한 차이를 나타냈다는 지적이 있다. 중국의 탈냉전기 '국제정치경제신질서' 구상의 내용과 중국의 행태에 대한 보다 자세한 내용은 다음의 논문을 참조.
김애경, "중국의 탈냉전기 국제질서에 대한 구상과 그 한계," 『중소연구』, 102호 (2004), pp. 13~36.

294 데이비드 샴보 지음, 박영준·홍승현 옮김, 『중국, 세계로 가다: 불완전한 강대국』 (서울: 아산정책연구원, 2014), p. 210, pp. 224~225.

295 Alastair Iain Johnston, "Is China a Status Quo Power?," *International Security*, vol. 27, no. 4 (2003), pp. 5~57.
데이비드 샴보 지음, 박영준·홍승현 옮김, 『중국, 세계로 가다: 불완전한 강대국』 (서울: 아산정책연구원, 2014), pp. 467~474.
John Mearshieimer, "The Gathering Storm: China's Challenge to US Power in Asia," *The Chinese Journal of International Politics*, no. 3 (2010), pp. 381~396.

296 '백 년 동안 겪지 못했던 대변화의 국면'이라는 말은 2018년 6월 시진핑(習近平) 주석이 중앙외사공작회의에서 "중국은 근대 이후 가장 좋은 발전의 시기를 맞이하고 있고, 세계는 백 년 동안 경험하지 못하는 대변화 국면에 처해 있다"고 발언하면서, 학계에서도 활발하게 그 의미를 논의하고 해석하는 작업이 진행되고 있다.
"習近平出席中央外事工作會議並發表重要講話," 新華社, 2018.6.23.
中國現代國際關系研究院課題組, "世界'百年未有之大變局'全面展開," 『現代國際關係』, 1期 (2020).
金燦榮, "金燦榮：解讀'百年未有之大變局', 中國或是世界變局最大的自變量," 觀察者網, 2020.10.16.
王鵬權, "中美對外經濟行爲特徵及其比較," 『當代世界社會主義問題』, 2期 (2020), p. 155.

李濱, "百年政治思潮與世界秩序變革,"『中國人民大學學報』, 1期 (2021), pp. 33~44.

劉小楓, "現代國際秩序的政治史學含義,"『江漢論壇』, 3期 (2021), pp. 65~71.

保建雲, "新公共治理變革與世界秩序重塑—中國面臨的挑戰、機遇及戰略選擇,"『人民論壇』, 4月 (2020), p. 12.

297 醜則靜, "從轉型到危機：'美國優先'對國際秩序的影響,"『國際展望』, 1期 (2020), pp. 48~49.

298 *Ibid*., 1期 (2020), pp. 50~51.

299 柳迎秋, "國際金融危機與新自由主義的理論反思,"『理論參考』, 1期 (2010), pp. 54~56.

高向全, "三十年, 四次思想解放,"『社會科學報』, 2008.6.19.

趙義平, 張哲, "淺析新自由主義與金融危機,"『蘭州工業高等專科學校學報』, 17券, 4集 (2010), pp. 56~58.

高勇, "金融危機與新自由主義經濟哲學的破産,"『商場現代化』, 7期 (2009), p. 568, pp. 352~353.

高桂雲, "西方資本主義經濟危機對堅持我國基本經濟制度的啓示,"『青海社會科學』, 2期 (2009), pp. 200~204.

徐進, "新自由主義模式爲什麼不具普世性,"『人民論壇』, 3月 (2016), pp. 32~33.

300 최근 아프가니스탄에서의 미군철수에 대해서도 미국의 쇠퇴를 의미하며 세계 권력 구조의 장악능력, 국제이슈에서 위신과 명망, 강력한 집행능력 및 소프트파워의 부족함이 드러난 것이라고 비판했다.
黃靖, "阿富汗大潰敗，美国霸权的衰落," 环球时报, 2021.8.20.

301 醜則靜, "從轉型到危機：'美國優先'對國際秩序的影響,"『國際展望』, 1期 (2020), pp. 46~65.

王鵬權, "中美對外經濟行爲特征及其比較,"『當代世界社會主義問題』, 2期 (2020), pp. 155~166.

302 唐世平, "國際秩序變遷與中國的選項,"『中國社會科學』, 3期 (2019), pp. 187~203.

達巍, "'自由國際秩序'的前路與中國的戰略機遇期,"『全球秩序』, 1期 (2018), pp. 90~106.

王瑋, "從'優勢論'到'優先論'：冷戰後美國對外政策思想的研究,"『美國研究』, 5期 (2018), pp. 66~81.

肖河, "美國反建制主義和特朗普政策,"『國際政治科學』, 2期 (2017), pp. 62~94.

303 周超, 程亞文, 李舟, "新自由主義全球化國際體系嬗變的全球挑戰與應對,"『山東青年政治學院學報』, 1期 (2020), p. 26.

醜則靜, "從轉型到危機：'美國優先'對國際秩序的影響,"『國際展望』, 1期 (2020), pp. 49~50, p. 60.

304 Jessica Chen Eriss and Jeremy L. Wallace, "Domestic Politics, China's Rise, and the Future of the Liberal International Order," *International Organization*, vol. 75, no. 2 (Spring 2021), pp. 635~664.

305 김애경, "중국의 탈냉전기 국제질서에 대한 구상과 그 한계,"『중소연구』, 102호 (2004), pp. 17~21.

306 위의 글, pp. 17~21.

"中华人民共和国代表团团长邓小平在联大特别会议的发言,"『人民日報』, 1974年 4月 11日.

梁守德、洪银娴,『国际政治概论』(北京: 中央编译出版社, 1994), pp. 275~284.

穆朝辉, "关于中国国际新秩序理论探讨-中美关于国际新秩序构想的比较,"『东北师大学报』, 3期 (1998), pp. 54~58.

307 역대 중국공산당 전국대표대회에서 발표한 보고의 전문은 중국공산당원망(중국공산당 전국대표대회의 보고 전문은 '공산당원망(共産黨員網, https://www.12371.cn/)을 통해 검색 가능하다.

308 胡錦濤, "堅定不移沿著中國特色社會主義道路前進爲全面建成小康社會而奮鬥-胡錦濤在中國共產黨第十八次全國代表大會上的報告," 人民網, 2012.11.8.

309 達巍, "超越現實主義: 作爲中國對美戰略的"新型大國關系," 『新型大國關係: 機遇與挑戰』賈慶國/嚴軍 主編 (北京: 北京大學出版社, 2015), pp. 1~44.
凌勝利, "構建新型國際關系: 淵源、內涵與路徑," 『當代經濟』, 10月 (2018), pp. 39~42.

310 "中國特色大國外交理念," 百度百科.
李克強, "政府工作報告—2016年3月5日在第十二屆全國人民代表大會第四次會議上," 新華社, 2016.3.17.

311 倪世雄, 公爲明, "走中國特色大國外交之路," 人民網, 2016.11.17.
劉建飛, "中國特色大國外交'特'在哪裏," 人民網, 2017.9.7.
盧靜, "中國特色大國外交話語體系構建芻議," 『教學與研究』, 9期 (2018), pp. 85~94.
戴德錚, 馬迎公, "中國外交的當今擔當—兼論中國外交對世界秩序優化的特色貢獻," 『學校黨建與思想教育究』, 569期 (2018), pp. 9~13.
張春, "可持續與開放的崛起: 新時代中國特色大國外交的理論建構," 『社會科學』, 2期 (2019), pp. 3~12.

312 雷江梅, "習近平中國特色大國外交思想的問題指向與基本內涵," 『理論視野』, 6月 (2019), pp. 34~36.
張春, "可持续与开放的崛起: 新时代中国特色大国外交的理论建构," pp. 3~12.

313 雷江梅, "習近平中國特色大國外交思想的問題指向與基本內涵," p. 35.

314 본문에서 제시한 내용과 유사하지만, 다이더징과 마잉공은 '중국특색의 대국외교' 이념이 포함하는 내용으로는 다음 몇 가지를 제시했다. ① 협력과 상생의 신이념 수립으로 적극적으로 '신형국제관계'를 수립하고 인류운명공동체 구축을 촉구, ② 동반자 관계 수립과, 비동맹 원칙을 준수하며 많은 국가들과 교류, ③ 국제관계의 기본준칙 수호, 즉 내정불간섭 원칙 준수 및 국제이슈에 적극 개입, ④ 국가의 핵심이익 수호, 분쟁의 평화적 해결원칙 견지, ⑤ '신형대국관계' 수립으로 신흥부상과 기존 패권국의 충돌이라는 기존의 대항의 길 회피.
戴德錚, 馬迎公, "中國外交的'當今擔當'," 學校黨建與思想教育, 569期 (2018), p. 9.

315 雷江梅, "習近平中國特色大國外交思想的問題指向與基本內涵," pp. 34~36.
張春, "可持续与开放的崛起: 新时代中国特色大国外交的理论建构," pp. 3~12.

316 '아시아로의 회귀' 전략은 전통 동맹국들과의 안보동맹 강화, 신흥 강대국과의 협력 강화, 지역 다자기구와의 교류 및 참여 확대, 무역 및 투자 증대, 광범위한(broad-based) 군사배치 및 민주주의 발전과 인권 확산이라는 6가지 내용을 포함하고 있음.
"America's Engagement in the Asia-Pacific," Remarks Hillary Rodham Clinton Secretary of State Kahala Hotel Honolulu, HI October 28, 2010.

317 "習近平：寬廣太平洋有足夠空間容納中美兩大國," 中國新聞網, 2014.7.9.

318 劉士田, 高子平, 劉鐵, "構建中國特色的國際關系理論體系," 『河北師範大學學報(哲學社會科學版)』, 26卷, 1期 (2003), p. 16.

319 2000년대 초반에도 중국은 부상이 미국과 자유주의 세계질서에 위협이 되지 않는다 '화평굴기(和

平崛起)'의 개념을 제시한 적이 있다. 중국은 기존 강대국과 충돌하지 않는 '평화롭게' 부상하겠다며 '화평'에 방점을 뒀다면, 외부에서는 오히려 '부상'한다는 '굴기'를 더 방점을 두며 논쟁이 진행되자, 중국은 '화평발전(和平發展)'을 추구하겠다며 기조를 변경시킨 바 있다. 보다 자세한 내용은 다음을 참조.

김애경, "중국의 '화평굴기'론 연구: 논쟁과 함의를 중심으로," 『국제정치논총』, 45권 4호 (2015), pp. 215~234.

320 중국은 서구 국가들은 '투기디데스의 함정(Tuchididdes Trap)'과 '킨들버거의 함정(Kindleberger Trap)'의 상반된 논리로 중국의 위협론을 확산하고 있다고 주장한다.
雷江梅, "習近平中國特色大國外交思想的問題指向與基本內涵," 『理論視野』, 6月 (2019), p. 35.

321 Randall L. Schweller and Xiaoyu Pu, "After Unipolarity: China's Visions of International Oeder in an Era of US Decline," *International Security,* vol. 36, no. 1 (Summer 2011), pp. 41~72.

322 "中國占IMF份額躍居第三位," 人民網, 2015.12.20., <http://m.haiwainet.cn/middle/456689/2015/1220/content_29467386_1.html> (검색일: 2015.12.21).

323 2019년 11월 중국공산당 제19기 4차 전체회의에서는 13개 분야에서 중국의 제도와 거버넌스가 우월하다고 평가했다.
王鵬權, "中美對外經濟行爲特征及其比較," 『當代世界社會主義問題』, 2期 (2020), p. 163.
이러한 평가는 중국 지도부가 실제로 중국의 제도와 거버넌스가 우월하다고 인식하는지는 보다 구체적인 분석이 필요하며, 그 의도는 국내정치적인 필요성 때문이라고 판단된다.

324 保建云, "新公共治理变革与世界秩序重塑—中国面临的挑战、机遇及战略选择," 人民論壇, 4月 (2020), p. 13.

325 허야페이, 김도훈 옮김, 『선택-중국과 글로벌 거버넌스』(부산: 동아대학교출판부, 2017), p. 116.

326 習近平在納紮爾巴耶夫大學的演講, "弘揚人民友誼共創美好未來在納紮爾巴耶夫大學的演講," 2013.9.7., 中國外交部.
習近平在印度尼西亞國會的演講, "攜手建設中國-東盟命運共同體在印度尼西亞國會的演講," 2013.10.3., 中國外交部.

327 Michael D. Swaine, "Perceptions of an Assertive China," *China Leadership Monitor*, no. 32 (Spring 2010).
Masayuki Masuda, "Why has Chinese foreign policy become more assertive?," *East Asia Forum*, February 20, 2016.

328 "推動共建絲綢之路和21世紀海上絲綢之路的願景與行動," 一帶一路國際合作高峰論壇, 2017.4.7.

329 OBOR에 대한 많은 전문가들은 OBOR이 전략적 마스터 플랜이라고 평가하지만, Eyck Freymann은 스리랑카, 탄자니아, 그리스에서 항만 개발프로젝트 협상 사례를 사례로 OBOR이 실제로 조정되지도 않았고 질서 정연(orderly)하지도 않다고 주장한다.
Eyck Freymann, *One Belt One Road: Chinese Power Meets the World* (Cambridge: Havard University, 2021), p. 193.

330 중국은 개혁개방 이후 주로 외부의 자본과 기술을 유치해서(인진라이: 引進來) 상품을 수출하는 정

책으로 국내 경제 발전을 촉진했다. 그런데 이러한 성장모델은 더 이상 중국의 국내 경제 여건에 부합하지 않게 됐고, 2000년대 중반부터 중국은 해외투자를 장려하는 조우추위(走出去) 정책으로 전환했는데, 이러한 정책 전환을 촉진하기 위한 일환이라는 것이다. 더불어 OBOR를 통해 중국의 중서부 지역에 성장 활력을 불어넣어 국내 지역간 불균형 발전을 해소하는 방안이라는 주장도 있다.

이일영, "중국의 새로운 발전전략, 일대일로(一帶一路)." 『시선집중 GS&J』, 195호 (2015), p. 6.

남효정, "중국의 실리와 명분이 담긴 큰 구상, 21세기 실크로드." 『LG Business Insight』, 3월 (2015), p. 7.

331 Hillary Rodham Clinton, "Remarks on India and the United States A Vision for the 21st Century," Chennai, India, July 20, 2011.

Steve Le Vine , "New Afghan exit strategy: When in doubt, call it the New Silk Road," *Foreign Policy*, November 7 (2011).

332 중국은 미국의 대중국 봉쇄 및 견제조치에 대해 냉전시기 소련에 취했던 조치를 반복한다며 비판하고 있다.

"金一南：美炮制《中國軍力報告》是冷戰思維," 中國廣播網, 2009.4.2.

333 그럼에도 불구하고 당시에는 중국도 자국이 미국에 정면으로 도전한다는 평가를 받고 싶어하지 않았다.

李文, 蔡建紅, "'一帶一路'對中國外交理念的實踐意義," 『東南亞研究』, 3期 (2015), p. 5.

334 Michael D. Swaine, "Chinese Views and Commentary on the 'One Belt One Road' initiative," *China Leadership Monitor*. no. 47 (2015).

"日媒: 中國外交政策25年來最大調整一帶一路爲標志," 大公網, 2015.2.2.

335 『中國共産黨章程』,; "外交部發言人談 '一帶一路' 建設寫入黨章：體現決心和信心," 新華網, 2017.10.26.

336 "一帶一路數據觀 | 輿論態度轉變，網民充滿期待," 大數據發展部, 2018.12.24..

337 인프라 건설 협력, 자금융통 협력 및 무역 활성화를 위한 협력에 대한 보다 자세한 내용은 각각 다음의 보고서를 참조.

이승신·이현태·현상백·나수엽·김영선·조고운·오윤미, 『중국의 일대일로 전략 평가와 한국의 대응방안』, 대외경제정책연구원 연구보고서 17-03, pp. 117~142, pp. 227~244.

338 현재 "중국은 러시아와 Yamal LNG 프로젝트에 참여하고 있으며 모스크바·카잔 고속철도 건설을 수주하였다. 또한 중국은 카자흐스탄 경제발전전략인 '누를리 졸' 사업과 중앙아시아 철도 건설에 카자흐스탄과 공동 참여하고 있다. 이밖에 '베오그라드·부다페스트 철도 현대화', '쿤밍·비엔티엔 고속철도 프로젝트', '중국·태국 고속철도 프로젝트'와 같은 교통 인프라관련 사업과 중국·파키스탄 경제회랑 건설에도 진전이 있었던 것으로 파악된다. 그러나 아직 MOU나 투자협정 체결단계에 머물러 있는 협력사업도 있고, 대부분의 인프라 프로젝트가 장기에 걸친 대규모 사업이라는 특성상 일대일로 인프라 협력사업에 대해 구체적인 평가를 내리는 데는 시간이 더 필요하다."

이승신·이현태·현상백·나수엽·김영선·조고운·오윤미, 『중국의 일대일로 전략 평가와 한국의 대응방안』, pp. 143~144.

중국·러시아·몽골 간에 합의된 7개의 경제회랑과 진행에 대해서는 다음을 참조.

"2021년 몽공 철도산업 정보," Kotra 해외시장 뉴스, 2021.7.28.

339 張春, "可持續與開放的崛起：新時代中國特色大國外交的理論建構,"『社會科學』, 2期 (2019), p. 6.

340 제프리 베이더 지음, 황성돈 옮김, 『오바마와 중국의 부상-내부에서 바라본 미국의 동아시아 전략』 (서울: 아산정책연구원, 2014), p. 27.

341 沈丁立, "中美關係: 競爭合作 風險增大,"『國際問題研究』, 6期 (2012), pp. 32~34.
朱鋒, "奧巴馬政府"轉身亞洲"戰略與中美關系,"『現代國際關系』, 4期 (2012), pp. 1~7, 50.
金燦榮, 趙遠良, "奧巴馬連任後對外政策及中美關系前瞻,"『現代國際關系』, 12期 (2012), pp. 10~15, 38.

342 Alejandra Peña, "China's Assertive Foreign Policy Strategy: Insights from the 19th Party Congress," *Tempo ecterior*, vol. XⅧ (2018), pp. 40~45.

343 남중국해의 리드뱅크(중국명 리웨탄, 필리핀명 렉토뱅크) 스카보러 암초(중국명 황옌다오, 필리핀명 바조데마신록)를 두고 중국과 영유권 분쟁 중인 필리핀은 2016년 남중국해에서 '9단선(九段線, nine dash line)'을 근거로 한 중국의 영유권 주장이 근거가 없고 인공섬을 건설하는 중국의 행위가 불법이라는 헤이그 국제상설재판소(ICJ)의 판결이 나온 이후, 중국이 ICJ의 판결을 받아들일 수 없다고 주장했음에도 필리핀은 오히려 미국과의 합동 순찰을 하지 않기로 했고 필리핀군의 교육과 훈련을 지원하는 미 특수부대 철수를 요구하기도 했다. 두테르테는 당시 ICJ의 판결이 구속력이 없기도 하고, 필리핀에 대한 중국의 인프라 투자라는 실익을 추구했다고 평가할 수 있다.
"[남중국해 판결 그 후] ① 중국과 더 가까워진 필리핀…두테르테의 의도는?,"『KBS』, 2016.9.20.

344 바이든 대통령은 2021년 5월 28일 연설에서 "빠른 결정을 내릴 수 있는 전제주의 국가인 중국은 2030년 또는 2035년 이전에 미국을 이길 것이라고 확신한다"며 중국 견제 의도를 드러냈다.
"Remarks by President Biden Addressing Service Members and their Families," May 28, 2021.

▬ 3장. 세계질서 재편과 일본의 동아시아 전략

345 Andrew L. Oros, *Japan's Security Renaissance* (New York: Columbia University, 2017), pp. 24~34.
한의석, "21세기 일본의 국가안보전략,"『국제정치논총』, 57권 3호 (2017), p. 500.

346 Richard J. Samuels, *Securing Japan: Tokyo's Grand Strategy and the Future of East Asia* (Ithaca: Cornell University Press, 2008), p. 6.
한의석, "21세기 일본의 국가안보전략," p. 499.

347 한의석, "21세기 일본의 국가안보전략," p. 501.

348 猪口孝, "日本人の三つの21世紀シナリオ,"『國際關係論の系譜』 (東京: 東京大學出版會, 2007), pp. 105~111.

349 박영준, "'수정주의적 보통국가론'의 대두와 일본 외교,"『한국과 국제정치』 29권 1호 (2013), p. 97.

350 Richard J. Samuels, *Securing Japan: Tokyo's Grand Strategy and the Future of East Asia*, p. 66.
한의석, "21세기 일본의 국가안보전략," pp. 503~504.

351 Richard Samuels, *Ibid.,* p. 67.
한의석, "21세기 일본의 국가안보전략," p. 504.

352 小澤 一郎,『日本改造計画』(東京: 講談社, 1993), pp. 100~160.

353 한의석, "21세기 일본의 국가안보전략," pp. 503~4.

354 한의석, "21세기 일본의 국가안보전략," p. 505.
한의석, "일본 정당정치의 변화와 지속: 1990년대 이후의 변화를 중심으로,"『일본연구논총』, 45권 (2017b), pp. 5~31.

355 한의석, "21세기 일본의 국가안보전략," p. 506.

356 Richard Samuels, *Securing Japan: Tokyo's Grand Strategy and the Future of East Asia*, p. 37, p. 72.

357 한의석, "21세기 일본의 국가안보전략," pp. 506~507.

358 Frances Rosenbluth, Saito Jun, and Annalisa Zinn, "Japan's new nationalism: The international and domestic politics of an assertive foreign policy," in Masaru Kohno and Frances Rosenbluth, eds. *Japan and the World* (New Haven: Yale University, 2008), pp. 229~250.

359 Andrew L. Oros, *Japan's Security Renaissance: Tokyo's Grand Strategy and the Future of East Asia*, p. 2.
한의석, "21세기 일본의 국가안보전략," pp. 502~503.

360 "일본은 어떻게 희토류 분쟁에서 승리했는가?,"『동아일보』, 2019.07.27.

361 일본 정부는 2012년 9월 11일, 20억 5천만 엔을 들여 센카쿠 제도의 5개 무인도 가운데 3개의 섬을 매입, 국유화 절차를 마무리했다.
"日정부 센카쿠 매입 계약…국유화 완결,"『연합뉴스』, 2012.9.11.

362 "민주당 308석, 자민당 119석, 日 반세기만에 정권교체,"『한국경제』, 2009.8.31.
최이락, "하토야마 내각 인선…내일 새정권 공식 출범,"『연합뉴스』, 2009.9.15.

363 임은정, "아베 유신과 한반도: 제2기 아베 정권의 대전략과 대(對) 한반도 정책," 국민대학교 일본학연구소 편,『일본 파워엘리트의 대한정책』(서울: 선인, 2016).

364 조은일, "일본 방위계획대강의 2018년 개정 배경과 주요내용,"『KIDA 국방논단』, 1742호 (2019), p. 5.

365 일본은 2013년 11월 27일 참의원 본회의에서 일본판 국가안전보장회의(国家安全保障会議: National Security Council) 설치법을 찬성 213, 반대 18로 통과시켰고. 이는 연립여당인 자민·공명당뿐만이 아니라 제1야당인 민주당과 일본유신회 등이 설치 법안에 찬성하였고, 2013년 12월 외교안보 분야를 총괄하는 사령탑 역할을 하게 될 "국가안전보장회의(NSC)"를 공식 발족시켰음. 관련 사실은 이하 논문 참조.
전권천, "일본의 국가안전보장회의(NSC) 강화와 한국에 대한 시사점,"『국방연구』 57권 2호 (2016), pp. 83~108.

366 외교청서는 일본 정부가 매년 발행하므로 '2021년 외교청서'와 같이 연도와 함께 약칭으로 표기한다.

367 防衛省,『平成31年度以降に係る防衛計画の大綱について』(東京: 防衛省, 2018.12.18.).

368 위의 책, p. 2.

369 위의 책, p. 3.

370 위의 책, p. 5.

371 위의 책, pp. 5~6.

372 위의 책, p. 6.

373 '비핵 3원칙'이란 아베 총리의 종조부이자 아베 2기 이전 최장수 총리였던 사토 에이사쿠(佐藤 栄作)가 "핵무기를 가지지도, 만들지도, 반입하지도 않는다(核兵器をもたない、つくらない、もちこまない)"라고 선언한 것을 말한다. 국제법에서 일방적인 선언에 효력을 부여하고 있어 해당 원칙은 여전히 유효하다고 볼 수 있다.
권혁태, "비핵 3원칙과 미국 핵무기의 '기묘한 동거'," 『프레시안』, 2009.2.2.

374 防衛省,『平成31年度以降に係る防衛計画の大綱について』, p. 7.

375 外務省,『令和3年版外交青書 (第64号)』(東京: 外務省, 2021.4).

376 위의 책, 권두언.

377 위의 책, p. 16.

378 外務省,『平成28年版外交青書 (第59号)』(東京: 外務省, 2016.4), p. 3.

379 外務省,『令和3年版外交青書 (第64号)』, p. 20.

380 Richard Samuels, *Securing Japan: Tokyo's Grand Strategy and the Future of East Asia*, pp. 111~131.
박영준, "한반도 비핵·평화 프로세스와 일본 아베 정부의 입장," 『한국과 국제정치』, 35권 1호 (2019), pp. 196~197.

381 Richard Samuels, *Ibid.*, pp. 111~131.

382 박영준, "한반도 비핵·평화 프로세스와 일본 아베 정부의 입장," pp. 198~199.

383 임은정, "아베 유신과 한반도: 제2기 아베 정권의 대전략과 대(對) 한반도 정책," p. 195.

384 박철희, "아베 시대의 일본, 무엇이 어떻게 달라지고 있나?" 박철희 외 지음, 『아베 시대 일본의 국가 전략』(서울: 서울대학교출판문화원, 2018), pp. 23~27.

385 김현정·이기완, "트럼프 정부 출범 이후 일본의 대미 외교안보정책," 『아시아연구』, 21권 3호 (2018), p. 291.

386 Eunjung Lim, "Characterizing Japan's Current Diplomacy under Abe," *The Korean Journal of Security Affairs*, vol. 24, no. 2 (December 2019), pp. 4~18.

387 外務省,『令和3年版外交青書 (第64号)』, pp. 26~27.

388 "스가, 쿼드 정상회의 참석차 방미… 'FOIP 구체화 길 찾는다'," 『연합뉴스』, 2021.9.23.

389 대한민국 정책브리핑, "한반도 평화 프로세스," 2020.3.8.

390 外務省,『令和3年版外交青書 (第64号)』, p. 35.

391 2021년 9월 11일부터 12일, 일본의 진보성향 신문 매체인 아사히신문(朝日新聞)이 진행한 여론조사에 의하면, 스가 내각을 지지하지 않는다는 의견이 51%, 다음 정부가 아베-스가 노선을 계승하지 않아야 한다는 의견이 무려 58%에 달했다.
"朝日新聞世論調査-質問と回答〈9月11、12日調査〉," 『朝日新聞』, 2021.9.13.

392 "改憲必要45%、不要44%、 9条維持61% 朝日調査," 『朝日新聞』, 2021.5.3.
"NHK世論調査 '憲法改正必要' 33% '必要ない' 20%," 『NHK』, 2021.5.2.

393 "일본 개헌 첫 단계, 국민투표법 개정안 3년 만에 국회 통과'," 『한겨레』, 2021.6.11.

394 박명희, "일본 기시다 내각 출범의 의미와 한일관계," 『이슈와 논점』, 1884호 (2021.10.20.), p. 3.

395 Richard L. Armitage, et al. *The U.S.-Japan Alliance in 2020: An Equal Alliance with Global Agenda* (Washington D.C.: Center for Strategic and International Studies, 2020), p. 3.

396 남기정, "한반도 평화 프로세스, 일본이 관건이다," 『시사인』, 2020.9.9.

4장. 세계질서 재편과 유럽의 딜레마

397 이 원칙을 코펜하겐 원칙이라고 하는데 보다 구체적으로 설명하면 다음과 같다. 코펜하겐 원칙 (Copenhagen Criteria)으로 불리는 3대 기준과 원칙에 따라 향후 유럽연합의 회원국이 되기를 희망하는 국가는 다음 조건을 충족시켜야 한다는 것을 천명하였다. 민주주의, 법치, 인권, 소수민족의 보호(protection of minorities)를 보장하는 안정적인 제도를 운영하는 것을 원칙으로 한다는 것이며, 이 3대 원칙에 부합하지 못하고 있는 터키 등이 지속적인 회원 가입 노력에도 EU회원국 자격이 주어지지 않고 있다.

398 가치사슬 이론에 대한 논의는 아래의 책을 참조하시오.
Kaplinsky, Raphael and Morris, Mike, *A handbook for value chain research*. (Brighton, England: Institute of Development Studies, University of Sussex, 2001).

399 EU. *Bulletin EU 12-2008*, pp. 5~15.

400 유럽차원의 고용지원 사업은 2009.6.18~19 브뤼셀에서 열린 유럽이사회에서 승인되었다. EU. 2009. *IP/09/859 and MEMO/09/259*. European Commission.

401 EGF는 세계화로 심각한 영향을 받아 어려움에 처한 지역과 산업부문의 노동자를 지원하는 기금임. 연간 최대 예산은 5억 유로이며 3만 5천 명~5만 명 근로자의 재취업을 지원함. 구체적으로 구직 도움과 맞춤형 재교육, 창업지원 등을 지원하며 회원국의 유사 프로그램을 보충하지 대체하지 않음.

402 김종법. 2018. "2017년 유럽 주요 국가들의 선거 결과를 통해 본 극우주의와 포퓰리즘-난민정책과 유럽통합의 문화 정치적 패러다임의 전환 가능성?-", 『지중해지역연구』(제20권 제2호), pp. 5-14.

403 위의 글, p. 17.

404 EU 외교·안보 정책의 주요 흐름인 대서양주의와 유럽중심주의는 EU의 발전 과정에서 등장한 공동 외교·안보정책 이후 본격적으로 논의되고 이론화됐다. 유럽의 외교·안보 기준이 미국과의 동맹 중심으로 진행되어야 하며, 전통적으로 NATO를 기반으로 하는 EU의 외교·안보 정책의 방향이 결정

되어야 한다는 것이 대서양주의이다. 이에 반해 EU의 독자 외교론 혹은 유럽 국가들 중심의 외교·안보 정책을 수립해야 한다는 것이 유럽중심주의이다. 마스트리히트 조약과 암스테르담 조약 및 리스본조약을 통해 EU의 외교·안보 정책의 틀을 이해하는데 중요한 방향과 이론이다. 더 자세한 설명은 다음의 자료를 참조.

이수형, "유럽연합(EU)의 공동외교안보정책(CFSP): 대서양주의자와 유럽주의자의 논쟁을 중심으로," 『세계지역연구논총』, 14권 (2000), pp. 79~100.

최진우 외, 『유럽과 전쟁』 (고양: 인간사랑, 2017), pp. 7~11.

405 EU의 초기 성격 중 입헌적 의미에서의 연방주의 이론의 연구와 분석은 상당히 많으므로 본 절에서는 생략한다. 2000년대 이후의 연방주의 성격은 다소 변형된 형태로 등장하는데, 이를 대표하는 연구는 다음과 같다.

Rosamond Ben. *Theory of European Integration* (New York: Palgrav), 2000.

John McCormick. *Understanding the European Union 5th.* (Palgrave: Macmillan), 2011.

Cini, Michelle and Perez-Solorzano Borragan, Nieves. *European Union Politics 3rd.* (Oxford: Oxford University Press), 2010.

406 2000년 이후 최근까지 발표된 EU 이론 연구들은 다음의 자료를 참조.

김학재. "'통합'의 다양한 차원: 역사·비교지역주의적 관점". 『통일과 평화』, Vol.12 No.1 (2020).

김주희. "유럽연합의 국제개발 협력 정책의 형성과 제도화에 대한 유럽통합 이론적 탐색 : 국가 중심적 접근법 vs. 다층 거버넌스적 접근법 유럽통합과 통합이론", 『한독사회과학논총』, Vol.28 No.1 (2018).

배병인, "유럽통합과 유럽 정체성: 조직된 위선?", 『社會科學研究』, Vol.27 (2014).

조돈문, "유럽의 사회적 모델과 유럽연합의 리스본전략", 『현상과 인식』, Vol.37 No.4 (2013).

조홍식, "지역통합과 전략적 구성주의", 『유럽연구』, Vol.30 No.3 (2012).

김미경. "경제통합, 주권, 그리고 민주주의", 『한국정치학회보』, Vol.46 No.5 (2012).

구춘권, "유럽연합에 대한 이론적 고찰", 『21세기 정치학회보』, Vol.19 No.1 (2009).

진시원, "통합이론으로서 기능주의와 신기능주의의 국제적 적용상황에 대한 비교연구", 『한국정치학회보』, Vol.38 No.2 (2004): 김계동, 『유럽 질서의 이해 : 구조적 변화와 지속』 (서울: 오름, 2003).

양오석, 『유럽정치경제 연구의 이해 : 국제관계, 비교정치, 공공정책 그리고 지역연구』 (서울: 푸른길, 2002).

407 김미경, "브렉시트(Brexit)와 유럽통합 이론: 통합과정의 가역성(reversibility)을 중심으로," pp. 108.

408 위의 책, pp. 109.

409 위의 책, pp. 110.

410 A. Gramsci, *Quadrni del Carcere* (Torino: Einaudi), 1975. pp. 1595~96.

411 Cox and Sinclair, *Approaches to World Order* (Cambridge: Cambridge University Press), 1996. p. 137. 재인용.

구춘권, "유럽연합의 국가성의 기원·형성·긴장·모순: 유럽통합의 위기의 역사적 기원과 정치경제적 구조에 대한 고찰," 『한국정치학회보』, 52권, 5호 (2018), p. 198.

412 유럽통합 과정에서 나타난 이민과 난민이라는 외부적 요인이 개별국가 내부의 요인으로 전환되면서 발생하는 유럽통합의 균열을 통해 EU의 종언 가능성을 분석하는 연구이다. 프랑스와 독일의 이슬람

사회를 투영시키고, 러시아와 헝가리, 그리스, 우크라이나 사례를 통해 유럽통합이 위기에 처해 있으며, 미래 전망 역시 밝지 않다는 사실을 증명하고자 한다. 또 브렉시트에 대한 설명과 EU 내부의 구조적 문제를 설득력 있는 논리와 근거를 통해 제시하고 있다.
J. Kirchick, *The End of Europe* (London: Yale University Press,), 2017. pp. 1-10.

413 미국은 중국 통신기업인 화웨이가 사이버 보안을 위협한다는 판단에 따라 미국 중심의 반(反)화웨이 연맹에 동참하기를 주장했으나 EU는 이를 근거 없다고 판단, 중국 화웨이에 대해 개별 회원국 차원에서 대응하고 있다. EU는 올해 3월에 발간한 보고서에서 중국을 '협력 동반자'이자 '전략적 경쟁자'로 명시했고, 4월 열린 제21차 EU·중 정상회담에서 일방주의 및 보호무역주의에 대해 중국과 다자주의를 기반으로 공동대응하기로 합의했다. 특히, 이탈리아의 중국 일대일로 사업 참여, 중국의 프랑스 기업 항공기 구매 등 EU 각 회원국과 중국 간 협력관계는 최근 확대되는 모습을 보이고 있다. "EU, 미중 통상 갈등 중립 입장 '고수'," 『산업일보』, 2019.7.20.

414 김종법. 2018. "EU의 환대와 공생 개념의 변화에 따른 난민과 이민 정책의 패러다임 전환 가능성 : 유럽 주요 국가들의 선거를 중심으로", 『문화와 정치』(제5권 제2호), p. 114. 한양대 평화연구소.

415 김종법(2018). pp. 111-112 재인용.

416 The White House, "FACT SHEET: President Biden and G7 Leaders Launch Build Back Better World (B3W) Partnership," June 12, 2021.

417 "G7 leaders adopt 'Build Back Better World' plan to rival China's belt and road strategy," *South China Morning Post*, June 12, 2021.

418 2020년 1월 31일 EU를 공식 탈퇴한 영국은 EU 단일시장과 관세동맹에서 완전히 빠져나갔지만, EU 회원국인 아일랜드와 국경을 맞댄 북아일랜드는 '북아일랜드협약'에 따라 EU 단일시장에 남아 EU 규제를 따르게 되었다. 이에 따라 영국 본토에서 북아일랜드로 건너가는 상품은 통관 및 검역 절차를 밟아야 한다. 다만, 영국과 EU는 올해 3월 말까지 영국 본토에서 북아일랜드로 건너가는 식료품 통관 검사에 유예기간을 적용하기로 했는데, 영국은 이를 10월까지 연장한다고 일방적으로 발표했다. 이에 EU는 영국이 양측이 합의한 브렉시트 협정을 존중하지 않았다면서 EU법상 '위반 절차' 개시를 공식 통보하며 법적 조치를 시작했다. 이 사안은 영국에서 북아일랜드로 들어가는 냉장육의 이동에 영향이 있다는 점에서 '소시지 전쟁'이라고 불린다. 미국은 G7을 앞두고 영국에 북아일랜드 문제 해결을 압박했지만 큰 효력이 없었다. 아일랜드계인 바이든 미국 대통령은 '굿 프라이데이 협정'이 우선시 돼야 한다는 입장을 명확히 밝혔다.

419 "습근평, 프랑스 독일 지도자와 영상정상회담 거행," 『人民網 한국어판』, 2021.7.6.

420 JCPOA는 2015년 이란이 당시 유엔 안전보장이사회 5개 상임이사국(미국·영국·프랑스·러시아·중국)+ 독일 6개국과 맺은 협정을 말함. 이란 핵 활동을 제한하는 대신 대이란 제재를 해제하는 내용이 주를 이루고 있으며, 현재 미-이란 갈등을 해결하기 위한 제안 형식으로 이날 정상회의에서 언급한 것임. 이는 중국의 대미국 전술의 방식과 내용을 보여주는 전형적인 방식의 하나로 이해할 수 있음.

421 중국은 이미 아프리카에 대한 경제적 영향력과 협력 체계를 가장 잘 갖춘 국가이며, 코로나19 이후 강대국이 외면하고 있던 방역 정책을 선도적으로 주도한 국가임. 중국의 아프리카에 대한 영향력 확대는 코로나19 이후 더욱 확대되고 있는데, 중국은 40여 개 아프리카 나라와 아프리카연맹위원회에 백신을 제공했거나 제공하고 있음. 이와 더불어 아프리카의 백신 현지화 생산력 향상을 기술적으로

나 경제적으로 지원하고 있으며, 19개 아프리카 국가와 채무상환기한 연기협의를 합의하거나 잠정 협의를 끌어내고 있음. "아프리카 녹색장성"을 위한 지속 가능한 발전 계획에도 적극적으로 참여하고 있으며, 이날 중국이 유럽에 제안한 더 많은 백신 제공과 아프리카 채무압력 완화 및 경제회복과 녹색 저탄소 발전이 조속한 실현을 위한 원조 요청 역시 동일한 맥락임, 중국은 또한 프랑스와 독일이 중국과 아프리카가 공동으로 발기한 "아프리카 개발지원 파트너 이니셔티브"에 가입함으로써 다자협력 진행을 촉구하기도 함.

422 *Summary of the 2018 National Defense Strategy of the United States of America: Sharpening the American Military's Competitive Edge*, 2018

423 *Economist, Le Matin, The Sydney Morning Herald* 등의 심층보도와 분석을 종합해보면 이러한 평가는 공통점이 있다.

424 프랑스는 프랑스령 폴리네시아, 뉴칼레도니아, 월리스 및 푸투나, 프랑스 남부 및 남극 대륙, 클리퍼튼 섬, 마요트 및 레위니옹 지역과 함께 인도 태평양 지역에 영토를 가지고 있음.

425 EU군 창설은 크림반도에서 러시아의 병합 분쟁이 있었던 2015년에 제기되었다. 당시 EU 집행위원장이었던 융커 위원장이 유럽연합의 독자적인 군사작전 수행에 필요한 EU군 창설을 제기하였으며, 2016년 영국의 브렉시트 결정 이후 EU의 독자적 지휘사령부 창설을 제안하였다.

426 분리와 통합을 하나의 과정으로 설명하고, 여기서 작동하는 기제와 원리를 외연의 확장과 헤게모니가 작동하는 과정으로 설명한다는 점이다. 그런 이유로 그람시가 제시했던 '헤게모니' 개념이 적용되며, '소아'와 '대아' 등의 개념이 적용되면서 외연의 확장과 축소 등을 결합하여 분리와 통합 현상을 설명하게 될 것이다. 보다 유연하고 확장된 개념과 내용 등을 통하여 분리와 통합 현상의 다양한 질서와 과정을 설명한다는 점에서 기존 분석이나 접근 방식과도 차별적이다. 일반적으로 유럽통합을 통합의 전형적인 사례로 인식하여 다양한 연구를 진행해왔지만, 실제로는 유럽연합 안의 개별 국가들 내에서 또 다른 분리와 통합이라는 지역 내부 갈등이 상존한다. 개별 국가 안에서의 분리와 통합 현상을 해결하지 않은 채로 획일적인 지역 통합으로 진행하게 되면 국내적 갈등이 전혀 예기치 않은 결과로 나아갈 수도 있다. 최근 영국의 유럽연합 탈퇴 과정인 브렉시트(Brexit)가 대표적인 사례이다. 브렉시트 과정은 개별 국가의 통합 과정과 노력이 분리 현상을 넘어서지 못한다면 통합연구나 지역통합 이론의 실질적인 정책 활용과 현실에 장애가 발생할지도 모른다는 모범적인 본보기이다. 그러나 일반적으로 유럽에서의 통합과 분리의 동학은 서로 상호연관 되어있지 않고 분리된 개별 현상들로서 각각의 독립적인 사안으로 연구되어 왔다. 이 책에서는 이러한 분리와 통합 현상을 연계하고, 보다 작은 범위의 통합이 큰 범위나 영역에서 어떤 방식으로 큰 통합으로 확장되고 이루어질 수 있는 가를 다양한 사례와 개별국가의 현상을 통해 종합하고자 한다. 특히 분리와 통합을 연계할 수 있으면서 개별국가의 분리나 통합 현상이 보다 큰 범위의 지역통합 과정과 동학에 어떤 영향을 미치고 어떤 요인들이 작동하는 가를 이 책에서는 밝히고자 한다. 다시 말해, 기존 연구의 한계를 뛰어 넘어 분리와 통합 현상의 새로운 접근법과 분석틀을 제공하면서 한반도의 분단과 통일의 이분법적 방식을 뛰어넘어 분리와 통합을 위한 실효성 있는 정책과 방법을 모색하고자 한다.
김종법 외. 2020. 『분리를 넘어선 통합국가』. (서울; 사회비평아카데미).

〈제4부_세계질서 재편기의 한반도〉

━━ 1장. 정치 · 안보 차원의 영향 분석

427 임혁백, 『비동시성의 동시성: 한국 근대정치의 다중적 시간』 (서울: 고려대학교출판부, 2014), pp. 239~327.

428 박인휘, "제2차 세계대전 후 분단국가들의 국가형성과 국제정치환경 분석," 김기정 외, 『현대 동아시아 국가의 형성과 발전』 (서울: 대한민국역사박물관, 2016), p. 73.

429 대표적인 연구로는 다음의 연구들을 참고. 이택선, 『취약국가 대한민국의 탄생』 (서울: 미지북스, 2020).
박명림, "한국의 48년 체제: 정치적 대안이 봉쇄된 보수적 패권체제의 기원과 구조," 『의정연구』, 17권 2호 (2011).
이진경, 『사회구성체론과 사회과학방법론』 (서울: 그린비, 2008).
박찬표, 『한국의 국가형성과 민주주의: 냉전 자유주의와 보수적 민주주의의 기원』 (서울: 후마니타스, 2007).
최장집, 『한국민주주의의 조건과 전망』 (서울: 나남, 1996).

430 박태균, 『우방과 제국, 한미관계의 두 신화』 (파주: 창작과비평사, 2014), 6장.
Gregg A. Brazinsky, *Nation Building in South Korea: Koreans, Americans, and the Making of Democracy* (Chapel Hill, NC: The University of North Carolina Press, 2009), Ch. 4.

431 물론 박정희 정권은 경제성장을 최우선 국가목표로 설정했던 연성권위주의가 아니라 자신의 정권연장과 권력재생산을 우선했다는 비판 역시 다수 존재하고 있다. 대표적인 연구는 다음을 참고.
한국정치연구회 편, 『박정희를 넘어서』 (서울: 푸른숲, 1998).

432 박태균, 『변형과 원용: 한국경제개발계획의 기원』 (서울: 서울대학교출판문화원, 2013).

433 김용호, 『민주공화당 18년, 1962년~1980년』 (서울: 대욱학술총서, 2020), 4장.
Don Oberdorfer, *The Two Koreas: A Contemporary History* (NY: Basic Books, 2013), pp. 22~38.
Victor Cha, *Alignment Despite Antagonism: The United States-Korea-Japan Security Triangle* (Palo Alto, CA: Stanford University Press, 1999), p. 110~120.

434 강원택 편, 『노태우 시대의 재인식: 전환기의 한국 사회』 (서울: 나남, 2012), pp. 133~165.

435 1990년의 3당 합당으로 인한 진보세력의 고립화(호남의 고립화)가 있은 지 정확히 30년만인 2020년 총선에서 민주당의 압승으로 보수세력의 고립화(영남의 고립화 or 3당 합당 reverse)가 이뤄진 점은 매우 흥미로운 대목이다. 특히 2020년의 보수세력 고립화가 코로나19로 인한 세계질서 변화 논란기의 한 가운데 시점에서 이뤄졌다는 점 역시 한국 정치에 매우 의미 있는 시사점을 제공하고 있다.

436 "세계화는 우리 민족이 세계의 중심에서는 유일한 길…우리가 이 경쟁에서 한발 뒤떨어지면, 우리 자녀들의 시대에서는 10년, 100년 뒤떨어질지도…'세계화'는 결코 일부만의 것, 모아지지 않는 것이 되어서는 안 되고, 온 국민이 주역이 되는 '참여'의 정신이자 운동…계층과 지역, 정파와 세대를 뛰어넘어 온 국민이 하나가 되어 힘을 합하는 '단합'의 정신이자 운동…,".

김영삼 대통령의 1995.1.1. 신년사.

437 여야 대표 후보였던 이명박과 정동영의 최종 득표율은 각각 48.6%와 26.1%였고, 두 후보 간 표 차이는 530만 표였다. 중앙선거관리위원회 선거통계시스템.

438 Byung-kook Kim, "Party Plitics in South Korea's Democracy," Larry Diamond and Byung-kook Kim, eds., *Consolidating Democracy in South Korea* (Bouder, CO: Lynn Rienner Publishers, 2000), p. 53.
Chai-bong Hahm, "South Korea's Miraculous Democracy," *Journal of Democracy*, vol. 19, no. 3 (2008), pp. 128~142.
임혁백, "다중과 헤테라카 민주주의," 장우영 편, 『촛불집회와 다중운동』 (파주: 한국학술정보, 2019), pp. 13~42.

439 대표적인 연구로는 다음의 연구를 참조. 박찬표, "한국 자유민주주의의 초상: 민주주의 과잉인가 자유주의 결핍인가," 『아시아연구』, 51권 4호 (2008), pp. 148~181.
최장집, 『민주화 이후의 민주주의』 (서울: 후마니타스, 2010).
최태욱, 『한국형 합의제 민주주의를 말하다』 (서울: 책세상, 2014).

440 박찬표, "한국 자유민주주의의 초상", pp. 150~155.

441 윤성석, "글로벌 금융위기와 한국 민주주의의 대응," 『한국동북아논총』, 제53집 (2009), pp. 181~199.

442 위의 글, pp. 195~197.

443 대표 연구는 다음을 참조.
장훈, "코로나19 위기와 테이터 국가: 한국의 데이터 국가와 보건위기 거버넌스," 『의정연구』, 26권 3호 (2020), pp. 126~156.

444 대표적인 연구는 다음을 참고.
Richard Wike and Katie Simmons, "Globally, Broad Support for Representative and Direct Democracy," *Pew Research Center*(2017).
Russell J. Dalton, *Democratic Challenges, Democratic Choices* (NY: Oxford University Press, 2004).
Pippa Norris, ed., *Critical Citizens: Global Support for Democratic Government* (NY: Oxford University Press, 1999).

445 손현주, "코로나19와 정치의 미래," 『지역사회연구』, 제29권 2호 (2021), pp. 120~123.

446 대표적으로 참고, 길정아, 강원택, "제21대 국회의원선거에서의 회고적 투표: 대통령의 코로나 대응 평가와 당파적 편향," 『한국정당학회보』, 제19권 4호 (2022), pp. 101~140.
신정섭, "코로나19가 제21대 국회의선 선거 투표선택에 미친 영향: 정부대응 평가와 개인피해를 중심으로," 『한국정치연구』, 제29권 3호 (2020), pp. 155~182.
장훈, "코로나19 위기와 데이터 국가: 한국의 데이터 국가와 보건위기 거버넌스," 『의정연구』, 제26권 3호, pp. 125~159.

447 신정섭, 위의 글, pp. 165~170.

448 장훈, "코로나19 위기와 데이터 국가: 한국의 데이터 국가와 보건위기 거버넌스," p. 151.

449 윤정현, "초국가적 난제 시대의 초국가적 거버넌스," (서울대학교 국제문제연구소 워킹페이퍼 no. 166, 2020.7.23.), pp. 9~18.

450 박인휘, "한반도 안보-안보부재의 정치학: 한미-남북 관계의 모순적 결합," 『한국정치학회보』, 제45권 2호 (2011), pp. 231~234.
Barry Buzan and Lene Hansen, *The Evolution of International Security Studies* (Cambridge: Cambridge University Press), Ch. 2.

451 '분단구조'는 남북한 간 상이한 체제의 유지가 정치·사회적으로 구조화되는 과정에서 남북한 개별 사회의 대내적 및 대외적 제도화의 진행이 분단적 상황을 전제로 하고 있음을 설명하는 사회과학적 용어이다.
이종석, 『분단시대의 통일학』 (서울: 한울, 1998), 2장, 3장.

452 박인휘, "북핵 20년과 한미동맹: 주어진 분단 vs. 선택적 분단," 『국제정치논총』, 53권 3호 (2013), pp. 183~187.

453 기능주의 이론의 국제정치적 설명에 관한 대표적인 연구는 다음을 참조.
Ernst Haas, *Beyond the Nation-State: Functionalism and International Organization*, (Colchester, UK: ECPR Press, 2008).

454 이종석, 『통일을 보는 눈』 (서울: 개마고원, 2012), 10장.

455 박인휘, "비핵평화프로세스의 대북 관여정책의 지속성: 이론과 정책," 『국가안보와전략』, 19권 1호 (2019), pp. 4~7.

456 대표적인 설명은 다음을 참조.
Joseph S. Nye "American and Chinese Power After Financial Crisis," *The Washington Quarterly,* vol. 33, no. 4. (2010), pp. 143~53.
Joseph S. Nye, "The Future of American Power: Dominance and Decline in Perspective," *Foreign Affairs*, vol. 89, no. 6 (2010), pp. 2~12.

457 '제도-중심적 갈등'에서의 미·중관계는 과거 2차 전후 이후 미국이 국제공공재 제공을 담당하면서 국제사회의 리더십을 제도적 차원에서 완성해 나갔듯이, 중국 역시 경제성장을 배경으로 국제안보(SCO), 무역(RCEP), 금융(AIIB, NDB), 공공외교(CICA) 등의 영역에서 중국 주도의 국제제도를 구축해 나가는 단계의 시작을 의미한다.
박인휘, "강대국 정치(power politics)와 미중갈등: 한반도문제의 연계성," 『국가안보와전략』, 20권 4호 (2021), pp. 1~32.

458 Victor Cha, *Impossible State: North Korea, Past and Future* (New York: Ecco, 2012).
Christoph Bluth, *Crisis on the Korean Peninsula* (Dulles, VA: Potomac Books, 2011), ch. 5, ch. 6.
Daniel Byman and Jennifer Lind, "Pyongyang's Survival Strategy: Tools of Authoritarian Control in North Korea," *International Security,* vol. 35, no. 1 (2010), pp. 44~74.

459 Constance Duncombe and Tim Dunne. "After Liberal World Order," *International Affairs*, vol. 94, no. 1 (2018), pp. 25~42.
Doug Stokes, "Trump, American hegemony and the future of international liberal order,"

International Affairs, vol. 94, no. 1 (2018), pp. 133~150.

460 김상배, "4차 산업혁명의 국제정치학: 주요국의 담론과 전략, 제도,"『세계정치』, 28권 (2018), pp. 11~52.

461 윤영관,『외교의 시대: 한반도의 길을 묻다』(서울: 미지북스, 2016), pp. 201~262.

462 이와 관련한 전통적인 설명은 다음의 연구를 참조.
박인휘, "동북아 국제관계와 한국의 국가이익: 미중일 세력관계를 중심으로,"『국가전략』, 11권 3호 (2005), pp. 5~24.

463 본 연구에서는 동북아 동맹구조의 기원과 관련해서는 소상히 설명하지 않는다. 다만, 동북아 안보와 유럽 안보의 구조적인 차이는 대체로 세 가지 접근법—미국의 의도적 선택, 동북아 역내 지도자들의 전략, 유럽과의 구조적 차이—에 의해서 설명되고 있는데, 이와 관련해서는 다음의 연구를 참조. Park Ihn-hwi, "Alliance Theory and Northeast Asia: Challenges of the 60th Anniversary of the Korea-US Alliance," *Korea Journal of Defense Analysis*, vol. 25, no. 3 (2013), pp. 317~331.

464 Glenn H. Snyder, "Alliances, Balance, and Stability," *International Organization*, vol. 45, no. 1 (1991), pp. 121~142.

465 이와 관련한 대표적인 설명은 다음을 참조.
Ken Booth, *Theory of World Security* (Cambridge, UK: Cambridge University Press, 2007).

466 한반도 분단구조가 안고 있는 남북한 사이의 '내적 균형' 및 '외적 균형'과 관련한 대표적인 연구는 다음을 참조.
구갑우, "한반도적 맥락의 비판적 안보담론: '평화국가담론' 재론,"『한국과 국제정치』, 24권 3호 (2008), pp. 95~124.

467 박인휘, "한반도 '안보-안보부재'의 정치학: '한미-남북' 관계의 모순적 결합," pp. 242~245.

468 탈냉전기 미·중이 경험한 다양한 경쟁적 국면, 미·중의 각자 국가이익 및 한반도적 이해관계를 중심으로 종합적으로 잘 설명하고 있는 자료는 다음을 참조.
김태현·류석진, "특집: 탈냉전 30년의 조명,"『한국과 국제정치』, 36권 1호 (2020), pp. 1~36.

469 Marvin Ott, "The South China Sea in Strategic Terms," Wilson Center's Asia Dispatches(2019).
Leszek Buszynski, "The South China Sea: Oil, Maritime Claims, and US-China Strategic Rivalry," *The Washington Quarterly*, vol. 35, no. 2 (2012), pp. 139~156.

470 사드와 관련한 다양한 논쟁을 편의상 구분하면 크게 두 가지 범주의 논의로 요약되는데, 사드가 가지는 한반도적 적실성에 초점을 맞춘 논의와 사드를 미·중 간 게임으로 관점을 확장시켜서 이해하려는 논의가 있다. 이와 관련하여 핵심적인 논의는 다음을 참조.
박휘락, "사드의 한국 배치 논란에 드러난 오인식과 집단사고,"『국가정책연구』, 29권 3호 (2015), pp. 25~48.
서재정, "사드와 한반도 군비경쟁의 질적 전환,"『창작과 비평』, 43권 2호 (2015), pp. 414~440.

471 김석우,『국제정치경제의 이해: 역사, 이념 그리고 이슈』(서울: 한울아카데미, 2010), pp. 46~47.

472 Robert Gilpin, *The Political Economy of International Relations* (Princeton: Princeton Press, 1987), pp. 190~191.

473 Hudec Robert E. *Enforcing International Trade Law: The Evolution of the Modern GATT System. Salem* (NH: Butterworth Legal Publishers, 1991), pp. 3~12.

474 윤용만·여택동 외 공저,『한국의 경제정책』(서울: 박영사, 2005), pp. 19~27.

475 김석우,『국제정치경제의 이해: 역사, 이념 그리고 이슈』, pp. 50~55.

476 무역 의존도는 제1차 경제개발계획(1962~1966) 시기 26.2%에서 꾸준히 증가하여 제3차 경제개발계획(1972~1976) 시기 57.5%까지 증가했다.
      윤용만·여택동 외 공저,『한국의 경제정책』, p. 26.

477 위의 책, pp. 19~27.

478 김석우,『국제정치경제의 이해: 역사, 이념 그리고 이슈』, pp. 59~61.

479 John H. Barton, Judith L. Goldstein, Timothy E. Josling and Richard H. Steinberg, *The Evolution of the Trade Regime: Politics, Law, And Economics of the GATT and the WTO* (Princeton: Princeton University Press, 2006), pp .65~66.

480 Richard Steinberg, "In the Shadow of Law or Power? Consensus-Based Bargaining and in the GATT/WTO," *International Organization,* vol. 56, no. 2 (2002), pp. 339~374.

481 이인성,『21세기 세계화 체제의 이해』(발행처: 아카넷, 2009), pp. 100~103.

482 윤용만·여택동 외 공저,『한국의 경제정책』, pp. 158~159.

483 "한국의 FTA 현황".

484 윤용만·여택동 외 공저,『한국의 경제정책』, pp. 160~161.

485 WTO, "World Trade Organization Annual Report 2020," pp. 180~181.

486 김석우,『국제정치경제의 이해: 역사, 이념 그리고 이슈』, pp. 64~65.

487 World Bank.

488 이정세·손상기,『국제통상학의 이해』(서울: 정독, 2021), pp. 116~117.

489 Lake, David A., Lisa L. Martin, and Thomas Risse, "Challenges to the Liberal Order: Reflections on International Organization," *International Organization*, vol. 75, no. 2 (2021), pp. 225~257.

490 AIIB.

491 김상배 외,『신국제질서와 한국외교전략』(서울: 명인문화사, 2021), pp. 102~126.

492 "Chronological list of disputes cases".

493 당시 발효된 FTA는 페루, 미국, 터키, 호주, 캐나다, 중국, 뉴질랜드, 베트남, 콜로비아, 중미 5개국,

영국을 포함한다.

"한국의 FTA 현황," <https://www.fta.go.kr/main/situation/kfta/ov/>.

494 이상호·이환호·주한광,『국제무역론: 이론, 정책, 질서』, 제2판 (서울: 법문사, 2015), pp. 507~515.

495 박희석·반정화·정현철·김수진, "코로나19 사태가 서울경제에 미치는 영향과 소상공인 및 관광업 대응 방안,"『정책리포트』, 4월 (2020), pp. 3~12.

496 ICAO ADS-B operational data.

497 WTO, "COVID-19 and world trade".

498 정승철, "코로나19(COVID-19)가 세계 경제에 미친 영향과 2020년 하반기 세계경제전망,"『JPI 정책포럼』, 235호 (2020), pp. 1~22.

499 김상배 외,『신국제질서와 한국외교전략』p. 167.

500 윤영관,『외교의 시대: 한반도의 길을 묻다』(서울: 미지북스, 2015), pp. 204~210.

501 정현수, "탈냉전시대의 한국외교: 유엔외교를 중심으로,"『사회과학연구』, 22호 (1996), pp. 19~50.

502 외교부, "UN 개요".

503 정현수, "탈냉전시대의 한국외교: 유엔외교를 중심으로," pp. 36~38.

504 윤영미,『글로벌시대 한국과 국제협력』(서울: 두남, 2012), pp. 106~108.

505 외교부, "UN 개요," <https://www.mofa.go.kr/www/wpge/m_3873/contents.do#passLink03>.

506 김상배 외,『신국제질서와 한국외교전략』, pp. 170~171.

507 윤영미,『글로벌시대 한국과 국제협력』, p. 107.

508 윤영관,『외교의 시대: 한반도의 길을 묻다』, pp. 289~294.

509 김상배 외,『신국제질서와 한국외교전략』, p. 179.

510 "제3차 국제개발협력 종합기본계획(2021-2025)," 제36차 국제개발협력위원회, 2021.1.20., pp. 1~27.

511 외교부, "다자환경외교: 글로벌녹색성장연구소," <https://www.mofa.go.kr/www/ wpge/ m_20151/contents.do>.

512 윤순진·원길연, "녹색성장에 기초한 이명박 정부 기후변화정책레짐에 대한 사회적 수용과 평가: 전문가 인식조사를 중심으로."『환경사회학연구 ECO』, 16권 2호 (2012), pp. 8~10.

513 신범식, "환경 및 기후변화국제정치와 한국 외교," EAI국가안보패널 연구보고서, 61호 (2012), pp. 11~12.

514 손주연·이장재·김시정, "녹색성장 정책의 변화: 정책네트워크 분석을 중심으로,"『기술혁신학회지』, 18권 3호 (2015), pp. 534~535.
"'유통기한 지난 영국 자료' 벤치마킹한 '2050 탄소중립 시나리오',"『KBS』, 2021.8.13.

515 Malone, GiffordD. "Managing public diplomacy," Washington Quarterly, vol. 8, no. 3 (1985), pp. 199~213.

516 외교부, "한국외교 60년: 문화외교," <https://www.mofa.go.kr/www/wpge/m_4098/contents.

do>.

517 외교부, "공공외교란," <https://www.mofa.go.kr/www/wpge/m_22713/contents.do>.

518 Robin Brown, "The politics of relational public diplomacy," *Relational, Network and Collaborative Approaches to Public Diplomacy* (Routledge, 2013), pp. 44~55.

519 'Building Trust' 전략은 'Save Lives, Safe Livelihoods'라는 슬로건을 바탕으로 2020년부터 2024년까지 추진되는 개발협력을 통한 코로나19 회복력 강화 프로그램이다.

520 KOICA, <https://koica.go.kr/koica_kr/8146/subview.do>.

521 외교부, <https://www.mofa.go.kr/www/wpge/m_20151/contents.do>.

522 외교부, <https://www.mofa.go.kr/www/brd/m_4080/view.do?seq=370734>.

523 외교부, <https://www.mofa.go.kr/www/brd/m_4080/view.do?seq=370747>.

▬ 3장. 질서 재편기 속 흔들리는 한반도

524 이종석은 분단체제 대신 분단구조라는 용어를 사용했다. 본 연구는 분단체제와 분단구조를 달리 보지 않고, 특별한 구분 없이 사용하고자 한다.
이종석, 『분단시대의 통일학』 (서울: 한울, 1998).

525 서로 적대하는 국가의 지도부는 국가건설과 정권 이익을 도모하기 위해 서로를 이용하는 '적대적 공존' 관계를 맺기도 한다.

526 박명림, "분단질서의 구조와 변화: 적대적 의존의 대쌍관계 동학, 1945-1995," 『국가전략』, 3권 1호 (1997), pp. 41~79.

527 Paul K. Huth, "Enduring Rivalries and Territorial Disputes, 1950-1990," *Conflict Management and Peace Science,* vol. 15, no. 1 (1996), pp. 7~41.

528 William Thompson, "Identifying Rivals and Rivalries in World Politics," *International Studies Quarterly,* vol. 45, no. 4 (2001), pp. 557~586.

529 Cameron G. Thies, "War, Rivalry, and State Building in Latin America," *American Journal of Political Science,* vol. 49, no. 3 (2005), pp. 451~465.

530 Charles Tilly, *Coercion, Capital and European States, A.D. 990-1992* (Cambridge: Wiley-Blackwell, 1993).
김상기, "동아시아의 국가건설: 군사분쟁, 국가능력, 민주주의의 상관관계," 『한국정치학회보』, 48권 2호 (2014), pp. 205~231.

531 Sara McLaughlin Mitchell and Brandon C. Prins, "Rivalry and Diversionary Uses of Force," *Journal of Conflict Resolution,* vol. 48, no. 6 (2004), pp. 937~961.
Jaroslav Tir, "Territorial Diversion: Diversionary Theory of War and Territorial Conflict," *Journal of Politics,* vol. 72, no. 2 (2010), pp. 413~425.

532 홍석률, 『분단의 히스테리: 공개문서로 보는 미중관계와 한반도』 (파주: 창비, 2012).

533 전재성, "한반도 평화체제: 남북한의 구상과 정책 비교검토," 『한국과 국제정치』, 22권 1호 (2006), pp. 33~66.

534 NATO OTAN, "Member countries".

535 The World Bank, "Trade".

536 백낙청, 『흔들리는 분단체제』 (서울: 창작과 비평사, 1998).

537 Seongji Woo, "Power Transition and Inter-Korean Dialogue in the Early 1970s," *Korea Journal,* vol. 56, no. 2 (2016), pp. 81~110.
우승지, "세력전이와 남북관계의 변화에 대한 고찰," 『세계정치: 남북한 관계와 국제정치이론』, 16권 (2012), pp. 113~140.

538 Graham Allison, *Destined for War? Can America and China Escape Thucydides's Trap?* (Boston: Houghton Mifflin Harcourt, 2017).

539 Richard Haass, "The Pandemic Will Accelerate History Rather Than Reshape It: Not Every Crisis Is a Turing Point," *Foreign Affairs* (April 7, 2020).
이준서, "키신저 코로나19 펜데믹, 세계 질서 영원히 바꿔놓을 것," 『연합뉴스』, 2020.4.5.

540 문재인 정부의 신한반도체제 관련 주요 내용은 남북한 평화협력공동체와 경제협력공동체로 구성되어 있다. 이에 관해서는 다음 연구를 참조.
제성훈·이혜정·김재관, 『신한반도체제 실현을 위한 미·중·러의 세계전략』, 대외경제정책연구원 전략지역심층연구 19-02 (2019).
조한범, "신한반도체제의 개념과 추진방향," 통일연구원 Online Series CO19-06 (2019).
조한범 외, 『신한반도체제 추진 종합연구: 신한반도체제의 개념과 추진전략』 (세종: 경제인문사회연구회, 2020).

541 김시홍, "EU 신지도부의 출범과 유럽통합: EU-동아시아 관계를 중심으로," 『EU연구』, 55권 (2020), pp. 55~86.
정성철, "자유주의 세계질서의 쇠퇴? 글로벌 패권의 약화와 민주주의 중견국의 규칙기반질서 추구," 『정치·정보연구』, 23권 1호 (2020), pp. 141~164.

542 통일부, "민족공동체통일방안".

543 박원곤, "쿼바디스 아메리카: 미국의 쇠퇴와 바이든의 등장," 『평화연구』, 29권 1호 (2021), p. 24.

544 Fareed Zakaria, "The Rise of Illiberal Democracy," *Foreign Affairs,* vol. 76, no. 6 (1997), pp. 22~43.

4장. 새로운 한반도체제의 구성과 수립

545 김민석, "한반도 안보의 새 변수, 중거리 미사일(INF) 경쟁," 『월간중앙』, 96권 (2019).

[주요 참고문헌]

국민대학교 일본학연구소 편, 『일본 파워엘리트의 대한정책』(선인, 2016).

김미경. "브렉시트(Brexit)와 유럽통합 이론: 통합 과정의 가역성(reversibility)을 중심으로." 『현대정치연구』, 11(3), 2018.

김병국·전재성·차두현·최강 공편. 『미중관계 2025』(EAI, 2012).

김상배·하영선 엮음. 『복합세계정치론: 전략과 원리, 그리고 새로운 질서』(한울아카데미, 2012).

김석우. 『국제정치경제의 이해: 역사, 이념 그리고 이슈』(한울, 2011).

김애경. "중국의 탈냉전기 국제질서에 대한 구상과 그 한계." 『중소연구』, 28(2), 2004.

데이비드 샴보 지음. 박영준·홍승현 옮김. 『중국, 세계로 가다: 불완전한 강대국』(아산정책연구원, 2014).

박영준. "'수정주의적 보통국가론'의 대두와 일본 외교." 『한국과 국제정치』, 29(1), 2013.

박인휘. "강대국 정치(power politics)와 미중갈등: 한반도문제의 연계성." 『국가안보와 전략』, 20(4), 2021.

_____. "한반도 안보-안보부재의 정치학: 한미-남북 관계의 모순적 결합." 『한국정치학회보』, 45(2), 2011.

박철희 외. 『아베 시대 일본의 국가전략』(서울대학교출판문화원, 2018).

손열 엮음. 『위기 이후 한국의 선택: 세계금융위기, 질서변환, 중견국 경제외교』(한울아카데미, 2020).

여시재 포스트 COVID-19 연구팀 지음. 『코로나 시대 한국의 미래』(서울셀렉션, 2020).

윤영관. 『외교의 시대: 한반도의 길을 묻다』(미지북스, 2015).

윤정현. "신흥안보 거버넌스: 이론적 고찰과 대안적 분석틀의 모색." 『국가안보와 전략』, 19(3), 2019.

이수형. "유럽연합(EU)의 공동외교안보정책(CFSP): 대서양주의자와 유럽주의자의 논쟁을 중심으로." 『세계지역연구논총』, 14, 2000.

이종석. 『분단시대의 통일학』(한울, 1998).

전재성. 『동아시아 국제정치: 역사에서 이론으로』(EAI, 2011).

_____. 『주권과 국제정치: 근대 주권국가체제의 제국적 성격』(서울대학교출판문화원, 2019).

조은일. "일본 방위계획대강의 2018년 개정 배경과 주요내용." 한국국방연구원 국방논단 1742호, 2019.

차태서. "아메리카 합중국과 동아시아 지역 아키텍처의 변환: 네트워크 국가론의 시각." 『한국동북아논총』, 25(2), 2020.

하영선 편. 『미중의 아태질서 건축경쟁』(EAI, 2017).

한의석. "21세기 일본의 국가안보전략." 『국제정치논총』, 57(3), 2017.

Barton, John et al. *The Evolution of the Trade Regime: Politics, Law, And Economics of the GATT and the WTO* (Princeton: Princeton University Press, 2006).

Beckley, Michael. *Unrivaled: Why America Will Remain the World's Sole Superpower* (Ithaca: Cornell University Press, 2018).

Bluth, Christoph. *Crisis on the Korean Peninsula* (Dulles, VA: Potomac Books, 2011).

Booth, Ken. *Theory of World Security* (Cambridge: Cambridge University Press, 2007).

Brazinsky, Gregg. *Nation Building in South Korea: Koreans, Americans, and the Making of Democracy* (Chapel Hill, NC: The University of North Carolina Press, 2009).

Bull, Hedley. *The Anarchical Society: a Study of Order in World Politics* (London: Macmillan, 1977).

_____ and Adam Watson. eds. *The Expansion of International Society: A Comparative Historical Analysis* (London: Routledge, 1984).

Cha, Victor. *Impossible State: North Korea, Past and Future* (New York: Ecco, 2012).

Chan, Steve. *China, the US and Power-transition Theory: a Critique* (New York: Routledge, 2007).

Colgan, Jeff and Robert Keohane. "The Liberal Order Is Rigged: Fix It Now or Watch It Wither." *Foreign Affairs*, 96(3), 2017.

Cooley, Alexander and Daniel Nexon. *Exit from Hegemony: the Unraveling of the American Global Order* (New York: Oxford University Press, 2020).

Cox, Robert and Timothy Sinclair. eds. *Approaches to World Order* (Cambridge: Cambridge University Press, 1996).

Cudworth, Erika et al. *Posthuman Dialogues in International Relations* (New York: Routledge, 2018).

Gilpin, Robert. *The Political Economy of International Relations* (Princeton: Princeton Press, 1987).

Hardt, Michael and Negri Antonio. *Empire* (Cambridge. Mass.: Harvard University Press, 2000).

Helleiner, Eric. "The Life and Times of Embedded Liberalism: Legacies and Innovations Since Bretton Woods." *Review of International Political Economy*, 26(6), 2019.

Ikenberry, John. *A World Safe for Democracy: Liberal Internationalism and the Crises of Global Order* (New Haven: Yale University Press, 2020).

_____. *Liberal Leviathan: The Origins, Crisis, and Transformation of the American World Order* (Princeton, NJ: Princeton University Press, 2011).

_____. "The Next Liberal Order: The Age of Contagion Demands More Internationalism, Not Less." *Foreign affairs*, 99(4), 2020.

Johnston, Iain. "China in a World of Orders: Rethinking Compliance and Challenge in Beijing's International Relations." *International security*, 44(2), 2019.

Kirchick, J. *The End of Europe* (London: Yale University Press, 2017).

Krasner, Stephen. *Power, the State, and Sovereignty: Essays on International Relations* (New York: Routledge, 2009).

Lake, David et al. eds. "Challenges to the Liberal International Order: International Organization at 75." *International Organization*, 75(2), 2021.

Mastanduno, Michael. "System Maker and Privilege Taker." *World Politics*, vol. 61(1), 2009.

Mearsheimer, John. *The Great Delusion: Liberal Dreams and International Realities* (New Haven: Yale University Press, 2018).

_____. "Bound to Fail: The Rise and Fall of the Liberal International Order." *International security*, 43(4), 2019.

Monteiro, Nuno. *Theory of Unipolar Politics* (New York: Cambridge University Press, 2014).

Moore, Jason and Christian Parenti. *Anthropocene or Capitalocene?: Nature, History, and the Crisis of Capitalism* (Oakland, CA: PM Press, 2016).

Nye, Joseph. "The Other Global Power Shift." *Project Syndicate*. August 6, 2020.

Oros, Andrew. *Japan's Security Renaissance: New Policies for the Twenty-First Century* (New York: Columbia University, 2017).

Rauch, Carsten. "Challenging the Power Consensus: GDP, CINC, and Power Transition Theory." *Security Studies*, 26(4), 2017.

Rittel, Horst and Melvin Webber. "Dillemmas in a General Theory of Planning." *Policy Sciences*, 4(2), 1973.

Rodrik, Dani. *The Globalization Paradox: Democracy and the Future of the World Economy* (New York: W.W. Norton & Company, 2011).

Samuels, Richard. *Securing Japan: Tokyo's Grand Strategy and the Future of East Asia* (Ithaca: Cornell University Press, 2008).

Thompson, William. "Identifying Rivals and Rivalries in World Politics." *International Studies Quarterly*, 45(4), 2001.

Walt, Stephen. "The Realist's Guide to the Coronavirus Outbreak." *Foreign Policy*, March 9, 2020.

Weiss, Jessica and Jeremy Wallace. "Domestic Politics, China's Rise, and the Future of the Liberal International Order." *International Organization*, 75(2), 2021.

Žižek, Slavo. *COVID-19 Shakes the World* (London: Polity Press, 2020).

達巍. "超越現實主義: 作爲中國對美戰略的'新型大國關系'." 『新型大國關係: 機遇與挑戰』. 賈慶國嚴軍 主編(北京: 北京大學出版社, 2015).

防衛省. 『平成31年度以降に係る防衛計画の大綱について』(東京: 防衛省, 2018).

戴德錚·馬迎公. "中國外交的'當今擔當'--兼論中國外交對世界秩序優化的特色貢獻." 『學校黨建與思想教育』, 569, 2018.

雷江梅. "習近平中國特色大國外交思想的問題指向與基本內涵." 『理論視野』, 6月, 2019.

淩勝利. "構建新型國際關系: 淵源、內涵與路徑." 『當代經濟』, 10月, 2018.

醜則靜. "從轉型到危機: "美國優先"對國際秩序的影響." 『國際展望』, 1, 2020.

김애경

명지전문대 중국어비즈니스과 교수로서 후학을 양성하고 있다. 국민대학교에서 중어중문학을 전공하고, 중국 북경대학교 국제관계학원에서 석사·박사 학위를 취득하였다. 현재 글로벌지식융학학회 부회장, 한국중국문화학회 지역이사, 중국지역학회 정치외교분과 위원을 맡고 있다. 최근 중국의 주권인식과 정책, 중국의 강대국화 및 한중관계, 중국의 국가행동 등 중국의 대외전략과 관련한 다양한 주제로 연구를 수행하고 있다.

김종법

한국외국어대학교 이탈리아어학에서 학사, 동 대학원에서 문학석사를 받았다. 이후 이탈리아 토리노 국립대학에서 정치학으로 국가연구박사(Dottorato di Ricerca) 학위를 취득하였다. 현재 대전대학교 글로벌문화콘텐츠학과 교수로 재직 중이며, 그람시 연구에 천착하고 있다. 『그람시의 군주론』, 『그람시와 한국지배계급분석』, 역서 『나는 무관심을 증오한다』를 출간하였으며, 『옥중수고; Qauderni del Carcere』 원전번역 작업 중이다. 이탈리아 정치뿐만이 아니라 EU 관련 프로젝트를 다수 수행하였으며, 지역 재생과 사회적 경제 영역과 같은 실천적인 연구를 병행하면서 정책기획위원회와 대전세종연구원, KF 등 국가기관의 자문위원으로 활동하였다.

박은주

통일연구원 부연구위원으로 재직 중이며, 고려대 공공정책연구소 연구교수를 역임하였다. 고려대학교에서 한반도 평화체제 연구로 북한학 박사를 취득한 이후 한반도 평화체제 및 남북교류협력, 비전통 안보협력 등의 주제에 관해 활발한 연구를 진행 중이다. 현재 고려대 공공정책연구소 객원연구위원을 겸하고 있다. 또 민주평화통일자문회의 상임위원, 통일부 통일교육위원, 방송통신심의위원회 광고자문특별위원, 세종특별자치시 및 충청북도 남북교류협력위원, 제주특별자치도 국제교류지원자문위원 등 정부와 지자체, 대학 등에서 활발한 연구 및 사회공헌 활동을 전개하고 있다.

박인휘

현재 이화여자대학교 국제학부 교수로 재직 중이다. 성균관대학교 경제학과에서 학사를 취득한 후, 미국 피츠버그대학교 국제관계학 석사, 노스웨스턴대학교 정치학 박사 학위를 취득하였다. 주요 연구분야는 국제안보, 동북아국제관계, 한미관계 등이다. 한국국제정치학회 차기 회장 (2023년)이고, 현재 세계지역학회, 한국동북아학회, 북한연구학회, 한국평화연구학회 등의 학술단체에서 부회장으로 활동하고 있다. 청와대 국가안보실 자문위원, 통일준비위원회 전문위원, 국방부, 통일부, 외교부 정책자문위원을 역임한 바 있다. 한반도평화만들기, 민족화해협력범국민협의회, 안민정책포럼 등과 같은 민간싱크탱크에도 적극 참여하고 있다. 지난 2010년에는 미국 워싱턴대학교 잭슨국제대학원 방문 교수로 다녀왔다. 대표적인 연구로는 "한국형 발전모델의 대외관계사" 외 다수가 있다.

윤정현

현재 과학기술정책연구원(STEPI) 선임연구원으로 재직 중이며, 前 국가과학기술자문회의 전문위원으로 활동하였다. 서울대학교에서 외교학 박사를 취득했으며, 전문 분야는 신흥안보, 글로벌 거버넌스, 디지털사회의 기술시스템과 위험, 미래전략연구 등이다. 주요 논문으로 "국방 분야의 인공지능 기술도입의 쟁점과 활용개선 방안", "신흥안보 위험과 네트워크 거버넌스", "인공지능과 블록체인의 도입이 사이버 공간의 공수비대칭 구도에 갖는 의미", "디지털 위험사회의 극단적 사건(X-event) 전망과 시사점" 등 과학기술과 인문사회 분야를 아우르는 융합 연구에 많은 관심을 갖고 있다.

이용욱

고려대학교 정치외교학과 교수이다. 독일 튀빙겐대학, 일본 도쿄대학, 국방대학에서 방문 교수 및 연구원을 역임하였으며, 미국 남가주대학, 브라운대학, 오클라호마대학에서 강의하였다. 구성주의 이론을 토대로 국제정치경제를 연구하고 있다. 주요 연구 주제는 동아시아 금융통화 거버넌스 협력, 글로벌 통화체제의 동학, 한국의 금융 외교, 대안 세계질서 등이다.

이효원

인천대학교 정치외교학과 조교수로 재직 중이며, 연세대학교 정치외교학과에서 학사와 석사를, 그리고 미국 워싱턴대(University of Washington) 정치학과에서 박사 학위를 취득하였다. 박사 학위 논문의 제목은 "Legalization of GATT/WTO and Distribution of its Dispute Settlement Benefits between Developed and Developing Countries"이고, 최근 국제기구 및 국제정치경제 관련 주제의 다수 논문들을 Review of International Organizations, World Economy, Political Studies, Journal of World Trade, Asian Survey 등의 저널에 출판하였다.

임은정

현재 국립공주대학교 국제학부 부교수이자, 동 대학 국제교류본부장과 한민족교육문화원장, 국제언어교육원장을 겸하고 있다. 일본 도쿄대학 국제관계학 학사, 미국 컬럼비아대학 국제행정대학원(SIPA · School of International and Public Affairs)에서 국제학 석사, 존스홉킨스대학 고등국제학대학(SAIS · School of Advanced International Studies) 국제관계학 박사를 취득하였다. 존스홉킨스대학 및 연세대, 고려대, 한국외대 등에서 교육경험을 쌓았으며, 일본 리츠메이칸(立命館)대학의 국제관계학부에서 조교수로 재직한 바 있다. 또 서울대학교 일본연구소, 국민대학교 일본학연구소, 도쿄대학 현대한국연구센터, 일본에너지경제연구소 등에서 연구실적을 축적하였다. 2018년부터 한국원자력통제기술원의 비상임이사를 역임하고 있으며, 현재 통일부 정책자문위원, 한국국제정치학회 일본연구분과위원장 등을 맡고 있다. 주요 연구분야는 동아시아 국가들의 원자력 정책 및 비확산 문제, 에너지 및 기후변화 정책 등이다.

전재성

현재 서울대학교 정치외교학부 교수로 재직 중이며, 서울대학교 외교
학과에서 학사, 석사 학위를 받고, 미국 노스웨스턴대에서 정치학 박사
를 취득하였다. 현재 외교부 자문위원, 동아시아연구원 국가안보연구센
터장 등을 맡고 있다. 저서로는 『동북아 국제정치이론: 불완전주권국가
들의 국제정치』, 『주권과 국제정치: 근대주권국가체제의 제국적 성격』,
『정치는 도덕적인가?: 라인홀드 니버의 초월적 현실주의』, 『동아시아 국
제정치: 역사에서 이론으로』 등이 있다.

정성철

현재 명지대학교 정치외교학과 부교수이며, 국제정치와 외교정책, 동
아시아 국제관계를 연구하고 강의하고 있다. 통일연구원 부연구위원
을 역임하였으며, 미국 럿거스대학(Rutgers, the State University of
New Jersey-New Brunswick)에서 정치학 박사 학위를 취득하였다.
한국국제정치학회 논문상(2017년)을 수상한 바 있으며, 연구업적을 『한
국정치학회보』, Armed Forces & Society, International Relations
of the Asia-Pacific, International Studies Quarterly, Journal of
Contemporary China, Journal of Peace Research 등의 학술지에
게재하였다.

차태서

현재 성균관대학교 정치외교학과 조교수이며, 서울대학교에서 외교학
을 전공하고 존스홉킨스대학교 정치학과에서 박사 학위를 취득하였다.
최근 논문으로는 "포스트휴먼 시대 행성 정치학의 모색: 코로나19/기후
변화 비상사태와 인류세의 정치", "자유주의와 민주주의의 불화: 한국
에서 포퓰리즘적 계기의 출현", "Whither North Korea? Competing
Historical Analogies and the Lessons of the Soviet Case" 등이 있
으며, 주로 미국외교, 국제정치이론 등의 분야를 연구하고 있다.

질서의 충돌, 움직이는 패권

초판발행   2022년 2월 25일

지은이   통일연구원 · 한국국제정치학회
펴낸이   안종만 · 안상준

편 집   정은희
기획/마케팅   이영조
표지디자인   이영경
제 작   고철민 · 조영환

펴낸곳   (주) 박영사
           서울특별시 금천구 가산디지털2로 53, 210호(가산동, 한라시그마밸리)
           등록 1959.3.11. 제300-1959-1호(倫)
전 화   02) 733-6771
fax   02) 736-4818
e-mail   pys@pybook.co.kr
homepage   www.pybook.co.kr
ISBN   979-11-303-1491-4 93340

정 가   19,000원